NAPOLÉON

* * *

L'Empereur des rois

MAX GALLO

NAPOLÉON

* * *

L'Empereur des rois

LE GRAND LIVRE DU MOIS

Pour Marielle.

Mon maître n'a pas d'entrailles et ce maître, c'est la nature des choses.

Napoléon à Joséphine, 3 décembre 1806.

Il portait en lui le besoin de transformer la confusion en ordre comme tous les hommes de l'Histoire qui ne sont pas des hommes de théâtre.

André Malraux, *Les chênes qu'on abat.*

Première partie

Tout a été comme je l'avais calculé

Janvier 1806 – 25 novembre 1806

1.

Il est le Maître.

Depuis ce 2 décembre 1805, ce soleil d'Austerlitz qui s'est levé sur les étangs glacés, là où vont périr noyés les soldats russes, alliés inutiles des troupes autrichiennes déjà vaincues, Napoléon se répète qu'il est le Maître.

Ce samedi 28 décembre 1805, il vient de quitter le château de Schönbrunn, à Vienne, et il se dirige vers Munich. Dans la berline qui roule vers l'abbaye de Melk où il compte passer la nuit, il a enveloppé ses jambes dans une pelisse, mais il ne dort pas.

Il est le Maître.

De temps à autre, il aperçoit par les fenêtres de la voiture les silhouettes des cavaliers de l'escorte. Et les mots de la proclamation qu'il a lancée au jour de la victoire lui reviennent en mémoire, scandent chaque tour de roue : « Soldats, je suis content de vous : vous avez à la journée d'Austerlitz justifié tout ce que j'attendais de votre intrépidité. Vous avez décoré vos aigles d'une immortelle gloire... Mon peuple vous reverra avec joie, et il vous suffira de dire : J'étais à la bataille d'Austerlitz, pour que l'on vous réponde : Voilà un brave. »

Il est le Maître.

Il lui semble qu'il peut tout. Il a, comme il l'a dit à ses soldats, coupé ou dispersé une armée de cent mille hommes commandée par les empereurs de Russie et d'Autriche. Et le roi de Prusse n'a évité d'être étrillé que parce que la victoire d'Austerlitz l'a convaincu qu'il valait mieux se soumettre sans combattre.

Napoléon est le Maître.

Il a reçu Talleyrand au château de Schönbrunn. Le ministre des Relations extérieures est venu apporter les actes du traité de Presbourg qui chasse l'Autriche d'Allemagne et sanctionne sa défaite.

– Sire, a dit Talleyrand de sa voix aiguë, tout ce que la conquête vous a donné vous appartient, mais vous êtes généreux.

En consultant les clauses du traité, Napoléon a constaté que Talleyrand a, de sa propre initiative, diminué les contributions financières qu'il avait exigées de Vienne.

– Vous m'avez fait, à Presbourg, monsieur de Talleyrand, un traité qui me gêne beaucoup, a lancé Napoléon en jetant le texte du traité sur le sol.

Il est le Maître, voilà ce que Talleyrand aurait dû comprendre. Le ministre, comme souvent, s'est dérobé derrière sa politesse, sa rouerie, ses flatteries, ses arguments.

– Je jouis de l'idée, a-t-il dit, que cette dernière victoire de Votre Majesté la met en état d'assurer le repos de l'Europe et de garantir le monde civilisé contre les invasions des Barbares.

Napoléon a écouté tout en regardant le feu qui, dans les grandes cheminées de Schönbrunn, éclaire les boiseries et les immenses tapisseries.

– Votre Majesté peut maintenant briser la monarchie autrichienne, a repris Talleyrand. Ou la relever. Une fois brisée, il ne serait pas au pouvoir de Votre Majesté d'en rassembler les débris épars et d'en recomposer une seule masse. Or, l'existence de cette masse est nécessaire. Elle est indispensable au salut futur des nations civilisées. Elle est contre les Barbares un boulevard suffisant, comme elle est un boulevard nécessaire.

Napoléon n'a pas répondu. Il est le Maître.

Plus tard, dans sa berline, il songe qu'il n'a pas eu depuis plusieurs années un tel sentiment de souveraineté, de domination de son destin, de pouvoir sur le sort des hommes et la vie des empires. Austerlitz est son vrai sacre impérial, comme, cinq années auparavant, le 14 juin 1800, après la victoire de Marengo, il avait eu la conviction que c'était cette bataille qui lui assurait son pouvoir de Premier consul, que tout eût été compromis s'il avait été vaincu dans les plaines d'Italie. Et qu'eût valu sa couronne d'empereur si, à Austerlitz, les Autrichiens et les Russes avaient défait la Grande Armée ?

Sa couronne eût roulé à terre.

Mais il a remporté la victoire. Il est le Maître. Et, à l'égal d'un Charlemagne, il peut, s'il le veut, modeler l'Europe à sa guise.

Il rêve. Il imagine. La voiture l'emporte vers Munich.

Il arrive dans la capitale de la Bavière le 31 décembre 1805. Il fait froid. Il pleut. La berline longe la façade austère du palais royal, que ne décore qu'une statue de la Vierge. Des soldats de la Garde ouvrent les portes de bronze et, à 1 h 45, la voiture pénètre dans le palais. Elle roule lentement, traverse les quatre cours, contourne les fontaines et s'arrête devant le perron qui donne accès aux appartements.

Des officiers se précipitent. Les dames de compagnie de l'Impératrice se tiennent au haut des marches.

Napoléon descend, regarde autour de lui. Il se souvient de la dernière lettre qu'il a écrite à Joséphine. C'était au palais de Schönbrunn, le 20 décembre. Tout était encore en suspens. L'Autriche examinait les clauses du traité. Napoléon avait tracé pour Joséphine quelques lignes de son écriture hachée :

« Je ne sais ce que je ferai : je dépends des événements ; je n'ai pas de volonté ; j'attends tout de leur issue. Reste à Munich, amuse-toi ; cela n'est pas difficile lorsqu'on a tant de personnes aimables et dans un si beau pays. Je suis, moi, assez occupé. Dans quelques jours je serai décidé.

« Adieu, mon amie, mille choses aimables et tendres. »

Les événements ont tranché. Le traité est signé. Il est le Maître. Il monte l'escalier. On s'incline devant lui. Il saisit dans les regards ce mélange d'admiration et de servilité, et aussi, peut-être, pour la première fois, une sorte d'effroi. Comme si sa victoire si éclatante sur la coalition de Vienne et de Saint-Pétersbourg avait révélé qu'il appartenait à une race sacrée, celle à qui rien ne résiste.

Il parcourt rapidement l'antichambre, la salle d'audience, il emprunte la galerie décorée de tableaux italiens et flamands aux couleurs sombres, puis il entre dans la chambre à coucher. Debout, appuyée au grand lit doré, se tient Joséphine.

Cela fait plusieurs semaines qu'il ne l'a vue. Elle ne lui a même pas écrit. Il l'avait tancée : les belles fêtes de Bade, de Stuttgart, de Munich, lui avaient-elles « fait oublier les pauvres soldats qui vivent couverts de boue, de pluie, de sang ? » lui avait-il écrit.

« ... Grande Impératrice, pas une lettre de vous... Daignez, du haut de vos grandeurs, vous occuper un peu de vos esclaves. »

Elle est là, attirante et vieillie, souriant les lèvres serrées pour ne pas laisser voir ses dents noircies et cariées. Elle esquisse une révérence un peu ironique mais elle s'incline cependant.

Il est le Maître.

Il faut que tous le sachent, l'acceptent. Il décide, et on doit obéir. Il se sent fort, capable de réaliser des prodiges, ceux qui feront de lui un Charlemagne de la quatrième race. Pour cela, il faut rassembler autour de lui et de ceux de sa famille les États. Faire de ses frères, de ses proches, des rois.

S'il avait un fils...

Mais il n'a pas de fils.

À l'Opéra de Munich, le 6 janvier, pendant que sur scène les chanteurs interprètent *La Clémence de Titus*, il ne se laisse pas séduire par la musique de Mozart. Il regarde à la dérobée Joséphine. Elle n'a pas pu lui donner ce descendant qu'il espérait tant, le fils si nécessaire pour fonder cette dynastie impériale sans laquelle son œuvre, le jour de sa disparition, s'émietterait.

Pourquoi faut-il ainsi que toujours devant lui un défi nouveau se présente, alors qu'il vient d'atteindre un sommet ?

Il se penche vers Joséphine.

Il a décidé, dit-il, de faire célébrer au plus tôt le mariage d'Eugène, le fils de Joséphine, avec Augusta, la fille du roi de Bavière. Ce sera un premier nœud dans cette toile qu'il compte tisser d'un bout à l'autre de l'Europe, comme Charlemagne. Il adoptera Eugène tout en l'excluant de la succession du trône de France. Et, plus tard, il choisira l'un ou l'autre de ses frères pour occuper les trônes d'Europe. À Naples, pourquoi pas Joseph ? Parce qu'il faut en finir avec ces Bourbons, ce roi et cette reine de Naples qui pactisent avec les Anglais. La reine de Naples Marie-Caroline, n'est-elle pas la sœur de Marie-Antoinette ? N'a-t-elle pas déclaré à l'ambassadeur de France qu'elle souhaitait que le royaume de Naples fût l'allumette qui déclencherait l'incendie qui détruirait l'Empire français ? Marie-Caroline de Naples va découvrir qu'on se brûle les doigts, à jouer avec le feu.

Napoléon se lève. Il n'attend pas la fin de l'opéra, il rentre au palais royal. Il doit agir vite. Le temps manque toujours.

Il écrit. À Eugène de Beauharnais, pour lui ordonner de se rendre d'urgence à Munich. Il arrache au roi de Bavière son consentement. Il dote sa fille avec munificence. Augusta de Bavière doit recevoir le lendemain de ses noces 50 000 florins, et il lui est promis 100 000 francs par an pour ses dépenses personnelles et un domaine de 500 000 francs à la mort de son mari.

Voici Eugène, vice-roi d'Italie, qui se présente à l'Empereur avec ses longues moustaches retroussées de colonel des chasseurs de la Garde. Napoléon lui pince l'oreille, lui donne une petite tape sur la nuque – ses marques d'affection habituelles. Il faut, dit l'Empereur, couper ces moustaches trop longues pour plaire à Augusta. Cela aussi, c'est un ordre.

Il est le Maître.

Il confie à Cambacérès qu'il retarde de quelques jours son arrivée à Paris pour conclure le mariage d'Eugène et d'Augusta. « Ces jours paraîtront longs à mon cœur, dit-il, mais après avoir été sans cesse livré aux devoirs d'un soldat, j'éprouve un tendre délassement à m'occuper des détails et des devoirs d'un père de famille. »

Le 13 janvier 1806, à 1 heure de l'après-midi, dans la grande galerie du palais royal, Napoléon assiste à la signature officielle du contrat de mariage. Et le 14, à 7 heures du soir, il préside dans la chapelle royale la cérémonie religieuse suivie d'un *Te Deum* et d'un banquet. Au bras du roi de Bavière, l'impératrice Joséphine est rayonnante. Encore belle. Napoléon sert de cavalier à Augusta.

– Je vous aime comme un père, lui dit-il, et je compte que vous aurez pour moi toute la tendresse d'une fille.

Le couple doit regagner l'Italie.

– Ménagez-vous dans votre voyage, ainsi que dans le nouveau climat où vous arrivez, en prenant tout le repos convenable, murmure Napoléon. Songez bien que je ne veux pas que vous soyez malade.

Après le banquet, Napoléon se retire dans son cabinet de travail.

C'est le silence de la nuit après l'éclat bruyant des festivités, le chatoiement des robes et des uniformes, le charme de la beauté des femmes, la grâce d'Augusta et la joie d'Eugène de Beauharnais. Il aime ce beau-fils devenu son fils adoptif. Par ce mariage, un premier lien est établi avec les familles régnantes d'Europe.

Max-Joseph, roi de Bavière, père d'Augusta, est un Wittelsbach, dont les ancêtres sont présents dans toutes les dynasties.

Comment assurer l'avenir de la mienne, issue de la Révolution, si je ne la fais pas entrer, en forçant leurs portes à coups de victoires militaires, dans les maisons royales qui ont pour elles la légitimité que donnent les siècles passés ?

Mais certains ne comprennent pas ce dessein.

Napoléon trouve sur sa table une lettre de Murat, sans doute dictée par Caroline, son épouse, et sœur de Napoléon.

« La France, écrit Murat, quand elle vous a élevé sur le trône, a cru trouver en vous un chef populaire, décoré d'un titre qui devait le placer au-dessus de tous les souverains de l'Europe. Aujourd'hui, vous rendez hommage à des titres de puissance qui ne sont pas les vôtres, qui sont en opposition avec les nôtres, et vous allez seulement montrer à l'Europe combien vous mettez de prix à ce qui nous manque à tous, l'illustration de la naissance. »

Murat le valeureux, Caroline l'ambitieuse et la jalouse, contestent donc ma stratégie – par attachement aux principes révolutionnaires, par inquiétude ou par dépit ? Qu'importe ! je suis le Maître.

« Monsieur le prince Murat, répond Napoléon, je vous vois toujours avec confiance à la tête de ma cavalerie. Mais il ne s'agit pas ici d'une opération militaire, il s'agit d'un acte politique, et j'y ai bien réfléchi. Ce mariage d'Eugène et d'Augusta vous déplaît. Il me convient, et je le regarde comme un grand succès, comme un succès égal à la victoire d'Austerlitz. »

Il est le Maître.

Et ce mariage n'est qu'un premier pion qu'il pousse. Il pense à réunir la Hollande, la Suisse, l'Italie, en un ensemble. « Mes États fédératifs, murmure-t-il, ou véritablement l'Empire français. »

Il décide que le Code civil sera appliqué dans le royaume d'Italie. N'a-t-il pas été couronné roi d'Italie à Milan ? Et Eugène n'est-il pas vice-roi d'Italie ?

Le 19 janvier 1806, il propose à Joseph, son frère aîné, la couronne du royaume de Naples. Et les troupes françaises sont chargées de l'occuper. Les Bourbons s'enfuient en Sicile sous la protection de la flotte anglaise.

Ne reste en Italie comme souverain hostile que le pape Pie VII. Et le souverain pontife proteste, écrit à Napoléon pour s'indigner de l'occupation, par les troupes françaises, d'Ancône, territoire pontifical.

« Je me suis considéré, répond Napoléon, comme le protecteur du Saint-Siège... Je me suis considéré, ainsi que mes prédécesseurs de la deuxième et de la troisième race, comme le fils aîné de l'Église, comme ayant seul l'épée pour la protéger et la mettre à l'abri d'être souillée par les Grecs et les Musulmans. »

Pourquoi le pape ne le comprend-il pas ?

Napoléon s'indigne. Il dit au cardinal Fesch, son grand-oncle qui le représente à Rome : « Je suis religieux mais je ne suis point cagot. Le Pape m'écrit la lettre la plus ridicule, la plus insensée... » Napoléon tempête ; il faut que Pie VII plie.

« Pour le Pape, ajoute-t-il, je suis Charlemagne, parce que, comme Charlemagne, je réunis la couronne de France à celle des Lombards et que mon Empire confine avec l'Orient. J'entends donc que l'on règle avec moi sa conduite sur ce point de vue. Je ne changerai rien aux apparences si l'on se conduit bien, autrement, je réduirai le Pape à être évêque de Rome... Il n'y a rien en vérité d'aussi déraisonnable que la cour de Rome. »

Je suis le Maître.

Mais régner exige que l'on soit implacable. Point de pitié. Point d'hésitation.

Au général Junot qu'il nomme gouverneur général des États de Parme et de Plaisance, il dit : « Ce n'est pas avec des phrases qu'on maintient la tranquillité en Italie. Faites comme j'ai fait à Binasco [pendant la campagne d'Italie] : qu'un gros village soit brûlé ; faites fusiller une douzaine d'insurgés et formez des colonnes mobiles, afin de saisir partout les brigands et de donner un exemple aux peuples de ces pays. »

Joseph, le tortueux Joseph, l'hésitant Joseph, sera-t-il capable de la fermeté nécessaire ? Napoléon convoque Miot de Melitto qui part avec le nouveau roi de Naples.

Napoléon parle d'une voix cassante.

– Vous direz à mon frère Joseph que je le fais roi de Naples, mais que la moindre hésitation, la moindre incertitude le perd entièrement... Point de demi-mesures, point de faiblesse. Je veux que mon sang règne à Naples aussi longtemps qu'en France. Le royaume de Naples m'est nécessaire...

Napoléon se souvient des réticences de son frère au moment du sacre impérial, de son refus d'accepter la vice-royauté d'Italie, de sa jalousie de frère aîné qui subit la gloire de son cadet.

Napoléon s'approche de Miot de Melitto.

– Tous les sentiments d'affection cèdent actuellement à la raison d'État, dit-il. Je ne reconnais pour parents que ceux qui me servent... C'est avec mes doigts et ma plume que je fais des enfants... Je ne puis plus avoir de parents dans l'obscurité. Ceux qui ne s'élèveront pas avec moi ne seront plus de ma famille. J'en fais une famille de rois, ou plutôt de vice-rois...

Quelques jours plus tard, Napoléon reçoit une lettre de Joseph, roi de Naples.

« Une fois pour toutes, écrit Joseph, je peux assurer Votre Majesté que tout ce qu'elle fera, je le trouverai bien... Faites tout pour le mieux, et disposez de moi comme vous le jugerez le plus convenable pour vous et pour l'État. »

Napoléon est bien le Maître.

2.

Il a quitté Munich le vendredi 17 janvier 1806 alors que la nuit tombe. Dans la voiture, il lit les dépêches à la lueur vacillante des lampes à huile. Lorsque aux relais on change les chevaux, il ne descend pas de voiture. Il grignote une cuisse de poulet froid, il boit du chambertin dans un gobelet d'argent, puis il somnole.

Il songe qu'il a passé une grande partie de sa vie sur les routes, à cheval ou dans l'une de ces berlines dont le balancement ne le gêne pas. Il aime au contraire cette sensation de mouvement, ces longues étapes, parfois d'une quarantaine d'heures, qui lui font éprouver physiquement la domination qu'il exerce sur les pays et les hommes.

Il faut qu'on le voie partout là où il règne.

Lorsque, le samedi 18 janvier, à 16 heures, il arrive à Stuttgart, c'est le roi de Wurtemberg qui l'accueille et lui fait les honneurs du palais royal.

Partout dans les salons, les galeries, des hommes et des femmes courbés, des regards curieux et soumis. Cela suffit. Napoléon ordonne : demain dimanche, il assistera à une représentation théâtrale ; lundi à 8 heures, il chassera dans les forêts proches de Stuttgart, et il souhaite que le roi l'accompagne.

Puis il se retire dans le bureau qu'on lui a préparé. Les courriers de Paris sont arrivés.

Paris, c'est le centre. Tout se décide là-bas. Les victoires qu'il remporte, c'est aussi pour que là-bas on sache qu'il est invincible. Car l'esprit public, à Paris, est volage. Il n'est jamais définitivement conquis.

Napoléon ouvre d'abord les dépêches du ministre de la Police générale.

« Sire, écrit Fouché, Austerlitz a ébranlé la vieille aristocratie. Le faubourg Saint-Germain ne conspire plus. » Les nobles d'Ancien Régime attendent avec impatience le retour de l'Empereur pour se ruer aux Tuileries en solliciteurs. Ils veulent des titres, des places, des honneurs, des bénéfices.

Napoléon replie la lettre de Fouché.

Voilà les hommes tels qu'ils sont. Qui résiste à l'attrait qu'exerce le pouvoir victorieux ?

Le lundi matin, dans les forêts qui bordent le Neckar, il chevauche loin devant le roi de Wurtemberg et les autres cavaliers, chasseurs de la Garde ou nobles conviés à la chasse. La brume glacée et la nuit l'enveloppent, le cheval parfois se cabre. Mais Napoléon tient ferme les rênes et serre les flancs avec ses étriers. Il maîtrise sa monture comme il dompte l'Histoire.

À midi, il part pour Karlsruhe, puis il traverse Ettlingen, Rastatt, Lichtenau, et enfin il atteint le Rhin.

Napoléon fait arrêter la berline. Au-delà du fleuve, il aperçoit les lumières de Strasbourg.

Il regarde le fleuve, traînée plus claire dans la nuit. De sa source à son embouchure, le Rhin doit être la frontière de l'Empire, et sur sa rive droite il faut que des États viennent constituer une grande confédération alliée, protégeant l'Empire. À leur tête, il placera des souverains, des princes, dont il sera le protecteur, qui fourniront subsides et troupes, et ainsi se dessineront une nouvelle carte d'Allemagne, un nouveau visage de l'Europe, qui confirmeront ce qu'avait commencé la Révolution et retrouveront les traces de l'empire de Charlemagne.

Il faudra que tous, à Vienne, à Berlin, à Saint-Pétersbourg, à Londres, à Rome, l'admettent.

« Je suis Charlemagne, l'épée de l'Église, leur Empereur. »

Ce sont les mots qu'il a écrits au pape. Et si Pie VII n'y acquiesce pas : « Je le réduirai à la même condition qu'il était avant Charlemagne. »

Les autres souverains devront se soumettre.

Napoléon remonte dans sa voiture.

À 18 heures, le mercredi 2 janvier 1806, il pénètre dans Strasbourg illuminée. Les soldats qui rendent les honneurs et la foule crient : « Vive l'Empereur ! »

Il descend de voiture. Il entre dans le palais des Rohan où il a séjourné les derniers jours du mois de septembre 1805. Il s'arrête un instant dans la grande galerie où les miroirs renvoient son image.

Il se souvient. Il avait quitté Strasbourg le mardi 1er octobre 1805, après avoir regardé défiler la garde impériale qui, sous l'averse, traversait le Rhin au pont de Kehl, marchant vers l'Allemagne.

À peine un peu plus de trois mois ont passé. Il a brisé la troisième coalition, celle des deux plus puissants États d'Europe. Il s'en convainc une nouvelle fois, il n'est plus seulement l'Empereur des Français. Il est désormais l'Empereur des rois.

Il monte quelques marches, se tourne vers ses aides de camp et les généraux qui se pressent dans la galerie. Vendredi, dit-il, il passera les troupes en revue. Il quittera Strasbourg samedi afin d'être à Paris le dimanche 26 janvier. Il a hâte de retrouver son bureau des Tuileries, les papiers classés par ministères et enfermés dans des boîtes dont il porte sur lui la clé.

– Je suis né et construit pour le travail, dit-il à Méneval, qui, dans la chambre du palais, lui présente quelques dépêches arrivées de Paris.

D'un signe, Napoléon invite son secrétaire à les lire, et, cependant que Méneval les décachette, il s'installe devant la cheminée.

Il écoute un rapport du ministre des Finances, Barbé-Marbois, qui fait état de difficultés financières. Napoléon s'emporte, sort de sa poche une feuille étroite sur laquelle il inscrit les chiffres de ce qu'il appelle « la fortune de la France », la trésorerie publique et privée.

– Qu'est-ce que cela ? s'exclame-t-il.

Il faut pouvoir payer quinze jours de solde à la garde impériale. Il faut que la Grande Armée, en Allemagne, reçoive elle aussi l'argent nécessaire. Voilà ce qui compte d'abord. Qu'ont donc fait ces Négociants réunis, les Ouvrard, les Desprez, les Vanlerberghe qui devaient approvisionner l'armée, qui ont encaissé les fonds nécessaires et n'ont pas fait face à leurs obligations ?

– Qu'est-ce que ce Barbé-Marbois ? La friponnerie a des bornes, la bêtise n'en a point.

Napoléon s'impatiente, presse Méneval. Dès lundi, à Paris, dit-il, il présidera une séance du Conseil d'État et réglera cette question des finances.

– Il faut, martèle-t-il, que messieurs Desprez, Vanlerberghe et Ouvrard m'abandonnent tout ce qu'ils possèdent, ou je mettrai ces messieurs à Vincennes.

Il renvoie Méneval, qui, avant de sortir, lit la lettre que Le Coz, archevêque de Besançon, adresse à l'Empereur : « Vous êtes jusqu'ici, écrit le prélat, le plus parfait des héros, sorti des mains de Dieu. »

Napoléon retient Méneval.

– A-t-on bien exécuté mes ordres ? demande-t-il.

Il avait, à Schönbrunn, demandé que les drapeaux pris à l'ennemi soient envoyés à Paris, afin d'être présentés au peuple, puis suspendus à la voûte de Notre-Dame.

Méneval compulse les dépêches. Le peuple, commence-t-il, a salué les drapeaux avec des manifestations de joie délirante, indiquent les informateurs de police.

L'archevêque de Paris a déclaré que ces drapeaux attestaient « la protection du ciel sur la France, les succès prodigieux de notre invincible Empereur et l'hommage qu'il fait à Dieu de ses victoires ».

Roustam et Constant sont entrés dans la chambre pendant cette lecture. Ils annoncent que le bain de l'Empereur est prêt. Ils l'aident à se dévêtir. Napoléon les houspille, leur pince l'oreille.

Il est heureux. Paris l'attend.

À 22 heures, ce dimanche 26 janvier 1806, la berline de l'Empereur s'arrête dans la cour des Tuileries. La Garde présente les armes, le grand maréchal du palais, Duroc, s'avance. Tout en montant les marches de l'escalier, Napoléon lance les ordres. Il veut voir l'archichancelier Cambacérès, réunir le Conseil d'État, recevoir le ministre des Finances et s'entretenir avec le conseiller d'État Mollien.

Puis, dans son cabinet de travail, lorsqu'il se retrouve seul avec Constant, il lance un nom, Éléonore Denuelle de La Plaigne. Il regarde la pendule. À minuit, dit-il. Et maintenant, qu'on lui fasse couler son bain.

Il se souvient du corps de cette femme de dix-neuf ans, grande, aux cheveux noirs tombant jusqu'aux reins et couvrant ses épaules, sa peau brune. Elle est élancée, vive et soumise. Il sait bien que lorsque Caroline Murat la lui a présentée, c'était dans le dessein qu'il la distingue. Il connaît trop bien la jalousie de sa sœur pour Joséphine, son habileté à blesser celle qu'elle appelle « la vieille », son ambition démesurée et l'espoir de voir son frère divorcer, pour croire que la rencontre avec Éléonore sous la houlette de Caroline n'a été qu'un hasard.

Mais qu'importent les intentions de Caroline Murat ! Éléonore a la fraîcheur de la jeunesse. Et c'est elle qu'il désire en ce soir de son retour à Paris, comme pour célébrer, en serrant contre lui des formes juvéniles, sa victoire et sa propre vigueur.

Après tout, il n'a pas encore trente-sept ans.

Il entend le pas d'Éléonore Denuelle dans le « corridor noir ». Elle est ponctuelle, comme à son habitude.

Il entre dans le salon. Elle fait la révérence.

– Sire..., murmure-t-elle.

Il lui prend le bras, la pince, l'entraîne.

En amour, il est comme à la guerre. Il n'aime pas les longs sièges, mais l'assaut victorieux.

Éléonore se livre.

Napoléon se redresse, rit, lui caresse la joue, puis retourne dans son cabinet de travail.

Sur la table, placée devant la fenêtre, il n'y a qu'une seule dépêche, qu'on a dû apporter cependant qu'il était avec Éléonore dans la chambre voisine. C'est une lettre de Fouché. Selon un voyageur arrivé à l'instant de Londres, rapporte le ministre de la Police générale, William Pitt, le grand adversaire, l'ennemi de toute tentative de paix, serait mort le 23 janvier dans sa villa de Putney, couvert de dettes, accablé par la victoire d'Austerlitz, ordonnant dans un dernier geste de faire retirer la carte d'Europe accrochée au mur de sa chambre, murmurant : « Roulez cette carte, on n'en aura plus besoin d'ici à dix ans. Ma patrie ! Dans quel état je laisse ma patrie ! »

Fox le remplacerait à la tête du ministère.

Napoléon marche de long en large dans son cabinet. C'est comme si le destin lui adressait un signe, écartait les obstacles sur sa route, offrait enfin la possibilité de conclure la paix.

Napoléon passe dans la petite pièce qui lui sert de cabinet des Cartes. Sur la table est étalée une grande carte d'Europe. Il pose sur elle ses deux mains ouvertes. Il veut la paix avec l'Angleterre, mais il faut la lui imposer en contrôlant le Continent, en fermant les ports à ses marchandises, en exigeant de tous les États qu'ils interdisent les produits anglais.

Il se déplace autour de la table. Au sud, l'Italie forme l'aile droite de l'Empire. Joseph est roi de Naples. Il fera d'Élisa une grande-duchesse, à laquelle seront attribués les territoires de Massa e Carrara et, plus tard, peut-être, la Toscane. À Pauline Bonaparte, déjà princesse Borghèse, il donnera le duché de Guastalla, cette place forte sur les rives du Pô. Et puis il se réservera des duchés, une vingtaine, qu'il attribuera comme des fiefs à ses grands serviteurs – Talleyrand, prince de Bénévent ; Fouché, duc d'Otrante ; Bernadotte, parce qu'il est le mari de Désirée Clary et qu'on peut pour cela oublier sa réserve qui confine parfois à la trahison, deviendra prince de Pontecorvo.

Napoléon se redresse. Avec son doigt, il remonte de l'Italie vers le nord.

Berthier sera prince de Neuchâtel, et Murat grand-duc de Berg et de Clèves. Le roi de Bavière est déjà un allié par le mariage de sa fille Augusta avec Eugène. Il suffira de créer une Confédération du Rhin, regroupant les autres princes allemands. Et, plus au nord, la Hollande, cette aile gauche de l'Empire, sera donnée à Louis, ce frère incommode et jaloux qui trouvera là, peut-être, l'occasion de se montrer reconnaissant. Et ainsi sa femme, Hortense de Beauharnais, sera reine de Hollande.

Napoléon quitte le cabinet des Cartes. Peut-être faudra-t-il des semaines, des mois même pour que ce qu'il vient de concevoir devienne réalité. Mais il en est sûr, cela se fera parce que cela doit être, cela correspond à l'intérêt des peuples. Cette organisation est un modèle de raison, elle achèvera ce que la Convention a commencé. La Révolution a ouvert la voie. Il la prolonge et rend possible son projet : il suffit d'associer le Code civil à la monarchie, de conserver les formes dynastiques, alors qu'on bouleverse la société, pour que naisse une nouvelle Europe.

C'est cela qu'il fait, qu'il veut : il fonde. Il est le premier d'une nouvelle race. La quatrième depuis Charlemagne.

Dans les jours qui suivent, il retrouve avec une sorte d'allégresse le rythme de ses journées. Travail dès 7 heures, puis chasse, parfois au bois de Boulogne ou bien dans la forêt de Marly et autour du château de Saint-Cloud et de la Malmaison. Il préside les séances du Conseil d'État, multiplie les réceptions, les audiences diplomatiques, découvre un nouvel ambassadeur d'Autriche, un homme de trente-cinq ans, petit-fils par alliance du chancelier Kaunitz : Metternich.

L'homme lui paraît intelligent, fin, ouvert, peut-être partisan d'une alliance avec la France, dans la tradition de celle du chancelier Kaunitz, précisément.

À l'une des audiences, Napoléon le prend par le bras, le questionne. Metternich, qui a fait une partie de ses études à Strasbourg, s'exprime parfaitement en français. Il a vécu les événements révolutionnaires dans la capitale alsacienne, explique-t-il, et en est encore effrayé.

– Je veux unir le présent et le passé, dit Napoléon, les préjugés gothiques et les institutions de notre siècle.

Metternich comprend-il ? Pour cela, continue Napoléon, il faut la paix. Elle est possible. Il la souhaite. Il a tant de choses à réaliser.

Il visite les travaux qu'il a fait entreprendre au Louvre. Il confirme sa décision de faire construire une colonne place Vendôme sur le modèle de celle de Trajan à Rome, et un arc de triomphe sur la place du Carrousel, ces deux monuments à la gloire de la Grande Armée, puis un second arc de triomphe, qu'il ordonne d'élever au sommet de l'avenue des Champs-Élysées, dont il posera la première pierre le 15 août, le jour de la célébration, dans tout l'Empire, de la Saint-Napoléon.

Lorsqu'il décide ainsi de bâtir, de faire ouvrir des fontaines dans les différents quartiers de Paris, de lancer un pont sur la Seine, d'aménager les quais le long du fleuve, d'ordonner la publication du Catéchisme impérial ou de convoquer les représentants de la nation juive pour qu'ils adaptent les coutumes de leur religion aux nécessités de la vie moderne – et, par exemple, d'en finir avec la polygamie –, il éprouve une sorte de joie intellectuelle et physique.

Il se sent alerte, le plus vif de tous ceux qu'il commande. Même s'il a pris durant ces quelques mois un peu d'embonpoint, si, il le voit bien, ses joues se sont remplies, son front élargi parce que ses cheveux se font rares, déjà, si bien qu'il a perdu son profil acéré, son visage anguleux, pour des traits plus ronds, il se sent plein d'une énergie renouvelée par le succès, ses projets, ses décisions, et les acclamations aussi.

Lorsque, le mercredi 29 janvier 1806, deux jours à peine après son retour à Paris, il s'est rendu pour la première fois au Théâtre-Français, où l'on joue *Manlius*, une pièce d'un auteur à la mode, Lafosse, la salle entière s'est levée alors que Talma déclamait déjà en scène. L'acteur s'est incliné pendant que la salle applaudissait et criait : « Vive l'Empereur ! » Et chaque fois que Napoléon paraît à l'Opéra, ou lors d'une revue des troupes, ce sont les mêmes exclamations.

D'ailleurs, rapportent les espions de police, chacun loue l'Empereur, célèbre ses mérites. La confiance est revenue. La Banque de France a repris ses paiements à guichet ouvert, et la crise financière de décembre 1805 est oubliée.

On sait que Napoléon a ramené à Paris de sa campagne d'Allemagne 50 millions en or, en argent ou en lettres de change sur les principales places financières d'Europe.

Et il a suffi de quelques jours pour que Napoléon mette de l'ordre dans l'organisation des finances.

Il a reçu Barbé-Marbois, le ministre du Trésor.

L'homme est penaud, offre sa tête, dit-il. Napoléon secoue les épaules. Que faire d'une tête comme la vôtre ? répond-il.

– J'estime votre caractère, poursuit-il, mais vous avez été dupe de gens contre lesquels je vous avais averti d'être en garde. Vous leur avez livré toutes les valeurs en portefeuille, dont vous auriez dû mieux surveiller l'emploi. Je me vois à regret forcé de vous retirer l'administration du Trésor...

Après une séance du Conseil d'État, Napoléon retient le conseiller Mollien. Il le fixe, le jauge.

– Vous prêterez serment aujourd'hui, comme ministre du Trésor, lui dit-il.

Mollien, qui, sous l'Ancien Régime, avait été l'un des responsables de la Ferme générale, l'administration fiscale, semble hésiter.

– Est-ce que vous n'auriez pas envie d'être ministre ? lui lance l'Empereur, sur un ton où se mêlent le mécontentement et la surprise.

Mollien prêtera serment le jour même.

Gouverner, c'est cela : analyser, décider, choisir les hommes et leur imposer sa volonté, bousculer leurs réticences, les diriger afin qu'ils deviennent les instruments efficaces, dociles, donc, de la politique que l'on a conçue.

Mais cela suppose un travail sans relâche, une vigilance de tous les instants, une volonté constamment tendue.

« Il m'a fallu beaucoup de peine, explique Napoléon à son frère Joseph, pour arranger mes affaires et pour faire rendre gorge à une douzaine de fripons à la tête desquels est Ouvrard, qui ont dupé Barbé-Marbois, à peu près comme le cardinal de Rohan l'a été dans l'affaire du collier, avec cette différence qu'ici il ne s'agissait pas moins que de quatre-vingt-dix millions. J'étais bien résolu à les faire fusiller sans procès. Grâce à Dieu, je suis remboursé. Cela n'a pas laissé que de me donner beaucoup d'humeur. »

Car souvent il s'emporte, jette les dépêches à terre et parfois, quand les livres lui déplaisent, il les lance dans le feu.

Il accepte de moins en moins facilement qu'on lui résiste ou bien qu'on n'exécute pas immédiatement, et comme il l'entend, les ordres qu'il donne.

Il dit à Berthier, qui s'inquiète de l'attitude des Prussiens et veut intervenir : « Tenez-vous-en strictement aux ordres que je vous donne, exécutez ponctuellement vos instructions, que tout le monde se tienne sur ses gardes et reste à son poste, moi seul je sais ce que je dois faire. »

Moi seul.

Cette certitude qu'il est l'unique à voir et à penser juste l'habite totalement.

N'a-t-il pas eu raison à chaque instant décisif de sa vie ? Et c'est cette conviction qui lui rend insupportables les oppositions, les réserves même. Il faut que l'on plie devant lui.

Il a pris la plume pour corriger, préciser le texte du Catéchisme impérial.

« Honorer et servir l'Empereur est honorer et servir Dieu Lui-même », a-t-il fait imprimer. Et désobéir à l'Empereur est un péché mortel. On lui doit *« amour, obéissance, fidélité, le service militaire, les tributs ordonnés pour la conservation et la défense de l'Empire et de son trône »*.

À la lecture de ce texte, certains conseillers d'État s'étonnent. Fouché, ce vieux jacobin, a dans les yeux une lueur ironique.

Napoléon ferme d'un coup sec le Catéchisme. Il n'est pas homme à cacher sa pensée. Il se lève, et avant de sortir de la salle du Conseil il dit de sa voix de commandement :

– Je ne vois pas dans la religion le mystère de l'incarnation mais le mystère de l'ordre social, elle rattache au ciel une idée d'égalité qui empêche que le riche ne soit massacré par le pauvre.

Il cherche du regard une opposition, mais tous les yeux se baissent.

– La religion, ajoute-t-il, est encore une sorte d'inoculation ou de vaccin qui, en satisfaisant notre amour du merveilleux, nous garantit des charlatans et des sorciers : les prêtres valent mieux que les Cagliostro, les Kant et tous les rêveurs d'Allemagne.

Il fait quelques pas, semble parler pour lui-même, comme dans une méditation à haute voix.

– Il n'y a eu jusqu'à présent dans le monde que deux pouvoirs, le militaire et l'ecclésiastique... mais l'ordre civil sera fortifié par la création d'un corps enseignant ; il le sera plus encore par celle d'un grand corps de magistrats... Le Code civil a déjà opéré beaucoup de bien. Chacun désormais sait d'après quels principes se diriger ; il arrange en conséquence sa propriété et ses affaires. *Mais le juge suprême, c'est moi.*

C'est toute la société qu'il doit organiser. Il lui semble parfois qu'il est la raison du monde, le seul à avoir la capacité de mettre de l'ordre dans la vie des peuples et des États.

Il pense sans cesse à cela, quand, entre les séances du Conseil d'État, les audiences, les heures passées à dicter dans son cabinet de travail, il chasse, dans l'air vif du printemps 1806.

Un jour de la fin mars, en revenant d'une longue course dans le bois de Versailles, il se précipite dans son cabinet de travail, convoque Méneval et, d'un seul jet, il énonce le statut de la famille impériale, qui forme la clé de voûte de ce Grand Empire qu'il a commencé de constituer. Louis est roi de Hollande, Joseph roi de Naples, ses sœurs grandes-duchesses en Italie, et Murat grand-duc de Berg et de Clèves, et les Berthier, Bernadotte, Talleyrand, Fouché sont à la tête de fiefs.

Lui est le sommet de la pyramide.

« L'Empereur est le père commun de sa famille », dicte-t-il. La volonté de Napoléon est la seule loi pour tous ses parents. Aucun contrat de mariage et aucune adoption ne peut se faire sans son consentement. Au-dessous de lui, il place les rois, les princes héréditaires, puis viennent les princes vassaux et les titulaires d'un fief.

Voilà un ordre hiérarchique qui satisfait sa raison et lui accorde tous les pouvoirs. L'Empereur peut même ordonner aux membres de sa famille d'éloigner d'eux les personnes suspectes.

Il est bien le maître absolu.

Le 1er avril 1806, il écrit au maréchal Berthier, qui depuis des années voue une passion tenace à la marquise Visconti, à laquelle, en campagne, sous la tente, il dresse un véritable autel sur lequel il expose ses portraits.

« Je vous envoie *Le Moniteur*, vous verrez ce que j'ai fait pour vous [Berthier a été fait prince de Neuchâtel]. Je n'y mets qu'une condition, c'est que vous vous mariiez, et c'est une condition que je mets à mon amitié. Votre passion a duré trop longtemps ; elle est devenue ridicule... Je veux donc que vous vous mariiez, sans cela je ne vous verrai plus. Vous avez cinquante ans, mais vous êtes d'une race où l'on vit quatre-vingts ans, et ces trente années sont celles où les douceurs du mariage vous sont le plus nécessaires. »

Comment résister à l'Empereur ? Berthier s'incline et rompt avec la marquise Visconti pour épouser Marie-Élisabeth de Bavière-Birkenfeld, de trente ans plus jeune que lui.

Napoléon est satisfait. N'est-il pas le chef de sa « famille » ?

À Eugène, vice-roi d'Italie, il écrit : « Mon fils, vous travaillez trop. Votre vie est trop monotone. Vous avez une jeune femme qui est grosse. Je pense que vous devez vous arranger pour passer la soirée avec elle et vous faire une petite société. Que n'allez-vous au théâtre une fois par semaine dans une grande loge ? Il faut avoir plus de gaieté dans votre maison... Je mène la vie que vous menez mais j'ai une vieille femme qui n'a pas besoin de s'amuser, et cependant il est vrai que je prends plus de divertissement et de dissipation que vous n'en prenez. Une jeune femme a besoin d'être amusée, surtout dans la situation où elle se trouve. »

Et il ajoute pour Augusta, l'épouse d'Eugène : « Ménagez-vous bien dans votre état actuel, et tâchez de ne pas nous donner une fille. Je vous dirai la recette pour cela, mais vous n'y croirez pas : c'est de boire tous les jours un peu de vin pur. »

Il se souvient avec plaisir d'Augusta de Bavière. Elle lui écrit souvent. « Votre femme a été plus aimable que vous », dit-il à Eugène. Et parfois, quand Napoléon voit s'avancer, dans le salon de Joséphine, Stéphanie de Beauharnais, la nièce de l'Impératrice, il retrouve le plaisir qu'il a eu à côtoyer Augusta.

Plus il vieillit, et plus il aime les jeunes femmes, et Stéphanie n'a que dix-sept ans en 1806.

C'est une adolescente gaie, espiègle, aux traits réguliers que couronnent des cheveux blonds.

Napoléon aime la contempler, plaisanter avec elle, et il devine, dans les regards que lancent Joséphine ou Caroline Murat, l'inquiétude et la jalousie.

Un soir, alors qu'il entre dans le salon de l'Impératrice, il découvre Stéphanie en larmes. Caroline a exigé, apprend-il, que Stéphanie reste debout, conformément à l'étiquette impériale qui interdit que l'on s'asseye devant les « princesses sœurs de Sa Majesté ».

Napoléon prend Stéphanie par la taille, la fait asseoir sur ses genoux et passe la soirée à chuchoter à l'oreille de l'adolescente sous les regards courroucés de Caroline Murat.

Le lendemain, parce qu'il est celui qui peut tout, il décide d'adopter la jeune fille qui, désormais, dicte-t-il au comte de Ségur, grand maître des cérémonies, « jouira de toutes les prérogatives de son rang dans tous les cercles, fêtes et à table. Elle se placera à Nos côtés et dans le cas où Nous ne Nous y trouverons pas, elle sera placée à la droite de l'Impératrice ».

Ainsi l'on montre que l'on décide de tout.

Quelques jours plus tard, Napoléon choisira le mari de Stéphanie, Charles, le prince héritier de Bade, qui a été fiancé à Augusta puis écarté au bénéfice d'Eugène de Beauharnais.

Voilà ce que je veux.

Stéphanie aussi doit plier. Paris illumine pour son mariage. Les cérémonies sont fastueuses. Napoléon dote sa fille adoptive d'une rente de 1 500 000 francs et d'un trousseau de 500 000 francs. Mais, quand il apprend que Stéphanie refuse sa porte à son mari, il lui intime l'ordre de quitter Paris pour Karlsruhe.

« Soyez agréable à l'Électeur de Bade, il est votre père, dit-il. Aimez votre mari pour tout l'attachement qu'il vous porte. »

C'est moi qui dicte le comportement des membres de ma famille et j'entends qu'on m'obéisse.

Mais il faut chaque jour – et presque chaque heure – ordonner, conseiller, morigéner, rappeler à ceux qu'on a fait roi ou prince qu'ils ne sont que des vassaux, des exécutants de la pensée impériale, des rouages du Grand Empire.

C'est Murat, le munificent prince Joachim maintenant grand-duc de Berg, qui réclame des garanties pour ses enfants. Oublie-t-il celui grâce à qui il est prince ? Et qui tient seul entre ses mains l'avenir de l'Empire et des États fédératifs qui lui sont associés ?

« Quant à la garantie de vos enfants, lui lance Napoléon, c'est un raisonnement pitoyable et qui m'a fait hausser les épaules : j'en ai rougi pour vous. Vous êtes français, j'espère, vos enfants le seront ; tout autre sentiment serait si déshonorant que je vous prie de ne m'en jamais parler. »

Napoléon s'interrompt. L'aveuglement de ces hommes, qu'il a couverts de titres, d'honneurs et d'argent, l'étonne et le révolte. Il a des accès de mépris pour eux et de la commisération. Il pressent que la plupart d'entre eux se détacheraient de lui s'il était vaincu ou même seulement affaibli. C'est pour cela aussi qu'il faut les tenir dans une poigne de fer, les harceler, les surveiller, les contraindre.

Il ajoute à l'intention de Murat :

« Il serait fort extraodinaire qu'après les bienfaits dont le peuple français vous a comblé vous pensiez à donner à vos enfants le moyen de lui nuire ! Encore une fois, ne me parlez plus de cela, c'est trop ridicule. »

Mais ils sont tous, autour de Napoléon, semblables à Murat et à son épouse Caroline Bonaparte – tous avides, se préoccupant de leur sort plutôt que du sort de l'Empire.

La mère de l'Empereur elle-même réclame, alors qu'elle est couverte d'or, une rente apanagère sur le Trésor public, ce qui signifie que Letizia Bonaparte envisage la mort de son fils Napoléon et prend ses précautions pour s'assurer des revenus après son décès éventuel !

Napoléon n'a qu'un haussement d'épaules lorsqu'il apprend cette démarche, puis, avec une grimace d'amertume, il donne son accord pour que sa mère soit satisfaite !

Elle aussi, comme les autres, est incapable de voir au-delà de son intérêt immédiat et personnel.

Ainsi Louis, devenu roi de Hollande, accable-t-il l'Empereur de demandes d'assistance.

N'est-il pas roi, pourtant ? N'a-t-il pas un État ?

« Je n'ai point d'argent, lui répond Napoléon. Que le moyen qu'on vous propose d'avoir recours à la France est commode ! Mais ce n'est pas le temps des jérémiades, c'est de l'énergie qu'il faut montrer... »

Mais ont-ils de l'énergie, ces frères que j'ai faits rois, ces hommes que j'ai faits princes, ces généraux auxquels j'ai donné ma confiance ?

Il faut donc que Napoléon les guide, par des dépêches quotidiennes.

Les courriers partent plusieurs fois par jour de la Malmaison, de Saint-Cloud, des Tuileries, pour Naples, Parme, Düsseldorf, Amsterdam.

Il dit au général Junot : « Vous ne sauriez être clément qu'en étant sévère, sans quoi ce malheureux pays et le Piémont sont perdus et il faudra des flots de sang pour assurer la tranquillité de l'Italie... »

Junot exécute les ordres, détruit les villages rebelles.

« Je vois avec plaisir, commente Napoléon, que le village de Mezzano qui a pris le premier les armes sera brûlé... Il y aura beaucoup d'humanité et de clémence dans cet acte de rigueur, parce qu'il préviendra d'autres révoltes. »

Mais la tentation de ces hommes est toujours de se faire aimer plutôt que de gouverner avec la force nécessaire.

Napoléon s'indigne quand il lit les rapports que Joseph lui envoie de Naples. Il n'a que peu de confiance en ce frère aîné qui n'a jamais affronté les combats.

Il lui répète : « Quand on a de grands États, on ne les maintient que par des actes de sévérité », alors que Joseph s'imagine que les Napolitains le portent dans leur cœur !

Il se croit roi de toute éternité. Il a déjà effacé de son esprit qu'il n'est souverain de Naples que par la volonté et les armes de l'Empereur ! Pour qui se prend-il ?

« Vous comparez l'attachement des Français à ma personne à celui des Napolitains pour vous, lui écrit Napoléon. Cela paraîtrait une épigramme. Quel amour voulez-vous qu'ait pour vous un peuple pour qui vous n'avez rien fait, chez lequel vous êtes par droit de conquête avec quarante mille à cinquante mille étrangers ? »

Mais Joseph veut-il voir cette réalité en face ?

Napoléon ricane, amer.

Ils ne comprennent rien !

« Mettez bien ceci dans vos calculs, dit-il à Joseph, que quinze jours plus tôt ou plus tard vous aurez une insurrection... Quelle que chose que vous fassiez, vous ne vous soutiendrez jamais dans une ville comme Naples par l'opinion... Mettez de l'ordre, désarmez, désarmez. »

Il faut lui répéter : « Faites condamner à mort les chefs des masses... Tout espion doit être fusillé ; tout chef d'émeute doit être fusillé ; tout *lazzarone* qui donne des coups de stylet à un soldat doit être fusillé. »

Mais Joseph comprendra-t-il que gouverner est un art plein d'exigence et de rigueur ?

Napoléon entre dans les détails : la cuisine d'un souverain doit être surveillée, sinon gare au poison. Aucune précaution ne doit être négligée dans la vie quotidienne d'un roi. « Personne ne doit entrer chez vous la nuit, que votre aide de camp qui doit coucher dans la pièce qui précède votre chambre à coucher ; votre porte doit être fermée en dedans et vous ne devez ouvrir à votre aide de camp que lorsque vous avez bien reconnu sa voix, et lui-même ne doit frapper à votre porte qu'après avoir eu soin de fermer la porte de la chambre où il se trouve... »

Il faut tout enseigner à Joseph. La prudence d'un roi et l'art de la guerre. Et pour quel résultat ?

« Votre gouvernement n'est pas assez vigoureux, vous craignez d'indisposer les gens », doit encore écrire Napoléon le 5 juillet 1806. Et quelques jours plus tard, quand il apprend que les Anglais ont débarqué, battu le général Reynier, son indignation éclate, plus cinglante : « Ce serait vous affliger inutilement que de vous dire tout ce que je pense, écrit-il. Si vous vous faites roi fainéant au lieu de m'être utile, vous me nuirez car vous m'ôterez de mes moyens... » Et, lorsque Joseph sollicite une audience à Saint-Cloud, la réponse jaillit comme un soufflet : « Un roi doit se défendre et mourir dans ses États. Un roi émigré et vagabond est un sot personnage. »

Ce que voudraient Joseph et Louis, et tous, princes, maréchaux, c'est la paix, de façon à pouvoir jouir de leur pouvoir et de leurs biens.

Napoléon le sait. Il a le même désir, dit-il.

Un jour de février 1806, il accorde une audience à Talleyrand. Le ministre des Relations extérieures est rayonnant. Il vient de recevoir une dépêche en provenance de Londres. Fox, qui a succédé à William Pitt, lui annonce qu'il a eu connaissance d'une tentative d'assassinat contre le « Chef des Français » et qu'il a fait arrêter son auteur. Un signe, n'est-ce pas, des intentions pacifiques de Fox ? Peut-être va-t-on retrouver le climat qui conduisit, en 1802, à la paix d'Amiens, ce grand moment d'espoir.

– Remerciez Fox de ma part, dit Napoléon. La guerre entre nos deux nations est une querelle inutile pour l'humanité...

Il le pense, mais il faudrait, pour parvenir à la paix, des concessions réciproques. Or, chacun se méfie.

En mai, lorsque Napoléon apprend que les Anglais ont décidé le blocus de tous les ports de l'Elbe à Brest, il s'indigne. Comment répondre à cette mesure, sinon en montrant que le Continent est unifié, ce qui suppose que l'on obéit et que l'on accepte la domination de l'Empereur, que l'on approuve cette réorganisation des États qui, du royaume de Naples à celui de Hollande, fait de Napoléon l'Empereur des rois ? Il est le souverain qui dicte sa loi, exige que tous les ports soient fermés aux Anglais.

Mais déjà le pape, en ce qui concerne ses ports, s'y refuse. « Il verra, tonne Napoléon, si j'ai la force et le courage de soutenir ma couronne impériale. Les relations du pape avec moi doivent être celles de ses prédécesseurs avec les empereurs d'Occident. »

L'engrenage se met en route une nouvelle fois. Les négociateurs anglais, lord Yarmouth et lord Lauderdale, sont à Paris mais ils refusent de céder la Sicile, de renoncer au blocus. Et Fox meurt le 13 septembre 1806. Est-ce la fin du parti de la paix ? Napoléon s'interroge.

Le continent européen est son arme. Mais chaque pas qu'il fait pour le réunir sous son autorité déclenche des inquiétudes, suscite des ripostes.

Aux mois d'août et septembre 1806, alors qu'il séjourne au château de Saint-Cloud, puis à Rambouillet, Napoléon est plus impatient qu'à l'habitude de recevoir les dépêches de Berlin et de Saint-Pétersbourg.

Il sait que la Prusse est inquiète depuis qu'il a constitué la Confédération du Rhin sous son autorité. Quant à la Russie, elle a refusé de signer le traité de paix. Une quatrième coalition s'esquisse, regroupant la Prusse, la Russie et, naturellement, l'Angleterre. Mais Napoléon veut être prudent.

« Vous ne savez pas ce que je fais, dit-il à Murat. Restez donc tranquille. Avec une puissance telle que la Prusse, on ne saurait aller trop doucement. »

Point de guerre, la paix, voilà son vœu. Les soldats de la Grande Armée sont encore cantonnés en Allemagne et rêvent de rentrer en France.

« Je veux être bien avec la Prusse », répète Napoléon à Talleyrand. Que le ministre donne des consignes en conséquence à Laforest, l'ambassadeur de France à Berlin. Mais celui-ci envoie des dépêches alarmantes.

Napoléon les lit à mi-voix. Berlin arme. Les troupes prussiennes font mouvement vers la Hesse et la Saxe pour y devancer Napoléon et enrôler les armées de ces États dans les rangs prussiens.

Est-il possible que Frédéric-Guillaume et son épouse, la belle reine Louise, prennent ainsi le risque de la guerre ? Là où les armées russes et autrichiennes n'ont pas réussi, les Prussiens espèrent-ils vaincre ?

Le 10 septembre 1806, Napoléon dit à Berthier :

– Les mouvements de Prusse continuent à être fort extraordinaires. Ils veulent recevoir une leçon. Je fais partir demain mes chevaux et dans peu de jours ma Garde.

3.

Ce jeudi 11 septembre 1806, Napoléon, dans sa chambre du château de Saint-Cloud, reste longuement immobile devant la fenêtre ouverte.

Il est à peine 7 heures. Il s'est levé plus tôt que d'habitude. Il a convoqué le grand écuyer Caulaincourt, qui attend dans l'antichambre. Il doit lui ordonner de préparer toutes les lunettes, les portemanteaux, une tente avec un lit de fer, des tapis, de nombreux tapis épais pour le bivouac en campagne, et le petit cabriolet de guerre, puis de faire partir pour l'Allemagne une soixantaine de chevaux.

Napoléon a déjà établi que son quartier général s'installera à Würzburg, puis à Bamberg, au sud de l'Allemagne, à la jointure de la Prusse et de la Saxe. Là se rassemblera la Grande Armée, afin d'empêcher les troupes russes de rejoindre les troupes prussiennes. On pourra, à partir de là, remonter vers le nord, tourner les troupes de Frédéric-Guillaume et entrer dans Berlin.

Napoléon s'appuie au rebord de la fenêtre. Il réside au château de Saint-Cloud depuis le début du mois d'août. Il aime la forêt qui entoure les bâtiments. Il y chasse à sa guise, sur un coup de tête, quant tout à coup il est pris du besoin d'agir, de respirer.

Ce matin, la brume enveloppe la forêt. L'air est humide et frais. Il songe à cet hiver qui s'approche et qu'il vivra dans des chambres inconnues, apprêtées à la hâte, ou sous la tente.

Il faut que Caulaincourt pense aux tapis épais, aux pelisses, au vin de chambertin, aux fourgons qui doivent se trouver à chaque étape, avec la vaisselle, les provisions de bouche, de manière à reconstituer en quelques heures un décor familier.

L'Empereur regarde la forêt. Il a dirigé trop d'armées en campagne pour s'illusionner. Il devra marcher au milieu des soldats, subir l'averse, chevaucher, coucher sur un manteau, affronter le vent. Il s'étonne lui-même de ces pensées. Il se retourne, fait quelques pas dans la chambre, se découvre dans le miroir qui occupe toute une cloison.

A-t-il changé à ce point ? Est-ce la jeunesse qui s'en est allée avec la maigreur, et la lassitude qui vient avec l'embonpoint ? Peut-être est-il comme ses maréchaux et ses frères, désireux d'avoir la paix pour jouir des palais, du luxe, des jeunes femmes ?

Il se détourne, appelle Caulaincourt.

Il apprécie ce marquis d'ancienne noblesse qu'il a fait général de division, choisi comme écuyer et qui sait faire preuve d'initiative. Caulaincourt ose même parfois défendre son point de vue. Indépendance d'esprit utile, car elle permet à Napoléon d'aiguiser sa propre pensée.

Napoléon lui donne ses ordres. Il faut faire croire que les chevaux sont expédiés à Compiègne – comme s'il s'agissait d'aller chasser dans la forêt, précise-t-il.

– La Prusse a perdu la tête, murmure-t-il.

Il fait quelques pas. La guerre n'est peut-être pas encore inéluctable. Il a envoyé déjà des officiers de renseignements sur les routes d'Allemagne, entre Bamberg et Berlin. Il veut connaître tous les chemins, l'état des fortifications, les mouvements des troupes prussiennes. Mais, il le rappelle à Caulaincourt, il ne faut donner aucun signe de préparation à la guerre, ou qui permette de penser que l'Empereur s'apprête à quitter Paris.

– Il faut la plus grande prudence, insiste-t-il. Je n'ai aucun projet sur Berlin.

Vrai ou faux ? Cela dépend. Il voudrait la paix, mais comment la faire, dès lors que la Prusse et la Russie, poussées par l'Angleterre, ne la veulent pas ? Et, de ces trois nations, la seule qu'il peut rapidement mettre à terre, brisant ainsi la coalition des trois, c'est la Prusse. Alors, il a déjà donné ses ordres. Chaque jour, il inspecte ses troupes sur le plateau dominant le bois de Meudon. Il y a vu quinze mille hommes, pour la plupart de jeunes conscrits. Mais ce matin, ajoute-t-il en entraînant Caulaincourt, il passe en revue la garde impériale et les troupes des garnisons de Paris et de Versailles dans la plaine des Sablons.

Il descend rapidement les escaliers du château. Ses aides de camp l'entourent. Des soldats de la Garde lancent : « Vive l'Empereur ! » Napoléon s'avance vers eux, s'attarde, pince l'oreille de quelques grenadiers, prononce quelques mots. De nouveaux vivats éclatent.

Au moment de monter à cheval, Napoléon se penche, dit à Caulaincourt :

– Le fanatisme militaire est le seul qui me soit bon à quelque chose. Il en faut pour se faire tuer.

Puis il donne un coup d'éperon et le cheval s'élance.

Il passe sur le front des troupes. Elles forment dans la brume matinale un immense carré zébré par l'éclat de l'acier des baïonnettes et des sabres, et pointillé ici et là par les parements colorés ou blancs des uniformes.

Il caracole. Il écoute les vivats des soldats. Quelque chose hésite en lui, comme si l'élan et l'enthousiasme d'autrefois avaient du mal à se déployer, à l'emporter, retenus qu'ils sont par la lassitude, le sentiment de la répétition.

Tout recommence une nouvelle fois. La marche des armées. Les champs de bataille où hurlent les blessés. Et la victoire aussi. Car il va vaincre.

Son plan est déjà dessiné dans sa tête. Il ira à Mayence, puis à Würzburg. On passera le Frankenwald et on débouchera dans la plaine de Bamberg. Les troupes se rassembleront dans cette région. Elles franchiront les monts de Thuringe et se dirigeront vers Erfurt, Weimar, Leipzig, Iéna, et là, entre ces villes, se déroulera la bataille. Puis, les armées prussiennes bousculées, on gagnera Berlin.

Il ne connaît pas cette capitale. Il pense à Frédéric le Grand, ce fondateur d'État, ce chef de guerre, ce créateur d'armée qu'il admire. Il imagine d'entrer dans son château de Sans-Souci à Potsdam, de visiter son tombeau, là où, l'année précédente, en octobre 1805, le tsar Alexandre, le roi de Prusse Frédéric-Guillaume III et son épouse, la reine Louise, ont prêté serment d'alliance.

Contre moi.

La reine Louise, l'âme forte de cette coalition. Elle répète à tous : « Napoléon n'est qu'un monstre sorti de la fange. » L'ambassadeur de France l'a rapporté.

Napoléon arrête son cheval, regarde les troupes.

– J'ai près de cent cinquante mille hommes, dit-il d'une voix forte. Je puis avec cela soumettre Vienne, Berlin, Saint-Pétersbourg.

La guerre, donc.

Il rentre à Saint-Cloud.

« Si véritablement je dois encore frapper, dit-il, l'Europe n'apprendra mon départ de Paris que par la ruine entière de mes ennemis. [...] Il est bon, continue-t-il, que les journaux me peignent occupé à Paris de plaisirs, de chasses et de négociations. »

Si cela était...

Il se surprend à imaginer cette vie pacifique, dans le calme et le faste des châteaux. Il organiserait l'Europe. Il bâtirait. Il irait de l'une de ses capitales à l'autre. Il aurait tant à faire.

Il dicte, le 12 septembre, une lettre pour Frédéric-Guillaume III.

« Je considère cette guerre comme une guerre civile... Si je suis contraint de prendre les armes pour me défendre, ce sera avec le plus grand regret que je les emploierai contre les troupes de Votre Majesté. »

Mais les troupes prussiennes sont déjà en marche. Le 18 septembre, elles occupent Dresde.

Les dés sont jetés. Il n'est plus temps de s'interroger. Il faut dicter au général Clarke, pendant plus de deux heures, le plan des mouvements de l'armée. Il faut donner l'ordre à la garde impériale de se mettre en route pour l'Allemagne.

Il faut veiller à chaque détail.

Napoléon écrit à Eugène : « Les affaires se méditent de longue main et, pour arriver à des succès, il faut penser plusieurs mois ce qui peut arriver. » Et, à cette guerre contre la Prusse, Napoléon songe depuis longtemps, sans la souhaiter, en espérant même l'éviter, mais en en ayant envisagé le déroulement.

Maintenant, il ne s'agit plus que de laisser sa pensée se dérouler.

Il dit à Berthier : « Je ne veux pas plus de quatre cents voitures. Mais je n'entends pas que la moitié soient des caissons d'outils ou des effets d'artillerie des compagnies. J'entends que ce soient des cartouches d'infanterie, des cartouches de canon, pour réparer des pertes et pour avoir vingt ou trente pièces de canons de plus en batterie le jour de la bataille. »

Il dit au maréchal Soult : « Je débouche avec toute mon armée sur la Saxe par trois débouchés. Vous êtes à ma droite, ayant à une demi-journée derrière vous le corps du maréchal Ney... Le maréchal Bernadotte est à la tête de mon centre... Il a derrière lui le corps du maréchal Davout, la plus grande partie de la réserve de la cavalerie de ma Garde... Avec cette immense supériorité de forces réunies sur un espace si étroit, vous sentez bien que je suis dans la volonté de ne rien hasarder et d'attaquer l'ennemi partout où il voudra tenir, avec des forces doubles... Vous sentez bien que ce serait une belle affaire que de se porter autour de cette place, Dresde, en un bataillon carré de deux cent mille hommes, cependant tout cela demande un peu d'art et quelques événements. »

Ce sont les derniers plans avant que les armées ne se mettent vraiment en mouvement. Et il sait qu'alors tout peut dépendre d'une circonstance imprévue, que les projets les plus précis peuvent être bouleversés, et que seules comptent, sur le terrain, l'acuité du regard et la rapidité de la décision.

Et c'est pourquoi il doit être au milieu de ses troupes, c'est pourquoi il doit courir aux avant-postes, essuyer les coups de feu de l'ennemi, pour voir de plus près le dispositif de l'adversaire.

C'est pourquoi il va devoir quitter Paris, le château de Saint-Cloud.

À cette idée, il est à nouveau saisi par un sentiment de lassitude, qu'il refoule, en voyant les cartes, en organisant une diversion au nord, puisqu'il compte avancer au sud.

« Comme mon intention n'est pas d'attaquer de votre côté, écrit-il à Louis, roi de Hollande, je désire que vous entriez en campagne le premier pour menacer l'ennemi. Les remparts de Wesel et le Rhin vous serviront de refuge à tout événement... » Et, parce qu'il sait que son frère manque d'énergie, hésite, il le rassure : « J'écraserai tous mes ennemis. Le résultat de tout ceci accroîtra vos États et sera une paix solide ; je dis solide parce que mes ennemis seront abattus et dans l'impuissance de remuer de dix ans. »

Peut-être la dernière guerre, pense-t-il.

Il parcourt les galeries du château. Joséphine vient à sa rencontre. Elle insiste pour partir avec lui s'il rejoint l'armée, si la guerre éclate comme elle le craint. Elle s'installera à Mayence, elle l'attendra dans cette ville. Il donne son accord. Il a du mal à partir, et c'est la première fois.

Il convoque Cambacérès. C'est lui, durant l'absence de l'Empereur, qui sera chargé de présider la réunion des ministres chaque mercredi.

Mais – Napoléon lève la main – les ministres correspondront directement avec l'Empereur, quel que soit le lieu où il se trouve. Il veut continuer de gouverner la France comme s'il était à Paris.

Combien de temps sera-t-il absent ? Il chevauche seul dans la forêt de Saint-Cloud. Il a besoin de cette solitude pour que se mettent en place dans sa tête tous les rouages de cette machine militaire qui va broyer l'ennemi. Il rentre, commence aussitôt à dicter plus de dix lettres qui précisent la marche des différents corps de la Grande Armée.

Puis il reçoit un aide de camp du général Augereau, qui rentre de Berlin. Napoléon tourne autour du lieutenant Marbot, l'examine, le questionne.

Marbot a été reçu dans les salons berlinois. Que pense-t-il de cette reine Louise, qui insulte l'Empereur ? Belle ? Elle veut, dit-on, assister à la guerre ? Blonde, n'est-ce pas ? demande Napoléon.

Il sourit en écoutant le jeune lieutenant qui dit d'abord que la reine Louise a défilé à Berlin à la tête du régiment des dragons de la reine, et que, selon le général von Blücher, elle entrera avec ses dragons à Paris.

– Belle femme ? questionne à nouveau Napoléon.

Marbot le confirme. Mais une seule chose la dépare, dit-il. Elle porte toujours une grosse cravate, afin, dit-on, de cacher un goitre assez prononcé qui, à force d'être tourmenté par les médecins, s'est ouvert et répand une matière purulente, surtout lorsque la reine danse, ce qui est son divertissement de prédilection.

Napoléon baisse la tête. Ce n'est donc que cette femme-là, la reine Louise, elle dont on dit qu'elle a fasciné le tsar Alexandre ?

– Et les Prussiens ? demande Napoléon.

Ce maréchal Brunswick, qui a commandé l'armée qui voulait punir Paris en 1792, et qui a été battu à Valmy, que vaut-il ?

Marbot hésite, puis rapporte simplement que les gendarmes de la Garde noble ont parcouru les rues de Berlin en criant qu'il n'y avait pas besoin de sabres pour ces chiens de Français, qu'il suffisait de gourdins. Ils sont allés affûter leurs sabres sur les marches de l'ambassade de France...

Napoléon porte la main à la poignée de son épée.

– Fanfarons ! lance-t-il. Insolents !

Puisque le duc de Brunswick commande à nouveau l'armée prussienne, comme il y a quatorze ans, il va découvrir que les armes françaises sont en bon état. Napoléon souhaite au lieutenant Marbot une guerre glorieuse.

Il se souvient de sa jeunesse d'officier. Il se sent soldat de la Révolution.

À 16 h 30, le jeudi 25 septembre 1806, il monte dans sa voiture et quitte Saint-Cloud. Joséphine est dans l'une des voitures qui suivent la berline de l'Empereur. La nuit tombe. On dîne à Châlons puis on repart dans l'obscurité et l'on roule jusqu'à Metz, le lendemain vendredi à 14 heures. Puis ce seront Saint-Avold, Sarrebruck, Kaiserslautern, et enfin Mayence, tôt le dimanche 28 au matin, alors que le jour pointe seulement.

Il est las. Il consulte les dépêches. La Grande Armée est déjà concentrée autour de Bamberg. Il vérifie la position de chaque corps, le nombre des hommes : il doit disposer de près de cent soixante-six mille soldats. Mais est-ce la guerre ?

Tout est prêt pour le déclenchement. Les Prussiens, commandés par le maréchal duc de Brunswick et le prince de Hohenlohe, se sont rassemblés autour d'Iéna. Et cependant le conflit n'a pas encore éclaté.

« La guerre n'est pas encore déclarée, dit Napoléon à Berthier le 29 septembre. On ne doit commettre aucune hostilité. »

Mais il ne faut jamais se laisser surprendre. Il ordonne l'achat de milliers de chevaux, fait reconnaître les chemins de Leipzig et de Dresde. Il examine minutieusement les rapports des officiers qu'il a envoyés en reconnaissance en Thuringe et en Saxe. La guerre est bien là. Les intentions prussiennes sont claires. Brunswick avance par la vallée du Main vers le Rhin. Napoléon dicte des ordres pour Berthier, écrit à Fouché.

« Les fatigues ne sont rien pour moi, dit-il. Je regretterais la perte de mes soldats si l'injustice de la guerre que je suis obligé de soutenir ne faisait retomber tous les maux que l'humanité va encore éprouver sur les rois faibles qui se laissent conduire par de brouillons vendus. »

Il est tendu. « Il est possible que les événements actuels ne soient que le commencement d'une grande coalition contre nous, et dont les circonstances feront éclore tout l'ensemble », écrit-il à Louis.

Il faut faire face. Dans la journée du 1er octobre, il donne ses dernières directives. Il va lui-même partir pour Würzburg en fin de journée. L'armée doit achever de converger vers cette ville et Bamberg.

Il voit s'avancer vers lui Joséphine en compagnie de Talleyrand, qui a rejoint lui aussi Mayence. Il s'approche d'eux en marchant lentement. Il va quitter la ville, dit-il, il roulera de nuit, traversera Francfort pour atteindre Würzburg.

Joséphine est en larmes, et tout à coup Napoléon sent ses jambes fléchir. C'est comme si son corps fondait. Il s'accroche à Talleyrand et à Joséphine. Il ne peut retenir ses larmes. La tension accumulée, les fatigues de ce labeur de dizaines d'heures pour préparer la guerre l'écrasent tout à coup.

On le porte dans une chambre. Il est saisi de convulsions et de spasmes. Il vomit. Son visage est terreux.

Il reste ainsi plusieurs minutes, le corps tendu, couvert de sueur, secoué de soubresauts, les mâchoires serrées.

Puis, peu à peu, il retrouve son calme, regarde autour de lui et, sans un mot, il se lève, écartant ceux qui l'entourent.

Il se dirige vers sa voiture d'un pas alerte, comme s'il ne s'était rien produit.

Il part pour Würzburg, ainsi qu'il l'avait prévu. Il est 22 heures.

Que s'est-il passé en lui ?

Il y songe alors que la berline roule dans la nuit vers Francfort où il devrait arriver à 1 heure du matin, ce jeudi 2 octobre 1806. Il a décidé de dîner rapidement avec le prince primat, puis de poursuivre jusqu'à Würzburg.

Il étend ses jambes. Il déteste que son corps le trahisse. Quel est ce signe ? Faut-il qu'il voie le docteur Corvisart ? Mais il se sent bien maintenant. Et cette énergie qui rayonne à nouveau en lui le rassure, le met de bonne humeur. Il chantonne.

Tout au long du dîner à Francfort, il est gai, et quand il arrive à Würzburg, à 22 heures, il se sent dispos. Il plaisante avec ses aides de camp, entre d'un pas alerte dans le palais du grand-duc, qui est l'ancienne demeure des évêques de la ville.

Devant le grand escalier, il s'arrête. Il regarde cette foule de princes allemands qui se pressent autour de lui. Il reconnaît le roi de Wurtemberg, s'approche de lui, le prend familièrement par le bras.

Il a appris à être aussi seul, aussi libre dans une foule que dans une forêt. Les regards des autres ne l'atteignent pas. Et, quand il croise des yeux, ceux-ci se baissent. Il domine. Il est au-dessus du grouillement des hommes, au sommet, dans l'atmosphère rare de ceux qui disposent du sort des peuples et inscrivent leur nom dans l'Histoire.

Il dit au roi de Wurtemberg que, chef de la famille impériale, il a décidé de marier son frère Jérôme à la fille du roi, Catherine de Wurtemberg. À cet effet, il a, par un sénatus-consulte, fait de Jérôme – qui a renoncé à son épouse américaine et s'est ainsi plié à la volonté de Napoléon – un prince français qui entre en ligne de compte dans l'hérédité impériale. Le roi de Wurtemberg s'incline, fait état des pressions prussiennes, d'une lettre qu'il a reçue du duc de Brunswick le menaçant de faire flotter les aigles de Prusse sur Stuttgart si le Wurtemberg ne quitte pas la Confédération du Rhin.

– Je suis votre protecteur, dit Napoléon calmement. Toutes nos armées sont en mouvement. Je me porte fort bien et j'ai bonne espérance de venir à bout de tout ceci.

L'attente de ce roi, de tous ces princes, l'oblige à réussir.

On lui fait admirer les plafonds peints par Tiepolo et les tableaux de ce peintre qui, avec des natures mortes de l'école italienne, décorent les galeries.

Il retient dans l'un des salons l'archiduc Ferdinand, frère de l'empereur d'Autriche François II. Il interroge l'archiduc. Il se sent maintenant au centre de ce réseau de dynasties européennes, et, quand l'archiduc lui vante les avantages d'une alliance avec l'Autriche, il approuve. Il ne fait que reprendre la tradition de la monarchie française, un temps interrompue.

Lorsqu'il se retire dans sa chambre, il convoque son secrétaire.

Les idées, les visions d'avenir se bousculent dans sa tête comme si la guerre qui n'est pas encore officiellement déclarée était déjà terminée, et qu'il l'eût gagnée. Mais il n'a jamais pu s'empêcher d'aller au-delà du présent et de l'avenir proche, pour dessiner à grands traits les lignes de son futur.

Il dicte une dépêche pour l'ambassadeur de France à Vienne, La Rochefoucauld.

« Ma position et mes forces sont telles, dit-il, que je n'ai à redouter personne, mais enfin tous ces efforts chargent mes peuples. »

Il faudrait donc un allié. La Prusse ne mérite aucune confiance. Restent la Russie et l'Autriche. « La marine a fleuri autrefois en France par le bien que nous a fait l'alliance de l'Autriche, dit-il. Cette puissance, d'ailleurs, a besoin de rester tranquille, sentiment que je partage aussi de cœur. »

Il lit les rapports de ses maréchaux, puis, apaisé, il se couche. Sa tête est en ordre.

Il se lève tôt. Le ciel est clair.

Visitons la cathédrale de Würzburg.

Il galope en tête de la cavalcade des aides de camp et des princes allemands.

Tout à coup il sent un choc. Il se retoune, aperçoit une paysanne que son cheval a renversée et qui reste à terre. Il s'arrête, descend de son cheval, se précipite vers la femme, ordonne qu'on la relève, demande qu'on traduise ce qu'il va lui dire. Il lui offre de l'argent, marque son regret pour l'incident, puis il a un geste affectueux de compassion.

Il faudrait que le monde soit sans violence. Il faudrait... mais il ne peut même pas rêver, penser cela. La guerre est dans l'ordre de la nature.

Lorsqu'il rentre au palais du grand-duc, il écrit rapidement quelques lignes à Joséphine, dont il a reçu une lettre éplorée.

« Je ne sais pourquoi tu pleures, tu as tort de te faire du mal. Le courage et la gaieté, voilà la recette.

« Adieu, mon amie ; le grand-duc m'a parlé de toi.

« Napoléon »

Il quitte Würzburg le lundi 6 octobre à 3 heures du matin. Au fur et à mesure que la nuit se retire et que le brouillard se dissipe, il découvre ces forêts et ces collines que ses troupes ont déjà franchies. Il reconnaît ces paysages qu'il a longuement imaginés en regardant les cartes. C'est dans ce relief-là, dans cette marqueterie de plateaux, de montagnes et de vallées qu'il veut livrer bataille, au-delà de Bamberg.

Il entre dans la ville, longe la rivière Regnitz, et arrive à la Neue

Residenz, qui domine la ville. Caulaincourt a emménagé dans le bâtiment, le quartier général. La cité est envahie par les troupes.

Napoléon prend connaissance des dépêches. Il peste. Les courriers ne vont pas assez vite.

« Dans une guerre comme celle-ci, s'exclame-t-il, on ne peut arriver à de beaux résultats que par des communications très fréquentes ! Mettez cela au rang de vos premiers soins. »

Où sont les troupes de Brunswick ? demande-t-il.

« Ils ne s'attendent pas à ce que nous voulons faire : malheur à eux s'ils hésitent et s'ils perdent une journée ! »

Maintenant, en effet, chaque minute compte. Il reçoit le général Berthier qui lui apporte un ultimatum envoyé à Paris dès le 26 septembre et dans lequel Frédéric-Guillaume exige que la Grande Armée se retire en deçà du Rhin avant le 8 octobre.

Napoléon froisse le papier, le jette, marche à grands pas, les mains derrière le dos. De temps à autre il prend une prise. Il parle d'une voix irritée. Qu'est-ce que ce roi de Prusse ? Pense-t-il que la France est celle de 1792 ?

– Se croit-il en Champagne ? Veut-il reproduire son Manifeste ? Vraiment, j'ai pitié de la Prusse, je plains Guillaume.

Il est victime, lance-t-il, d'une reine habillée en amazone, portant l'uniforme de son régiment de dragons, écrivant vingt-cinq lettres par jour pour exciter de toutes parts l'incendie.

– Ce roi ne sait pas quelles rhapsodies on lui fait écrire. C'est par trop ridicule ! Il ne le sait pas !

Napoléon s'arrête devant Berthier.

– Berthier, on nous donne pour le 8 un rendez-vous d'honneur. Jamais un Français n'y a manqué. Mais comme on nous dit qu'il y a une belle reine qui veut être témoin du combat, soyons courtois et marchons, sans nous coucher, sur la Saxe.

Il parcourt plusieurs fois la pièce en silence. Les mots montent en lui, comme d'une source profonde, jaillissante. Il se tourne vers son secrétaire. Il dicte une proclamation à la Grande Armée :

« Soldats, l'ordre pour votre rentrée en France était parti ; vous vous en étiez déjà rapprochés de plusieurs marches. Des fêtes triomphales vous attendaient... »

Il s'arrête. Il le sait bien : les soldats rêvaient au retour chez eux, à la paix.

« Mais des cris de guerre se sont fait entendre à Berlin », poursuit-il.

Il pense au Manifeste de Brunswick de 1792. Les hommes de la Grande Armée doivent se souvenir de ces menaces sur Paris, de cette morgue de Prussiens et d'émigrés, et de leur défaite à Valmy. Il faut faire revivre ce passé.

« La même faction, le même esprit de vertige qui conduisit il y a quatorze ans les Prussiens au milieu des plaines de la Champagne, domine dans leurs conseils, reprend-il. Leurs projets furent confondus alors, ils trouvèrent dans les plaines de la Champagne la défaite, la mort et la honte. Mais les leçons de l'expérience s'effacent et il est des hommes chez lesquels le sentiment de la haine et de la jalousie ne meurt jamais... »

Il parle aux soldats et il se parle à lui-même.

« Marchons donc, puisque la modération n'a pu les faire sortir de cette étonnante ivresse. Que l'armée prussienne éprouve le même sort qu'elle éprouva il y a quatorze ans ! »

Qu'on lise cette proclamation devant les soldats, ordonne-t-il.

C'est la guerre qui commence, les escarmouches aux avant-postes. C'est là qu'il veut, qu'il doit être. Tout en lui est mouvement.

Il quitte Bamberg. Il n'a confiance que dans son regard. Il veut reconnaître lui-même le défilé de Saalburg, voir de ses yeux les troupes du général prussien Tauenzien, inspecter lui-même les soldats qui bivouaquent sur les hauteurs en avant de Schleiz où vient de se dérouler le premier affrontement.

Les hommes se lèvent sur son passage, crient : « Vive l'Empereur ! » Il s'arrête, les félicite, lance :

– La conduite des Prussiens est indigne. Ils ont incorporé un bataillon saxon entre deux bataillons prussiens pour être ainsi sûrs d'eux, une telle violation de l'indépendance et une telle violation contre une puissance plus faible ne peuvent que révolter toute l'Europe.

Mais le moment n'est plus aux protestations. C'est celui des armes.

Il entend au loin une canonnade. Ce sont les troupes du maréchal Lannes qui attaquent à Saalfeld l'avant-garde du prince de Hohenlohe commandée par le prince Louis de Prusse, l'un des plus ardents partisans de la guerre contre la France.

Napoléon veut aller plus loin, vers l'avant. Il donne des ordres à Caulaincourt pour que son quartier général soit porté à Auna.

C'est là qu'arrivent les rapports de Lannes puis de Murat. Il les lit debout, impatient.

Lannes raconte comment le maréchal des logis Guindey a d'un coup de pointe tué le prince Louis de Prusse qui, refusant de se rendre, a donné un coup de sabre au Français.

– C'est une punition du ciel, lance Napoléon, car c'est le véritable auteur de la guerre.

Puis il dicte ses directives : « L'art est aujourd'hui d'attaquer tout ce qu'on rencontre, afin de battre l'ennemi en détail pendant qu'il se réunit... Attaquez hardiment tout ce qui est en marche... Inondez avec votre cavalerie toute la plaine de Leipzig. »

Il est 4 heures du matin ce dimanche 12 octobre 1806. Il sort dans la nuit. Il éprouve un sentiment de joie et de puissance. « Je ne me suis trompé sur rien », murmure-t-il. Tout ce qu'il avait calculé il y a deux mois à Paris se réalise « marche pour marche, presque événement par événement ».

Il décide de se rendre à Gera, plus loin, afin de se rapprocher encore de ce qui sera le champ de la bataille décisive.

Dès qu'il y arrive, il écrit à Joséphine. C'était déjà le lundi 13 octobre, à 2 heures du matin.

« Je suis aujourd'hui à Gera, ma bonne amie ; mes affaires vont fort bien, et tout comme je pouvais l'espérer. Avec l'aide de Dieu, en peu de jours cela aura pris un caractère bien terrible, je crois, pour le pauvre roi de Prusse, que je plains personnellement parce qu'il est bon. La reine est à Erfurt avec le roi. Si elle veut voir une bataille, elle aura ce cruel plaisir. Je me porte à merveille ; j'ai déjà engraissé depuis mon départ ; cependant je fais, de ma personne, vingt et vingt-cinq lieues par jour, à cheval, en voiture, de toutes les manières. Je me couche à 8 heures et suis levé à minuit, je songe quelquefois que tu n'es pas encore couchée.

« Tout à toi,

« Napoléon »

Il appelle le général Clarke, son secrétaire de cabinet, lui pince l'oreille, fait quelques pas.

– Je leur barre le chemin de Dresde et de Berlin, dit-il. Les Prussiens n'ont presque aucune chance pour eux. Leurs généraux sont de grands imbéciles. On ne conçoit pas comment le duc de

Brunswick, auquel on accorde des talents, dirige d'une manière aussi ridicule les opérations de cette armée !

Il donne une tape amicale à Clarke.

– Clarke, dans un mois vous serez gouverneur de Berlin et l'on vous citera comme ayant été dans la même année, et entre deux guerres différentes, gouverneur de Vienne et de Berlin !

Il s'éloigne et lance :

– Je monte à cheval pour me rendre à Iéna.

Il arrive dans la ville au début de l'après-midi. Des quartiers brûlent. Les rues sont pleines de troupes. La Garde à pied entoure l'Empereur qui fait halte sous les tilleuls de la Grossherzogliche Schloss. Il appelle les aides de camp : il montre la hauteur qui domine la ville et qui semble inaccessible. C'est le Landgrafenberg, dont les pentes, couvertes de vigne, ne comportent que quelques sentiers étroits. On ne peut atteindre le sommet à cheval, expliquent les officiers. L'artillerie ne peut accéder au sommet.

Napoléon écoute. Un officier du maréchal Augereau, dont les troupes occupent Iéna, lui rapporte que les armées prussiennes ont quitté Weimar dans la nuit, en deux colonnes : l'une vers Nauenbourg, au nord d'Iéna, sous les ordres de Brunswick ; l'autre, qui avance vers Iéna, est commandée par le prince Hohenlohe.

Ces troupes sont donc au-delà du Landgrafenberg, à l'abri, imaginent-elles, de cette montagne infranchissable.

Napoléon s'impatiente, se rend au château ducal qui domine la ville. Il traverse les salles, les yeux toujours tournés vers le Landgrafenberg. La pente abrupte apparaît, vue du château, presque verticale, et la fumée des incendies ainsi que la brume du soir commencent à l'envelopper.

Des éclats de voix. Napoléon se retourne. Des officiers accompagnent un prêtre qui paraît exalté. Il maudit les Prussiens qui sont responsables de l'incendie de la ville et de la guerre. Il connaît, dit-il, un sentier dans les vignes qui permet d'atteindre le sommet du Landgrafenberg.

Napoléon félicite le prêtre. Il a la conviction que le destin lui fait un signe.

Il entraîne le maréchal Lannes et son état-major dans les vignes.

Le sentier est escarpé, étroit, d'une pente raide comme le toit d'une maison, lance un grenadier de la Garde qui accompagne les officiers. Mais, arrivé au sommet, Napoléon découvre un petit plateau rocailleux qui domine la plaine de Weimar où l'on aperçoit les feux de camp de l'armée prussienne.

Napoléon fait quelques pas. C'est là, sur ce plateau, qu'il concentrera ses troupes. Tout, canons compris, doit rejoindre le sommet du Landgrafenberg.

En redescendant à grands pas vers la ville alors que la nuit tombe, Napoléon donne ses ordres. Les bataillons travailleront à tour de rôle pendant une heure pour élargir le sentier. Qu'on distribue à chaque soldat des outils de pionnier. Puis ils gagneront le plateau, laissant la place à d'autres, et cela jusqu'à ce que les corps de Lannes, Soult, Augereau et la Garde à pied du maréchal Lefebvre aient pris position sur le plateau.

Il s'arrête plusieurs fois. Il faudra creuser là, ici, indique-t-il.

L'artillerie, avec ses caissons, doit passer, elle aussi. Il regarde les officiers qui l'entourent. Ils baissent les yeux. Ils approuvent.

Il descend seul, laissant son état-major prendre les dispositions pour mettre en œuvre ses ordres. Il fait nuit. Des sentinelles françaises situées aux abords de la ville ouvrent le feu sur lui. Il continue d'avancer, indifférent, comme s'il était sûr de ne pas pouvoir être atteint. Et il se sent en effet invulnérable, protégé, conduit à la victoire.

Il ne restera pas au château. Il veut que son bivouac soit établi sur le Landgrafenberg, afin de coucher au milieu de ses soldats.

Il s'attarde à regarder ses cartes, puis il gagne son bivouac.

Ses maréchaux l'attendent pour le dîner auquel il les a conviés. Un petit feu brûle dans un foyer creusé dans la terre. L'ordre est de ne faire que trois feux par compagnie de deux cent vingt hommes. Et Napoléon s'est plié à la consigne. Mais la table est mise dans la cabane qu'ont aménagée les grenadiers avec des paillassons pour toiture. Le lit de fer est installé, avec les malles, les lampes à huile, quelques livres et les cartes sur une autre table.

Roustam sert du vin d'Iéna pour accompagner les pommes de terre au beurre et les viandes froides. Puis, un à un, les maréchaux s'endorment, écrasés de fatigue, autour de l'Empereur qui semble sommeiller.

Il se réveille. Tout le monde dort. Il sort. L'obscurité, à quelques étincelles près, est totale. Les soldats ont caché leurs feux.

L'ennemi est proche. L'espace sur le plateau est si réduit que l'on ne peut faire un pas sans toucher un homme.

Napoléon avance à pas lents, reste debout dans la nuit, près des bivouacs des grenadiers.

Il aime se mêler ainsi, sans être reconnu, à ses soldats. Il aime être l'Empereur, seul, incognito. Il écoute les plaisanteries, les récits. Il aime aussi qu'on le reconnaisse tout à coup, qu'on se trouble, qu'on le salue avec déférence et vénération. Il s'éloigne alors.

Caulaincourt le rejoint, le presse de rentrer à son bivouac. Il y a danger à rester ainsi exposé au feu, seul. Mais Napoléon ne rentre pas à son bivouac. Il veut tout voir, tout revoir.

À la guerre, il le sait, on ne délègue pas. « Le chef seul comprend l'importance de certaines choses ; et il peut seul, par sa volonté et ses lumières supérieures, vaincre et surmonter toutes les difficultés. »

Il marche dans l'obscurité. Où sont les pièces de canon ? demande-t-il. Les hommes sont entassés sur le plateau, mais il ne distingue aucun caisson d'artillerie. Il se précipite. Ce sont les circonstances imprévues qui décident souvent du sort d'une bataille.

Au bas de la pente du Landgrafenberg, il aperçoit toute l'artillerie du maréchal Lannes bloquée dans une ravine trop étroite. Les fusées des essieux sont coincées entre les rochers. Il y a là près de deux cents voitures immobilisées.

La colère le submerge. Où est le général commandant ce corps ? On ne le trouve pas. Napoléon s'avance, se fait donner un falot, éclaire les parois, puis, d'une voix calme et claire, il ordonne qu'on distribue les outils, qu'on attaque la roche. Et, cependant que les artilleurs commencent à frapper la pierre, il tient la torche, va de l'un à l'autre, ne quitte la ravine que lorsque la première voiture s'ébranle, suivie par une pièce d'artillerie attelée à douze chevaux.

Il est calme lorsqu'il regagne son bivouac. Les grenadiers qu'il croise reviennent d'Iéna, où on les a autorisés à aller chercher des vivres. Ils ont trouvé du vin en abondance. Il les entend trinquer « à la santé du roi de Prusse ». Mais ils le font à mi-voix. L'ennemi est proche, ne se doutant pas de cette masse d'hommes concentrée sur ce plateau réputé inaccessible.

Napoléon regarde une dernière fois les cartes, distribue les consignes. Il donnera lui-même le signal de l'attaque qui aura lieu au lever du jour.

À minuit, il entre dans sa tente. Il est serein. Il ferme les yeux. Il s'endort.

À 3 heures du matin, il est debout. Le sol est recouvert par une gelée blanche. Le brouillard épais recouvre les collines, les vallées et le plateau. À 6 heures, le jour n'est pas encore levé.

Il est plus sûr de lui qu'à Austerlitz. Il passe à cheval devant les lignes, lance quelques mots aux soldats qui crient « marchons, marchons », « en avant ».

Napoléon tire sur les rênes, s'arrête.

– Qu'est-ce ? lance-t-il. Ça ne peut être qu'un jeune homme qui n'a pas de barbe qui peut vouloir préjuger de ce que je dois faire ! Qu'il attende qu'il ait commandé dans trente batailles rangées, avant de prétendre donner des avis ?

Il galope. Il est partout, sous le feu des canons prussiens qui ont commencé à tirer dès 6 heures du matin. Mais le prince de Hohenlohe n'imagine pas que les Français sont si proches de ses lignes, sur le Landgrafenberg, et les boulets de ses canonniers s'en vont frapper loin à l'arrière.

Mais ils sifflent au-dessus de Napoléon, comme bientôt les balles, quand, vers 9 heures, l'attaque se déclenche partout.

Il ne craint pas pour sa vie, tant de fois exposée. Il voit les hommes s'abattre autour de lui. Les soldats prussiens avancent en lignes serrées, comme des automates qui tout à coup tombent, désarticulés. Des blessés hurlent : « Vive l'Empereur ! » Il les regarde à peine. Il sait, depuis les premiers hommes qu'il a vus mourir autour de lui, que « celui qui ne voit pas d'un œil sec un champ de bataille fait tuer des hommes bien inutilement ».

Il a l'œil sec.

Il observe ces centaines de milliers d'hommes, ces sept cents pièces de canons qui sèment partout la mort. Il jouit de ce qui est pour lui l'un des « spectacles rares dans l'histoire ». Il voit les colonnes précédées de tirailleurs s'avancer, musique en tête, comme à la parade.

À 2 heures de l'après-midi, le sort de la bataille est joué. L'armée prussienne n'est plus qu'un fleuve de fuyards qui coule vers Weimar.

Napoléon se tient à cheval sur le plateau jusqu'à 3 heures. Il écoute les rapports des aides de camp. Des boulets tombent au milieu de l'état-major.

– Il est inutile de se faire tuer à la fin d'une victoire, dit Napoléon à Ségur, qui vient d'apporter un message du maréchal Lannes. Mettons pied à terre.

Il rentre à Iéna. La ville est éclairée par les incendies qu'ont allumés les boulets prussiens. Il passe devant l'église. Il entend les cris des blessés qui sont entassés dans le bâtiment mais dont le nombre est si grand qu'ils sont là, sanglants, sur le parvis, dans les rues.

Il a l'œil sec.

Il dort quelques minutes dans une auberge où Caulaincourt a fait installer le lit au coin d'une vaste salle, mais les aides de camp le réveillent. Ségur rapporte que la reine de Prusse a failli être capturée. Napoléon se lève.

– C'est elle qui est la cause de la guerre, dit-il.

Puis un aide de camp lui indique que Davout a remporté à Auerstedt une victoire totale sur les Prussiens commandés par le roi Frédéric-Guillaume et le duc de Brunswick. Ce dernier a été grièvement blessé.

Napoléon s'enquiert des conditions de la bataille. Il devient sombre. Il devine que Bernadotte, loin d'aider Davout comme il l'aurait dû, n'a pas participé au combat.

– Ce Gascon n'en fera jamais d'autres ! s'exclame Napoléon.

Il marche dans la salle. Il faudrait faire fusiller Bernadotte. Mais c'est le mari de Désirée Clary, le beau-frère de Joseph.

Il dicte une lette à Bernadotte : « Je n'ai pas l'habitude de récriminer sur le passé puisqu'il est sans remède. Mais votre corps d'armée ne s'est pas trouvé sur le champ de bataille, et cela eût pu être très funeste... Tout cela est certainement très malheureux. »

Petitesse des hommes. Bernadotte n'a pas voulu favoriser la victoire de Davout, qui mérite d'être fait duc d'Auerstedt. Je me souviendrai de ces deux hommes-là.

Il est 3 heures du matin le 15 octobre. Napoléon s'assied et, sur le rebord d'une caisse, à la lueur d'un lumignon, il écrit à Joséphine.

« Mon amie, j'ai fait de belles manœuvres contre les Prussiens. J'ai remporté hier une grande victoire. Ils étaient cent cinquante mille hommes, j'ai fait vingt mille prisonniers, pris cent pièces de canons et des drapeaux. J'étais en présence et près du roi de Prusse. J'ai manqué de le prendre ainsi que la reine.

« Je bivouaque depuis deux jours. Je me porte à merveille.

« Adieu, ma bonne amie ; porte-toi bien et aime-moi.

« Si Hortense est à Mayence, donne-lui un baiser, ainsi qu'à Napoléon et au petit [1].

« Napoléon »

Il sort dans les rues d'Iéna, monte dans une calèche découverte.

Qu'on le conduise à Weimar.

La route est encombrée de troupes. Les champs sur les bas-côtés sont couverts de morts et de blessés. Il dit à Berthier qu'« il faut donner tête baissée sur tout ce qui voudra résister ».

Il se penche, fait arrêter la voiture, descend, s'approche d'un groupe de blessés. Ils sont couverts de sang. Certains se redressent, crient d'une voix étouffée : « Vive l'Empereur ! »

Il s'enquiert de leurs noms, de leur unité. Il leur fera donner des Légions d'honneur.

Il s'éloigne, remonte dans la calèche.

– Vaincre n'est rien, murmure-t-il, il faut profiter du succès.

À Weimar, il s'installe pour quelques heures dans le palais ducal.

Il est heureux. On annonce l'arrivée d'un envoyé du roi de Prusse, un aide de camp qui réclame un armistice.

Napoléon l'écoute, répond : « Toute suspension d'armes qui donnerait le temps d'arriver aux armées russes serait trop contraire à mes intérêts pour que, quel que soit le désir que j'ai d'épargner des maux et des victimes à l'humanité, je puisse y souscrire. Mais je ne crains point les armées russes, ce n'est plus

---

1. Napoléon-Charles, le « Napoléon » de cette lettre, fils d'Hortense et Louis Bonaparte, est né en 1802. Il mourra en 1807. Le « petit » est son frère Napoléon-Louis, né en 1804, mort en 1831. Le dernier fils du ménage sera Charles-Louis, né en 1808 et mort en 1873, le futur Napoléon III. Un demi-frère né de la liaison entre la reine Hortense et Flahaut est né en 1811. Il portera le titre de duc de Morny et mourra en 1865.

qu'un nuage; je les ai vues la campagne passée. Mais Votre Majesté aura à s'en plaindre plus que moi... »

Les Russes ! Il se sent plus que jamais invincible, si sûr de lui, si confiant dans son intuition. Le maréchal Lannes lui écrit que les soldats, en écoutant sa proclamation qui célèbre les victoires d'Iéna et d'Auerstedt, ont crié : « Vive l'Empereur d'Occident ! » « Il est impossible de dire à Votre Majesté combien ces braves l'adorent, vraiment on n'a jamais été aussi amoureux de sa maîtresse qu'ils l'ont été de Votre personne. »

Il écoute Lannes. Il aime ses soldats pour l'amour qu'ils lui portent, et le dit dans la proclamation qu'il écrit.

C'est maintenant Davout qui s'avance, qui répète que son sang appartient à l'Empereur. « Je le verserai avec plaisir dans toutes les occasions et ma récompense sera de mériter votre estime et votre bienveillance. »

Il reçoit ces mots comme des trophées. N'est-ce pas justice qu'on l'admire, qu'on l'aime ? N'a-t-il pas conçu cette victoire ? À 5 heures du soir, ce 16 octobre, à Weimar, il écrit à nouveau à Joséphine. « M. Talleyrand t'aura montré le bulletin, ma bonne amie; tu y auras vu mes succès. Tout a été comme je l'avais calculé et jamais une armée n'a été plus battue et plus entièrement perdue. »

Il avait prévu cela. Et il est le seul à posséder ce talent, ce génie.

« Il me reste à te dire, poursuit-il, que je me porte bien, et que la fatigue, le bivouac, les veilles m'ont engraissé.

« Adieu, ma bonne amie, mille choses aimables à Hortense, au grand Napoléon.

« Tout à toi.

« Napoléon »

– Il faut les poursuivre l'épée dans les reins, dit-il dès qu'il retrouve ses maréchaux.

Il s'installe à Halle, gagne Wittenberg où il reçoit Lucchesini, l'envoyé du roi de Prusse, pour négocier.

– Le roi me paraît tout à fait décidé à s'arranger, dit Napoléon à Berthier, mais cela ne m'empêchera pas d'aller à Berlin, où je pense que je serai dans quatre ou cinq jours.

Ils ont voulu la guerre ! Qu'ils paient. C'est la loi du vainqueur. Il faut qu'ils la subissent.

Cent cinquante millions de francs de contribution pour les États allemands. Fermeture de l'université de Halle. « S'il se trouve demain des étudiants en ville, ils seront mis en prison pour prévenir le résultat du mauvais esprit qu'on a inculqué à cette jeunesse. »

Il interpelle le général Savary. Se souvient-il de la bataille de Rossbach, là où Frédéric II, en 1757, défit de manière éclatante l'armée française de Soubise ?

– Vous devez trouver à une demi-lieue d'ici la colonne que les Prussiens ont élevée en mémoire à cet événement.

Au pied du monument que Savary a découvert dans un champ de blé, Napoléon reste longuement à lire les inscriptions qui célèbrent la gloire de Frédéric II.

Je suis là. Quarante-neuf ans sont passés, et j'efface la défaite française et la victoire du grand Frédéric.

Il donne à Berthier ses consignes.

– Beaucoup de formes, beaucoup de procédés, beaucoup d'honnêteté, mais en réalité s'emparer de tout, surtout des moyens de guerre...

C'est la loi du vainqueur.

Il quitte Wittenberg, mais sur la route une averse de grêle l'oblige à se réfugier dans une maison de chasse. Les pièces sont obscures. L'orage tonne. Il fait froid. Le feu tire mal, enfume les pièces. Tout à coup, une voix. Une femme s'avance vers Napoléon, qui est entouré de ses officiers. Elle est égyptienne, veuve d'un officier français de l'armée d'Égypte. Elle s'incline. L'Empereur l'écoute, lui accorde une pension pour elle et son enfant.

Puis il s'isole devant la fenêtre.

Il y a si peu d'années entre l'Égypte et cette Saxe – à peine huit années ! Et cependant c'est comme si l'époque où il bivouaquait au pied des pyramides appartenait à une autre vie ! Tant de choses depuis. Et cette femme si jeune, qui fait resurgir le passé.

Il a soudain le sentiment d'être étranger à sa propre vie, de la voir se dérouler en dehors de lui comme s'il en était à la fois l'acteur et le spectateur.

Il reste longuement ainsi, attendant la fin de l'orage. Il se retourne. Il voit l'Égyptienne qui le contemple.

Rien n'est impossible. Le plus extraordinaire peut survenir. Il est ici. Demain il sera à Potsdam, dans le château de Sans-Souci, la résidence royale du grand Frédéric, ce souverain dont, jeune lieutenant, il admirait le génie et dont la gloire le fascinait.

Le vendredi 24 octobre 1806, il entre dans la cour du château de Sans-Souci. Il marche à pas lents, les mains derrière le dos, puis il se fait conduire à l'appartement de Frédéric II.

C'était donc ici.

Il ouvre les livres, dont beaucoup sont français. Il s'attarde aux notes écrites dans les marges.

Le souverain, comme lui, griffonnait sur ses ouvrages.

Napoléon fait le tour des pièces, descend sur la terrasse, regarde la plaine sablonneuse où le créateur de l'armée prussienne passait ses troupes en revue. Napoléon rentre dans l'appartement, prend l'épée, la ceinture et le grand cordon du roi. Il désigne les drapeaux de la Garde royale, ceux de la bataille de Rossbach.

– Je les donnerai au gouverneur des Invalides, qui les gardera comme témoignage des victoires de la Grande Armée et de la vengeance qu'elle a tirée des désastres de Rossbach.

Peut-être n'a-t-il jamais éprouvé de plus grande satisfaction, peut-être ne s'est-il jamais autant qu'à cet instant senti l'Empereur des rois, le conquérant.

Il choisit de dormir dans l'appartement qu'avait occupé, en novembre 1805, le tsar Alexandre.

Il regarde depuis la fenêtre les soldats de la garde impériale qui bivouaquent sous les arbres du parc. Le ciel est limpide. Il le fixe longuement. Il se souvient des nuits étoilées d'Égypte, des pyramides. Il est envahi par une sorte d'ivresse.

Il appelle Caulaincourt. Demain il passera en revue la garde impériale, dit-il. Puis, avant de s'endormir, il songe que « le plus grand péril se trouve au moment de la victoire », quand on se laisse griser, qu'on oublie qu'une fois un ennemi terrassé d'autres surgissent. Il y a la Russie, l'Angleterre, l'Autriche, même.

Dès demain il se préoccupera de renforcer l'armée, de préparer un décret pour lever la conscription de 1807, de faire diriger vers les unités des élèves de Polytechnique et de Saint-Cyr, de demander à Eugène et à Joseph d'envoyer des régiments d'Italie, de Naples. La guerre est dévoreuse d'hommes.

Il dit, le lendemain matin, en passant la revue de sa Garde, qu'« il faut que cette guerre soit la dernière », mais, lorsqu'il dicte sa proclamation aux troupes, il conclut : « Soldats, les Russes se vantent de venir à nous. Nous marcherons à leur rencontre, nous leur épargnerons la moitié du chemin. Ils trouveront Austerlitz au milieu de la Prusse... Nos routes et nos frontières sont remplies de conscrits qui brûlent de marcher sur nos traces... »

Il se doit de prononcer ces paroles, puisque en effet les Russes avancent et qu'il faudra encore se battre.

Le matin du dimanche 26 octobre, il se dirige lentement vers la petite église de Potsdam où se trouve le tombeau de Frédéric II. Il s'arrête devant le cercueil cerclé de cuivre. Duroc, Berthier, Ségur, quelques officiers se tiennent derrière lui.

Il oublie ceux qui l'entourent.

Il communie avec ces hommes qui, tel Frédéric II, constituent la grande chaîne des conquérants, ceux que Plutarque, dont il fut le lecteur, appelle *Les Hommes illustres*.

Il est l'un d'eux. Leur vainqueur en ce siècle.

Il reste longtemps immobile devant le tombeau.

Pendant que les troupes de Davout entrent le 26 octobre 1806 dans Berlin, que celles de Murat marchent vers Stettin, Napoléon, après avoir reçu des mains du prince Hatzfeld les clés de Berlin, se dirige vers le château de Charlottenburg, dans les environs de la capitale de la Prusse.

La pluie tombe. Les chemins sont détrempés. Il s'égare, perd son escorte, se retrouve seul dans la campagne battue par l'averse.

Devant la porte du château, il aperçoit Ségur qui tente en vain d'ouvrir la porte.

– Pourquoi n'avez-vous disposé aucune troupe sur mon passage ? crie-t-il. Pourquoi êtes-vous sans aucune garde ?

La porte cède enfin. Le château est vide. Napoléon découvre les appartements de la reine Louise, et, dans une coiffeuse, les lettres de la souveraine.

Il les feuillette. Il rit.

Il a le sentiment d'avoir conquis cette femme.

4.

Il a peu dormi. Ce lundi 27 octobre 1806, il voit, dans la cour du château de Charlottenburg, les chasseurs de la Garde qui commencent à se rassembler. Ils lui serviront d'escorte pour son entrée dans Berlin, aujourd'hui.

Il veut une parade militaire qui frappe les esprits. Un véritable triomphe. Déjà il a exigé que les gendarmes nobles prussiens, qui avaient aiguisé leurs sabres sur les marches de l'ambassade de France, traversent Berlin, prisonniers entre deux colonnes de soldats français, afin qu'on les punisse de leur jactance !

Hier soir, il a dit à Daru, l'intendant général de la Grande Armée, qu'il fallait s'emparer de tout l'argent qu'on trouverait à Berlin afin de le verser dans les caisses du payeur de l'armée.

– Mon intention est que Berlin me fournisse abondamment tout ce qui est nécessaire pour mon armée, a-t-il poursuivi, pour que mes soldats soient dans l'abondance de tout.

Puis il a entraîné Daru dans les appartements de la reine Louise. Il a montré les papiers qu'elle avait laissés. Ce n'était pas, comme il l'avait imaginé un instant, une correspondance amoureuse, mais des pièces montrant la détermination de la reine à déclencher la guerre.

– Contre moi, Daru, contre nous.

Elle appelle Napoléon *Noppel*, et son perroquet prononce *Moppel*, ce qui signifie en argot berlinois : « petit roquet vantard ». Elle écrit cela.

Il a même trouvé dans ses papiers un rapport de Dumouriez, oui, le vainqueur de Brunswick à Valmy, sur la tactique à employer pour battre les troupes françaises.

– Malheureux les princes qui laissent prendre aux femmes de l'influence sur les affaires politiques ! s'est exclamé Napoléon.

Ce lundi, il fera beau.

Il regarde les régiments se former. Ces hommes espèrent en avoir fini avec les marches, les bivouacs, les combats. Ils ont échappé à la mort. Ils rêvent de paix. Ils ne savent pas que la paix se conquiert. Les Prussiens attendent les Russes qui avancent, dont les rapports précisent qu'ils ont traversé la Vistule, qu'ils sont entrés dans Varsovie. Faut-il aider les Polonais qui *veulent* leur indépendance ? Mais qu'est-ce que *vouloir* ? Napoléon l'a dit à Dombrowski, ce Polonais qui voudrait que la France fasse renaître son pays : « Je verrai si vous méritez d'être une nation. » « Si la Pologne fournit quarante bons mille hommes de troupe sur lesquels on puisse compter comme si l'on avait un corps de quarante mille hommes de troupes réglées », alors c'est que les Polonais voudront vraiment leur indépendance. Sinon...

Et aider les Polonais, c'est ouvrir la boîte de Pandore : la guerre à n'en jamais finir avec les Russes et sans doute les Autrichiens. Et derrière eux, l'Angleterre, l'âme damnée des coalitions, le banquier des puissances, celle qu'il faut briser si l'on veut un jour obtenir la paix.

On annonce l'arrivée du général Zastrow, qui demande une audience de la part de Frédéric-Guillaume. Le roi de Prusse sollicite un armistice et l'ouverture de négociations.

– Les Russes sont-ils déjà sur le territoire prussien ? répond Napoléon.

– Il se peut que leurs têtes de colonne, en ce moment, franchissent la frontière, répond le général Zastrow en s'inclinant. Le roi n'attend pour leur faire rebrousser chemin qu'une parole rassurante.

Napoléon lui tourne le dos.

– Oh, si les Russes viennent, dit-il, je marche contre eux et je veux les battre.

Il faut quelques pas, revient vers Zastrow.

– Mais les négociations peuvent continuer, ajoute-t-il. Duroc, le grand maréchal du palais, en est chargé.

Mais d'abord, l'entrée dans Berlin. Il faut que ces Prussiens découvrent la force de la Grande Armée.

À 15 heures, Napoléon caracole sur Unter den Linden. Il est seul au milieu du défilé, petit homme en tenue verte de colonel des chasseurs de la Garde, coiffé de son chapeau corné, de sa « cocarde à un sou », comme disent les grenadiers. Il ne porte, comme décoration, que le cordon de la Légion d'honneur. Derrière lui se tient son mameluk, Roustam, et à quelques longueurs encore son état-major, les officiers de la maison impériale, Duroc, Caulaincourt, Clarke, les aides de camp, Lemarois, Mouton, Savary, Rapp, et puis les maréchaux, Berthier, Davout, Augereau.

Lefebvre et la Garde à pied précèdent l'Empereur, puis, après les officiers, viennent les chasseurs de sa Garde.

Napoléon voit tout cela, qu'il a voulu : les fanfares, les mameluks, vingt mille hommes, et ces grenadiers immenses avec leurs bonnets à poil. Et il voit la foule massée sur les côtés d'Unter den Linden. Il galope autour de la statue de Frédéric II, le chapeau levé. Il est l'Empereur vainqueur.

Il passe en revue le troisième corps, celui du maréchal Davout, le duc d'Auerstedt. Il distribue plus de cinq cents croix, s'attarde longuement pour parler aux soldats. Il élève au grade supérieur de nombreux officiers.

– Les braves qui sont morts, dit-il, sont morts avec gloire. Nous devons désirer de mourir dans des circonstances si glorieuses.

Les troupes l'acclament, et Davout lance :

– Sire, nous sommes votre Dixième Légion ! Le troisième corps sera partout et toujours pour vous ce que cette Légion fut à César !

Il écoute.

Il se sent César en ce siècle.

Il se rend à l'hôtel de ville, parle avec violence aux notables prussiens rassemblés, assure qu'il a vu, dans la chambre à coucher de la reine Louise, le portrait du tsar Alexandre.

– Ce n'est pas vrai, Sire, lance une voix.

Des officiers se précipitent. Napoléon les arrête, pardonne au pasteur Erhmann qui a osé l'interrompre. Il reconnaît la sincérité, la franchise de cet homme, mais, rentré au palais royal où il va loger, il s'indigne lorsque le général Savary lui remet une lettre du prince Hatzfeld, celui-là même qui lui a présenté les clés de Berlin. Les agents de Savary ont intercepté cette correspondance de

Hatzfeld au prince de Hohenlohe. Elle contient une énumération précise des forces françaises à Berlin, corps par corps, et donne même le nombre de leurs caissons de munitions.

Napoléon dicte aussitôt, d'une voix étranglée par la colère, l'ordre par lequel on doit traduire le prince Hatzfeld devant une commission militaire pour y être jugé comme traître et espion. Qu'on l'arrête, qu'on le fusille. Il lit la consternation dans les yeux de Berthier, de Ségur, mais n'ont-ils pas compris qu'on ne peut régner que sévèrement ? N'a-t-on pas fusillé, le 26 août 1806, un éditeur de Nuremberg qui diffusait un pamphlet antifrançais ?

Quelques instants plus tard, alors qu'il rentre d'une revue, que les tambours battent, une femme enceinte s'évanouit à la porte de son cabinet. La princesse Hatzfeld vient solliciter la grâce de son mari.

Napoléon regarde la jeune femme, lui tend la lettre, lui demande de la lire. Elle bégaie, pleure.

Être empereur, c'est aussi disposer du droit de grâce, jouir de cet émoi, rendre à la vie celui qu'on destine à la mort.

Napoléon regarde la princesse éplorée, assise devant la cheminée.

– Eh bien, dit-il, puisque vous tenez entre vos mains la preuve du crime, anéantissez-la et désarmez ainsi la sévérité des lois de la guerre.

Elle jette la lettre dans le feu.

Peu après, le prince Hatzfeld est libéré.

Il se retire, il écrit à Joséphine. Il est 2 heures du matin, le 1er novembre 1806.

« Talleyrand arrive et me dit, mon amie, que tu ne fais que pleurer. Que veux-tu donc ? Tu as ta fille, tes petits-enfants, et de bonnes nouvelles, voilà bien des moyens d'être contente et heureuse.

« Le temps ici est superbe, il n'a pas encore tombé de toute la campagne une seule goutte d'eau. Je me porte bien et tout va au mieux.

« Adieu, mon amie, j'ai reçu une lettre de Napoléon, je ne crois pas qu'elle soit de lui mais d'Hortense.

« Mille choses à tout le monde.

« Napoléon »

En effet, il se porte bien. Chaque jour, il assiste à la parade devant le palais royal. Il passe en revue la cavalerie. Il fait manœuvrer la Garde dans la plaine de Charlottenburg. Le reste de la journée, il travaille dans ce cabinet qu'il s'est fait aménager dans le palais royal. On y a transporté sa bibliothèque et ses cartes. Il suit les mouvements de troupes qui traquent les dernières forces prussiennes. Kustrin, Magdebourg, Stettin, Lübeck – ville libre où pourtant Blücher s'est réfugié – tombent.

« Tout a été pris, dit Napoléon, tué, ou erre entre l'Elbe et l'Oder. »

Lübeck a été mise à sac. « Elle ne doit s'en prendre qu'à ceux qui ont attiré la guerre dans ses murs, commente-t-il. Tout va aussi bien qu'il est possible de se l'imaginer », dit-il encore.

Et cependant Frédéric-Guillaume rejette les conditions de paix transmises par Duroc, espère toujours l'arrivée des Russes. Ils sont plus de cent mille en marche, sous le commandement des généraux Bennigsen et Buxhoewden.

La guerre est donc encore là et l'hiver approche. Il faut des hommes. Qu'on m'envoie des conscrits, dit-il à Berthier, même s'ils n'ont que huit jours d'instruction, pourvu qu'ils soient armés, avec culotte, guêtres, chapeau d'uniforme et une capote. Tant pis s'ils n'ont pas de costume. Cela suffira.

Il se penche sur les cartes, dit au maréchal Mortier :

– Il est possible que dans quelques jours je me porte de ma personne au milieu de la Pologne.

Puis, marchant les mains derrière le dos, il ajoute :

– Les froids vont devenir vifs et l'eau-de-vie peut sauver mon armée. On m'assure qu'on trouve beaucoup de vin à Stettin ; il faut tout prendre, y en eût-il pour vingt millions. C'est le vin qui dans l'hiver me vaudra la victoire ; il faut le prendre en règle et on donnera des reçus.

Il sait qu'il lui faudra à nouveau combattre, donner une leçon définitive aux Russes, comme il vient de l'administrer aux Prussiens. Il a reçu de Murat une lettre triomphante après la prise de Magdebourg, le 7 novembre. « Sire, a écrit le grand-duc de Berg, le combat finit faute de combattants. » Mais il en surgit toujours de nouveaux. Les Russes seront-ils les derniers ? Il faudrait pour cela que la grande inspiratrice des coalitions, l'Angleterre, soit vaincue.

Dans le palais royal de Berlin, tout au long de ce mois de novembre 1806, Napoléon médite. Il lit le mémoire que lui a adressé Talleyrand, qui démontre que l'Angleterre a attenté au droit des gens en établissant un blocus des ports européens et qu'il faut lui répondre, que l'occasion est bonne puisque, après la défaite de la Prusse, l'Empereur contrôle les côtes de l'Europe, de Dantzig jusqu'à l'Espagne et de celle-ci à l'Adriatique.

Napoléon convoque son secrétaire, commence à dicter un décret qui, le 21 novembre 1806, institue le *blocus continental*. Il s'agit de vaincre la mer par la domination de la terre. « Tout commerce et toutes correspondances avec les îles Britanniques sont interdits », dit-il. Les îles sont donc déclarées en état de blocus, puisque Londres se conduit comme aux « premiers âges de la barbarie ». Les Anglais trouvés en France et dans les pays alliés sont prisonniers de guerre et leurs propriétés confisquées. Tous les produits anglais sont décrétés de bonne prise.

Il faut que l'Angleterre étouffe sous ses marchandises, qu'elle implore la paix pour dégorger ce qu'elle produit, sinon ce sera chez elle le chômage et le désordre.

Napoléon relit le décret. Il le sait, le blocus ne peut réussir que s'il est vraiment continental. Il faut que tout le monde en Europe se plie à ce principe. Mais n'a-t-il pas les moyens d'imposer à tous cette politique, qui, d'ailleurs, il en est convaincu, est dans l'intérêt de l'Europe ?

C'est un défi ? Mais n'en a-t-il pas déjà tant relevé, et avec succès ?

Il se détend. Il se distrait. Il écrit à Joséphine qui a été choquée par la manière dont il a traité, dans les bulletins de la Grande Armée, la reine Louise.

« Tu me parais fâchée du mal que je dis des femmes. Il est vrai que je hais les femmes intrigantes au-delà de tout... J'aime les femmes bonnes, naïves et douces, mais c'est que celles-là seules te ressemblent. »

Il pose la plume. Le pense-t-il vraiment ? Dans le passé, Joséphine... Mais il préfère ne pas se souvenir de ses trahisons, de sa duplicité. Elle est aujourd'hui le plus souvent triste, inquiète, jalouse.

« Sois contente, heureuse de mon amitié, de tout ce que tu m'inspires, lui écrit-il le 22 novembre à 10 heures du soir. Je me déciderai dans quelques jours à t'appeler ici ou à t'envoyer à Paris.

« Adieu, mon amie ; tu peux actuellement aller, si tu veux, à Darmstadt, à Francfort, cela te dissipera.

« Mille choses à Hortense.

« Napoléon »

Il appelle Caulaincourt, le grand écuyer. Il va quitter Berlin, dit-il, se rapprocher des troupes. Qu'on prépare les relais pour les chevaux.

Puis il se fait apporter les dépêches, les journaux publiés à Paris. Il s'emporte, les jette sur le sol. Il appelle son secrétaire, dicte une lettre pour le ministre de l'Intérieur.

« Monsieur Champagny, j'ai lu de bien mauvais vers chantés à l'Opéra. Prend-on donc à tâche, en France, de dégrader les Lettres ?... Défendez qu'il ne soit rien chanté à l'Opéra qui ne soit digne de ce grand spectacle. Il y avait une circonstance bien naturelle, c'était de faire quelques beaux chants pour le 2 décembre. La littérature étant votre département, je pense qu'il faudrait vous en occuper car, en vérité, ce qui a été chanté à l'Opéra est par trop déshonorant. »

Le 25 novembre 1806, Napoléon quitte Berlin. Il est 3 heures. Il rejoint la Grande Armée, qui avance vers Varsovie à la rencontre des armées du tsar de Russie.

Deuxième partie

Quand le cœur parle, la gloire n'a plus d'illusions

26 novembre 1806 – 27 juillet 1807

5.

Il pleut. Il neige. Il gèle.

Depuis que Napoléon a quitté Berlin, l'averse déferle et la route et les champs sont couverts de boue. La berline avance lentement, les roues prises dans ce magma noir.

Les soldats que la voiture dépasse et qui marchent sur les bas-côtés ne lèvent même pas la tête.

Napoléon voit certains de ces grenadiers, leur fusil en bandoulière, prendre à deux mains leurs mollets pour arracher leurs pieds de la boue qui les retient, les aspire, et, alors que la voiture est immobilisée, il aperçoit des soldats pieds nus, leurs jambes enveloppées dans cette gangue glacée et gluante. Les brodequins sont restés collés à la boue.

Dans la berline même il écrit à Daru, l'intendant général de la Grande Armée. « Des souliers ! des souliers ! portez votre plus grande attention à ce sujet. Et si l'on ne peut avoir de souliers, qu'on prenne du cuir avec lequel nos soldats sont assez industrieux pour se raccommoder leurs vieux souliers. »

Il a froid.

Cette sensation désagréable de ne pouvoir se réchauffer l'a saisi dès qu'il s'est éloigné de Berlin, que la voiture a commencé de rouler dans ces plaines qui se confondent avec le ciel. Le jour dure moins de trois heures. Les villages polonais aperçus après la traversée de l'Oder ne sont composés que de masures, dont certaines ont le toit recouvert de paille. Et Napoléon a vu des chasseurs de sa Garde qui nourrissaient leurs chevaux avec cette paille des toits.

Ses aides de camp ont été incapables de lui dire où se trouve l'armée russe du général Bennigsen. Il a la conviction qu'elle recule, qu'elle refuse le combat. Elle a abandonné Varsovie, et Murat a pu pénétrer le 28 novembre dans la capitale polonaise, au milieu d'une foule en délire.

Napoléon lit son rapport. Murat s'imagine déjà roi de Pologne, laisse entendre qu'il est l'homme qui convient à ce peuple héroïque.

Il faut dégriser Murat, lui rappeler que, s'il doit attribuer des places aux patriotes polonais, « il ne doit point calculer arithmétiquement le rétablissement de la Pologne ».

Napoléon l'a déjà dit souvent en recevant des Polonais : « Votre sort est entre vos mains... mais ce que j'ai fait est moitié pour vous, moitié pour moi. »

Mais plus il avance dans ce pays, plus il découvre cette terre boueuse, ces marécages où l'on s'enlise, ces chemins à peine tracés, cette pauvreté des villages et même des forteresses, construites en bois, et plus ses réticences s'affirment. Peut-on faire confiance aux Polonais ?

– Je suis vieux dans la connaissance des hommes, explique-t-il à Murat. Ma grandeur n'est pas fondée sur le secours de quelques milliers de Polonais. C'est à eux de profiter avec enthousiasme de la circonstance actuelle ; ce n'est pas à moi de faire le premier pas.

Il est arrivé à Kustrin. Il loge dans une salle de la petite forteresse qui se trouve au confluent de l'Oder et de la Warta. Malgré le feu intense qui brûle dans la cheminée et que Constant entretient, il continue d'avoir froid. Il se fait apporter un verre de chambertin. Il prend une prise. Il enfonce la main droite dans son gilet, tente de l'y réchauffer. Puis il se couche quelques heures. Il dort mal. Lorsqu'il se réveille, il prend aussitôt la plume, comme pour se dégourdir l'esprit et les doigts.

« Il est 2 heures du matin, écrit-il à Joséphine. Je viens de me lever, c'est l'usage de la guerre. »

Il veut rejoindre au plus vite Posen, une ville sur la Warta, où il sera plus proche des troupes, et où il pourra décider soit de se diriger vers Dantzig et Königsberg en descendant ainsi le cours de la Vistule, et pourquoi pas d'aller plus vers le nord, vers le Niémen, ce fleuve qui sert de frontière à la Russie, soit au contraire de remonter le cours de la Vistule jusqu'à Varsovie, où se trouve déjà Murat, qu'a rejoint le maréchal Davout.

Cela dépendra de la position des armées russes.

Il harcèle les aides de camp, les maréchaux. Où sont les troupes de Bennigsen ? Il semble que, dans ce pays sans limites, les armées russes soient insaisissables. Ont-elles réellement choisi de reculer, ou bien se concentrent-elles au nord de Varsovie, le long de cet affluent de la Vistule qu'est le fleuve Narev ?

Cette incertitude irrite Napoléon.

Il dit sèchement à Murat, qui évoque à nouveau l'enthousiasme des Polonais et leur volonté de voir renaître leur pays dépecé, partagé entre la Prusse, l'Autriche et la Russie :

– Que les Polonais montrent une ferme résolution à se rendre indépendants, qu'ils s'engagent à soutenir le roi qui leur serait donné, et alors je verrai ce que j'aurai à faire...

Mais que Murat ne se méprenne pas. Le rétablissement d'une Pologne indépendante est un enjeu trop grave, trop lourd de conséquences, pour que Napoléon s'y résolve sur un simple mouvement de foule. Comment faire la paix avec la Russie, comment la maintenir avec l'Autriche et l'établir avec la Prusse, si la Pologne renaît ?

– Faites bien sentir, Murat, reprend-il, que je ne viens pas mendier pour un des miens, je ne manque pas de trônes à donner à ma famille.

Il ne veut pas céder non plus à cet élan de sympathie qu'il ressent quand, à son entrée à Posen, le jeudi 27 novembre à 22 heures, sous une pluie battante, il découvre les arcs de triomphe que les Polonais ont dressés dans les rues de la ville.

Le vent, glacé, secoue les lanternes accrochées aux façades. On a suspendu ici et là des inscriptions saluant le « vainqueur de Marengo », le « vainqueur d'Austerlitz ».

La foule, malgré la pluie, l'attend devant le monastère et le collège des Jésuites, de grands bâtiments accolés à l'église paroissiale, au cœur de la ville, et dans lesquels il doit résider. Il reçoit l'hommage des notables de la ville et des nobles polonais de la province.

Il les écoute. Leur enthousiasme, leur volonté peuvent devenir une carte dans son jeu. Il est ému aussi par leur conviction, leur patriotisme. Il prise tout en marchant dans la grande salle voûtée, mal éclairée, froide.

– Il n'est pas si aisé de détruire une nation, dit-il enfin en croisant les bras. Jamais la France n'a reconnu le partage de la Pologne. Je veux voir l'opinion de toute la nation. Unissez-vous...

Il s'éloigne, l'audience est terminée. Il leur lance cependant, avant de quitter la salle :

– C'est le seul moment pour vous de redevenir une nation.

Il pleut encore les jours suivants. Il écoute certains des aides de camp et des quelques généraux qui évoquent les difficultés que rencontrent les troupes pour avancer.

Les hommes ont faim. Certains se suicident tant l'épuisement est grand. Ils ne savent où s'abriter dans ce pays de boue. Les maisons des paysans protègent à peine de la pluie et du froid. Les chevaux s'enlisent. Et on ne sait comment les nourrir. On est déjà vaincu avant de s'être battu. Et d'ailleurs on ne sait pas où se trouve l'armée russe.

Tout à coup, Napoléon laisse éclater sa colère.

– Vous seriez donc bien content d'aller pisser dans la Seine ! crie-t-il à Berthier.

Les officiers baissent les yeux. Napoléon passe et repasse devant eux, le visage courroucé. Ne comprennent-ils pas qu'il faut, si l'on veut la paix, écraser les Russes comme on a défait les Prussiens ?

Il s'enferme.

C'est le 2 décembre 1806, l'anniversaire d'Austerlitz. Si perdue dans le temps déjà, cette bataille, ce soleil perçant le brouillard ! Il faut rappeler ce jour glorieux, ce souvenir de gloire qui est la preuve de ce qu'il est capable de réussir.

Il sort de son cabinet, donne des ordres. Il veut qu'on célèbre un *Te Deum* à la cathédrale pour commémorer Austerlitz. Il veut qu'on lise et distribue aux soldats une proclamation.

Il la dicte.

« Soldats ! Il y a aujourd'hui un an, à cette heure même vous étiez sur le champ mémorable d'Austerlitz ; les bataillons russes épouvantés fuyaient en déroute... L'Oder, la Warta, les déserts de la Pologne, les mauvais temps de la saison n'ont pu vous arrêter un moment. Vous avez tout bravé, tout surmonté ; tout a fui à notre approche... L'aigle française plane sur la Vistule. »

Les mots le grisent. Il évoque la paix générale pour laquelle il faut encore se battre. Mais il faut vaincre d'abord.

« Qui donnerait aux Russes le droit d'espérer de balancer les destins ? Eux et nous ne sommes-nous pas les soldats d'Austerlitz ? »

Il se sent mieux, se rend au château où la noblesse de la région de Posen donne un bal en son honneur. Les femmes l'entourent. Certaines s'approchent, provocantes et séductrices. Il les fixe, les évalue, entraîne l'une d'elles à l'écart. Elle rit. Elle viendra cette nuit. C'est une conquête facile, qui ne laisse aucune trace.

Quelques heures plus tard, il écrit à Joséphine : « Je t'aime et je te désire », puis il ajoute : « Toutes ces Polonaises sont françaises... J'ai eu hier un bal de la noblesse de la province ; d'assez belles femmes, assez riches, assez mal mises, quoique à la mode de Paris. »

Et parce que Joséphine a déclaré dans une de ses lettres, en femme habile, qu'elle n'est pas jalouse, il plaisante : « Tu es donc convaincue de jalousie ; j'en suis enchanté ! Du reste tu as tort ; je ne pense à rien moins, et dans les déserts de la Pologne l'on songe peu aux belles... »

Tant de pensées l'assaillent ! Les Russes, la pluie et la boue, les blessés qu'on ne sait ni où ni comment soigner et qui pourrissent dans la boue. Les femmes aussi, bien sûr, le préoccupent, puisqu'il doit écrire à Joséphine. Et s'il lui faut mentir, peu importe. Y a-t-il d'autre vérité que celle des apparences ?

Il a aussi, à chaque instant, l'obsession de ce qui se passe en France.

Il attend chaque jour avec impatience l'arrivée des dépêches de Paris. Ce sont de jeunes auditeurs du Conseil d'État qui parcourent à bride abattue les quatre cents lieues qui séparent la capitale de Posen. Huit jours de route en ne s'arrêtant que quelques minutes aux relais.

Napoléon lit avec avidité les journaux, les rapports des ministres. Il signe des décrets que le plus souvent il dicte d'un seul jet.

Il décide ainsi, à Posen, le 2 décembre, de faire ériger un monument à la gloire de la Grande Armée, sur l'emplacement de la Madeleine. Il veut, à l'intérieur de ce monument, des tables de marbre et d'or où seront gravés les noms des combattants d'Ulm, d'Austerlitz et d'Iéna.

Il veut.

Mais, dans ces grandes salles sombres du monastère de Posen, il a parfois la certitude que sa volonté est soumise à un destin qui lui échappe. Cela le tourmente. Que peut-il vraiment ?

On lui apporte une lettre de Joséphine qui, une fois encore, parce qu'elle veut avoir l'œil sur lui, il le sait bien, demande à le rejoindre. Il n'y tient pas. Il y a ces femmes de rencontre qui le distraient. Il y a la guerre, le climat de pluie et de froid, la boue. Il y a l'incertitude de ce qui va advenir. Une bataille, mais où, mais quand ?

« Il faut donc attendre quelques jours », écrit-il. Puis il s'interrompt. Il est 6 heures du soir. Il pleut sur Posen. La nuit a une densité de boue noire.

Il reprend la plume.

« Plus on est grand et moins on doit avoir de volonté, l'on dépend des événements et des circonstances », note-t-il.

Joséphine comprendra-t-elle qu'il faut à la fois vouloir avec une force surhumaine et savoir qu'on n'est jamais le maître du jeu ? On s'y insère, on exploite les événements, mais l'échiquier peut basculer à tout instant.

« La chaleur de ta lettre me fait voir que, vous autres jolies femmes, vous ne connaissez point de barrières, continue-t-il ; ce que vous voulez doit être ; mais moi, je me déclare le plus esclave des hommes : mon maître n'a pas d'entrailles et ce maître, c'est la nature des choses.

« Adieu, mon amie,

« Napoléon »

Cette idée ne le quitte plus cependant qu'il roule vers Varsovie. La pluie glacée balaie la route dont le tracé se perd sous la boue. Les ponts sont coupés. On franchit les fleuves sur des troncs attachés l'un à l'autre.

La nuit semble ne jamais cesser.

Il faut quitter la berline, emprunter des voitures polonaises, légères mais inconfortables. Celle de Duroc verse. Le grand maréchal du palais a la clavicule brisée. On le laisse dans une maison de paysan et l'on continue sous l'averse, en essayant d'éviter les fondrières.

Voilà la nature des choses.

L'armée « grogne », ose dire Berthier. Les « grognards » se battront, que peuvent-ils faire d'autre ? répond Napoléon.

À quelques lieues de Varsovie, même la voiture légère n'avance plus, ou si lentement, s'enlisant à chaque tour de roue, que Napoléon s'impatiente. Il descend. La nuit est complète, épaissie encore par le brouillard. Il fait moins froid, mais le sol n'en est que plus spongieux. On ne touche plus jamais la terre solide. On s'enfonce dans une boue qui paraît sans fond.

Napoléon choisit un cheval. L'animal se cabre. C'est une bête rétive de relais qui peut le faire tomber à chaque pas. Peu importe. Il veut arriver à Varsovie. Les rapports des généraux lui font penser que l'armée russe est rassemblée au nord de la capitale, sur les rives du Narew. Napoléon veut livrer bataille, vite, pour en finir.

Arrivé à Varsovie le vendredi 19 alors que le brouillard recouvre toute la ville et la campagne alentour, il en repart à l'aube du mardi 23 décembre. Il veut être avec ses avant-postes. Il chevauche sous le feu des Russes, grimpe sur le toit d'une maison pour observer les mouvements de l'ennemi. Il couche dans des granges.

On cherche les Russes alors que la nuit tombe à 15 heures, que la boue empêche les charges de cavalerie. Les chevaux ne peuvent galoper. Les fantassins s'égorgent dans le brouillard. Victoires, pourtant, de Ney, de Lannes, de Davout, à Soïdau contre le dernier corps prussien, à Golymin et à Pultusk contre les Russes.

Mais comment les poursuivre ?

Napoléon s'est installé dans le château épiscopal de Pultusk.

Il a erré avec la Garde dans le brouillard et n'est arrivé sur le champ de bataille qu'à la fin des combats.

Il s'est assis dans la cheminée d'une petite pièce sombre. Il dicte une brève lettre pour Cambacérès : « Je crois la campagne finie. L'ennemi a mis entre nous des marais et des déserts. Je vais prendre mes quartiers d'hiver. »

Il se lève, prend une prise. Il n'est pas satisfait. L'armée russe n'a pas été taillée en pièces. La pluie, la boue et le brouillard l'ont servie, mais aussi l'inaction des troupes de Bernadotte. Spectateur, comme à Auerstedt.

Il marche pour se calmer. Il va écrire à Joseph. Peut-être ce frère comprendra-t-il ?

« Nous sommes au milieu de la neige et de la boue, sans vin, sans eau-de-vie, sans pain... Nous battant ordinairement à la baïonnette et sous la mitraille. Les blessés sont obligés de se retirer en traîneau en plein air pendant cinquante lieues... »

Qui comprendra ?

« Après avoir détruit la monarchie prussienne, nous nous battons contre le reste de la Prusse, contre les Russes, les Kamoulks, les cosaques et les peuplades du Nord qui envahirent jadis l'Empire romain. Nous faisons la guerre dans toute son énergie et son horreur. »

Napoléon le vit, le voit.

Il répète d'une voix forte : « De l'énergie ! De l'énergie ! » Puis il ajoute plus bas : « On ne fait le bien des peuples qu'en bravant l'opinion des faibles et des ignorants. »

Il se calme, ce mercredi 31 décembre 1806.

Dans la plus grande salle du palais épiscopal de Pultusk, assis devant la cheminée, il écoute deux chanteuses accompagnées par le compositeur d'opéra Paer. Il ferme les yeux. Le plaisir est d'autant plus fort qu'il a marché tant de jours sous la mitraille avec de l'« eau jusqu'au ventre ». Il peut enfin oublier l'« horreur ».

Il rassure Joséphine ce 31 décembre : « Tu te fais des belles de la grande Pologne une idée qu'elles ne méritent pas... Adieu, mon amie, je me porte bien. »

Le courrier de France vient d'arriver.

Napoléon choisit parmi les dépêches une lettre de Fouché, qui envisage de demander à Raynouard, un auteur de théâtre, d'écrire une tragédie à la gloire de l'Empereur. Napoléon se souvient des *Templiers*, une pièce de Raynouard qu'il avait vue à Paris.

« Dans l'histoire moderne, écrit-il à Fouché, le ressort tragique qu'il faut employer, ce n'est pas la fatalité ou la vengeance des dieux, mais – l'expression lui revient – " la nature des choses ". C'est la politique qui conduit à des catastrophes sans des crimes réels. M. Raynouard a manqué cela dans *Les Templiers*. S'il eût suivi ce principe, Philippe le Bel aurait joué un beau rôle ; on l'eût plaint et on eût compris qu'il ne pouvait faire autrement. »

Lui, Napoléon, peut-il faire autrement que de continuer la guerre ? Qui le comprend ?

Il parcourt des dépêches. Tout à coup, il sursaute.

Sans commentaire, Fouché rapporte une nouvelle parvenue, dit-il simplement, au ministre de la Police générale, et qui doit intéresser l'Empereur.

Le 13 décembre 1806, dans un hôtel particulier au 29, rue de la Victoire, Louise Catherine Éléonore Denuelle de La Plaigne, née le 13 septembre 1787, rentière, divorcée le 29 avril 1806 de Jean-Honoré François Revel, lectrice de la princesse Caroline, a donné naissance à un enfant mâle. Cet enfant a été prénommé Charles, et dit le comte Léon. Le père a été déclaré absent.

Napoléon sent une chaleur lui parcourir tout le corps.

Mon fils.

Il essaie de rejeter ce qui s'est imposé à lui comme une certitude immédiate.

Mon fils.

Peut-il être sûr d'Éléonore, de cette habile et coquette intrigante que Caroline a poussée dans ses bras ?

Mais elle n'aurait pas pris le risque de le tromper à ce moment-là, au printemps 1806, alors qu'il était à Paris, qu'il la voyait presque chaque nuit aux Tuileries, qu'elle habitait l'hôtel qu'il lui avait acheté.

Ce ne pouvait être que son fils.

Il le savait bien, qu'il pouvait avoir un fils.

Il se doutait bien que Joséphine mentait. Elle ne pouvait que mentir, la vieille femme, la pauvre femme, en lui répétant qu'il ne pouvait donner naissance à un enfant.

Un fils. Ce qui manque depuis l'origine à sa construction impériale.

Il imagine un mariage avec une fille de roi.

Il imagine.

Puis il pense à Joséphine. Au divorce.

Il va vers la fenêtre. Le château de Pultusk est enveloppé par le brouillard.

Divorce, mariage, naissance. La nature des choses.

6.

Napoléon, de temps à autre, lance une phrase à Duroc. Mais, comme s'il était distrait par le paysage de la plaine morne qu'ils traversent depuis qu'ils ont quitté Pultusk, ce matin du 1er janvier 1807, il s'interrompt après quelques mots.

Il penche la tête afin de regarder le ciel bas qui annonce de nouvelles averses de neige. Il fait un nouvel effort, il dit : « Bennigsen, les troupes russes... »

Duroc l'écoute le visage tendu, prêt à graver dans sa mémoire chaque mot.

Napoléon se tait tout à coup. À quoi bon poursuivre ? Il ressent une sorte de dégoût. Pour ce pays.

Il a écrit ce matin, avant de quitter le château épiscopal, ses instructions pour l'aide de camp qu'il compte envoyer au roi de Prusse, qui refuse toujours de signer la paix. Il faut que l'officier assure à Frédéric-Guillaume que « quant à la Pologne, depuis que l'Empereur la connaît, il n'y attache plus aucun prix ».

À quoi accorde-t-il du prix ce matin ?

Il faudra encore se battre contre Bennigsen, harceler de dépêches les maréchaux Ney et Bernadotte qui sont sur ses traces, les prévenir de ne pas s'aventurer trop loin. Quand ils auront ferré Bennigsen, Napoléon a l'intention de remonter vers le nord, d'envelopper les Russes et de les détruire enfin.

Mais il ne ressent aucun élan à cette perspective. Les armées russes taillées en pièces, d'autres viendront. Jusques à quand ?

Voilà pourquoi il ne réussit pas à parler à Duroc.

S'il pouvait lui confier cette seule nouvelle qui depuis hier soir l'habite : un fils.

S'il pouvait lui dire que, durant des années, Joséphine et aussi le docteur Corvisart ont essayé de le persuader que c'était lui qui était incapable de procréer. Et ils ont réussi à le faire douter de lui-même.

Joséphine l'a même un temps convaincu que, s'il voulait un fils, il lui suffisait d'en adopter un, clandestinement, et elle aurait joué à la mère véritable.

Si elle sait qu'Éléonore Denuelle a donné naissance à un fils, et elle ne peut que l'avoir appris, elle doit rêver à cela, tout imaginer pour éviter le divorce.

Mais il est décidé à refuser les subterfuges. Il a le pouvoir d'engendrer un fils. Il en est sûr maintenant. Il tirera toutes les conséquences de ce fait.

Qui a jamais pu l'empêcher d'essayer d'aller jusqu'au bout de son pouvoir ? Et d'y parvenir ?

La voiture ralentit. On approche de Bronie.

Aux portes de la petite ville, explique Duroc, un relais a été prévu par le grand écuyer. La halte, a précisé Caulaincourt, ne doit durer que quelques minutes. L'Empereur n'aura même pas à descendre de voiture pendant qu'on changera les attelages. C'est le seul relais établi avant Varsovie, où l'on arrivera en début de soirée.

Napoléon se penche, aperçoit dans le lointain les fortifications de Bronie, puis il distingue, au fur et à mesure qu'on approche, une foule qui gesticule. On l'acclame.

Il n'éprouve aucune joie. Il pense à ce fils qu'il ne pourra reconnaître, et à celui qui devra naître un jour et qui sera son héritier aux yeux de tous.

Et à la blessure qu'il devra infliger à Joséphine, qu'il a tant aimée et qui n'est plus que cette vieille femme jalouse dont chaque lettre est remplie de soupirs et de larmes.

La voiture s'arrête. La foule l'entoure pendant qu'on change les chevaux.

Duroc descend, se fraie un passage vers la maison de poste.

Napoléon l'aperçoit après quelques minutes, qui ressort en tenant par la main une jeune femme dont les boucles de cheveux blonds s'échappent d'un bonnet de fourrure noire. Elle paraît petite. Duroc l'entraîne vers la voiture.

La jeune femme disparaît, comme happée par la foule, et tout à coup Napoléon la voit contre la portière. Elle a un visage régulier, une peau que le froid rosit, des yeux à la fois vifs et naïfs.

Elle fixe Napoléon et il se sent aussitôt envahi par la gaieté, l'énergie. Il entend sans le voir Duroc, qui dit :

– Sire, voyez celle qui a bravé tous les dangers de la foule pour vous.

Napoléon incline la tête, avance la poitrine hors de la portière. Il a envie de toucher ce visage si frais, si neuf. Elle n'a pas plus de vingt ans.

Elle est différente de toutes.

Il veut lui parler, mais elle se dresse vers lui. Il voit son corps mince dont la taille est serrée par le manteau.

Elle parle un français roucoulant.

– Soyez le bienvenu, Sire, dit-elle, mille fois le bienvenu sur notre terre, qui vous attend pour se relever.

Elle continue durant quelques minutes, mais il ne l'écoute plus. Il voit ses yeux, sa poitrine qui palpite. Il émane d'elle une impression de douceur et d'innocence.

Il en est sûr : elle est différente de toutes celles qu'il a connues, depuis cette première femme sous les galeries du Palais-Royal jusqu'à cette rouée, Éléonore Denuelle, qui est pourtant la femme à laquelle il a fait un fils.

Un fils avec une femme comme cette Polonaise.

Il lui tend l'un des bouquets que l'on a déposés dans sa voiture, au départ de Pultusk. Il voudrait la revoir, dit-il.

La voiture commence à rouler. Il se retourne, penché. Il l'aperçoit un instant encore avant que la foule ne la masque.

Qui est-elle ? demande-t-il à Duroc.

Il reproche au grand maréchal du palais de ne pas l'avoir interrogée.

Il veut savoir tout ce qui la concerne. Il veut qu'elle soit invitée au dîner qu'il donnera demain soir à Varsovie. Il veut qu'elle soit de tous les dîners, de tous les bals.

Il veut cette femme.

Il ne parle plus. Il écoute ce qui naît en lui, qui n'est pas seulement du désir, l'envie de posséder comme il l'a tant de fois éprouvée, mais un sentiment qui mêle le besoin de dominer, de tenir cette femme entre ses bras, à une sorte d'enthousiasme, de joie. Et cela, il ne le ressentait plus depuis si longtemps, peut-être depuis ces premiers jours, quand il aimait passionnément Joséphine.

Mais il est un autre homme maintenant. Il a tant d'expérience et il n'a pas encore trente-huit ans. En cette jeune femme dont il ignore le nom, dont il ne sait pas s'il la reverra, mais il le veut, rien d'autre ne l'attire que son charme, sa jeunesse, sa fraîcheur naïve.

Elle n'a pas été la maîtresse de Barras.

Il a pensé cela et il ressent le désir de commencer quelque chose de neuf, d'autre, qui l'arrache à ce passé, à cette vieille femme à laquelle il est attaché mais qui incarne le temps des origines, qui rappelle tant de blessures.

Dès qu'il arrive au Zamek, le château royal, Napoléon, tout en parcourant les galeries, les salles du palais décorées de grands panneaux peints par Lebrun, Pillement, indique à Duroc qu'il veut durant son séjour à Varsovie recevoir toute la noblesse polonaise. Il veut qu'on organise une vie de cour : concert deux fois par semaine, réceptions, dîners, parade militaire tous les jours devant le palais, sur la place de Saxe.

Il s'arrête devant un tableau de Boucher.

– Je veux tout savoir d'elle, dit-il.

Il attend, s'interrompant de dicter ou d'examiner les cartes à chaque fois qu'il entend un pas. Voici Duroc, enfin.

Elle se nomme Marie Walewska. Son mari, Anastase Colonna Walewski, est riche, noble, apparenté aux Colonna de Rome.

– Vieux, très vieux, dit Duroc.

La famille de Marie, née Laczinska, a voulu ce mariage avec le châtelain fortuné et veuf. Mais vieux, très vieux.

Napoléon a un mouvement de mépris et d'impatience. Qu'elle soit invitée, dit-il. Puis il se penche à nouveau sur les cartes, comme s'il n'était préoccupé que de prévoir le mouvement des troupes vers le nord.

Il plante des épingles sur des villes proches de la Baltique, Eylau, Friedland, Königsberg et Tilsit. C'est là, entre ces villes et ces fleuves, la Vistule, la Passarge, le Niémen, que se jouera la dernière partie de cette campagne.

Elle est venue enfin au palais de Blacha où se trouve réunie en l'honneur de Napoléon toute la noblesse polonaise. Il la voit vêtue d'une longue robe blanche, et il devine aux regards qui pèsent sur elle et sur lui, quand il s'approche, qu'ils savent déjà tous. Mais que lui importe !

Il murmure quand il s'arrête devant elle :

– Le blanc sur le blanc ne va pas, madame.

Il marmonne des reproches. Il la sent affolée, réticente. Elle a refusé de participer au bal. Il aurait voulu la voir danser. Elle ne dit pas un mot. Et il ne supporte pas qu'elle se dérobe ainsi.

Avant même que la soirée soit terminée, il écrit d'une plume rageuse, avec ses lettres appuyées, noires :

« Je n'ai vu que vous, je n'ai admiré que vous, je ne désire que vous. Une réponse bien prompte pour calmer l'ardeur de

« N. »

Il attend. Quelle femme lui a jamais résisté ? Elles ont voulu souvent se faire désirer pour que leur valeur monte. Elle est peut-être l'une de ces « créatures »-là ? Le soupçon l'effleure. Mais il a presque honte de le formuler. Alors il convoque Duroc, le presse. Il n'est pas d'affaire plus urgente.

Il essaie de ne pas penser à cette Marie Walewska, contre laquelle il a des bouffées de colère. Il se plonge dans ses tâches quotidiennes, met en garde le maréchal Ney qui s'avance trop au nord, risque d'offrir son flanc aux troupes russes. Ce sont elles qu'il faut encercler.

Souvent il s'arrête, fait quelques pas, prise comme à son habitude.

Cette femme-là, il ne peut s'empêcher de penser à elle à nouveau, comme si elle était cet élément de surprise excitante dont il a besoin.

Car tout le reste lui semble connu. Même la guerre qu'il mène, même les souverains qu'il affronte.

« Votre tante, la reine de Prusse, s'est si mal comportée ! écrit-il à Augusta, la fille du roi de Bavière, l'épouse d'Eugène de Beauharnais. Mais elle est aujourd'hui si malheureuse qu'il n'en faut plus parler. Annoncez-moi bientôt que nous avons un gros garçon et, si vous donnez une fille, qu'elle soit aussi aimable et bonne que vous. »

Il n'y peut rien si cette idée de naissance le hante depuis qu'il sait qu'il peut procréer.

Mais alors, Joséphine...

Elle est toujours à Mayence. Elle écrit presque chaque jour. Elle se lamente. Elle veut le rejoindre. A-t-elle deviné ce qu'il ressent ? Savait-elle depuis longtemps qu'Éléonore Denuelle était enceinte et voulait-elle être auprès de lui quand il apprendrait la nouvelle ?

Il la croit capable de cela.

« J'ai reçu ta lettre, mon amie, lui écrit-il le 3 janvier 1807. Ta douleur me touche ; mais il faut bien se soumettre aux événements. Il y a trop de pays à traverser depuis Mayence jusqu'à Varsovie ; il faut donc que les événements me permettent de me rendre à Berlin pour que je t'écrive d'y venir... Mais j'ai bien des choses à régler ici. Je serais assez de l'opinion que tu retournasses à Paris où tu es nécessaire... Je me porte bien ; il fait mauvais. Je t'aime de cœur.

« Napoléon »

Est-ce mentir que de ne dire qu'une face des choses ?

Il se sent attaché à Joséphine par les mille liens de la mémoire, mais cette complicité est devenue une vieille habitude. Joséphine est dans un coin de son cœur. Elle ne l'occupe pas tout entier, corps et âme. Elle le gêne, même. Elle représente un obstacle. Il est envahi par le désir de cette femme, Marie, qui semble inaccessible.

« Vous ai-je déplu, Madame ? lui écrit-il le 4 janvier. J'avais cependant le droit d'espérer le contraire. Me suis-je trompé ? Votre empressement s'est ralenti tandis que le mien augmente. Vous m'ôtez le repos ! Oh, donnez un peu de joie, de bonheur à un pauvre cœur tout prêt à vous admirer. Est-il si difficile d'envoyer une réponse ? Vous m'en devez deux.

« N. »

Cette impatience en lui se transforme en colère dans l'attente de ces réponses qui ne viennent pas.

Il rabroue Constant qui, le matin, essaie de faire sa toilette, de l'aider à s'habiller. Il va d'un bout de la pièce à l'autre, s'assoit, la main de Constant qui le touche lui est insupportable et il se lève à nouveau.

Il se souvient que deux de ses aides de camp se sont montrés empressés auprès de Marie Walewska lors de la soirée au palais de Blacha. Il convoque Berthier, ordonne que ces deux officiers soient mutés loin de Varsovie : Bertrand, à Breslau, que les troupes commandées par Jérôme Bonaparte viennent de prendre ; et Louis de Périgord, au front, dans l'une des unités qui poursuivent les Russes sur la rivière Passarge.

Il n'accepte pas l'idée que Marie Walewska puisse lui préférer un autre homme ou bien qu'elle se refuse à lui.

Lorsque enfin il la voit s'avancer lors d'un dîner qu'il offre au palais royal, il s'approche d'elle, dit d'un ton brusque :

– Avec des yeux si doux, on se laisse fléchir, on ne se plaît pas à torturer, ou l'on est la plus coquette, la plus cruelle des femmes.

Pourquoi ne répond-elle pas ?

Il ne peut admettre ce silence. Il doit agir, écrire au moins. Toute sa volonté est tendue comme si sa vie même était en jeu. Mettre toute son énergie dans chaque défi qu'il veut relever, c'est cela qu'il appelle vivre.

Il ne joue pas. Jamais. Il est complètement dans ce qu'il fait, dans ce qu'il écrit.

« Il y a des moments où trop d'élévation pèse, et c'est ce que j'éprouve, commence-t-il. Comment satisfaire le besoin d'un cœur épris qui voudrait s'élancer à vos pieds et qui se trouve arrêté par le poids de hautes considérations paralysant le plus vif des désirs ? »

Tout à coup il se sent désarmé.

« Oh ! si vous vouliez !... reprend-il. Il n'y a que vous seule qui puissiez lever les obstacles qui nous séparent. Mon ami Duroc vous en facilitera les moyens. Oh ! venez ! venez ! Tous vos désirs seront remplis. »

Il hésite. Elle est patriote, lui a-t-on répété. Il faut qu'elle se souvienne de qui il est, de ce qu'il peut. Il écrit :

« Votre patrie me sera plus chère quand vous aurez pitié de mon pauvre cœur.

« N. »

Il sait que tout ce qui compte à Varsovie la pousse vers lui. Peu importent les moyens. Il faut qu'elle vienne. Il la veut.

Quand, enfin, à la mi-janvier, il la retrouve dans sa chambre du château royal, il la serre avec fougue et il s'indigne d'abord qu'elle se refuse, qu'elle veuille s'enfuir. Comme si elle n'avait pas imaginé ce qu'il attendait d'elle. Quel jeu est donc le sien ? Quel prix veut-elle qu'il paie ?

Elle pleure, se confie. Il parle à son tour. Il raconte. Il séduit. Il a la sincérité d'un jeune homme. Et cette innocence retrouvée pour quelques heures, cette liberté, ces confidences désintéressées l'émeuvent. Les heures passent. Elle repart sans qu'il ait cherché à la forcer.

« Marie, ma douce Marie, ma première pensée est pour toi, mon premier désir est de te revoir », écrit-il dès l'aube.

Ce sont des mots perdus depuis des années, depuis la campagne d'Italie, quand il écrivait à Joséphine, qu'il l'implorait, qui surgissent à nouveau, clairs, frais.

« Tu reviendras, n'est-ce pas ? Tu me l'as promis. Sinon l'aigle volerait vers toi ! Je te verrai à dîner, l'ami le dit. Daigne donc accepter ce bouquet : qu'il advienne un lien mystérieux qui établisse entre nous un rapport secret au milieu de la foule qui nous environne. Exposés aux regards de la multitude, nous pourrons nous entendre. Quand ma main pressera mon cœur, tu presseras ton bouquet ! Aime-moi, ma gentille Marie, et que ta main ne quitte jamais ton bouquet !

« N. »

Elle est à lui, puisqu'elle revient. Il ne peut se contenter de cette sentimentalité platonique. Elle a refusé la parure de bijoux qu'il lui a fait porter ? Elle n'est pas quitte. Il faut maintenant qu'elle cède. N'a-t-il pas montré qu'il l'estimait ? Qu'elle n'est pas pour lui l'une de ces femmes qu'on prend et qu'on renvoie ?

Il s'emporte, jette sa montre à terre, la piétine. Il est aussi cet homme-là, qu'on ne peut éconduire.

Elle cède enfin.

Mais cela ne lui suffit pas. Ce corps jeune qu'il a pris, il veut qu'il se donne. « Aime-moi, Marie, aime-moi. »

Il la garde près de lui. Elle est sienne. Sa douceur et sa tendresse, sa soumission le comblent. Il ne se lasse pas de la regarder. Elle est si claire, si jeune. Il voit en elle une image de lui qu'il avait perdue.

Lorsqu'elle s'absente, il la rejoint.

« Je m'invite, ma douce Marie, pour 6 heures. Fais-nous servir dans ton boudoir et ne fais rien de spécial. »

Elle sera là et cela suffit.

Tout est à nouveau en ordre en lui. Il a atteint son but. Il peut à nouveau, calmement, avec sa lucidité aiguë, dresser son plan de bataille.

Ce mois de janvier 1807, alors que Ney et Bernadotte livrent les premiers combats contre les Russes au nord, aura été une période d'attente.

Il fallait aussi pour cela qu'une passion nouvelle l'habite.

Maintenant il revient aux cartes, l'esprit libre. Il se sent régénéré par cet amour, ce regain de jeunesse, Marie si désintéressée.

Il va quitter Varsovie pour envelopper les troupes de Bennigsen dans une boucle dont Eylau et Friedland, au nord, seraient le centre. Il compte gagner Willemberg, au sud de ces deux villes.

Durant tout ce mois il a, jour après jour, dû répondre à Joséphine, intuitive, pressante et sans doute informée déjà.

Elle a utilisé tous les arguments pour qu'il accepte de la recevoir à Varsovie. Mais il n'a pas cédé.

« Pourquoi des larmes, du chagrin ? N'as-tu donc plus de courage ? » lui a-t-il demandé.

Il faut qu'elle « montre du caractère et de la force d'âme ». « J'exige que tu aies plus de force, lui a-t-il répété. L'on me dit que tu pleures toujours : fi ! que cela est laid !... Sois digne de moi. Une impératrice doit avoir du cœur ! »

Il est si distant d'elle, maintenant. « Adieu, mon amie », lui dit-il.

Enfin elle est rentrée à Paris, mais elle pleure toujours.

Il n'aime pas cette douleur qu'elle affiche.

Et, dans la berline qui le conduit de Varsovie à Willemberg, il se met à écrire pour qu'elle comprenne ce qu'il attend d'elle.

« Mon amie, ta lettre du 20 janvier m'a fait de la peine ; elle est trop triste. Voilà le mal de ne pas être un peu dévote ! Tu me dis que ton bonheur fait ta gloire : cela n'est pas généreux, il faut dire : le bonheur des autres fait ma gloire ; cela n'est pas conjugal, il faut dire : le bonheur de mon mari fait ma gloire ; cela n'est pas maternel, il faudrait dire : le bonheur de mes enfants fait ma gloire ; or, comme les peuples, ton mari, tes enfants ne peuvent être heureux qu'avec un peu de gloire, il ne faut pas tant en faire fi ! »

Il s'arrête. Il n'aime pas se relire. La pensée court et l'élan justifie l'idée. On ne revient pas sur ce qui a été pensé, fait, écrit.

Il sent bien qu'elle ne va pas aimer cette lettre. Mais le temps entre eux a creusé son sillon. C'est la nature des choses.

Il reprend :

« Joséphine, votre cœur est excellent, et votre raison faible ; vous sentez à merveille, mais vous raisonnez moins bien. »

Il faut qu'elle mesure la distance qu'il y a désormais entre eux.

« Voilà assez de querelle. Je veux que tu sois gaie, contente de ton sort, et que tu obéisses, non en grondant et en pleurant, mais de gaieté de cœur, et avec un peu de bonheur.

« Adieu, mon amie, je pars cette nuit pour parcourir mes avant-postes.

« Napoléon »

7.

Napoléon, du sommet de la colline, domine le ravin. Au-delà d'un pont étroit, dans un petit bois qui cache en partie la ville de Hoff, il distingue les uniformes des grenadiers russes. Il faudrait disposer de pièces d'artillerie pour débusquer ces troupes qui fourmillent sous les branches couvertes de neige. Ils sont là plusieurs bataillons, à n'en pas douter.

Est-ce enfin le début de la vraie bataille ? Depuis une semaine, Bennigsen se dérobe, recule vers Eylau et Königsberg.

« Je pense que nous ne sommes pas éloignés d'une affaire », dit Napoléon.

Mais il n'en est pas sûr. Il a déjà livré bataille à Allenstein. Davout a bousculé les Russes à Bergfride. Il ne s'est agi que d'affrontements limités.

« Je manœuvre sur l'ennemi, reprend Napoléon en s'adressant à Murat, s'il ne se retire pas à temps il pourrait fort bien être enlevé. »

Il se penche sur l'encolure de son cheval. Il veut accrocher les Russes, les retenir pour les encercler et les écraser. Mais c'est à croire que Bennigsen est au courant de la manœuvre. Il recule à point nommé. Peut-être a-t-il saisi l'un des courriers envoyés à Ney ou à Bernadotte, qui sont sur l'aile gauche et remontent la rivière Passarge cependant que Davout tient l'aile droite.

– Chargez sans attendre, dit Napoléon à Murat.

La cavalerie légère, hussards et chasseurs, s'élance, puis les dragons du général Klein.

Il faut rester impassible, voir les chevaux et les hommes basculer du pont sous la mitraille, s'abattre dans la neige, glisser sur la glace.

Maudit soit ce pays.

Il l'a écrit à Joseph, qui plastronne dans son royaume de Naples.

« C'est donc une mauvaise plaisanterie que de nous comparer à l'armée de Naples, faisant la guerre dans le beau pays de Naples où l'on a du vin, de l'huile, du pain, du drap, des draps de lit, de la société et même des femmes. »

Ici, rien.

Depuis qu'il a quitté Varsovie, il y a huit jours, Napoléon vit aux côtés des soldats. Il voit. Il entend les plaintes. Du pain, réclament-ils. Et même la paix !

Les ventres sont creux, les paupières sont brûlées par le froid.

« Officiers d'état-major, colonels, officiers ne se sont pas déshabillés depuis deux mois, et quelques-uns depuis quatre, explique encore Napoléon à son frère aîné. J'ai moi-même été quinze jours sans ôter mes bottes... Au milieu de ces grandes fatigues, tout le monde a été plus ou moins malade. Pour moi, je ne me suis jamais trouvé plus fort, et j'ai engraissé. »

Il descend de cheval. Les rescapés des charges se regroupent. Les corps des hommes et des chevaux abattus se sont amoncelés au-delà du pont.

Hoff est un point stratégique. Il commande la route d'Eylau et de Königsberg. Et c'est pour cela que Bennigsen résiste, organise une contre-attaque. Si Hoff tombe, il devra cesser de fuir, accepter la bataille. Enfin.

Napoléon lance un ordre à un aide de camp. Que les cuirassiers du général d'Hautpoul chargent.

Il les voit passer, énormes, serrés dans leurs gilets de fer, avec un casque surmonté d'une houppette et d'une crinière noire. Leurs lourds chevaux à l'énorme poitrail dévalent la pente. Ils s'élancent, le pont tremble, la terre résonne. La mitraille russe les décime mais ils continuent, enfoncent les lignes.

Les bataillons russes s'égaillent dans le bois. Hoff tombe. La route d'Eylau est ouverte. C'est à Eylau qu'on se battra.

D'Hautpoul vient rendre compte, cavalier qui domine Napoléon de sa haute taille.

Napoléon l'embrasse devant les troupes.

– Pour me montrer digne d'un tel honneur, lance d'Hautpoul, il faut que je me fasse tuer pour Votre Majesté.

Napoléon fixe d'Hautpoul.

Cet homme est à moi. Et je dois être digne de lui. Son sacrifice à ma personne est un devoir de victoire et de grandeur dont il me charge.

D'Hautpoul me donne tout de sa vie.

Comme tous ces cavaliers vers lesquels d'Hautpoul se tourne pour clamer :

– Soldats, l'Empereur est content de vous. Il m'a embrassé pour vous tous. Et moi, soldats, moi, d'Hautpoul, je suis si content de mes terribles cuirassiers que je vous baise à tous le cul.

Des vivats résonnent dans le ravin rempli de morts.

C'est la loi de la vie. Jusqu'à aujourd'hui.

Il fait nuit. Le froid est intense. Napoléon va et vient autour d'un brasier allumé par les soldats de sa Garde. Il a les mains derrière le dos. Il vient de traverser Hoff, conquis. Les rues étaient jonchées de morts, les maisons pleines de blessés.

Il murmure :

– La guerre est un anachronisme. Les victoires s'accompliront un jour sans canons et sans baïonnettes.

Il s'assoupit quelques minutes, assis au bord du feu, puis il donne l'ordre d'avancer vers Eylau.

Le jour se lève, clair. Le froid est vif, mais le soleil luit.

Il parcourt le plateau de Ziegelhof, regarde autour de lui, ordonne d'établir son bivouac. La Garde va camper tout autour.

Il prend une prise, parle calmement.

– On me propose d'enlever Eylau ce soir, dit-il au maréchal Augereau, mais, outre que je n'aime pas les combats de nuit, je ne veux pas pousser mon centre trop en pointe avant l'arrivée de Davout qui est mon aile droite, et de Ney qui est mon aile gauche.

Il dévisage les membres de son état-major.

– Je vais donc les attendre jusqu'à demain matin sur ce plateau, qui, garni d'artillerie, offre à notre infanterie une excellente position.

Il pense à Iéna, au plateau du Landgrafenberg.

– Puis, reprend-il, quand Ney et Davout seront en ligne, nous marcherons tous ensemble sur l'ennemi.

Tout à coup, en contrebas, vers Eylau, le bruit d'une fusillade s'amplifie.

La ville s'embrase de toutes parts. Un officier arrive, explique que les fourriers de l'Empereur, avec les caissons et les bagages, sont entrés dans Eylau, se sont installés dans la maison de poste aux chevaux, pensant la ville conquise. Ils ont commencé à préparer le cantonnement de l'Empereur, à faire la cuisine, quand ils ont été attaqués par les Russes. Les troupes du maréchal Soult sont intervenues pour les défendre et les Russes ont contre-attaqué. La bataille est générale.

– Il faut aller au feu, dit Napoléon.

Un chef doit encourager les troupes par sa présence. Il monte à cheval, abandonne le bivouac, va s'installer dans la maison de la poste d'Eylau. La Garde l'entoure. Les boulets russes commencent à tomber. C'est la nuit du 7 février 1807.

Le temps change. Le ciel est couvert. Le dimanche 8 février, à 8 heures, les Russes lancent une nouvelle attaque. On se bat dans le cimetière d'Eylau. La neige, brusquement, tombe en rafales épaisses poussées par le vent du nord, qui prend les Français de face.

Napoléon ne bouge pas. Il voit les hommes s'abattre par centaines. Les chevaux morts s'entassent sur les blessés et les cadavres. Les caissons d'artillerie, les charges de cavalerie écrasent les vivants et les morts. Les canons se déchaînent, la terre tremble.

Il faut, il doit lancer les hommes dans cette tourmente. Il voit, devant lui, les troupes d'Augereau disparaître dans la neige, aveuglées.

Tout à coup, une éclaircie. Napoléon se hisse sur un caisson. Il découvre tout le champ de bataille. Des morts à l'infini, du sang qui rougit la neige.

On dépose, aux pieds de Napoléon, Augereau blessé, désespéré. Il ne reste, de ses régiments hachés par la mitraille russe, que quelques hommes.

Il faut garder l'esprit déterminé, ne pas se laisser entamer par la gangrène du désespoir.

Napoléon appelle Murat.

– Nous laisseras-tu dévorer par ces gens-là ? lance-t-il.

Murat donne des éperons. Les escadrons s'ébranlent. La terre tremble encore. Ils sont plus de quatre-vingts escadrons, chasseurs, dragons cuirassiers, à charger. L'attaque russe est stoppée.

Mais où sont les fantassins de Ney ?

Il faut tenir, attendre, refuser de faire donner la Garde.

Napoléon continue d'être debout dans le cimetière aux tombes retournées par les boulets et où les squelettes se mêlent aux soldats morts.

Il entend les cris de milliers de grenadiers russes qui montent à l'assaut.

Ne pas bouger. Rejeter d'un regard dédaigneux le cheval que Caulaincourt lui présente afin de lui permettre de s'éloigner.

D'une voix calme, il ordonne que le général Dorsenne place un bataillon de la Garde à cinquante pas devant lui. Et il attend que l'assaut russe vienne.

Dorsenne crie :

– Grenadiers, l'arme au bras ! La vieille Garde ne se bat qu'à la baïonnette !

Napoléon est resté les bras croisés, attendant que l'assaut russe soit brisé.

Un aide de camp qui a réussi à franchir le barrage de feu lui annonce qu'une colonne prussienne, celle de Lestocq, vient d'arriver sur le champ de bataille, qu'elle attaque déjà le maréchal Davout.

Ne rien laisser paraître de ce coup que l'on reçoit. Se tourner vers Jomini, ce Suisse féru de stratégie qui sert à l'état-major de Ney et que Napoléon s'est attaché. Il faut analyser calmement la situation, tout prévoir, même de se retirer.

– La journée a été rude, commence Napoléon. Je ne comptais l'engager qu'au milieu de la journée, n'ayant pas tous les corps sous la main, ce qui a occasionné des pertes d'hommes mémorables. Ney ne vient pas. Bernadotte est à deux marches en arrière. Eux seuls ont leurs troupes et leurs munitions intactes...

Napoléon regarde autour de lui. Les morts forment des buttes sombres que peu à peu la neige recouvre. Il baisse la voix.

– Si l'ennemi ne se retire pas à la nuit tombante, nous partirons à 10 heures du soir. Grouchy, avec deux divisions de dragons, formera l'arrière-garde, vous serez avec lui ; vous ferez des patrouilles, vous me rendrez compte promptement de ce que fait l'ennemi... Silence absolu sur cette mission.

Napoléon fait quelques pas, puis se tourne vers Jomini.

– Revenez ce soir à 8 heures chez moi recevoir votre dernière instruction. Peut-être y aura-t-il quelques changements.

Il attend encore. La nuit tombe. Quand les tirs s'espacent pour quelques minutes, il entend les cris des blessés et voit les ombres des maraudeurs qui, au risque de leur vie, fouillent les cadavres et les déshabillent.

La fatigue commence à l'écraser. Tout à coup une fusillade nourrie éclate au loin sur la gauche.

– Ney ! crie quelqu'un. Le maréchal Ney !

Il n'éprouve aucune joie, mais la fatigue s'efface. Quinze mille hommes, estime-t-il, vont prendre les Russes de flanc, les contraindre sans doute à reculer.

C'est le moment où, il le sait, il ne doit pas relâcher son attention, même si la victoire se dessine. Quelle victoire ? Tant de morts. La tristesse l'étreint. Il pense à Marie Walewska, à Joséphine. Il voudrait pouvoir écrire, échapper un instant à la cruauté, mais il se redresse, lance des ordres.

Il faut prévoir le lendemain. Bennigsen va-t-il reculer ou au contraire s'accrocher ?

Il faut penser aux blessés, exiger qu'on leur apporte des secours, qu'on les recueille, tous.

– Tous, répète-t-il.

Il faut s'assurer des distributions de pain et d'eau-de-vie. Mais il sait que rien de cela n'est organisé comme il le faudrait.

À 8 heures du soir, il donne l'ordre qu'on allume les feux de bivouac.

Il quitte le cimetière. Les morts sont partout. Il s'arrête à deux kilomètres d'Eylau, dans une petite ferme. Il s'allonge tout habillé sur un matelas, au coin du poêle. Avant de fermer les yeux, il voit ses aides de camp qui se couchent autour de lui.

Il a l'impression, quand on le réveille le lundi 9 février, vers 9 heures du matin, qu'il n'a pas dormi. Un colonel de chasseurs se tient devant lui. C'est Saint-Chamans, aide de camp de Soult.

– Qu'y a-t-il de nouveau ? demande Napoléon.

Sa voix est sourde. Il le sait. Il est las.

Saint-Chamans répond que les Russes ont commencé leur retraite.

Napoléon se lève. Il respire longuement. Il sort de la ferme. Il a vaincu.

Le ciel est bas. Il fait sombre. Des blessés se traînent sur la route, se soutenant l'un l'autre, certains s'aidant, pour marcher, de leur fusil. Ils avancent tête baissée.

Il les regarde longuement.

Avec les troupes dont il dispose, avec ces hommes accablés, il ne peut pas poursuivre l'ennemi.

Cette victoire est comme le climat de ce pays, lugubre.

Il rentre dans la ferme. Il a besoin d'écrire, de laisser s'exprimer un peu de tendresse dans cet univers de mort. Il sait que Marie Walewska a quitté Varsovie pour Vienne. Il aimerait tant qu'elle soit là, comme une source de vie.

« Ma douce amie,

« Tu auras appris plus que je ne puis t'en dire aujourd'hui sur les événements, quand tu liras cette lettre. La bataille a duré deux jours et nous sommes restés maîtres du terrain.

« Mon cœur est avec toi ; s'il dépendait de lui, tu serais citoyenne d'un pays libre. Souffres-tu comme moi de notre éloignement ? J'ai le droit de le croire ; c'est si vrai que je désire que tu retournes à Varsovie ou à ton château, tu es trop loin de moi.

« Aime-moi, ma douce Marie, et aie foi en ton

« N. »

Il plie et scelle la lettre, puis prend une autre feuille de papier. Il a aussi besoin d'écrire à Joséphine.

« Mon amie, il y a eu hier une grande bataille ; la victoire m'est restée, mais j'ai perdu bien du monde ; la perte de l'ennemi qui est plus considérable encore ne me console pas. Enfin je t'écris ces deux lignes moi-même, quoique je sois bien fatigué, pour te dire que je suis bien portant et que je t'aime.

« Tout à toi.

« Napoléon »

Maintenant il faut parler aux grognards, à ces hommes qui tentent de se réchauffer autour d'un feu de bivouac et dont il aperçoit les silhouettes tassées sur la neige. Jamais il n'a éprouvé un tel sentiment, presque du désespoir, en pensant à ces milliers d'hommes mutilés, broyés, ensevelis.

Il donne des ordres. Il veut retourner vers ce cimetière d'Eylau où il est resté hier, debout sous la mitraille. Il ne peut quitter ce champ de bataille où vingt généraux ont été blessés ou tués, et parmi eux les meilleurs. Il pense à d'Hautpoul, mort comme il l'avait souhaité. Combien d'hommes sont-ils tombés avec lui ? Peut-être vingt mille morts et blessés, et peut-être le double ou le triple chez les Russes ?

Il chevauche lentement sur la neige épaisse, entouré de son état-major. Les forêts de sapins qui entourent le champ de bataille ferment l'horizon, et les nuages d'un ciel noir s'accrochent à leurs cimes.

Des morts partout, des corps nus mêlés à ceux des chevaux, des blessés qui agonisent sur une neige sale, jaunie, rouge de sang. Il ne détourne pas la tête. Il tente d'éviter que les sabots de son cheval ne viennent piétiner des débris humains. Il entend ces appels déchirants qui se prolongent, aigus comme des cris d'oiseau. Des blessés se traînent vers lui, tendent leurs bras, implorent de l'aide.

On crie : « Vive l'Empereur ! » Mais il entend aussi ces voix qui lancent « Vive la paix ! », « Du pain et la paix ! », « Vive la paix et la France ! ».

La France paraît si loin.

Il arrive sur le monticule où les soldats du 14e de ligne, ceux d'Augereau, se sont fait massacrer, aveuglés par la neige. Les corps sont alignés, entassés.

– Ils sont rangés comme des moutons, dit le maréchal Bessières.

Napoléon se retourne avec vivacité. Il a les yeux rougis.

– Des lions, comme des lions, dit-il, les dents serrées.

Lorsqu'il voit que les soldats du 43e de ligne ont accroché à leurs aigles des crêpes noirs, il se dresse sur ses étriers.

– Je ne veux pas voir, jamais, mes drapeaux en deuil ! crie-t-il. Nos amis et nos braves compagnons sont morts au champ d'honneur, leur sort est à envier. Occupons-nous de les venger et non de les pleurer, car les larmes ne conviennent qu'aux femmes.

Il rentre à son cantonnement, s'installe devant le poêle, appuyé à une caisse qui lui sert de table. Il entend Caulaincourt l'interroger sur la date du départ d'Eylau et lui demander le lieu où l'on doit préparer la future résidence de l'Empereur.

Il ne sait pas. Il ne veut pas répondre. Il ne peut pas quitter cette terre qui a bu tant de sang.

Il dicte le bulletin de la Grande Armée et lance une proclamation aux troupes.

« Soldats, nous commencions à prendre un peu de repos dans nos quartiers d'hiver quand l'ennemi a attaqué le 1er corps... Les braves qui de notre côté sont restés au champ d'honneur sont morts d'une mort glorieuse : c'est la mort des vrais soldats. Leurs familles auront des droits constants à notre sollicitude et à nos bienfaits. »

Il hésite puis, la tête baissée, il reprend : « Nous allons nous approcher de la Vistule et rentrer dans nos cantonnements. » Mais ce ne sera qu'un répit. La guerre n'est pas finie. « Nous serons toujours des soldats français, et des soldats français de la Grande Armée », dit-il.

Des mots cependant lui viennent douloureusement. Il pense à « cet espace d'une lieue carrée où l'on voit neuf ou dix mille cadavres, quatre ou cinq mille chevaux tués », « ce spectacle est fait pour inspirer aux princes l'amour de la paix et l'horreur de la guerre ».

Et, comme un remords, il ajoute en post-scriptum au cinquante-huitième bulletin de la Grande Armée : « Un père qui perd ses enfants ne goûte aucun charme de la victoire. Quand le cœur parle, la gloire même n'a plus d'illusion. »

Il veut rester à Eylau. Encore. Pour s'assurer que les Russes font bien retraite, même s'il ne peut les poursuivre, même s'il a décidé de faire lui aussi reculer la Grande Armée sur la Passarge.

Le temps change.

Deux jours après la bataille, la neige commence à fondre, et il sent cette odeur de mort des corps en décomposition qui se répand. Les blessés meurent de la gangrène.

Il veut voir les chirurgiens aux armées, l'ordonnateur chargé des fournitures au service de santé. Il les interroge. Que deviennent les blessés ? Il écoute. Il s'indigne. Il a plusieurs fois déjà tenté de renforcer ce service. Rien n'y fait. La Garde dispose seule de ses ambulances, de ses chirurgiens, tel Larrey.

Les autres corps manquent d'hommes, de matériel.

– Quelle organisation, quelle barbarie, dit Napoléon.

Il donne des ordres, se retire, écrit.

« Mon amie, je suis toujours à Eylau, dit-il à Joséphine. Ce pays est couvert de morts et de blessés. Ce n'est pas la plus belle partie de la guerre ; l'on souffre et l'âme est oppressée de voir tant de victimes. »

Il peut avouer cela à sa vieille compagne. Mais ce n'est qu'un soupir.

« Je me porte bien, reprend-il. J'ai fait ce que je voulais, et j'ai repoussé l'ennemi en faisant échouer ses projets.

« Tu dois être inquiète et cette pensée m'afflige. Toutefois, tranquillise-toi, mon amie, et sois gaie.

« Tout à toi.

« Napoléon »

Le 17 février, enfin, il ordonne le repli sur la Passarge.

Il fait de petites étapes, dans cette campagne qui semble hésiter entre l'engourdissement de l'hiver et le réveil du printemps.

– La saison est bizarre, murmure-t-il à Caulaincourt.

Il gèle et dégèle en vingt-quatre heures. Mais c'est l'humidité et la boue qui peu à peu s'installent. La neige fond, les rivières débordent, envahissant les chemins où se traînent encore des blessés assoiffés, affamés.

Il prend ses cantonnements à Osterode.

« Je suis dans un mauvais village où je passerai encore bien du temps, écrit-il à Joséphine le 2 mars.

« Cela ne vaut pas la grande ville. Je te le répète, je ne me suis jamais si bien porté : tu me trouveras fort engraissé.

« Sois gaie et heureuse, c'est ma volonté.

« Adieu, mon amie, je t'embrasse de cœur.

« Tout à toi,

« Napoléon »

Il se regarde dans le miroir que lui tient Constant. Son visage est devenu rond. Il touche son ventre. Parfois, durant cette semaine passée à Eylau, il a été saisi de violentes douleurs d'estomac. Mais elles ont disparu.

« Je me porte très bien », « ma santé est fort bonne », répète-t-il à Joséphine lorsqu'il lui écrit de cette petite pièce à la cheminée qui tire mal et qu'il occupe, à Osterode, dans le vieux château d'Ordenschloss.

La bâtisse est humide. Les forêts de sapins qui l'entourent

créent malgré le printemps qui revient une atmosphère de tristesse qui imprègne les journées.

Il voudrait voir Marie Walewska ici. Il lui a demandé de rentrer de Vienne. Elle est en route. Il faudra qu'elle le rejoigne, mais pas à Osterode, peut-être dans ce château de Finckenstein, que Caulaincourt a visité et qui se trouve à quelques lieues plus à l'ouest.

Mais, pour l'instant, peu importe le confort.

Il veut oublier ce qui l'entoure, cette nature morose que le réchauffement du climat n'égaie pas. Le brouillard souvent persiste toute la journée.

Il veut oublier son corps, dont la lourdeur commence à le gêner.

Mais il ne peut oublier qu'on affirme partout en Europe, et même à Paris, qu'Eylau est une défaite, que le général Bennigsen l'a emporté.

Napoléon s'indigne, rédige lui-même une relation de la bataille par un « témoin oculaire », qu'il fait éditer à Berlin et à Paris. Il corrige le chiffre des pertes. « Mille cinq cents morts et quatre mille trois cents blessés », dit-il. Quand le général Bertrand, qui prend sous la dictée ce récit et ces chiffres, relève la tête, Napoléon le fixe et, d'une voix chargée de mépris, il dit :

– C'est de cette manière que parlera l'Histoire.

Il s'éloigne, laisse Bertrand relire cette « relation de la bataille d'Eylau ».

Comment combattre le mensonge d'un Bennigsen qui prétend avoir remporté la victoire, sinon en combattant aussi pour la conquête de l'opinion ? L'esprit des hommes est un champ de bataille.

Mais il sait bien quelle est la réalité : il n'a pas détruit l'armée russe, même s'il l'a battue à Eylau. Il faudra reprendre au printemps le chemin de la guerre, jusqu'à ce que la paix soit imposée à ce roi de Prusse et à ce tsar, à cette Angleterre qui la refusent.

Et cette prochaine campagne, qui sera – il le faut – décisive, se prépare.

Il faut des hommes d'abord. Il dit à Berthier qu'il faut rallier les milliers de traînards, de maraudeurs, de fuyards qui errent dans la campagne.

« Il faut leur faire honte de leur lâcheté. »

Puis il faut des approvisionnements.

« Notre position sera belle lorsque nos vivres seront assurés, répète-t-il. Battre les Russes si j'ai du pain, c'est un enfantillage. »

Il convoque Daru, l'intendant général de la Grande Armée, qui invoque des difficultés pour l'exécution des ordres.

Que sont ces hommes-là ? Il les sent incertains. Il faut donc les secouer. Les reprendre en main.

« Il y a longtemps que je fais la guerre, Daru. Exécutez mes ordres sans les discuter... D'ailleurs, quand ce que je dis là ne conviendrait à personne, c'est ma volonté. »

Peut-être après la bataille d'Eylau l'a-t-on cru affaibli, hésitant, prêt à céder.

Il galope dans la campagne autour d'Osterode pour reprendre son corps en main.

Peut-être en effet a-t-il été atteint par cette sombre victoire, si sanglante. Mais quel serait le sens de tant de sacrifices s'il reculait maintenant ? Il faut au contraire tenir fort les rênes.

Il rentre au château d'Ordenschloss. Les dépêches de Paris viennent d'arriver. Il commence par les rapports des espions de police. On murmure pour la paix, on critique dans les salons. Et jusque dans celui de l'Impératrice. Il écrit rageusement à Joséphine :

« J'apprends, mon amie, que les mauvais propos que l'on tenait dans ton salon à Mayence se renouvellent : fais-les donc taire. Je te saurais fort mauvais gré si tu n'y portais pas remède. Tu te laisses affliger par les propos de gens qui devraient te consoler. Je te recommande un peu de caractère et de savoir mettre tout le monde à sa place...

« Voilà, mon amie, le seul moyen de mériter mon approbation. Les grandeurs ont leurs inconvénients : une impératrice ne peut aller là où va une particulière.

« Mille et mille amitiés. Ma santé est bonne. Mes affaires vont bien.

« Napoléon »

Amitié.

Il la blesse par ce mot. Il le sait. Mais comment ne pas l'employer alors qu'elle se refuse à comprendre, qu'elle répète maintenant dans ses lettres qu'elle veut mourir ?

« Tu ne dois pas mourir, reprend-il, tu te portes bien, et tu ne peux avoir aucun sujet raisonnable de chagrin.

« Tu ne dois pas penser à voyager cet été ; tout cela n'est pas possible. Tu ne dois pas courir les auberges et les camps. Je désire autant que toi te voir et même vivre tranquille.

« Je sais faire autre chose que la guerre, mais le devoir passe avant tout. Toute ma vie j'ai tout sacrifié, tranquillité, intérêt, bonheur, à ma destinée.

« Adieu, mon amie.

« Napoléon »

Si je ne tiens pas les rênes, ils se laissent aller.

Il ouvre une dépêche, la jette à terre.

« Junot m'écrit toujours avec du grand papier de deuil, qui me donne des idées sinistres quand je reçois ses lettres ! s'exclame-t-il. Faites-lui donc connaître que cela est contraire à l'usage et au respect et qu'on n'écrit jamais à un supérieur avec le caractère de deuil d'une affection particulière. »

Ont-ils oublié qui je suis ?

Ils se relâchent. Ils parlent. Cette madame de Staël s'est rapprochée de Paris alors qu'elle doit s'en tenir éloignée.

« Cette femme continue son métier d'intrigante... C'est une véritable peste... Je me verrai forcé de la faire enlever par la gendarmerie. Ayez aussi l'œil sur Benjamin Constant... »

Qu'imaginent-ils donc ? Que je vais laisser faire ?

Dans l'unique pièce qu'il occupe au château d'Ordenschloss parce que c'est l'une des rares à posséder une cheminée, il voit entrer le colonel Kleist, envoyé du roi de Prusse. Il écoute l'officier. Il l'observe. Cet homme ne veut que gagner du temps pour la Prusse et la Russie.

Napoléon est assis en face de Kleist. Il veut la paix, dit-il, même avec l'Angleterre. « J'aurais horreur de moi d'être la cause de l'effusion de tant de sang. »

Kleist ne peut dissimuler une expression de joie.

Lui aussi doit imaginer que je suis prêt à céder.

Napoléon se lève, tourne le dos au colonel Kleist.

Si les puissances ne veulent pas la paix, dit-il, « je suis décidé à faire encore pendant dix ans la guerre. Je n'ai que trente-sept ans. J'ai vieilli sous les armes et dans les affaires ».

Telle est ma destinée.

8.

Napoléon, les mains derrière le dos, parcourt les pièces de cette grande demeure entourée d'un parc immense que prolongent les forêts de sapins. Derrière les arbres, il devine la petite localité de Finckenstein, qu'il vient de traverser, arrivant du château d'Osterode par la route de Marienwerder.

Il sent que cette maison lui convient. Les meubles sont peu nombreux, la décoration, composée de tableaux représentant des scènes de batailles et de quelques tapisseries, est austère, bien dans le goût prussien.

Il lui plaît que cette demeure ait été construire par un comte de Finckenstein, gouverneur de Frédéric II, et qu'elle appartienne aujourd'hui au comte Kohna, grand maître de la Maison du roi de Prusse.

Il établira ici son quartier général jusqu'à ce que les hostilités reprennent, dit-il à Duroc.

C'est au grand maréchal du palais de faire appliquer une étiquette stricte, que l'Empereur désire voir respectée par tous.

Napoléon va jusqu'à l'une des fenêtres de la pièce d'angle qu'il a choisie pour cabinet de travail.

Il veut, autour de lui, dit-il, un état-major réduit, mais toute l'infanterie de la Garde. Elle s'installera dans le parc du château. Qu'elle construise des baraques. Il veut de l'ordre. Il veut profiter de cette période d'accalmie avant l'affrontement, inévitable, puisque les troupes de Bennigsen n'ont pas été détruites, pour redonner toutes ses forces à la Grande Armée. Parade tous les jours devant la maison, dans le parc, dit-il. Manœuvres dans la campagne voisine. Il faut faire venir des approvisionnements, acheter des chevaux par milliers en Allemagne, reconstituer les régiments de cavalerie. Il les passera en revue. Il veut tout voir.

Il convoque déjà le chirurgien des armées Percy. Il dit à Duroc et à ses aides de camp qu'il ne tolérera plus que les blessés se traînent sur les routes. Il a, dans les heures qui ont suivi Eylau, abandonné sa voiture pour aider à leur transport. Il faut donner des moyens au service de santé.

Sa tête bouillonne d'idées. Il a hâte de se mettre au travail. Il est à l'aise ici. Il faut que Marie Walewska vienne y séjourner avec lui. Il trouvera, après ces mois sombres, cet hiver de froid et de sang, le calme nécessaire à l'organisation de l'avenir, à la préparation de la bataille qui mettra enfin les Russes et les Prussiens dans l'obligation de conclure la paix. Et, eux vaincus, que pourra l'Angleterre, sinon s'incliner, étranglée par le blocus continental ?

Il est gai, pour la première fois depuis la bataille d'Eylau. Il descend dans le jardin, s'y promène longuement en compagnie de Murat qui vient d'arriver à Finckenstein et qui, comme à son habitude, se pavane dans un uniforme extravagant, bonnet et gilet de fourrure, plumet. Napoléon l'écoute avec bienveillance. Murat a été héroïque et le sera encore. Qu'il entraîne ses régiments et qu'il se prépare.

Le temps est agréable en ce début d'avril 1807. On entend les chants d'oiseaux malgré les coups de masse des sapeurs charpentiers qui ont commencé de bâtir une petite ville de planches en avant de la forêt, pour les cantonnements des régiments – deux de grenadiers, deux de chasseurs et un de fusiliers.

Il chassera dans la forêt. Il respire longuement. Il va faire de Finckenstein le centre, la tête et le cœur de l'Empire.

Il rentre dans le château.

De part et d'autre de la grande porte en bois ouvragé, des grenadiers montent la garde. Il dit à Duroc de s'enquérir au plus vite du lieu où se trouve Marie Walewska afin... Il n'a pas besoin de conclure. Duroc s'incline et s'éloigne.

Dans son cabinet de travail, Napoléon écrit sa première lettre. C'est le jeudi 2 avril 1807.

« Je viens de porter mon quartier général à Finckenstein, dit-il à Joséphine. C'est un pays où le fourrage est abondant et où ma cavalerie peut vivre. Je suis dans un très beau château, qui a des cheminées dans toutes les chambres, ce qui m'est fort agréable, me levant beaucoup la nuit. J'aime voir le feu. Ma santé est parfaite. Le temps est beau, mais encore froid. »

Le matin, il est levé à l'aube. Dans le brouillard, il aperçoit les premiers feux des grenadiers qui s'allument dans le parc. Il a hâte d'être au travail. Il rudoie Constant et Roustam, trop lents pour sa toilette. Les affaires l'attendent, dépêches arrivées de Paris, décrets, règlements à dicter, ordres à renvoyer au maréchal Lefebvre qui dirige le siège de Dantzig où les troupes prussiennes du maréchal Kalkreuth refusent de se rendre.

C'est cela, le plus urgent, faire tomber cette place afin d'avoir le flanc libre pour se porter contre Bennigsen quand il commettra la faute de s'avancer.

Car tel est le plan. Napoléon revoit les cartes. Le maréchal Ney est en avant des lignes françaises, comme un appât. Il reculera afin d'attirer Bennigsen, qu'on enveloppera par les flancs et qu'on détruira comme on a déjà détruit les troupes russes à Austerlitz. Il faut une victoire aussi éclatante pour que le tsar Alexandre Ier comprenne enfin qu'il doit traiter. Et peut-être alors pourra-t-on conclure avec lui une alliance qui partagerait l'Europe en deux zones d'influence. Et qui ferait plier l'Angleterre.

Napoléon hausse la voix. Il dicte une lettre pour Talleyrand. Il vient d'apprendre qu'à Londres un nouveau cabinet s'est constitué autour du duc de Portland et qu'il a rassemblé autour de lui Canning, Castlereagh, Hawkesbury, tous des hommes de Pitt, des partisans de la guerre à outrance. Comment imaginer qu'on puisse traiter avec ces hommes-là ? Il faut les vaincre, donc battre les Russes, puis tenir le continent et faire entendre raison aux Anglais.

Mais qui comprend ces enjeux ? À Paris, on murmure, on rêve de paix, et cette sérénade se fait entendre jusque dans les salons de l'Impératrice.

« Ridicule coterie ! » s'exclame Napoléon.

Il écrit à Fouché, le ministre de la Police générale. Ne devrait-il pas surveiller et empêcher cela ?

« Il faut donner à l'opinion une direction plus ferme..., dit Napoléon. Il n'est pas question de parler sans cesse de paix, c'est le bon moyen de ne pas l'avoir... »

Napoléon froisse les journaux, les jette dans le feu. Ces

hommes de lettres parlent et écrivent à tort et à travers, donnent dans leurs articles des informations militaires qui instruisent l'ennemi. Cela est fort bête.

Il se calme.

« L'esprit de parti étant mort, dicte-t-il, je ne puis voir que comme une calamité dix polissons sans talent et sans génie clabauder sans cesse contre les hommes les plus respectables, à tort et à travers. »

Mais qui d'autre que lui analyse clairement la situation ? Talleyrand lui-même, l'habile, le retors prince de Bénévent, s'illusionne sur l'attitude de tel ou tel, de l'Autriche qui offre sa médiation.

Napoléon se tourne vers Caulaincourt, son écuyer. Il l'interroge, insiste jusqu'à ce que Caulaincourt réponde qu'il regrette que « les espérances de paix s'éloignent, Sire ». Et le général Clarke approuve en hochant la tête.

Ils espèrent tous en la paix !

Et qui ne la voudrait ? Mais croient-ils qu'on la désire à Londres, et même à Vienne ? Croient-ils qu'on se détermine en fonction des sentiments ?

« Aimer, je ne sais trop ce que cela veut dire en politique ! » s'exclame Napoléon.

Peut-il faire comprendre qu'il voudrait, lui aussi, une paix générale, un congrès européen ?

Il convoque Talleyrand à Finckenstein, l'entraîne dans le parc, le fait assister aux parades qui se déroulent chaque jour à midi. Il est familier, détendu.

« Il faut être circonspect dans les négociations, lui dit-il. Marcher doucement et voir venir. »

Il observe longuement Talleyrand. Il devine les pensées que cache ce visage poudré, souriant, qui ne laisse paraître aucune émotion. Talleyrand, au lieu de se trouver en Pologne, à Varsovie ou à Finckenstein, préférerait jouir de sa fortune dans son hôtel de la rue d'Anjou !

Ces messieurs Talleyrand, Caulaincourt et leur coterie n'aiment pas les bivouacs ni les logements de hasard.

Croient-ils que je les aime ? Imaginent-ils que je suis un fou de guerre ? Ou bien, comme l'a murmuré Caulaincourt, que je cède à la « polonaisomanie » ?

Depuis que Marie Walewska est arrivée à Finckenstein, une nuit, début avril, en compagnie de son frère, Théodore Laczinski, un capitaine des lanciers polonais qui sert dans la Grande Armée, Napoléon perçoit dans son entourage, malgré les courbettes et le silence, des réticences. On parle de son « épouse polonaise » qui l'inciterait à prolonger la guerre parce qu'elle souhaite voir renaître son pays.

Clabauderies ! Comme s'il était homme à se laisser dicter ses choix par une femme !

Il vit avec elle dans une douceur paisible. Elle ne sort pas de sa chambre, n'assiste pas aux parades, garde souvent les volets clos. Mais elle est là, la nuit, jeune source d'énergie, elle est assise près de lui silencieuse pendant qu'il écrit et annote.

Parfois il lui lit quelques phrases d'une instruction qu'il rédige, mais il ne s'agit que d'affaires lointaines pour elle, un règlement sur la formation intellectuelle et morale des jeunes filles pensionnaires de la Légion d'honneur, ou bien la création d'une classe d'histoire au Collège de France, ou encore le texte d'un arrêté différenciant les quatre grands théâtres de Paris : Comédie-Française, Odéon, Opéra, Opéra-Comique.

Il la regarde. Il veut, dit-il, qu'elle vienne à Paris. Elle découvrira sa ville, la France. Il est l'Empereur. Il a le pouvoir de tout décider.

Elle le fixe longuement, puis elle baisse la tête. Elle est humble, tendre. Une femme qui l'apaise.

Les autres femmes, sa mère même, ses sœurs, et naturellement Joséphine, il doit les morigéner, les flatter, se moquer d'elles parfois. Elles sont pendues à ses basques ou bien elles le harcèlent, elles l'obligent à les tancer.

« Madame, doit-il écrire à sa mère, tant que vous serez à Paris, il est convenable que vous dîniez tous les dimanches chez l'Impératrice, où est le dîner de famille. Ma famille est une famille politique. Moi absent, l'Impératrice en est toujours le chef... »

Il doit défendre Joséphine contre sa mère mais lui rappeler qu'elle est l'Impératrice, qu'elle a donc un devoir de réserve.

« Je désire que tu ne dînes jamais qu'avec des personnes qui ont dîné avec moi ; que ta liste soit la même pour tes cercles ; que tu n'admettes jamais à la Malmaison, dans ton intimité, des ambassadeurs et des étrangers ; si tu faisais différemment, tu me déplairais.

Enfin, ne te laisse pas trop circonvenir par des personnes que je ne connais pas et qui ne viendraient pas chez toi si j'y étais. »

Il doit toujours être aux aguets. Veiller à tout.

Marie seule est ma paix.

Joséphine est jalouse d'elle ? Il suffit de se moquer : « Ta petite tête créole se monte et s'afflige, tu deviens toute diablesse... »

Que peut-elle faire de plus ?

C'est à moi de décider de son sort. Comme je décide de tout.

Je dois décider pour le maréchal Lefebvre qui piétine devant Dantzig. Lefebvre est impétueux, courageux, mais il faut lui adjoindre des généraux du génie, Lariboisière, Chasseloup-Laubat, capables d'ouvrir des brèches dans les fortifications.

Il faut l'encourager : « C'est lorsque l'on veut fortement vaincre que l'on fait passer sa vigueur dans les âmes. » Il faut le conseiller : « Chassez de chez vous à coups de pied au cul tous les petits critiqueurs. » Il faut aussi le retenir.

Napoléon se souvient du siège de Saint-Jean-d'Acre, des assauts inutiles, de ce carnage vain. Et le cimetière d'Eylau est devant ses yeux, si proche.

« Réservez le courage de vos grenadiers pour le moment où la science dira qu'on peut l'employer utilement, écrit Napoléon. Et en attendant, sachez avoir de la patience... Quelques jours perdus ne méritent pas quelque mille hommes dont il est possible d'économiser la vie? »

La vie ?

Il y pense sans cesse, lorsqu'il est seul avec Marie, lorsqu'il se promène dans le jardin ou bien au cours de ses longues chevauchées dans la forêt, ou encore quand il reçoit avec faste l'ambassadeur de Perse Mirza Riza Khan et qu'il donne en son honneur une grande parade. Les hommes, les cavaliers, leurs tenues remises à neuf, leurs jeunes chevaux piaffant, défilent devant l'ambassadeur, les maréchaux et Napoléon.

Toutes ces vies en mouvement, et dix-huit mille cavaliers encore dont le martèlement des sabots fait trembler la terre, qui galopent devant lui, dans la plaine d'Elbing.

Combien de ces vies resteront après quelques jours de bataille, dans ce printemps de 1807 où va se dérouler l'affrontement décisif, puisque Russes et Prussiens ont conforté leur alliance à Bartenstein, le 26 avril, et que ce sont donc les armes qui trancheront ?

Dantzig, heureusement, est tombée, et avec elle la forteresse de Weichselmunde, livrant ses entrepôts, ses réserves de vin, ses milliers de fusils anglais.

Napoléon, à la nouvelle de la chute de la ville, fait aussitôt atteler les six chevaux de sa berline. Il veut aller à Dantzig, féliciter le maréchal Lefebvre.

Il le rencontre sur la route, à l'abbaye d'Oliva.

C'est l'un des moments heureux de la vie, quant on peut féliciter, gratifier.

– Bonjour, monsieur le duc, dit l'Empereur, asseyez-vous auprès de moi. Aimez-vous le chocolat de Dantzig ?

Napoléon rit devant l'incompréhension de Lefebvre, qui ne saisira que plus tard qu'il est fait duc de Dantzig, lui le roturier, l'ancien sous-officier des Gardes françaises, lui, marié à une blanchisseuse de la rue Poissonnière. Et qu'en guise de chocolat il reçoit des centaines de milliers de livres de rente.

On murmure.

Qu'ils jasent ! Un sous-officier des Gardes françaises fait duc, et une blanchisseuse faite duchesse, voilà la nouvelle noblesse ! Au mérite. Quant aux autres, les nobles d'Ancien Régime, qu'ils prennent la file.

« Moi aussi, j'ai des émigrés près de moi, dit Napoléon à son frère Louis ; mais je ne les laisse point tenir le haut du pavé. »

Mais que sait un Louis de ce qu'il faut faire et ne pas faire ?

Louis veut être aimé, être le « roi bon », adulé des Hollandais !

« L'amour qu'inspirent les rois doit être un amour mâle, mêlé d'une respectueuse crainte et d'une grande opinion d'estime, lui écrit Napoléon. Quand on dit d'un roi que c'est un bon homme, c'est un règne manqué ! »

Mais que Louis prenne garde.

« Vous pouvez faire des sottises dans votre royaume, c'est fort bien, mais je n'entends pas que vous en fassiez chez moi ! »

Or, Louis se mêle de distribuer des décorations à des citoyens français !

Est-il possible que ce frère soit à ce point aveugle ?

Et il faut le sermonner depuis Finckenstein, alors que les troupes russes de Bennigsen ont commencé de s'avancer. Tant mieux ! Elles entrent dans la nasse.

« Je serai fort aise que l'ennemi voulût nous éviter d'aller à lui.

Mon projet est de me mettre en mouvement le 10 juin. J'ai fait toutes mes dispositions de magasins pour aller à sa rencontre à cette époque », dit-il au maréchal Soult.

D'ici là, il faut régler heure après heure, de l'aube à la nuit, et durant celle-ci aussi, toutes les questions que pose l'Empire, depuis la place d'un buste de D'Alembert dans les salons de l'Institut de France, jusqu'à la levée anticipée des conscrits de 1808, parce que la bataille est là qui vient.

L'enjeu est capital. Il s'agit de la paix en Europe par l'alliance avec les Russes, après les avoir vaincus. Et Napoléon, souvent, s'impatiente quand on le harcèle avec des questions ridicules, qu'il faut pourtant trancher.

Louis encore, qui se querelle sans cesse avec son épouse Hortense de Beauharnais.

Il faut aussi lui expliquer qu'on « ne traite pas une jeune femme comme on mène un régiment. Laissez-la danser tant qu'elle veut ; c'est de son âge. J'ai une femme qui a quarante ans : du champ de bataille je lui écris d'aller au bal, et vous voulez qu'une femme de vingt ans vive dans un cloître, soit comme une nourrice, toujours à laver son enfant ? ».

Il se penche vers Marie Walewska, la regarde. Elle est comme « un joli bouton de rose ». « Sois calme et heureuse », murmure-t-il.

Cette tendresse, voilà ce qu'il recherchait. Mais Louis ! Napoléon reprend la plume. « Il vous aurait fallu une femme comme j'en connais à Paris, écrit-il. Elle vous aurait joué sous jambe et vous aurait tenu à ses genoux. Ce n'est pas ma faute, je l'ai souvent dit à votre femme. »

Il est attaché à Hortense, au fils aîné de ce ménage qui porte son nom, Napoléon-Charles, qui est, s'il n'a pas de fils – mais il aura un fils, il le veut, il sait qu'il peut avoir un fils –, son héritier.

Il se souvient des premiers pas de l'enfant à la Malmaison. Il est heureux d'apprendre, le 12 mai, que Napoléon-Charles, après avoir été longuement malade, est guéri.

« Je conçois toute la peine que cela a dû faire à sa mère ; mais la rougeole est une maladie à laquelle tout le monde est sujet, écrit-il à Joséphine. J'espère qu'il a été vacciné, et qu'il sera quitte au moins de la petite vérole. »

Il se promène dans le jardin après la parade de midi.

La vie. Il veut avoir un fils. C'est une exigence de tout son être, et aussi sa volonté politique.

Il rentre. Il regarde longuement Marie Walewska. Une femme comme elle pourrait être la mère de son fils, mais il faudrait qu'elle soit à la hauteur impériale. Voilà ce qu'il veut, ce qu'il doit chercher maintenant. Si la guerre se conclut comme il l'entend, alors il pourra peut-être nouer un mariage avec une princesse russe. Pourquoi pas ?

Il rêve.

Et tout à coup, le 14 mai, cette lettre inattendue qui annonce la mort de Napoléon-Charles, victime du croup.

Napoléon se tasse. Tant de morts autour de lui. Et maintenant cet enfant. Cette mort si injuste.

Mais qu'est-ce qu'une vie ? Il écrit à Hortense, lui dit que « la vie est semée de tant d'écueils et peut être la source de tant de maux, que la mort n'est pas le plus grand de tous ».

Mais la douleur est là qui le creuse.

« Je conçois tout le chagrin que doit te causer la mort de ce pauvre Napoléon ; tu peux comprendre la peine que j'éprouve, écrit-il à Joséphine. Je voudrais être près de toi, pour que tu fusses modérée et sage dans ta douleur. Tu as eu le bonheur de ne jamais perdre d'enfants ; mais c'est une des conditions et des peines attachées à notre misère humaine. Que j'apprenne que tu as été raisonnable et que tu te portes bien ! Voudrais-tu accroître ma peine ?

« Adieu, mon amie.

« Napoléon »

Misère humaine.

Il galope dans la forêt. Il répète : « Ce pauvre petit Napoléon. » Que peut-on faire ? Il dit : « C'était son destin. » Il l'écrit, puis se rebelle.

« Depuis vingt ans, il s'est manifesté une maladie appelée croup, qui enlève beaucoup d'enfants dans le nord de l'Europe, écrit-il au ministre de l'Intérieur. Nous désirons que vous proposiez un prix de 12 000 francs qui sera donné au médecin auteur du meilleur mémoire sur cette maladie et la manière de la traiter. »

Que peut-on faire d'autre ? Se lamenter contre la cruauté du destin ? À quoi bon ? Mais ni Hortense, ni Joséphine, ni Louis ne sont raisonnables.

« N'altérez pas votre santé, prenez des distractions », leur dit-il. Ignorent-ils donc ce qu'est la vie ? Ce qu'est le destin ?

Et les vivants ? Qu'en font-ils, ceux qui pleurent les morts sans fin ?

« Hortense n'est pas raisonnable et ne mérite pas qu'on l'aime puisqu'elle n'aimait que ses enfants, écrit-il à Joséphine. Tâche de te calmer ! À tout mal sans remède, il faut trouver des consolations ! »

Il ne modifie pas un seul instant l'ordre de ses journées. Chaque jour, il passe à midi les troupes en revue. Il administre l'Empire. Il dicte. Il ordonne. Il étudie les cartes.

Quand il apprend, le 5 juin, que les troupes de Bennigsen ont attaqué celles du maréchal Ney, il tressaille. Enfin ! Il interroge les aides de camp que Ney lui envoie. « Est-ce une attaque sérieuse ou n'est-ce qu'une escarmouche ? »

Il sent pourtant que l'appât a joué son rôle. Bennigsen s'avance. Et Napoléon donne à Ney l'ordre de se retirer. Que Bennigsen tombe dans le piège. On l'attaquera sur les flancs. Et, cette fois-ci, il n'en réchappera pas.

Le samedi 6 juin 1807 à 20 heures, Napoléon monte dans une calèche. Il quitte Finckenstein pour Saalfeld.

Il passe au milieu de sa Garde. Murat tient les rênes comme un cocher.

9.

À Saalfeld, dans la petite pièce de la maison basse où il doit dormir, Napoléon fait déployer les cartes. On approche les lampes. Il s'agenouille. Autour de lui, les aides de camp, les maréchaux l'observent, silencieux. Il se redresse.

« Je suis encore à deviner ce que l'ennemi a voulu faire, dit-il. Je réunis aujourd'hui à Mohrungen mes réserves d'infanterie et de cavalerie, et je vais tâcher de trouver l'ennemi et de l'engager dans une bataille générale, afin d'en finir. »

Il se retire dans ce qui va lui servir de chambre, une sorte de soupente. Il entend les galops des chevaux des officiers d'ordonnance qui apportent les nouvelles des armées en marche. Il ferme les yeux. Il va vaincre. Il le doit. Pour les morts du cimetière d'Eylau. Parce qu'il achève toujours ce qu'il a entrepris.

Et que la victoire est la seule manière d'obtenir la paix. Il est sûr de lui, la tête et le corps tout entiers tendus vers ce but. Vaincre. Il n'a qu'une inquiétude, une angoisse, même : que Bennigsen se dérobe. S'est-il suffisamment enfoncé dans la nasse pour n'en plus pouvoir sortir à temps ?

Plus rien ne compte que ces questions. Oublié, tout ce qui n'est pas la bataille qui vient.

Il est levé à l'aube. Le jour apparaît, clair. Même le temps annonce la victoire. Les routes vers Guttstadt puis Heilsberg et Eylau traversent des champs de seigle, d'avoine et de blé. Les maisons des paysans sont entourées de jardins où courent des bandes d'oies grasses. Où est passée la boue de l'hiver ? Qu'est devenue la désolation de ces champs mornes ?

Les temps lugubres sont finis. Il fait chaud. L'air est chargé des senteurs de l'herbe. Les roues des caissons d'artillerie cahotent sur des chaussées sèches et ne soulèvent qu'une poussière blanche vite retombée.

Napoléon galope en avant de son escorte. Souvent, il s'éloigne si vite que le grand écuyer et les chasseurs de sa Garde ont du mal à le rejoindre. Il est dressé sur ses éperons au sommet d'un mamelon qui domine la campagne. L'état-major l'entoure maintenant. Il demande les cartes, qu'on pose sur l'herbe. Il descend de cheval, se couche presque pour mieux étudier chaque sinuosité de terrain.

Avec le doigt, il suit le cours de l'Alle, cette rivière dont l'un des méandres, sur sa rive gauche, borde la petite localité de Friedland.

Des ordonnances confirment la nouvelle que les troupes de Bennigsen ont établi trois ponts de bateaux sur l'Alle. Elles franchissent la rivière, passent de la rive droite à la rive gauche, sur ces trois ponts et un pont de bois.

Napoléon, les mains derrière le dos, arpente le mamelon.

Est-ce le moment ? Il ne faut pas attaquer prématurément. Il faut laisser Bennigsen s'enfoncer, l'inviter à faire passer ses soldats sur la rive gauche de la rivière, lui faire croire qu'il n'a devant lui que quelques troupes, le gros de la Grande Armée marchant vers le nord, vers Königsberg. Bennigsen va imaginer pouvoir réaliser une attaque de flanc, bousculer Ney, Lannes qui est entré dans Friedland. Et, quand il sera ainsi tout entier sur la rive gauche, il faudra détruire les ponts, fermer la nasse, ne lui laisser le choix qu'entre la capitulation, la noyade et la retraite.

Napoléon pointe sur la carte le bout de sa cravache : Friedland, dit-il.

Le mercredi 10 juin, on se bat à Heilsberg. Napoléon s'emporte, exige qu'on lui communique tous les détails de la bataille. Murat a chargé, ses cavaliers ont été fauchés par la mitraille, son cheval a été tué sous lui, il a même perdu une botte, et a chargé encore.

Trop tôt, trop tôt.

Napoléon galope vers le champ de bataille. Les Russes ont reculé alors qu'ils tenaient la victoire. Napoléon marche au milieu des blessés. Il voit autour des ambulances des amoncellements de bras, de jambes, coupés, mêlés aux cadavres.

Il donne des ordres pour qu'on secoure les blessés. Puis il

monte à nouveau à cheval. Il ne peut plus dormir que quelques dizaines de minutes par-ci, par-là. Mais il ne sent aucune fatigue. Est-ce que la flèche retombe quand elle a été tirée, avec toute la force et la science de l'archer, vers sa cible ?

Il est cette flèche.

Le dimanche 14 juin, Napoléon comprend que le sort en est jeté : les troupes de Bennigsen sont entassées sur la rive gauche. Les soldats de Lannes, comme ceux de Ney, se sont retirés en bon ordre, aspirant derrière eux les Russes, qui occupent Friedland.

Napoléon est sûr que plus rien ne pourra l'empêcher : Bennigsen est ferré.

Il enfourche son cheval, commence sa course vers le lieu des premiers combats, et arrive au milieu des soldats d'Oudinot.

– Où est donc l'Alle ? demande-t-il à Oudinot.

Le général tend le bras, montre la rivière large d'une cinquantaine de mètres et dont la rive est abrupte.

– Là, dit-il, derrière l'ennemi.

– Je lui mettrais bien le cul dans l'eau, dit Napoléon.

Les boulets commencent à tomber autour de Napoléon, les blessés se multiplient. Il demeure les bras croisés sous le feu. Oudinot s'approche, explique que les grenadiers menacent de cesser de se battre si l'Empereur s'expose ainsi.

Napoléon remonte à cheval, fait installer son bivouac à Posthenen, un petit village face aux troupes russes de Bagration.

Il fait donner l'artillerie et va et vient sur une butte, cinglant les hautes herbes de sa cravache.

C'est le 14 juin. Un signe.

Il se tourne vers Berthier.

– Jour de Marengo, jour de victoire, dit-il. Friedland vaudra Austerlitz, Iéna et Marengo dont je fête l'anniversaire.

Il marche rapidement. Voilà un signe du destin. Il se sent habité par une énergie joyeuse que rien ne peut briser. Quand le capitaine Marbot lui apporte un pli du maréchal Lannes, il l'interroge.

– As-tu bonne mémoire, Marbot ? Eh bien, quel anniversaire est-ce, aujourd'hui 14 juin ?

Marbot répond.

– Oui, oui, dit Napoléon, celui de Marengo, et je vais battre les Russes comme je battis les Autrichiens.

Il monte à cheval, longe les colonnes de soldats, qui crient : « Vive l'Empereur ! » et leur lance :

– C'est aujourd'hui un jour heureux, l'anniversaire de Marengo.

La journée s'avance. Il fait chaud. Il n'a toujours pas donné l'ordre de l'attaque générale. Toutes les troupes ne sont pas encore parvenues sur le champ de bataille.

Il regarde à la lunette. Les membres de l'état-major, près de lui, répètent que les troupes russes continuent de passer sur la rive gauche, et qu'elles sont si nombreuses qu'il faut sans doute attendre le lendemain pour les attaquer, quand la Grande Armée sera au complet.

Napoléon baisse sa lunette. Il sait, lui, que c'est le moment.

– Non, dit-il, on ne surprend pas deux fois l'ennemi en pareille faute.

Tout est simple maintenant. Les pensées deviennent des ordres et des actes. Il s'approche de Ney, lui saisit le bras.

– Voilà le but, dit-il.

Il montre les troupes russes et, au-delà, la ville de Friedland.

– Marchez sans y regarder autour de vous : pénétrez dans cette masse épaisse quoi qu'il pût vous en coûter ; entrez dans Friedland, prenez les ponts et ne vous inquiétez pas de ce qui pourra se passer à droite, à gauche ou sur vos arrières. L'armée et moi sommes là pour y veiller.

Ney s'élance.

Napoléon le suit des yeux.

– Cet homme est un lion, murmure-t-il.

À 17 h 30, alors que le soleil est encore haut en ce dimanche 14 juin 1807, Napoléon donne l'ordre de l'attaque. Vingt pièces de canon en place à Posthenen ouvrent le feu à son signal, et toute l'artillerie déclenche son tir. Au milieu des explosions, Napoléon entend les cris de « Vive l'Empereur ! En avant ! À Friedland ! ».

Sa pensée est devenue cette bataille.

Il désigne au général Sénarmont les ponts qu'il faut détruire. Ainsi la nasse sera close. À la lunette, il voit les Russes qui se débandent, essaient de traverser la rivière, s'y noient.

Et quand les tirs cessent, vers 22 h 30, il n'aperçoit plus dans la nuit que les maisons de Friedland qui brûlent, éclairant les morts et les blessés, les débris des caissons de l'artillerie russe.

Les cris de douleur sont souvent couverts par les cris de « Vive l'Empereur ! » que lancent les soldats quand ils voient passer Napoléon.

C'est déjà l'aube du lundi 15 juin. Napoléon parcourt les lignes. Les soldats dorment et ainsi ils ressemblent à des morts.

Il interdit qu'on les réveille pour lui présenter les armes, et il continue d'avancer, parvenant ainsi jusqu'aux monceaux de cadavres russes déchiquetés par l'artillerie, entassés les uns sur les autres, leurs corps dessinant les rangs qu'ils avaient tenté de maintenir, les chevaux éventrés révélant les positions de l'artillerie.

Il remonte lentement, entouré de son escorte, la route qui longe en direction de Wehlau la rive gauche de la vallée de l'Alle. Des corps glissent lentement sur les eaux de la rivière.

Il pleut. Il s'arrête dans le village de Peterswalde, s'installe dans une grange, commence une lettre pour Joséphine.

« Mon amie, je ne t'écris qu'un mot, car je suis bien fatigué ; voilà bien des jours que je bivouaque. Mes enfants ont dignement célébré l'anniversaire de la bataille de Marengo.

« La bataille de Friedland sera aussi célèbre et est aussi glorieuse pour mon peuple. »

Il pourrait interrompre là cette lettre. Mais il faut aussi expliquer à Joséphine afin qu'elle raconte autour d'elle.

« Toute l'armée russe mise en déroute, reprend-il, quatre-vingts pièces de canon, trente mille homme pris ou tués ; trente-cinq généraux russes tués, blessés ou pris ; la Garde russe écrasée : c'est une digne sœur de Marengo, Austerlitz, Iéna. Le *Bulletin* [1] te dira le reste. Ma perte n'est pas considérable ; j'ai manœuvré l'ennemi avec succès.

« Sois sans inquiétude et contente.

« Adieu, mon amie ; je monte à cheval.

« Napoléon

« L'on peut donner cette nouvelle comme une notice si elle est arrivée avant le *Bulletin*. On peut aussi tirer le canon. Cambacérès fera la notice. »

Il étend les jambes, ferme les yeux quelques secondes.

Il a remporté la victoire. Mais que peut durablement la force ?

1. Le *Bulletin* de la Grande Armée.

s'interroge-t-il. La force est impuissante à organiser quoi que ce soit.

« Il n'y a que deux puissances dans le monde : le sabre et l'esprit. À la longue, le sabre est toujours battu par l'esprit. »

Il vient de brandir le sabre. Il a terrassé l'ennemi. Maintenant, place à l'esprit pour organiser. Il faut qu'il parle avec le tsar Alexandre. Il faut conclure la paix avec lui.

Il reste encore quelques minutes ainsi. Il est serein. Il recommence à écrire.

« Tu es pour moi, dit-il à Marie Walewska, une nouvelle sensation, une révélation perpétuelle. C'est que je t'étudie avec impartialité. C'est aussi que je connais ta vie jusqu'à ce jour. D'elle vient, chez toi, ce singulier mélange d'indépendance, de soumission, de sagesse et de légèreté qui te fait si différente de toutes. »

Il est heureux.

Le mardi 16 juin, il longe la rivière Pregel, marchant vers Tilsit. Il fait établir un pont de bateaux, puis il cherche lui-même un gué, s'engageant dans le lit de la rivière, à la tête des escadrons, levant les jambes au-dessus des fontes.

Parfois il se lance au galop. Il aime cette sensation d'indépendance, cette preuve de sa liberté capable de balayer toutes les étiquettes, toutes les prudences. Il surprend son escorte et chevauche ainsi seul plusieurs dizaines de minutes, jusqu'à une hauteur où il s'arrête, regardant cette campagne plus grise que la pluie commence à brouiller. Ses officiers, le grand écuyer Caulaincourt le rejoignent, essoufflés, inquiets. Il rit.

On lui apporte la nouvelle de la chute de Königsberg où sont entrés Murat et Soult. Tout se déroule comme il l'avait prévu.

« Königsberg, qui est une ville de quatre-vingt mille âmes, est en mon pouvoir, écrit-il à Joséphine. J'y ai trouvé bien des canons, beaucoup de magasins, et enfin plus de soixante mille fusils venant d'Angleterre.

« Adieu, mon amie ; ma santé est parfaite, quoique je sois un peu enrhumé par la pluie et le froid du bivouac.

« Sois contente et gaie.

« Tout à toi.

« Napoléon »

Son esprit, en ces lendemains de bataille et de victoire, se détend et retrouve toutes ses pensées, comme si l'horizon ne se limitait plus à cet espace à conquérir, à ces armées à bousculer, mais redevenait cette scène où se meuvent les souvenirs, les personnes aimées.

Il a écrit déjà à Joséphine, à Marie. Il reprend la plume pour écrire à Hortense, car il a voulu aussi cette victoire, avec tant de détermination, peut-être parce que Napoléon-Charles était mort et qu'il fallait se prouver que l'énergie vitale ne l'avait pas abandonné, qu'il était bien capable, comme il le sentait, d'aller plus loin encore, de faire mieux qu'à Marengo ou Austerlitz, malgré la mort de cet enfant qu'il aimait.

Il écrit à Hortense ce 16 juin 1807.

« Vos peines me touchent, mais je voudrais vous savoir plus de courage. Vivre, c'est souffrir, et l'honnête homme combat toujours pour rester maître de lui. Je n'aime pas vous voir injuste envers le petit Napoléon-Louis [1] et envers tous vos amis.

« Votre mère et moi avions l'espoir d'être plus que nous ne sommes dans votre cœur. J'ai remporté une grande victoire le 14 juin. Je me porte bien et vous aime beaucoup. »

À quoi bon parler de la bataille à une mère suffoquée par sa douleur, et qui n'entend rien d'autre que sa peine ? Il la comprend mais il ne peut admettre une telle soumission à sa souffrance, une telle complaisance à soi, et aussi une si grande indifférence au monde qui continue sa route malgré la mort.

Le vendredi 19 juin, il entre à Tilsit, traverse la ville. Les rues sont droites, larges, pavées de pierres disjointes sur lesquelles les chevaux butent et glissent. Il va jusqu'au bord du Niémen. Un pont brûle encore. Sur la rive droite, des cavaliers cosaques caracolent. Le fleuve est large.

Il se souvient des fleuves d'Italie, de ces ponts de Lodi et d'Arcole qu'il a franchis sous la mitraille. Il est ici au bord de ces eaux bleues qui coulent rapidement et marquent le début de cet autre grand Empire, la Russie.

Il apprend, à son retour à Tilsit, que le prince Lobanov vient d'arriver, porteur de la demande d'armistice que sollicite Bennigsen.

1. Frère cadet de Napoléon-Charles. Né en 1804, mort en 1831.

Napoléon veut plus que cela. Il est en position de force.

« La jactance des Russes est à bas, dit-il ; ils s'avouent vaincus ; ils ont été furieusement maltraités. Mes aigles sont arborées sur le Niémen ; l'armée n'a point souffert. »

Ce qu'il veut imposer, ce n'est pas un armistice mais la paix.

D'ailleurs, ils la lui réclament tous – Talleyrand, Caulaincourt, et même les maréchaux. Quant aux grognards, ils la désirent aussi. Voilà plus d'une année qu'ils n'ont pas revu la France.

Et lui, croit-on qu'il ne la veuille pas ?

Il envoie le grand maréchal Duroc à Bennigsen. Il invite le prince Lobanov à sa table. Il regarde longuement l'envoyé de Bennigsen, puis il lève son verre avec solennité. Il boit, dit-il, à la santé de l'empereur Alexandre. Il prend Lobanov par le bras, l'entraîne vers une carte, lui montre la Vistule, en suit le cours du doigt.

– Voici la limite entre les deux Empires, dit-il. D'un côté doit régner votre souverain, moi de l'autre.

Le dimanche 21, un armistice est conclu.

« Je me porte à merveille et désire te savoir heureuse », écrit-il à Joséphine.

Il est gai.

Peut-être est-ce enfin la paix, l'entente avec le tsar, qui contraindra l'Angleterre à accepter pour la première fois depuis 1792 la France telle qu'elle est devenue.

Le lundi 22 juin, il ordonne que les canons tonnent pour annoncer la mise en application de l'armistice. Il pleut sans discontinuer, mais il voit les soldats s'embrasser sous l'averse. Il se met à dicter avec allégresse la proclamation à la Grande Armée, qui va clore cette campagne.

« Soldats, dit-il, le 5 juin nous avons été attaqués dans nos cantonnements par l'armée russe... L'ennemi s'est aperçu trop tard que notre repos était celui du lion. Il se repent de l'avoir troublé... Des bords de la Vistule nous sommes arrivés sur ceux du Niémen avec la rapidité de l'aigle. Vous célébrâtes à Austerlitz l'anniversaire du couronnement ; vous avez cette année dignement célébré celui de Marengo... »

Maintenant il doit leur parler de la paix.

« Français, reprend-il, vous avez été dignes de vous et de moi. Vous rentrerez en France couverts de tous vos lauriers et après avoir obtenu une paix glorieuse qui porte avec elle la garantie de sa durée. »

Il le veut, comme ces soldats dont il aperçoit les silhouettes marchant sous la pluie, la crosse du fusil sous la saignée du bras et le canon appuyé au bonnet à poil.

« Il est temps d'en finir, conclut-il, et que notre patrie vive en repos à l'abri de la maligne influence de l'Angleterre. Mes bienfaits vous prouveront ma reconnaissance et toute l'étendue de l'amour que je vous porte. »

Il doit gagner la bataille de la paix.

Lorsqu'il retrouve le prince Lobanov, il lève à nouveau son verre où pétille le champagne, en l'honneur du tsar Alexandre. Puis il s'enquiert de la santé de la tsarine Élisabeth.

Il remarque que Lobanov est si ému que ses yeux se sont remplis de larmes.

– Regardez, regardez, Duroc, lance-t-il, comme les Russes aiment leurs souverains !

10.

Napoléon galope au bord du Niémen, ce 25 juin 1807. Le soleil est à son zénith. Il va être 13 heures.

Tout à coup, derrière un bouquet d'arbres, Napoléon aperçoit au milieu du fleuve le radeau que les sapeurs ont construit dans la nuit et la matinée puis amarré afin qu'il soit maintenu à égale distance des deux rives du Niémen. Il le voit distinctement maintenant, avec ces deux tentes de toile blanche dont il a voulu qu'elles soient richement décorées de guirlandes fleuries et qu'elles comportent des entrées et une sorte de salon. Sur la plus grande, celle où il rencontrera le tsar Alexandre, il voit le « N » gigantesque qui a été peint sur la toile. Un « A » de la même taille doit figurer face à la rive droite.

Il regarde les troupes russes qui se sont amassées sur cette rive du fleuve, puis il tourne la tête vers la ligne des soldats de la Grande Armée qui bordent la rive gauche. Ils lancent leur cri de « Vive l'Empereur ! » si fort, ils hurlent si gaiement, que les mots se chevauchent et qu'on ne les distingue plus. Les voix ne forment qu'une seule et même explosion, aiguë, qui roule entre les rives, joyeuse et légère, irrésistible.

Il se sent allègre. Il regarde derrière lui. Pour cette rencontre, il a choisi cinq officiers qui l'accompagneront sur le radeau : les maréchaux Murat, Berthier, Bessières, Duroc, et le grand écuyer Caulaincourt. Mais il veut être seul en face du tsar, cet héritier d'un empire plusieurs fois séculaire qui enjambe l'Europe pour toucher à l'Orient et à l'Asie. Lui qui a construit le sien de ses propres mains, lui le fondateur, qui n'a pour égal que les conquérants antiques qui sont à l'origine d'une dynastie et ont rassemblé des peuples, lui, face à un Romanov !

C'est la rencontre de deux aigles, celle des Romanov et la mienne, arborée sur le Niémen, après dix ans de victoires.

Jamais il ne s'est senti aussi léger, aussi joyeux, aussi puissant. Il répond aux vivats en soulevant son chapeau, et les cris redoublent. Cet enthousiasme des soldats, il est aussi en lui.

Quand le prince Lobanov lui a rapporté les propos d'Alexandre Ier, il a eu le sentiment d'avoir atteint son but. Qui pourrait désormais menacer dangereusement l'édifice qu'il avait construit ?

Ce Romanov qui accueillait sur ses terres les émigrés français, et parmi eux Louis, frère de Louis XVI, qui se prétendait dix-huitième du nom, cet empereur par héritage parlait à l'Empereur Napoléon. Il lui faisait transmettre l'analyse suivante : « L'union entre la France et la Russie a été constamment l'objet de mes désirs et je porte la conviction qu'elle seule peut assurer le bonheur et la tranquillité du globe. Un système entièrement nouveau doit remplacer celui qui a existé jusqu'ici et je me flatte que nous nous entendions facilement avec l'Empereur Napoléon pourvu que nous traitions sans intermédiaire. Une paix durable peut être conclue entre nous en peu de jours... »

Napoléon s'arrête, marche vers la grande barque qui doit le conduire au radeau.

La brise se lève. Elle pousse dans le ciel bleu des rides blanches comme une gaze qui voile l'éclat du soleil et l'adoucit. Sur le radeau, les tentures sont légèrement soulevées, telles des voiles qui gonflent.

Jamais il n'oubliera cet instant. Jamais les hommes n'oublieront la rencontre des deux empereurs, celui venu d'hier et celui du siècle d'aujourd'hui, lui, Napoléon Ier, Empereur des Français, qui a dû traverser tant de fleuves avec ses armées pour parvenir jusqu'ici.

Il a un sentiment, jamais éprouvé, même au moment du sacre, de plénitude.

Ce ciel, ce fleuve Niémen, ce radeau, ces armées qui se font face, cet empereur qui sur la rive droite se prépare à embarquer pour le rejoindre, tout cela, c'est *sa* cathédrale, *son* œuvre. Le fruit de trente-huit années de vie.

Il se sent fier, heureux de son destin.

Il saute dans la grande barque, suivi par les maréchaux et le grand écuyer, et il se tient à la proue. Les rameurs, vêtus de blouses blanches, plongent leurs avirons dans les eaux du Niémen.

Il arrive le premier sur le radeau et il s'avance seul, d'un pas rapide, pour accueillir le tsar dont la barque approche.

Napoléon tend la main et, dans un coup d'œil, évalue cet homme qui a douze ans de moins que lui, qui est responsable de l'assassinat de son père, Paul Ier.

Alexandre grand, son teint rose. Les cheveux châtains, poudrés, dépassent en longs favoris d'un grand chapeau à plumes blanches et noires. Il porte l'uniforme vert à parements rouges de ce régiment Préobrajenski, qui est une sorte de garde impériale. Sur son épaule droite brillent des aiguillettes d'or. Il a l'épée au côté et des bottes courtes qui tranchent sur ses culottes blanches. Le cordon bleu pâle de l'ordre de Saint-André lui barre la poitrine.

Je porte le cordon rouge de ma Légion d'honneur.

Ce tsar a le regard clair, un visage poupin, avenant.

Napoléon l'embrasse. Ils se dirigent côte à côte vers la grande tente.

– Je hais les Anglais autant que vous les haïssez, commence Alexandre.

Sa voix est mélodieuse, son français parfait.

– Je serai votre second dans tout ce que vous entreprendrez contre eux, poursuit-il au moment où ils sont sur le seuil de la tente.

Napoléon soulève le voile.

– En ce cas, tout peut s'arranger, dit-il, et la paix est faite.

Napoléon parle. Il est emporté par une agréable griserie. Jamais son esprit n'a été aussi vif. Il veut convaincre, séduire, entraîner cet empereur dont il est l'aîné, dont il a battu les troupes, qu'il ne veut pas humilier pourtant mais au contraire rallier afin de bâtir avec lui cette Europe à deux faces.

Celle du tsar jusqu'à la Vistule, et la mienne depuis ce fleuve jusqu'à l'ouest.

Il n'y a pas d'autre choix, d'ailleurs. La Prusse ?

Il dit à Alexandre :

– C'est un vilain roi, une vilaine nation, une puissance qui a trompé tout le monde et qui ne mérite pas d'exister. Tout ce qu'elle garde, elle vous le doit.

L'Autriche ? Napoléon ne veut pas l'évoquer, mais il a lu, au moment où il quittait sa résidence de Tilsit pour se diriger vers le Niémen afin d'y rencontrer Alexandre, les dépêches d'Andréossy. L'ambassadeur de France à Vienne rapporte comment les Autrichiens ont espéré la défaite de la Grande Armée, comment ils se sont préparés à intervenir pour l'achever si elle avait été battue, comment la victoire de Friedland a désespéré la cour de Vienne.

Reste la Turquie, mais une révolution de palais vient d'y renverser le sultan Selim III, l'allié de Napoléon.

Napoléon murmure à Alexandre :

– C'est un décret de la providence qui me dit que l'Empire turc ne peut plus exister !

Partageons-nous ses dépouilles.

Il évoque l'Orient, observe Alexandre.

Cet homme paraît sincère. Il est jeune encore. Je le domine. Je veux son alliance mais je ne lui céderai jamais « Constantinople, qui est l'Empire du monde ».

Le temps a passé, plus d'une heure trente. Ils conviennent de se rencontrer demain, vendredi 26 juin, sur le radeau.

Le roi Frédéric-Guillaume de Prusse devrait être présent, dit Alexandre.

Napoléon a un mouvement d'humeur.

– J'ai souvent couché à deux, jamais à trois, dit-il.

Puis il se reprend, offre pour les entretiens suivants que les rencontres aient lieu à Tilsit, ville dont il cédera la moitié aux Russes afin qu'Alexandre puisse y résider.

– Nous parlerons, dit-il.

Puis il ajoute :

– Je serai votre secrétaire et vous serez le mien.

Napoléon prend le bras d'Alexandre et se dirige vers son canot. Des deux rives montent les vivats des soldats qui regardent la scène.

Cette nuit-là, Napoléon, qui dort dans la grande maison qu'il occupe à Tilsit, a un sommeil entrecoupé de longs moments de veille.

Les feux des soldats de la Garde éclairent la pièce. Il entend une chanson qui, au loin, monte dans la nuit.

L'air est celui d'un refrain qu'entonnent souvent les grenadiers en marchant. La voix, d'abord seule, est rejointe par d'autres, joyeuses, qui reprennent en chœur :

Sur un radeau
J'ai vu deux maîtres de la terre
J'ai vu le plus noble tableau
J'ai vu la paix, j'ai vu la guerre
Et le sort de l'Europe entière
Sur un radeau...

Le sommeil se dissipe. Pourquoi s'ensevelir dans l'oubli et le silence qu'il procure alors que les journées qu'il vit sont les plus pleines de sa vie ?

Il réveille Roustam, fait appeler son secrétaire. Il dicte une lettre pour Fouché : « Veillez à ce qu'il ne soit plus dit de sottises, directement ou indirectement, de la Russie. Tout porte à penser que notre système va se lier avec cette puissance d'une manière stable. »

Il renvoie d'un geste brusque le secrétaire.

Il marche dans la pièce, les mains derrière le dos, à son habitude.

Peut-il faire confiance à Alexandre, à ce Romanov qui, il y a peu, signait avec les Prussiens une convention de guerre à outrance contre la France ? Le tsar est-il l'un de ces hommes doubles comme le sont souvent les héritiers des dynasties ?

Puis-je compter sur sa loyauté ? Sur son alliance contre l'Angleterre ? C'est mon intérêt. Est-ce le sien ?

Je ne peux parier que sur lui.

Napoléon prend la plume. Il veut préciser ses impressions, écrire sans contrainte.

« Mon amie, dit-il à Joséphine, je viens de voir l'empereur Alexandre au milieu du Niémen, sur un radeau où on avait élevé un fort beau pavillon. J'ai été fort content de lui : c'est un fort beau, bon et jeune empereur ; il a de l'esprit plus que l'on ne pense communément. Il vient loger en ville, à Tilsit, demain.

« Adieu, mon amie ; je désire fort que tu te portes bien, et sois contente. Ma santé est fort bonne.

« Napoléon »

Le lendemain, 26 juin, lorsqu'il accueille Alexandre à 12 h 30 sur le radeau, l'homme déjà lui semble familier. Napoléon se sent attiré par ce personnage chargé d'une longue hérédité, et, il ne peut s'en défendre, il est flatté par la sympathie que le tsar semble lui manifester.

Il sait pourtant qu'à Saint-Pétersbourg on ne parlait que de l'« ogre corse », de l'« usurpateur », et comment les salons accueillaient les émigrés, comment l'on avait pleuré le duc d'Enghien, pris le deuil pour ce Bourbon, quelles malédictions on avait appelées sur la tête de ce « jacobin de Buonaparte ».

Et voilà, maintenant, que je prends par le bras l'empereur de Russie, que nous convenons que le mot de passe pour se rendre d'un secteur de Tilsit à l'autre sera, demain, « Alexandre, Russie, Grandeur », et c'est Alexandre qui choisit le mot de passe du surlendemain : « Napoléon, France, Bravoure ».

Chaque jour avec lui l'intimité augmente : revues des troupes, longues conversations, courses dans la forêt.

Je l'étonne, je le séduis, je l'éblouis.

Napoléon dit à Duroc :

– C'est un héros de roman, il a toutes les manières d'un des hommes aimables de Paris.

Mais je lui suis supérieur. Je suis un fondateur d'empire et non un héritier.

Quand ils parcourent à cheval la campagne et les forêts qui entourent Tilsit, Napoléon éperonne sa monture, devance le tsar, puis l'attend.

Il est heureux. Souvent, depuis la seconde rencontre sur le radeau, Frédéric-Guillaume III, roi de Prusse, les accompagne. Il n'est pas bon cavalier. Il a la mine triste d'un vaincu. Napoléon se moque de sa tenue, marque son mépris.

– Comment faites-vous pour boutonner tant de boutons ? lui demande-t-il.

Il faut pourtant le recevoir, mais comme un homme de trop que l'on n'accepte que parce que l'invité de marque souhaite le voir assis à sa table.

« L'empereur de Russie et le roi de Prusse sont logés en ville et dînent tous les jours chez moi, écrit Napoléon à Fouché. Tout cela me fait espérer une prompte fin de guerre, ce qui me tient fort à cœur par le bien qui en résultera pour mes peuples. »

Mais il écarte Frédéric-Guillaume de toutes ces rencontres qu'il veut amicales et qu'il ménage avec Alexandre, le soir, après dîner.

L'Europe, l'Orient, dit Napoléon. Il montre sur les cartes comment les Empires pourraient s'étendre.

Alexandre se laissera-t-il convaincre que les deux Empires alliés peuvent dominer la plus grande partie du monde ?

Napoléon ne se lasse pas de l'évoquer. Ces conversations, ces dîners, même en présence de Frédéric-Guillaume, l'enchantent. Il se sent l'Empereur des rois.

« Je crois t'avoir dit, écrit-il à Joséphine, que l'empereur de Russie porte grand intérêt à ta santé, avec beaucoup d'amabilité. Il dîne ainsi que le roi de Prusse tous les jours chez moi. »

Il est fier.

Il montre ses grenadiers, fait défiler sa garde impériale, ses cuirassiers aux « gilets de fer ». Il jette de temps à autre un regard vers Alexandre dont il saisit l'expression admirative et inquiète. Ces divisions qui passent sont comme un rempart mouvant qui s'avance, menaçant.

Il faut bien qu'Alexandre accepte l'alliance, reconnaisse la Confédération du Rhin, les royautés de Louis en Hollande et de Joseph à Naples, qu'il admette que Jérôme devienne roi de Westphalie et qu'en somme Napoléon soit l'Empereur d'Occident. D'ailleurs, c'est la Prusse qui paie. La Russie n'abandonne que les îles Ioniennes et Cattaro. Napoléon lui laisse les mains libres en Finlande, en Suède. Et la Russie s'engage à déclarer la guerre à l'Angleterre si celle-ci refuse sa médiation.

Quant à la Prusse, Napoléon a un geste désinvolte de la main. Il faut qu'elle soit punie, qu'elle perde la moitié de ses territoires et de ses habitants.

Il écoute Alexandre plaider la cause de la Prusse, invoquer le désespoir de la reine Louise, si émouvante. Napoléon montre de la main les grenadiers des deux gardes impériales qui se sont rassemblés dans la campagne proche de Tilsit pour un immense banquet. Les hommes ripaillent.

Qu'importe la Prusse ?

Mais cette reine Louise ? dit Alexandre. Elle est arrivée à Tilsit, elle veut voir Napoléon, continue-t-il.

Elle est donc venue, elle aussi, m'implorer, supplier pour son royaume !

Elle qui rêvait de la guerre, qui incitait les officiers prussiens à aiguiser leurs sabres sur les marches de l'ambassade de France à Berlin, elle qu'on dit si belle et qui avait prêté serment d'alliance contre la France sur le tombeau de Frédéric II en compagnie de son époux, ce benêt de Frédéric-Guillaume III, et d'Alexandre.

Ce tsar qui les abandonne tous deux.

Napoléon se rend chez elle, dans la maison du meunier de Tilsit où Frédéric-Guillaume III a été relégué.

Belle, oui, habillée en crêpe blanc brodé d'argent. Le visage aussi blanc que sa robe, royale cependant avec son diadème de perles.

Napoléon la regarde avec ironie. Elle évoque les malheurs de la Prusse, réclame la restitution de Magdebourg à la Prusse, alors que la ville doit revenir à la Westphalie.

– Est-ce du crêpe, de la gaze d'Italie ? demande Napoléon en la félicitant pour sa toilette.

– Parlerons-nous chiffons dans un moment aussi solennel ? s'indigne-t-elle.

Napoléon l'admire pour son art de la négociation et sa détermination. Il l'invite à dîner et confie à Caulaincourt : « On eût dit Mlle Duchesnois dans la tragédie. »

Il ne veut rien céder.

« La belle reine de Prusse doit venir dîner avec moi aujourd'hui », écrit-il à Joséphine.

Il reste quelques secondes sans poursuivre.

La voilà donc, cette souveraine dont toute l'Europe vante les charmes et la volonté, soumise, venant chez moi.

« La reine de Prusse est réellement charmante, poursuit-il ; elle est pleine de coquetterie pour moi ; mais n'en sois point jalouse : je suis une toile cirée sur laquelle tout cela ne fait que glisser. Il m'en coûterait trop cher pour faire le galant. »

Mais il peut laisser croire à la reine Louise qu'elle réussira à le séduire, à le circonvenir.

Elle vient au dîner, vêtue d'un costume rouge et or, portant un turban. Elle est assise entre Alexandre et Napoléon.

Se souvient-elle qu'elle l'appelait le « monstre », le « fils de la Révolution », qu'elle se moquait de lui devant toute la noblesse de Berlin ? Se souvient-elle qu'elle le décrivait laid comme un nabot ? Et qu'elle avait dressé son perroquet à l'insulter ?

Lui se souvient.

– Comment, dit Napoléon, la reine de Prusse porte un turban, ce n'est pas pour faire la cour à l'empereur de Russie qui est en guerre avec les Turcs ?

Elle le toise. Il n'aime pas ce regard, cette voix.

– C'est plutôt, je crois, pour faire ma cour à Roustam, répond-elle en regardant le mameluk de Napoléon.

Il la sent ulcérée. Il lui a refusé Magdebourg, laissée au roi de Westphalie, Jérôme. Elle a tenté de le séduire. Il l'a écoutée dire :

– Est-il possible qu'ayant le bonheur de voir d'aussi près l'homme du siècle et de l'histoire, il ne me laisse pas la liberté et la satisfaction de pouvoir lui assurer qu'il m'a attachée pour la vie ?

Qu'imaginait-elle ? Qu'il confondait coquetterie, sentiments et affaires d'État ? Il n'est pas un autre Frédéric-Guillaume.

– Madame, lui répond-il, je suis à plaindre, c'est un effet de ma mauvaise étoile.

Il rentre en compagnie de Murat, qu'il a vu faire sa cour à la reine. Elle se distrait en lisant « l'histoire du passé », rapporte Murat. Et quand Murat lui a répondu que « l'époque présente offre aussi des actions dignes de mémoire », elle a murmuré : « C'est déjà trop pour moi que d'y vivre. »

Napoléon se tait. Cette femme est restée digne, maîtresse de la conversation, la dominant même, revenant sans cesse au sujet qui l'obsède : Magdebourg.

La belle reine de Prusse à laquelle, malgré tout, il ne fera aucune concession !

Il éprouve le désir de raconter comment, lorsqu'il lui a offert une rose, elle a retiré sa main en disant : « À condition que ce soit avec Magdebourg », ou bien comment il l'a priée de s'asseoir « parce que rien ne coupe mieux une scène tragique, car quand on est assis, cela devient comédie ».

Il écrit à Joséphine.

« Mon amie,

« La reine de Prusse a dîné hier soir avec moi. J'ai eu à me défendre de ce qu'elle voulait m'obliger à faire encore quelques concessions à son mari ; mais j'ai été galant, et me suis tenu à ma politique. Elle est fort aimable. J'irai te donner des détails qu'il me serait impossible de te donner sans être bien long. Quand tu liras cette lettre, la paix avec la Prusse et la Russie sera conclue et Jérôme reconnu roi de Westphalie, avec trois millions de population. Ces nouvelles sont pour toi seule.

« Adieu, mon amie, je t'aime et veux te savoir contente et gaie.

« Napoléon »

Ce sont les dernières heures qu'il passe en compagnie du tsar. Les traités sont signés, la Prusse est dépecée, humiliée. La Russie préservée. Les deux nations s'engagent à agir contre l'Angleterre.

« La plus grande intimité s'est établie entre l'empereur de Russie et moi, écrit Napoléon à Cambacérès, et j'espère que notre système marchera désormais de concert. Si vous voulez faire tirer soixante coups de canon pour l'annonce de la paix, vous êtes le maître. »

Il accompagne Alexandre jusqu'à la barque qui va le conduire sur la rive droite du Niémen. C'est le temps des adieux. Il voudrait que ce moment se prolonge. Il sait trop qu'une fois éloignés de lui les hommes, et le tsar, comme l'un quelconque d'entre eux, échappent à son influence, se dérobent. Et qu'il faudra compter avec le travail de sape des agents de Londres à Saint-Pétersbourg.

Il veut se rassurer, dit à Alexandre :

– Tout porte à penser que, si l'Angleterre ne fait pas la paix avant le mois de novembre, elle la fera certainement quand, à cette époque, elle saura les dispositions de Votre Majesté, et qu'elle verra la crise qui se prépare pour lui fermer tout le Continent.

Peut-il être sûr d'Alexandre ?

Il passe en revue avec lui les régiments de la Garde personnelle du tsar.

– Votre Majesté me permettra-t-elle de donner la Légion d'honneur au plus brave, à celui qui s'est le mieux conduit dans cette campagne ? demande-t-il.

Un grenadier est désigné. Napoléon lui accroche sa Légion d'honneur sur la poitrine.

– Grenadier Lazaref, tu te souviendras que c'est le jour où nous sommes devenus amis, ton maître et moi.

Il étreint Alexandre.

De qui peut-on être sûr ?

Autour de lui, quelques voix s'inquiètent déjà. On ne peut se fier à Alexandre, lui répète-t-on.

Il hésite, convoque le général Savary. Il le fixe. L'homme est un fidèle parmi les fidèles. Il l'a montré au moment de l'arrestation et de l'exécution du duc d'Enghien.

– J'ai confiance dans l'empereur de Russie, lui dit-il, nous nous sommes donné réciproquement des marques de la plus grande amitié après avoir passé ici vingt jours ensemble, et il n'y a rien entre les deux nations qui s'oppose à un entier rapprochement.

Il s'approche de Savary, lui pince l'oreille.

– Allez y travailler.

Savary sera l'ambassadeur de Napoléon à Saint-Pétersbourg. Et il faudra bien que les salons l'acceptent, lui, le général accusé d'être le responsable de la mort du duc d'Enghien.

– Je viens de faire la paix, continue Napoléon. On me dit que j'ai eu tort, que je serai trompé ; ma foi, c'est assez de faire la guerre. Il faut donner le repos au monde.

Il marche autour de la pièce.

– Dans vos conversations à Pétersbourg, ne parlez jamais de la guerre, ne frondez aucun usage, ne remarquez aucun ridicule, chaque peuple a ses usages et il n'est que trop dans les habitudes des Français de rapporter tout aux leurs et de se donner pour modèle, c'est une mauvaise marche...

Il accompagne Savary jusqu'à la porte.

– La paix générale est à Pétersbourg, dit-il, les affaires du monde sont là.

Napoléon quitte Tilsit le 9 juillet à 22 heures. Il a hâte maintenant de retrouver Paris, le cœur de l'Empire. Voilà dix mois qu'il est absent.

Il passe à Königsberg, à Posen. Il s'arrête un jour ici, quelques heures là. Il est impatient devant les réticences des uns, les oppositions des autres.

– Faites connaître aux habitants de Berlin que, s'ils ne paient pas les 10 millions de leur contribution, ils auront une garnison française éternellement, lance-t-il au général Clarke à l'étape de Königsberg.

Ne savent-ils pas qu'il est le vainqueur, l'Empereur des rois ? Et les Portugais l'ignorent-ils aussi ? Qu'ils ferment leurs ports aux Anglais avant le 1er septembre, écrit-il à Talleyrand sur la route de Dresde, « faute de quoi je déclare la guerre au Portugal et les marchandises anglaises seront confisquées ».

Il ne veut plus, il ne peut plus maintenant tolérer qu'on résiste stupidement. La Prusse, la Grande Russie ont plié ou recherché son alliance, croit-on qu'il va se laisser faire par des Portugais ou des Espagnols ? Ou bien par le pape qui, selon une dépêche d'Eugène de Beauharnais, envisage de le dénoncer ! « Me prend-il pour Louis le Débonnaire ? Je serai toujours Charlemagne dans la cour de Rome ! »

Il arrive à Dresde le vendredi 17 juillet.

La ville est belle, décorée, illuminée. Le roi de Saxe s'incline, l'invite respectueusement aux fêtes qu'il a préparées en son honneur.

Les femmes, parées, font la révérence, accueillantes.

Il s'attarde quelques jours. Il reçoit des délégués polonais, leur présente le roi de Saxe. Voilà le souverain du grand-duché de Varsovie qu'il décide de créer avec les provinces polonaises arrachées à la Prusse. Mais des troupes françaises resteront dans le grand-duché, dont l'Empereur français sera donc le vrai maître. Ce n'est pas *la* Pologne que les patriotes polonais espéraient, admet-il, mais c'en est peut-être le germe. Et peut-être est-ce déjà trop pour Alexandre, même si le tsar a accepté le principe du grand-duché.

Il pense à Marie Walewska.

Et il écrit à Joséphine.

« Mon amie, je suis arrivé hier à 5 heures du soir à Dresde, fort bien portant quoique je sois resté cent heures en voiture, sans sortir. Je suis ici chez le roi de Saxe, dont je suis fort content. Je suis donc rapproché de toi, de plus de moitié du chemin.

« Il se peut qu'une de ces belles nuits je tombe à Saint-Cloud comme un jaloux, je t'en préviens.

« Adieu, mon amie, j'aurai grand plaisir à te revoir.

« Tout à toi.

« Napoléon »

Il ne veut plus s'arrêter que le temps nécessaire à l'échange des chevaux.

Il traverse Leipzig, Weimar et Francfort.

À Bar-le-Duc, cette silhouette-là, cet homme qui s'avance et qui semble sortir d'un autre monde, oui, cet homme qui l'appelle Sire, qui donne son nom, « de Longeaux », c'était l'un de ses condisciples à l'école militaire de Brienne.

Napoléon se souvient. Il y a vingt-cinq ans.

Il écoute quelques minutes les propos de De Longeaux, puis lui accorde une pension et repart aussitôt pour Épernay.

À 7 heures, le lundi 27 juillet 1807, il arrive à Saint-Cloud.

Troisième partie

Il faut que les destinées s'accomplissent

28 juillet 1807 – décembre 1807

11.

– Je veux, dit Napoléon.

Il regarde fixement sa sœur Caroline qui, debout, raide, le défie. Elle ne nie pas. Il a hurlé. Elle s'est tue. Comment pourrait-elle réfuter ce qu'elle a délibérément affiché à l'Opéra, aux Tuileries, dans les rues et les salons de Paris, cette liaison avec le général Junot, gouverneur militaire de la capitale ? Et pendant ce temps-là son époux, Murat, chargeait à la tête de la cavalerie, à Heilsberg, à Friedland. Et, maintenant, Murat veut se battre en duel avec Junot !

Ridicule. Ce duel n'aura pas lieu.

Napoléon fait quelques pas. Il serre le pommeau de son épée. Il sent sous ses doigts les arêtes du Régent, cet énorme diamant qu'il a fait sertir sur sa lame impériale. Il a appris la liaison de Caroline et Junot le jour même de son arrivée à Paris. Elle doit cesser immédiatement.

– Je veux, répète-t-il.

Depuis sa première audience, hier, mardi 28 juillet à 8 heures, ici, au château de Saint-Cloud, il a prononcé presque à chaque instant ces deux mots. Il veut, et il n'est plus question que l'on discute ses ordres.

Il a décidé, déjà, de supprimer le tribunat. À quoi sert cette assemblée de bavards qui discutent de projets de loi ?

Il a décidé de changer de ministres. Il veut en finir avec Talleyrand. Il l'a observé, à Tilsit, se conduisant non comme un ministre des Relations extérieures aux ordres de son Empereur, mais comme un prince ayant sa cour, gardant ses distances, le regard ironique. Mais il y a plus grave. Ce ministre est à vendre, toujours.

– C'est un homme à talents, dit Napoléon à Cambacérès en lui annonçant le changement de ministère. Mais on ne peut rien faire avec lui qu'en le payant. Les rois de Bavière et de Wurtemberg m'ont fait tant de plaintes sur sa rapacité que je lui retire son portefeuille.

Il sera vice-Grand Électeur, avec 495 000 francs par an ! Et Champagny le remplacera. Berthier est fait vice-connétable, et Clarke devient ministre de la Guerre.

Je veux.

Il faut tenir les ministres en main. Ce ne sont que des exécutants.

Mais il faut par cet exemple qu'on sache que tout le monde doit se soumettre. Durant ces dix mois d'absence impériale, on a pris de mauvaises habitudes. On a même espéré ici et là voir mourir l'Empereur ! Il en est sûr.

Napoléon regarde Caroline. Il la devine, cette ambitieuse. Il ne lui suffit pas d'être la grande-duchesse de Berg. Si elle s'est emparée du cœur de ce brave Junot, c'est sans doute qu'elle espérait, dans l'hypothèse où Napoléon disparaîtrait, pouvoir compter sur cet amant passionné pour pousser Murat à la tête de l'Empire.

Il y a aussi d'autres petits complots qui se trament dans les salons du faubourg Saint-Germain, ceux de l'ancienne noblesse.

– On s'appelle encore duc, marquis, baron, on a repris ses armes et ses livrées, dit Napoléon à Cambacérès. Il était facile de prévoir que, si l'on ne remplaçait pas ces habitudes anciennes par des institutions nouvelles, elles ne tarderaient pas à renaître.

Il entraîne Cambacérès dans les galeries du château en le prenant par le bras.

– Je veux créer une noblesse d'Empire, l'exécution de ce système est le seul moyen de déraciner entièrement l'ancienne noblesse.

Maintenant il est seul dans ce grand salon du château de Saint-Cloud où la chaleur de ce mercredi 29 juillet 1807 est déjà accablante. L'été est radieux.

Napoléon va et vient à pas lents dans ce château qu'il aime, où il retrouve ses habitudes, l'odeur de la forêt voisine.

Il se regarde dans les miroirs qui décorent les galeries. Il a grossi durant ces dix mois en campagne, loin de France. Son visage est rond. Il a encore perdu des cheveux. Il ressemble à un empereur romain.

Il prend une prise.

L'on joue à Paris, en son honneur, *Le Retour de Trajan*. Flagorneries, il le sait. On l'y acclame. Les rues sont illuminées.

Il a voulu parcourir les quartiers de la capitale. Il est descendu de voiture au Palais-Royal, il a marché là où autrefois il était enivré par le parfum des femmes.

On le reconnaît. On crie : « Vive l'Empereur ! » Il est pensif tout à coup.

Il n'a pas voulu, malgré les pleurnicheries de Joséphine, retrouver le lit conjugal, la chambre commune abandonnée depuis plusieurs années déjà.

Dès la deuxième nuit, il s'est rendu chez Éléonore Denuelle. Elle est toujours désirable et coquette, mais avec une sorte d'insolence et d'autorité déplaisantes.

Elle a écarté le voile de gaze qui cache le berceau et il a vu l'enfant, le comte Léon, un bébé d'un peu plus de six mois, qui dort.

L'émotion, tout à coup, a envahi Napoléon. Ce fils est le sien, à n'en pas douter. Il le voit, il le sent. Il touche sa tête ronde.

Il se souvient de Napoléon-Charles, de la joie qu'il éprouvait à jouer avec le fils d'Hortense et de Louis sur la terrasse de Saint-Cloud, de cette même sensation de ressemblance qu'il éprouve aujourd'hui.

Il avait souvent dit : « Je me reconnais dans cet enfant... Celui-là sera digne de me succéder, il pourra me surpasser encore. »

La mort a pris Napoléon-Charles. Le destin a imposé sa loi. Le comte Léon ne sera pas mon héritier. Mais si je n'ai pas de fils, à quoi servent toutes ces pierres que j'entasse pour un palais impérial qui sera sans héritier ?

Même ma sœur Caroline anticipe ma mort.

Et ces rues illuminées, ces acclamations, ces courbettes et ces flatteries, et même ce cours de la rente qui flambe, jamais aussi haut depuis le début du règne, 93 francs – que deviendraient-ils à l'annonce de la mort de l'Empereur ?

Il se sent seul dans ce déluge d'hommages qui jaillissent de toutes parts. Il n'est grisé ni par les lampions qui illuminent Paris, le 15 août, pour célébrer la Saint-Napoléon, ses trente-huit ans, ni par les compliments des courtisans.

Il sort dans la nuit d'été, en compagnie du seul Duroc. Il veut se mêler au peuple des promeneurs qui, ce 15 août, jour de fête, se pressent dans les jardins des Tuileries. Personne ne le remarque, mais on acclame son nom, il voit ce peuple désintéressé qui applaudit à ses victoires.

Ce peuple le rassure. Il rit quand Duroc lui rapporte ce mot de Fouché sur le nouveau titre de Talleyrand, vice-Grand Électeur. « Il n'y avait que ce vice-là qui lui manquât, dans le nombre cela ne paraîtra pas », a dit le ministre de la Police générale.

Un univers sépare de ce peuple les Fouché et les Talleyrand !

Il pense à ce qu'il dira le lendemain au Corps législatif. « Dans tout ce que j'ai fait, j'ai eu uniquement en vue le bonheur de mes peuples, plus cher à mes yeux que ma propre gloire... Français, votre conduite dans ces derniers temps a augmenté mon estime et l'opinion que j'avais de votre caractère. Je me suis senti fier d'être le premier parmi vous. »

Il aime ce pays, ce peuple. Il est ému. Il faut qu'il se confie. Il rentre aux Tuileries, et, seul dans son cabinet de travail, il écrit.

« Ma douce et chère Marie,

« Toi qui aimes tant ton pays, tu comprendras avec quelle joie je me retrouve en France, après presque un an d'absence. Cette joie serait entière si tu étais ici, mais je t'ai dans mon cœur.

« L'Assomption est ta fête et mon anniversaire de naissance : c'est une double raison pour que nos âmes soient à l'unisson ce jour-là. Tu m'as certainement écrit comme je le fais en t'envoyant mes souhaits ; ce sont les premiers, faisons des vœux pour que bien d'autres les suivent, pendant beaucoup d'années.

« Au revoir, ma douce amie, tu viendras me rejoindre. Ce sera bientôt, quand les affaires me laisseront la liberté de t'appeler.

« Crois à mon inaltérable affection.

« N. »

Mais il sait bien que les « affaires » ne s'interrompent jamais et que, s'il veut retrouver un jour Marie Walewska, ce sera en volant quelques instants à ses journées d'Empereur. Il songe même parfois que jamais plus elle et lui ne vivront des moments d'intimité aussi paisibles que ceux passés au château de Finckenstein.

Ici, à Paris, les audiences se succèdent, les dépêches s'accumulent et il faut visiter les travaux entrepris au Louvre ou ceux du pont d'Austerlitz. Il faut passer les troupes en revue, écrire au roi de Wurtemberg pour lui confirmer que le mariage entre sa fille Catherine et Jérôme Bonaparte, roi de Westphalie, aura lieu le 22 août.

Il faut constamment être sur ses gardes.

Il apprend que les Autrichiens recrutent de nouvelles troupes. Il convoque Champagny, le nouveau ministre des Relations extérieures. « Je désire que vous écriviez à M. de Metternich une lettre confidentielle, douce, mesurée », mais précise. « Quel esprit de vertige s'est emparé des esprits de Vienne ? direz-vous. Vous mettez toute la population sous les armes, vos princes parcourent les champs comme des chevaliers errants... et le moyen d'empêcher que cela ne tourne en crise ? »

Il est songeur, après le départ de Champagny.

Il a la sensation d'être contraint de courir d'un bout à l'autre de l'Europe pour fermer les portes de la guerre. Elles battent, et, quand l'une est close, l'autre se rouvre et les croisées s'entrechoquent.

L'Autriche s'arme déjà. L'Angleterre masse une flotte devant Copenhague pour contraindre les navires danois à rejoindre l'Angleterre. La Prusse refuse de payer les contributions qu'elle doit. Et le Portugal ne ferme pas ses ports aux marchandises anglaises.

Or, comment étouffer l'Angleterre si le blocus continental n'est pas complet, absolu ?

Il convoque le général Junot.

Il va et vient devant ce compagnon fidèle, connu lors des premiers combats au siège de Toulon. Napoléon lui parle lentement de l'armée de vingt mille hommes dont il a décidé la constitution à Bayonne pour, si le Portugal refuse d'appliquer le principe du blocus, après avoir traversé l'Espagne, occuper Lisbonne et imposer aux Portugais l'interdiction des marchandises anglaises.

Junot, conclut Napoléon, sera nommé général en chef de cette armée.

Il s'arrête devant Junot, qui balbutie :

– Vous m'exilez, qu'auriez-vous fait de plus si j'avais commis un crime ?

Napoléon s'approche encore, donne une tape amicale à Junot, qui fut, aux temps sombres, son aide de camp, son ami, son soutien.

– Tu n'as pas commis de crime, mais une faute, dit-il.

Junot doit s'éloigner de Paris quelque temps pour faire oublier sa liaison avec Caroline Murat.

Junot baisse la tête.

– Tu auras une autorité sans bornes, lui dit Napoléon en le raccompagnant, le bâton de maréchal est là-bas.

Car les troupes, Napoléon en est sûr, devront aller imposer la loi impériale à Lisbonne. La raison ne vient aux rois que lorsqu'ils sont vaincus.

Et comment ne pas réagir, dès lors que l'Angleterre ne renonce pas ?

Dans la chaleur accablante de la fin du mois d'août 1807, alors que s'achève la cérémonie religieuse du mariage entre Catherine de Wurtemberg et Jérôme, roi de Westphalie, Napoléon apprend que des troupes anglaises ont débarqué sur la côte danoise, qu'elles mettent en batterie des pièces de canon pour bombarder Copenhague. « Je ressens une grande indignation de cet horrible attentat », dit Napoléon.

C'est bien le vent de la guerre qui continue de souffler, qui frappe ce coin d'Europe comme il heurte la côte portugaise.

Et il faut faire front, compter sur l'alliance avec « le puissant Empereur du Nord », le tsar, le flatter, lui montrer qu'on est désormais de sa famille.

« Cette union entre Catherine et Jérôme, écrit Napoléon à Alexandre Ier, m'est d'autant plus agréable qu'elle établit entre Votre Majesté et mon frère des liens de parenté auxquels nous attachons le plus grand prix. Je saisis avec un véritable plaisir cette occasion pour exprimer à Votre Majesté ma satisfaction des rapports d'amitié et de confiance qui viennent d'être établis entre nous, et pour l'assurer que je n'omettrai rien pour les cimenter et les consolider. »

Mais que valent l'amitié et la confiance en politique ? Et combien de temps durent-elles ?

12.

Napoléon parcourt lentement les galeries du château de Fontainebleau. Il n'aime pas ces fins de journée d'octobre. Il sent déjà que le sommeil le gagne. Après le travail intense de la journée puis la chasse, souvent – et il galope plusieurs heures d'affilée dans les forêts qui entourent le château –, ces soirées lui pèsent. Il s'ennuie.

Il voit, devant l'entrée du grand salon où l'Impératrice rassemble son cercle, ces femmes qui le regardent s'avancer. Laquelle lui résisterait s'il la choisissait pour la nuit ? Pas une seule « cruelle », a-t-il lancé hier soir à Joséphine pour la provoquer, l'irriter, mettre un peu de piment dans cette conversation terne, inutile, qui le lasse si vite.

– Vous ne vous êtes jamais adressé qu'à des femmes qui ne l'étaient pas, a répondu Hortense, qui était assise près de sa mère.

Cela l'a amusé. Mais le poids de l'ennui est vite retombé. Même au théâtre de la cour, qu'il a fait aménager et où les acteurs de la Comédie-Française viennent deux fois par semaine donner une représentation, il succombe au sommeil. Il connaît par cœur *Le Cid* ou *Cinna*. Il bâille quand on donne une pièce de Marmontel, musique de Grétry, *L'Ami de la maison*. Il faut ne pas avoir vécu ce qu'il a vécu, les boulets tombant autour de lui, ou bien la belle reine Louise mordillant ses lèvres d'humiliation, de colère et de dépit, pour s'amuser de ces spectacles, qui ne le distraient plus.

Il préfère son cabinet de travail, cette excitation des dépêches, cette nécessité d'inventer une réponse, de concevoir un plan, de prévoir une politique, d'imaginer. Ah, imaginer ! Voilà qui tient en éveil !

Cet après-midi, alors qu'il chassait en avant de la troupe de ses invités, les femmes pelotonnées dans leurs calèches, il s'est tout à coup retrouvé dans une clairière, seul, ne sachant plus où il était. Forêt de Pologne ou d'Allemagne ? Forêt de Fontainebleau ?

Il est resté plusieurs minutes ainsi, emporté par ses souvenirs puis par l'imagination.

Comment répondre aux Anglais qui, après avoir bombardé durant cinq jours Copenhague, ont obtenu la capitulation danoise et se sont emparés comme des pirates de la flotte danoise ?

Maudite Angleterre ! Il faut lui serrer le cou.

Il a dicté ce matin un décret renforçant le blocus. Il doit être effectif de la Hollande au Portugal, de la Baltique à l'Adriatique.

Il a dû écrire à Louis pour qu'il fasse enfin fermer les ports de Hollande aux marchandises anglaises. « On n'est point roi quand on ne sait pas se faire obéir chez soi ! » lui a-t-il dit.

Quant au Portugal, « je me regarde comme en guerre avec lui », a-t-il expliqué à Champagny, qui n'a pas les habiletés de M. de Talleyrand mais qui est sans doute moins vénal que lui.

La guerre à nouveau ?

Son cheval piaffe dans la clairière. Napoléon a un moment de désespoir, imaginant des forêts nouvelles, au Portugal, peut-être en Espagne, où tant d'hommes pourront être fauchés, qu'il va avoir à parcourir par tout temps.

Mais peut-il laisser les Anglais dicter leur loi ? La Hollande, le Portugal doivent fermer leurs ports. L'Adriatique doit devenir un lac français. La Russie doit être une alliée dans ce conflit entre la terre et la mer.

Il se répète alors que la meute se rapproche, emplissant de ses aboiements la forêt : « Je me suis décidé à ne plus rien ménager envers l'Angleterre ; cette puissance étant la souveraine des mers, le moment est venu où je dois être le dominateur du continent. D'accord avec la Russie, je ne crains plus personne. Le sort en est enfin jeté. »

Le cerf passe, poursuivi par les chiens, qui reviennent bientôt dans la clairière, la langue pendante, bredouille.

La colère saisit Napoléon.

Que vaut donc cette meute ? Que sont donc ces rabatteurs ?

Il se dirige seul vers le pavillon de chasse qu'il a fait meubler douillettement.

Mme de Barral l'attend.

Il faut une femme pour le distraire quelques minutes. Elle est là, avec sa silhouette massive. Il rit. Elle s'étonne. Peut-il lui dire qu'il pense, en la voyant, qu'il ne lui manque qu'un gilet de fer pour ressembler à un cuirassier, mais qu'elle ne sait pas résister à la charge ?

Elle est l'une des femmes qui sont ce soir à l'entrée du salon de l'Impératrice. Elle se tient proche de Pauline, dont elle est dame de compagnie.

Il ignore le regard complice de Pauline. Ses sœurs Pauline, Caroline, mais aussi Talleyrand ou Fouché, ont pour lui des femmes plein leurs manchons ou leurs poches. Et même Joséphine est complaisante, dès lors qu'il ne s'agit que de brèves étreintes.

Elle ne craint qu'une chose – la répudiation, le divorce. Et elle vit dans cette hantise depuis que Léon, mon fils, est né, depuis que Napoléon-Charles, le fils d'Hortense, est mort.

Elle sait que je pense à l'avenir de l'Empire et de la dynastie.

Alors, elle pousse vers le lit impérial l'une ou l'autre, qui ne pourront la remplacer sur le trône.

Elle a favorisé l'installation, dans l'un des appartements du château, de Carlotta Gazzani, qui fait partie de sa suite. Mais ce qu'elle a à craindre de cette belle Génoise ne l'inquiète pas. Joséphine n'a jamais eu le culte de la fidélité !

Et elle n'ignore pas combien l'ennui naît vite de la rencontre de deux corps qui ne recherchent que le plaisir !

Et elle sait que Napoléon ne supporte ni l'ennui ni la sensation de vide.

Il fait quelques pas dans le salon de l'Impératrice. Il voit Talleyrand dans son costume d'apparat de vice-Grand Électeur. Le visage du prince de Bénévent paraît encore plus pâle, contrastant avec son habit de velours rouge aux parements d'or, les manches couvertes de broderies d'or, du poignet à l'épaule, le cou caché par une cravate de dentelle.

Napoléon le prend par le bras, l'entraîne dans un coin du salon.

– C'est chose singulière, dit-il. J'ai rassemblé à Fontainebleau beaucoup de monde...

Il se tourne, il montre d'un geste cette famille de rois qu'il a constituée. Il y a là le roi de Westphalie, Jérôme, des princes allemands, des reines, de Hollande, de Naples, des maréchaux, des ministres.

– J'ai voulu qu'on s'amusât, reprend-il, j'ai réglé tous les plaisirs.

Il a fixé avec le grand maréchal du palais, Duroc, l'étiquette et même la mode des femmes pour la chasse et les dîners. « Vous savez que je m'entends très bien en toilette. »

Il a réglé l'emploi du temps des soirées – dîner ou cercle chez l'un ou chez l'autre. Il distribue lui-même les trente-cinq appartements au château pour les princes et les grands officiers, et les quarante-six appartements d'honneur. Le reste des six cents appartements est offert aux secrétaires et aux domestiques. Il a établi la périodicité des représentations théâtrales et des jours de chasse.

Napoléon s'incline vers Talleyrand.

– Tous les plaisirs, répète-t-il, et...

Il montre ceux qui les entourent.

– ... les visages sont allongés et chacun a l'air bien fatigué et triste.

Talleyrand baisse la tête d'un air contrit.

– Le plaisir ne se mène point au tambour, Sire..., murmure-t-il.

Il lève la tête.

Il faut lui sourire pour qu'il achève sa phrase.

– Ici comme à l'armée, Sire, vous avez toujours l'air de dire à chacun de nous : « Allons, messieurs et mesdames, en avant, marche ! »

Napoléon rit, fait le tour du salon, puis quitte la pièce.

Le lendemain matin, il convoque Talleyrand.

Il le regarde s'avancer dans son cabinet de travail qu'inonde le soleil voilé de cette matinée d'octobre. Au-dessus de la forêt de Fontainebleau et sur les pièces d'eau du parc, le brouillard ne s'est pas encore dissipé.

Comme à l'habitude, Talleyrand est impassible, distant, presque ironique. Il n'est plus ministre des Relations extérieures, mais cet homme avisé peut être de bon conseil.

Napoléon marche et prend plusieurs fois une prise de tabac.

– Nous ne pouvons arriver à la paix qu'en isolant l'Angleterre du Continent et en fermant tous les ports à son commerce, commence-t-il.

Talleyrand approuve d'un mouvement imperceptible de la tête.

– Le Portugal offre depuis seize ans la scandaleuse conduite d'une puissance vendue à l'Angleterre, reprend Napoléon.

Il élève la voix. Il dit avec passion :

– Le port de Lisbonne a été pour eux une mine de trésors inépuisable ; ils y ont constamment trouvé toutes espèces de secours... Il est temps de leur fermer et Porto, et Lisbonne.

Talleyrand ne bouge plus.

Homme habile.

Napoléon s'approche.

– J'ai donné ordre à Junot, dit-il, de franchir les Pyrénées, de traverser l'Espagne. J'ai hâte que mon armée arrive à Lisbonne. J'ai écrit tout cela au roi d'Espagne.

– Charles IV est un Bourbon, murmure Talleyrand, son fils Ferdinand, prince des Asturies, est l'arrière-petit-fils de Louis XIV. La reine Marie-Louise a un favori, Manuel de Godoy, prince de la Paix, dit-on. C'est lui qui gouverne, avec l'accord, la complaisance du roi.

Talleyrand sourit.

– Charles IV est un Bourbon, répète-t-il. Il a, assure-t-on, le caractère de Louis XVI.

Des Bourbons ! Il y a déjà songé à maintes reprises. Mais Talleyrand a insisté en personne habile qui sait choisir, inciter, sans paraître dire.

Il a quitté le cabinet de travail, et Napoléon s'exclame plusieurs fois :

– Des Bourbons !

Il se souvient de Louis XVI, ce roi *coglione* qu'il a vu le 20 juin, le 10 août 1792, ne pas oser se battre !

Les Bourbons : une dynastie épuisée !

Napoléon saisit les lettres que le prince des Asturies, Ferdinand, héritier de la Couronne d'Espagne, lui a adressées, quémandant des épousailles avec une princesse Bonaparte, lui, l'arrière-petit-fils de Louis XIV, et, pleurnichant comme une femme, accusant Godoy, l'amant de la reine, sa mère, de vouloir l'évincer.

Un Bourbon !

Et voici la lettre du père, Charles IV. Napoléon la relit en l'agitant comme si elle lui tachait les doigts.

« Mon fils aîné, écrit Charles IV, l'héritier présomptif de mon trône, avait formé le complot horrible de me détrôner. Il s'était porté jusqu'à l'excès d'attenter à la vie de sa mère ; un attentat si affreux doit être puni avec les rigueurs les plus exemplaires des lois... Je ne veux pas perdre un instant pour en instruire Votre Majesté impériale et royale en la priant de m'aider de ses lumières et de ses conseils. »

Napoléon jette la lettre.

Des Bourbons !

Le fils dénonce l'amant de sa mère, le père protège cet amant et accuse le fils de vouloir assassiner sa mère. Il le fait arrêter.

Des Bourbons : une race qui s'éteint.

Je suis né de la chute des Bourbons. Ils ont voulu m'assassiner et j'ai fait exécuter le duc d'Enghien. J'ai chassé les Bourbons de Naples.

J'ai fait expulser de Russie, par le tsar, le Bourbon qui se prétend Louis XVIII et qui a voulu m'acheter, moi.

Moi qui pourrais, détrônant les Bourbons d'Espagne, achever de constituer un Empire à la mesure de celui de Charlemagne.

Il a imaginé. Ce n'est qu'une vision. Le temps n'est pas encore venu. Pour l'heure, c'est du Portugal qu'il s'agit.

Il s'assied pour se calmer. Les rêves sont comme le vin. Ils réchauffent. L'ennui s'efface.

Il dicte une lettre pour Junot, qui marche vers Lisbonne.

« Il n'y a pas un moment à perdre, afin de prévenir les Anglais... J'espère qu'au 1er décembre mes troupes seront à Lisbonne. »

Voilà pour aujourd'hui. Mais comment oublier les rêves ?

Napoléon revient vers le secrétaire, lui dicte une dernière phrase.

« Je n'ai pas besoin de vous dire qu'il ne faut mettre au pouvoir des Espagnols aucune place. »

Et pourtant les Espagnols sont encore des alliés avec qui Champagny a reçu l'ordre de signer une convention secrète afin d'organiser le partage du Portugal entre Madrid et Paris.

« Aucune place, répète Napoléon, surtout du pays qui doit rester entre mes mains. »

Il entre dans la grande galerie du château de Fontainebleau, où il reçoit les ambassadeurs des différentes puissances.

Il s'arrête devant M. de Metternich, dit quelques mots au diplomate autrichien d'une voix indifférente.

Dans un salon aussi, il faut agir en stratège.

Il se dirige vers l'ambassadeur du Portugal et lui lance violemment, comme une attaque par surprise :

– Si le Portugal ne fait pas ce que je veux, la maison de Bragance ne régnera plus en Europe dans deux mois.

Puis, à la cantonade, telle une salve d'artillerie, il dit :

– Je ne souffrirai pas qu'il y ait un envoyé anglais en Europe... J'ai trois cent mille Russes à ma disposition et, avec ce puissant allié, je puis tout.

Il passe devant les ambassadeurs, comme un général qui inspecte les officiers ennemis qu'il a capturés.

– Les Anglais déclarent qu'ils ne veulent plus respecter les neutres sur mer, reprend-il, je n'en reconnaîtrai plus sur terre !

Il s'éloigne.

– J'ai plus de huit cent mille hommes sur pied, dit-il avant de quitter la galerie.

Il va chasser.

Il va rêver.

13.

Napoléon fait signe à Fouché de s'asseoir, mais le ministre de la Police générale demeure debout. Napoléon l'observe. Fouché tient un portefeuille à la main.

Il a le visage encore plus fermé qu'à l'habitude. Les rides autour de la bouche creusent les joues. Les pommettes sont saillantes, les lèvres si minces qu'elles disparaissent. Visage pierreux, pense Napoléon.

Que veut Fouché ? Il n'est pas homme à solliciter une audience pour des raisons futiles, à venir de Paris à Fontainebleau pour faire sa cour.

– Monsieur le duc d'Otrante..., commence Napoléon.

Fouché incline la tête. Peut-être veut-il parler de l'expédition au Portugal, des affaires d'Espagne qui se compliquent.

Une nouvelle lettre du roi Charles IV est arrivée. Ferdinand, prince des Asturies, a reconnu ses torts, s'est humilié.

– Indigne ! s'exclame Napoléon.

Il a décidé de faire entrer en Espagne une nouvelle armée de vingt-cinq mille hommes, sous les ordres du général Dupont, afin de soutenir les troupes de Junot. Elles avancent sur la route de Lisbonne, gravissent sous les averses et dans le vent froid les massifs rocailleux de la montagne ibérique.

Que pense le duc d'Otrante de ces Bourbons, lui qui fut régicide ?

Fouché se tait, toujours debout, les paupières si lourdes qu'on n'aperçoit pas ses yeux.

Ce silence est irritant. Napoléon se détourne de Fouché.

– Talleyrand, dit-il, m'assure qu'il suffit de quelques dizaines de milliers d'hommes pour en finir avec les Bourbons d'Espagne.

– Ne vous méprenez pas sur les dispositions des peuples de la péninsule, Sire.

Napoléon fixe Fouché. Le visage n'a toujours aucune expression. Les yeux sont restés mi-clos.

– Prenez garde, poursuit Fouché. L'Espagnol n'est pas flegmatique comme l'Allemand ; il tient à ses mœurs, à son gouvernement, à ses vieilles habitudes. Encore une fois, prenez garde de transformer un royaume tributaire en une nouvelle Vendée.

– Monsieur le duc d'Otrante...

Napoléon commence à arpenter le salon.

– Que dites-vous ? poursuit-il. Tout ce qui est raisonnable en Espagne méprise le gouvernement ; quant à ce ramas de canailles dont vous me parlez, qui est encore sous l'influence des moines et des prêtres, une volée de coups de canon le dispersera. Vous avez vu cette Prusse militaire...

Il s'arrête devant Fouché.

– Cet héritage du Grand Frédéric est tombé devant nos armées comme une vieille massue. Eh bien, si je le veux, vous verrez l'Espagne tomber dans ma main sans s'en douter et s'en applaudir ensuite.

Fouché reste impassible.

Napoléon va vers la fenêtre. Le vent fait trembler les couleurs rousses de l'automne sur les grands arbres de la forêt.

Napoléon revient lentement vers Fouché. Il n'a rien décidé encore. Il a simplement demandé à son chambellan, M. de Tournon, de se rendre à Madrid afin d'apporter une réponse à Charles IV et de se renseigner sur l'état du pays, de son armée, des postes qu'elle occupe, et aussi de bien examiner l'opinion du pays.

Monsieur le duc d'Otrante est-il satisfait ?

Fouché, lentement, lève le bras, montre son portefeuille qu'il tient à la main. Il veut lire un mémoire à Sa Majesté, dit-il. C'est l'objet de sa visite.

– Lire ?

Napoléon s'assoit et fait un signe.

Fouché commence à lire de sa voix métallique.

Napoléon écoute Fouché qui dit, sans lever les yeux, qu'il est nécessaire pour le bien de l'Empire de dissoudre le mariage de l'Empereur, de former immédiatement un nouveau nœud plus assorti et plus doux, et de donner un héritier au trône sur lequel la providence a fait monter l'Empereur.

Fouché se tait enfin, referme le portefeuille.

Que répondre ?

Les mots manquent. Fouché a toujours la pensée acérée. Il devine et pressent.

Dans mon esprit le divorce est arrêté. C'est, comme Fouché l'a dit, une nécessité politique. Mais comment rompre avec Joséphine sans la détruire ou l'humilier ?

Comment me séparer d'elle, qui m'a vu gravir toutes les marches de la destinée ? Comment ne pas craindre que ma rupture avec elle ne soit la chute de ma bonne étoile ?

À moins qu'elle ne consente au divorce, qu'elle ne soit à ce point protégée dans cette tourmente qu'elle s'y résolve elle-même, – mieux, qu'elle ne la suggère.

Que sa compréhension désarme le destin et me protège de sa vengeance.

Napoléon congédie Fouché.

Il a besoin d'être seul.

Ce divorce, il y pense sans cesse. Quand il regarde Joséphine, triste le plus souvent, comme accablée depuis la mort de son petit-fils, Napoléon-Charles.

Autour d'elle, Caroline et Pauline, et sa mère aussi, sont des rapaces qui guettent le moment où viendra enfin la répudiation. D'ailleurs, on se détourne déjà de Joséphine, on préfère le salon que tient Caroline Murat à l'Élysée, et où complotent Fouché, Talleyrand, qui veulent tous le divorce.

Mais Napoléon n'avait pas imaginé que Fouché eût pu avoir une telle audace.

C'est Fouché qui doit répandre dans Paris ces rumeurs que rapportent les espions de police. Le divorce est décidé, répète-t-on dans les salons. Napoléon hésite, observe Joséphine tout au long de ces soirées où elle préside les dîners ou son cercle. Elle est émouvante dans ce désespoir qu'elle n'arrive pas à masquer. Elle lui jette parfois des regards de noyée.

Il détourne la tête, quitte le salon, s'enferme.

Que peut-il ? Adopter le comte Léon ? Il a revu l'enfant d'Éléonore Denuelle, vigoureux et éveillé. Il l'a pris dans ses bras. Il a été ému, irrité par le bavardage prétentieux d'Éléonore. Il veut bien cet enfant mais il ne veut pas de cette mère-là. Il ne peut pas. Il est l'Empereur. Il lui faut une mère et un fils qui soient à la hauteur de sa dynastie. Aurait-il donc mieux marié ses frères qu'il ne l'est, lui ?

Il se rebelle.

Il chasse pour que le vent de la course dans la forêt balaie cette obsession qui l'habite.

Lorsqu'il rentre au château, Joséphine est là qui l'attend, tassée, les yeux remplis de larmes. Fouché lui a parlé dans l'embrasure d'une fenêtre, au moment où elle revenait de la messe. Il l'a invitée – oh, après mille détours – à accomplir, a-t-il dit, le « plus sublime et en même temps le plus inévitable des sacrifices ». Ce sont les mots qu'il a employés. A-t-il parlé sur l'ordre de l'Empereur ? demande-t-elle. Napoléon veut-il la répudier ?

Il la regarde longuement. Il se souvient de ce qu'elle a été pour lui. Il la prend dans ses bras.

Fouché a agi de sa propre initiative, murmure-t-il.

Qu'il le chasse, alors, dit-elle en se serrant contre lui.

Il s'écarte. Fouché a agi pour des raisons politiques, explique-t-il sans la regarder. Comprendra-t-elle qu'en disant cela, qu'en refusant de renvoyer Fouché, il dévoile ses pensées ? Mais il ne peut pas, il ne veut pas encore se séparer d'elle.

Il revient vers elle, la rassure.

Il choisira seul le moment. Il décidera seul.

Le jeudi 5 novembre 1807, quand il rentre à son cabinet de travail après cette nuit passée avec Joséphine, il écrit, faisant de nombreuses taches sur la feuille, tant il trace vite les mots :

« Monsieur Fouché, depuis quinze jours, il me revient de votre part des folies ; il est temps que vous y mettiez un terme et que vous cessiez de vous mêler directement ou indirectement d'une chose qui ne saurait vous regarder, d'aucune manière ; telle est ma volonté.

« Napoléon »

Il a fermé dans sa tête ce tiroir du divorce. Pour l'instant. Il s'étonne même d'y avoir consacré tant de temps. Il n'en veut pas à Fouché. Peut-être cela prépare-t-il l'avenir.

Il se lève, ce vendredi 6 novembre 1807, avec le sentiment qu'il est plus léger. Les grandes choses qu'il doit accomplir n'attendent pas. Il interpelle le ministre de l'Intérieur, Crétet. Où en sont les grands travaux ? Qu'a-t-on entrepris pour faire disparaître la mendicité ?

– J'ai fait consister la gloire de mon règne à changer la face du territoire de mon Empire, dit-il.

Il examine les projets. Ouvrons « soixante ou cent maisons pour l'extirpation de la mendicité », dit-il. Au travail, de l'énergie ! « Faites courir tout cela et ne vous endormez pas dans le travail ordinaire des bureaux ! »

Ce ministre comprendra-t-il ? Il lui lance :

– Il ne faut point passer sur cette terre sans y laisser des traces qui recommandent notre mémoire à la postérité.

Il appelle Constant.

Il veut arborer, aujourd'hui, tout le jour, le grand cordon de Saint-André, la décoration que le tsar lui a remise. Les hommes sont sensibles à ces détails futiles. Et il reçoit le nouvel ambassadeur de Russie, le comte Tolstoï.

Il va au-devant du comte Tolstoï dans la grande galerie du château de Fontainebleau. Il faut sourire, séduire. Cette alliance avec la Russie est nécessaire. Mais cet homme au teint pâle ne lui plaît pas. Le comte Tolstoï répond par monosyllabes. Il ne remercie pas pour la résidence qui lui a été offerte, un hôtel particulier meublé, rue Cerutti, acheté à Murat. Il se dérobe aux questions.

Quel ambassadeur le tsar m'a-t-il envoyé ?

Quand il parle, c'est pour réclamer l'évacuation de la Prusse par les troupes françaises.

– Le Prussien vous jouera encore de mauvais tours, dit Napoléon.

Évacuer la Prusse ? Pourquoi pas ? poursuit-il.

Il prend Tolstoï par le bras. Il sent le comte Tolstoï se raidir.

– Mais on ne déplace pas une armée comme on prend une prise de tabac, ajoute Napoléon.

L'ambassadeur ne sourit pas, ne semble même pas avoir remarqué le cordon de Saint-André.

Napoléon s'écarte.

Cet homme paraît inquiet de chaque marque d'attention.

Sait-il ce qui s'est passé à Tilsit entre Alexandre et moi ?

Mais j'ai besoin de l'alliance russe. La réalité dicte toujours sa loi.

Il doit donc toute la journée entourer Tolstoï de prévenances, multiplier les signes de considération.

Le lendemain, il convoque le grand écuyer Caulaincourt.

– Il me faut à Pétersbourg, dit-il, un homme bien né, dont les formes, la représentation et la prévenance pour les femmes et la société plaisent à la cour. Savary a envie de rester à Pétersbourg, mais il ne convient pas là. Alexandre vous a conservé de la bienveillance...

Il s'approche de Caulaincourt. Il sait que le grand écuyer ne veut pas être ambassadeur en Russie.

– Vous êtes une mauvaise tête, Caulaincourt.

Il lui pince l'oreille.

– La paix générale est à Pétersbourg, il faut partir.

Que m'importe que Caulaincourt refuse à nouveau ce poste d'ambassadeur ?

– C'est la belle Mme de Canisy qui vous retient à Paris.

Il pince à nouveau l'oreille de Caulaincourt.

– Vos affaires, puisque vous voulez vous marier, s'arrangeront mieux de loin que de près.

C'est ainsi. On ne discute plus. On obéit. On écoute.

Napoléon se met à marcher, mains croisées dans le dos.

– Ce monsieur de Tolstoï, commence-t-il, a toutes les idées du faubourg Saint-Germain et toutes les préventions de la vieille cour de Pétersbourg avant Tilsit, dit-il. Il ne voit que l'ambition de la France et déplore, au fond, le changement du système politique de la Russie, et surtout son changement à l'égard de l'Angleterre.

Napoléon a un haussement d'épaules.

– Il peut être un très galant homme, mais sa bêtise me fait regretter Markov [1]. On pouvait causer avec lui, il entendait les affaires. Celui-ci s'effarouche de tout.

Mais que pèsent les préjugés et les réticences du comte Tolstoï ?

« Les peuples veulent des idées libérales, confie Napoléon à Jérôme, ce frère qu'il a installé sur le trône de Westphalie.

« Ils désirent l'égalité, poursuit-il. Voilà bien des années que je

1. Ancien ambassadeur de Russie à Paris, qui a été rappelé à la fin de 1803 sur les plaintes de Bonaparte.

mène les affaires de l'Europe, et j'ai eu lieu de me convaincre que le bourdonnement des privilégiés était contraire à l'opinion générale. »

Il s'interrompt, sort de son cabinet de travail.

Cette phrase qu'il vient de dicter le trouble. Est-il sûr de cela ? Ne cherche-t-il pas, depuis qu'il a accédé au pouvoir, à se concilier les privilégiés de l'ancienne noblesse ? Ne veut-il pas constituer une dynastie alliée aux vieilles familles régnantes ?

Il rentre dans son cabinet, rejette la lettre qu'il destinait à Jérôme. Il se sent hésitant, déchiré.

Il ne le supporte pas.

Il va quitter le château de Fontainebleau, dit-il tout à coup, pour se rendre en Italie. Voilà deux ans, depuis le printemps 1805, qu'il n'a pas visité ce royaume, dont il porte la couronne de fer. Il est temps.

Il répond à peine à Joséphine qui veut être du voyage.

Il part aussi pour la fuir, pour ne plus voir ce visage dont la tristesse l'accuse.

– Figurez-vous que cette femme-là pleure toutes les fois qu'elle a une mauvaise digestion, parce qu'elle se croit empoisonnée par ceux qui veulent que je me marie avec quelqu'un d'autre, c'est détestable, dit-il d'un ton impatient à Duroc.

Peut-être pourra-t-il, en Italie, prendre une décision.

Il se souvient brusquement de la sœur d'Augusta de Bavière, Charlotte. Il a organisé le mariage d'Augusta et d'Eugène de Beauharnais. S'il épousait Charlotte ? Il dicte fébrilement une lettre d'invitation au roi et à la reine de Bavière, d'avoir à se trouver à Vérone avec leur fille. Voyons-la !

Puis, le 15 novembre, la veille de son départ pour Milan, il est à nouveau saisi par le doute. Il reprend sa lettre à Jérôme.

« Soyez roi constitutionnel », lui écrit-il.

Lui ne l'est pas. Il a choisi de mêler l'ancien et le nouveau. D'habiller les idées libérales sous les vieux oripeaux des préjugés, dont il a mesuré l'importance.

Et c'est pour cela qu'il a tissé cette trame avec les familles régnantes. Pour cela qu'il va rencontrer le roi et la reine de Bavière à Vérone. Mais que Jérôme ne se méprenne pas :

« Que la majorité de votre Conseil soit composée de non-nobles », écrit-il.

Il sourit, ajoute :

« Sans que personne ne s'aperçoive de cette habituelle bienveillance à maintenir en majorité le tiers état dans tous les emplois. »

Car, s'il est sûr que ce n'est jamais le passé qui l'emporte, il faut ruser. Même lorsqu'on est l'Empereur des rois.

14.

Napoléon commence à fredonner. La voiture vient à peine de quitter la cour du château de Fontainebleau, ce lundi 16 novembre 1807, et il est déjà joyeux. Il retrouve les paroles de cette chanson que souvent les soldats, quand il passe devant eux, avant la bataille, entonnent :

Napoléon est Empereur
V'là ce que c'est que d'avoir du cœur !
C'est le fils aîné de la valeur
Il est l'espérance
Et l'appui d' la France...

Il rit, pince l'oreille de son secrétaire assis dans la berline. Il se sent rajeuni, débarrassé de ce poids qu'est la présence larmoyante de Joséphine.

Elle n'a pas pu lui donner un fils. Elle a porté ses enfants avant de le rencontrer. Est-ce sa faute à lui ? N'est-il pas légitime qu'il veuille qu'un fils lui succède ? C'est l'exigence de sa dynastie, de sa politique.

Il va résoudre cette question, puisqu'elle est déjà réglée dans sa tête. Sera-ce une princesse allemande, Charlotte de Bavière, ou bien une grande-duchesse russe ?

Il rit à nouveau, reprend le refrain :

Il lui rendra tout' sa splendeur
V'là ce que c'est que d'avoir du cœur !

Il a l'impression d'aller vers une nouvelle jeunesse.

Il se penche. Il aime cette route qui par le Bourbonnais conduit à Lyon, Chambéry, Milan. C'est le chemin de l'Italie, le pays où son destin s'est joué, à Lodi, à Arcole, à Marengo. Là, il a prouvé ce qu'il pouvait devenir. Là, à Campoformio, il a commencé à dessiner une nouvelle carte de l'Europe. Il va à la rencontre de sa jeunesse glorieuse, mais il est devenu empereur et roi, et il va rassembler autour de lui tous ces souverains qu'il a couronnés, qui sont ses vassaux.

Il fredonne :

C'est notre nouveau Charlemagne
Qui fait le bonheur des Français.

Il est heureux d'être seul, enfin, comme un jeune empereur de trente-huit ans auquel tout est promis, tout est permis.

On l'acclame lorsque, le dimanche 22 novembre, il entre dans la cathédrale de Milan pour assister au *Te Deum.*

Le soir, à la Scala, la salle n'en finit plus de l'applaudir et de crier.

Il regarde les femmes, il fait baisser les yeux des hommes. Il réunit les ministres, il donne des ordres à Eugène de Beauharnais, vice-roi. Il se rend au chevet d'Augusta de Bavière, cette épouse qu'il lui a donnée.

Il marche lentement dans les rues de Milan. Il aime ces acclamations, puis les hommages qu'il reçoit lorsqu'il accorde des audiences. Il se sent plus heureux qu'à Paris. Il est dégagé des liens qui parfois, en France, l'entravent. Ici, il est empereur et roi. Là-bas, Talleyrand, Fouché, Joséphine, ses sœurs se souviennent qu'il n'a été jadis que Bonaparte et qu'ils ont contribué à sa gloire. Joséphine est ce passé. Et il veut vivre l'avenir.

Il lui écrit, quelques lignes qu'il trace à la hâte.

« Je suis ici, mon amie, depuis deux jours. Je suis bien aise de ne pas t'avoir emmenée ; tu aurais horriblement souffert au passage du Mont-Cenis, où une tourmente m'a retenu vingt-quatre heures.

« J'ai trouvé Eugène bien portant : je suis fort content de lui. La princesse Augusta est malade ; j'ai été la voir à Monza ; elle a fait une fausse couche ; elle va mieux.

« Adieu, mon amie.

« Napoléon »

Il pleut sur la vallée du Pô, mais quelle importance? Il reconnaît ces collines, ces peupliers bordant le lavis des rivières, ces villes, Brescia, Peschiera, Vérone enfin.

La foule se presse le long des routes, elle s'agglutine dans les rues, devant le théâtre de Vérone, où il se rend en compagnie d'Élisa, princesse de Lucques, de Joseph, roi de Naples, du roi et de la reine de Bavière.

Il suffit d'un regard à leur fille. Charlotte est laide. Que n'a-t-il épousé Augusta!

Dans la chambre du château de Stra, proche de Padoue, où il passe la nuit du samedi 28 novembre, il reçoit les dépêches de Paris. Dans les journaux, on évoque encore, de manière détournée, la répudiation de Joséphine.

Il enrage. Qu'on écrive à Maret, son secrétaire d'État, et qu'on fasse partir ce courrier immédiatement :

« Je vois avec peine, par vos bulletins, que l'on continue toujours à parler de choses qui doivent affliger l'Impératrice et qui sont inconvenantes sous tous les points de vue. »

Il ne faut pas que l'on persécute cette femme qu'il aima et qu'il quittera à l'heure qu'il aura choisie.

Il dort mal, irrité. Il donne ses ordres d'une voix cassante. Les acclamations, dans le petit port de Fusine, l'irritent, et il monte, tête baissée, les mains derrière le dos, à bord de la frégate qui doit le conduire à Venise.

Il fait beau. Une brise pousse le navire qui avance entouré de la flottille de l'Adriatique.

Tout à coup, il voit le Grand Canal, la basilique San Giorgio, la douane de mer, et cette multitude d'embarcations, de gondoles fleuries, qui se dirigent vers la frégate. Les cris, les fanfares l'accueillent au moment où il débarque sur la Piazzetta.

Il est 17 heures, le dimanche 29 novembre 1807.

La joie en lui emporte tout. Il s'installe au *palazzo* Balbi, sur le Grand Canal. Il assiste, de sa fenêtre, au jeu des forces. Il est le souverain de l'une des plus vieilles républiques du monde, le successeur du doge. Il se rend au théâtre de la Fenice, entouré des généraux qui ont avec lui fait la campagne d'Italie. Les rois et les reines l'entourent.

Il veut tout voir, les canaux, les lagunes, les *palazzi,* la bibliothèque.

Il ordonne qu'on place désormais les sépultures hors de la ville, dans une île, et non dans les églises, où elles risquent de contaminer la ville. Il arpente la *piazza* San Marco. Il aime ce décor de théâtre. Il veut qu'on l'éclaire.

Debout à la fenêtre du *palazzo* Balbi, il attend qu'une femme vienne le retrouver, comtesse vénitienne aux longs cheveux qu'il a remarquée au théâtre de la Fenice.

Il la possède. Il possède le monde. Il a le sentiment que rien ne peut lui résister.

Le matin, avant de quitter Venise, il signe les décrets qu'il a pris à Milan et qui renforcent le blocus continental. Puisque l'Angleterre exige des navires neutres qu'ils abordent chez elle avant de toucher l'Europe, il a décidé que ceux qui se plieront à cette loi seront considérés comme anglais, et leurs marchandises de cargaison de bonne prise.

Si l'on veut régner, il faut imposer sa loi.

Il écrit à Junot, dont les troupes viennent d'entrer dans Lisbonne : « Vous faites comme les hommes qui n'ont point l'expérience des conquêtes, vous vous bercez de vaines illusions : tout le peuple qui est devant vous est votre ennemi... et la nation portugaise est brave. »

Il faut plier les hommes à sa volonté.

Il se répète cette phrase assis devant une grande table ronde dans la forteresse de Mantoue, où il est arrivé le dimanche 13 décembre.

Il fait étaler devant lui une carte d'Espagne. Il étudie le relief, place avec soin les épingles de couleur qui dessinent le trajet que prendront les troupes s'il décide de plier l'Espagne, de la soumettre à sa loi, de remplacer ces Bourbons incapables et veules.

Il entend la porte qui se ferme. Il s'impose de ne pas relever la tête, alors qu'il sait que son frère Lucien, Lucien le rebelle, vient d'entrer dans cette pièce, arrivant de Rome où il continue de vivre avec cette madame Alexandrine Jouberthon, qu'il refuse de quitter.

Il faut plier les hommes à sa volonté.

Lucien doit divorcer, rentrer dans la famille impériale comme l'a fait Jérôme, parce que c'est l'intérêt dynastique, que sa fille Charlotte peut être mariée à Ferdinand, le prince des Asturies.

Napoléon se lève enfin.

L'émotion le submerge. Voilà des années qu'il n'a pas vu Lucien, ce frère qui, le 18 Brumaire, l'a peut-être sauvé des stylets, mais qui depuis s'oppose à lui. Il l'embrasse, le serre contre lui.

– Eh bien, c'est donc vous... Vous êtes très bien ; vous étiez trop maigre, à présent je vous trouve presque beau.

Napoléon prend une prise de tabac.

– Je suis bien aussi, ajoute-t-il, mais j'engraisse trop, et je crains d'engraisser davantage.

Il écoute à peine Lucien, qui parle de sa femme, de son honneur, de la religion, de ses devoirs.

– Et la politique, monsieur ? s'exclame-t-il. Et la politique ?... La comptez-vous pour rien ? Vous dites toujours *votre* femme... Je ne l'ai jamais reconnue, je ne la renconnaîtrai jamais... Une femme qui est entrée malgré moi dans ma famille, une femme pour laquelle vous m'avez trompé... Je sais bien que vous m'avez été utile au 18 Brumaire...

Il s'interrompt.

– Ce que je veux, c'est un divorce pur et simple.

Il regarde longuement Lucien, mais celui-ci ne baisse pas les yeux.

– À mes yeux, Sire, murmure-t-il, séparation, divorce, nullité de mariage et tout ce qui tiendra à une séparation de ma femme, me paraît déshonorant, pour moi et mes enfants, et je ne ferai rien de pareil, je vous en assure...

– Écoutez-moi bien, Lucien, pesez bien toutes mes paroles. Surtout ne nous fâchons pas.

Il marche dans la pièce, respire bruyamment.

– Je suis trop puissant pour vouloir m'exposer à me fâcher. Mais...

Il revient vers Lucien.

– Si vous n'êtes pas avec moi, je vous le dis, l'Europe est trop petite pour nous deux.

Une bûche s'effondre dans la cheminée dans un grand craquement.

Napoléon prise à nouveau. Ce frère qui résiste l'irrite et le fascine.

– Moi, je ne veux pas de tragédies, entendez-vous ? dit-il.

Il faut se maîtriser, raconter, parler de Joséphine, « cette femme-là qui pleure toutes les fois qu'elle a une mauvaise digestion ». Il a déjà dit cela à Duroc, mais il faut que Lucien apprenne que l'Empereur lui-même est décidé au divorce.

– Je ne suis pas impuissant comme vous le disiez tous, continue Napoléon. Je suis amoureux. Mais toujours subordonnément à ma politique, qui veut que j'épouse une princesse, quoique je préférerais bien couronner ma maîtresse. C'est ainsi que je voudrais vous voir pour votre femme.

– Sire, je penserais comme Votre Majesté si ma femme n'était que ma maîtresse.

– Allons, allons, je le vois bien, vous êtes incorrigible !

Il pose la main sur l'épaule de Lucien.

– Vous devriez rester avec moi ces trois jours : je vous ferai dresser un lit auprès de ma chambre à coucher.

Lucien secoue la tête. Il parle de la maladie de l'un de ses enfants.

– Eh bien, partez, puisque vous le voulez, et tenez-moi parole.

La nuit a passé.

Cette discussion l'a davantage épuisé qu'une nuit de bataille.

Irréductible Lucien ! Mon frère qui ne plie pas. Est-ce de ma famille que surgiront toujours les résistances les plus farouches ?

Il veut expliquer. Il écrit à Joseph, cet aîné qu'il a fait roi de Naples et qui l'a si souvent déçu.

« Mon frère, j'ai vu Lucien à Mantoue, j'ai causé avec lui pendant plusieurs heures. Ses pensées et sa langue sont si loin de la mienne que j'ai eu peine à saisir ce qu'il voulait. Il me semble qu'il m'a dit qu'il voulait envoyer sa fille aînée à Paris, près de sa grand-mère... J'ai épuisé tous les moyens qui sont en mon pouvoir de ramener Lucien – qui est encore dans sa première jeunesse [1] – à l'emploi de ses talents pour moi et la patrie ; je ne vois point ce qu'il pourrait actuellement alléguer contre ce système. Les intérêts de ses enfants sont à couvert ; ainsi, j'ai donc pourvu à tout... Le divorce une fois fait avec Mme Jouberthon... qu'il veuille vivre avec elle non comme avec une princesse sa femme, et dans une telle intimité qu'il lui plaira, je n'y mettrai point d'obstacle. Car c'est la politique seulement qui m'intéresse. Après cela, je ne veux point contrarier ses goûts et ses passions. Voilà mes propositions. Qu'il m'envoie une déclaration que sa

1. Il est né en 1775, il a donc trente-deux ans.

fille part pour Paris et qu'il la met entièrement à ma disposition, car il n'y a pas un moment à perdre, les événements pressent et il faut que les destinées s'accomplissent. »

C'est le jeudi 24 décembre 1807. Il part de Milan pour Paris à 6 heures du matin.

Quatrième partie

Quand mon grand char politique est lancé, il faut qu'il passe. Malheur à qui se trouve sous les roues

1er janvier 1808 – 14 octobre 1808

15.

Il est à Paris, enfin. Le voyage lui a paru interminable. Pluie, grêle, vent, cahots. Après Turin, il a renoncé à toutes les étapes, ordonnant que la voiture ne s'arrête aux relais que le temps de changer au plus vite de chevaux.

Il sait que Marie est là, à Paris, arrivée de Varsovie avec son frère. Elle l'attend. Duroc l'a installée dans un hôtel particulier, au 48 de la rue de la Victoire.

Napoléon saute de voiture et traverse d'un pas rapide la cour des Tuileries. Sur le perron, malgré le froid de cette nuit du 1er janvier 1808, les ministres et les dignitaires s'empressent pour le saluer. Le palais est illuminé. Il les ignore, se dirige vers Talleyrand, l'entraîne dans le salon proche du cabinet de travail.

Marie est là, mais il doit prendre des décisions. La politique est sa seule souveraine absolue. Il ne peut se rendre auprès de Marie s'il n'a pas mis de l'ordre dans ses idées.

Durant ce voyage d'une semaine entre Milan et Paris, il a écrit, dicté, pensé.

Il a ordonné que de nouvelles troupes entrent en Espagne. Il doit être prêt à saisir l'occasion, si elle se présente, d'assujettir ce royaume à l'Empire. « Pays de moines et de prêtres qui a besoin d'une révolution ! » marmonne-t-il en se tournant vers Talleyrand. Et comme tout se tient, ajoute-t-il, il a demandé au général Miollis d'occuper Rome, puisque Pie VII s'obstine à ne pas interdire les relations des États pontificaux avec l'Angleterre.

Marie est là, mais il doit conférer avec Talleyrand.

Il arrête d'un mot les politesses et les compliments que le prince de Bénévent a commencé d'égrener. Point de faux-fuyant. Que pense Talleyrand de la situation en Espagne ?

– Si la guerre s'allumait, dit Napoléon, tout serait perdu. C'est à la politique et aux négociations qu'il appartient de décider des destinées de l'Espagne.

Talleyrand approuve, incline la tête.

– La Couronne d'Espagne a appartenu depuis Louis XIV à la famille qui régnait sur la France, murmure-t-il. C'est donc une des belles portions de l'héritage du grand roi.

Il hausse le ton.

– Et cet héritage, l'Empereur doit le recueillir tout entier ; il n'en doit, il n'en peut abandonner aucune partie.

Napoléon fixe longtemps Talleyrand. Le vice-Grand Électeur est rarement aussi net dans ses avis.

– Et la Turquie, les Indes, dit Napoléon. La France et la Russie, ensemble...

Ce rêve d'Orient l'habite depuis si longtemps ! Peut-être est-ce le moment de le réaliser, avec l'aide d'Alexandre Ier.

Talleyrand paraît songeur. Il faut le presser pour qu'il parle.

– Si la Russie obtient Constantinople et les Dardanelles, dit-il enfin, on pourra, je crois, lui faire tout envisager sans inquiétude.

Puis Talleyrand, longuement, évoque la position des puissances. L'Angleterre est décidée à la guerre à outrance. L'Autriche peut être une alliée. La Prusse se réveille déjà. La Russie veut conquérir la Finlande, les provinces du Danube, utiliser l'appui de la France pour atteindre la mer et Constantinople. Sa grande et permanente ambition.

Napoléon écoute. Il avait besoin de cette longue conversation avec Talleyrand, pour se plonger tout entier, dès l'instant du retour à Paris, dans l'ordre implacable du monde. L'entretien, il s'en rend compte tout à coup, a duré cinq heures. Il renvoie Talleyrand d'un mouvement de tête. Maintenant, c'est à lui de décider.

La nuit est avancée.

Il demande à Constant que l'on aille chercher Marie Walewska, qu'on la conduise par l'escalier dérobé à son appartement.

L'Impératrice n'osera pas s'y rendre sans être annoncée. Elle se terre. Elle craint tant le divorce qu'elle préfère se faire oublier, comme s'il suffisait qu'elle soit discrète pour éviter la répudiation, sa hantise.

Il attend Marie avec fébrilité. Voilà des mois qu'il n'a pas vu cet « ange ». Les autres femmes, celles de quelques nuits, ne sont rien.

En les serrant dans mes bras, je me débarrasse d'elles et de ce désir qui me prend de les conquérir...

Mais Marie...

Constant ouvre la porte, s'efface.

Voici son « ange », timide, émue, hésitante. Son visage qu'il serre entre ses mains est glacé.

Il la retrouve telle qu'il l'a laissée, si jeune, si désintéressée. Il l'aime. Elle est son luxe suprême et sa grâce. « Mon épouse polonaise. »

Elle l'aime pour ce qu'il est et non pour ce qu'il donne ou promet.

Il convoque le grand maréchal du palais dès le lendemain matin. Duroc devra désormais, lui dit-il, veiller sur Marie Walewska. Qu'il prenne ses ordres chaque matin chez elle et qu'il invite le docteur Corvisart à s'enquérir régulièrement de sa santé.

Il a un sourire fugitif, puis il s'assied à sa table de travail.

Cette affaire est réglée. Voyons les dépêches.

Mais, au moment de lire la première, il regarde à nouveau Duroc, lui sourit plus longuement, comme on le fait à un complice.

Il se sent bien, comme s'il venait d'ajouter un chapitre heureux à sa vie. Et il en remercie le destin si généreux avec lui.

Cette présence de Marie à Paris, c'est comme la preuve que tout est possible, dès lors qu'on sait saisir sans hésiter ce que le destin offre et que l'on se donne les moyens de le garder. Il faut s'organiser, prévoir les obstacles, les contourner.

Le destin propose, mais tout, aussi, est affaire de volonté et de stratégie, en amour comme à la guerre.

Il se sent, dans ce mois de janvier 1808, habité par une détermination joyeuse, comme s'il était à peu de distance du sommet qu'il gravit, ayant su s'accrocher à toutes les prises que la vie présentait, et se hisser jour après jour.

Parfois, pourtant, le matin, alors que Constant et Roustam l'habillent, il a un instant de désarroi.

Il se voit empâté, avec ce ventre qui se dessine et s'impose, ce visage qui enfle.

Il rejette avec un mouvement d'humeur les culottes qui le serrent. Il bouscule Constant qui s'empresse, propose une autre paire, une autre redingote. Il les passe nerveusement, sombre.

Son corps lui échapperait-il ?

Il a quelquefois de violentes douleurs à l'estomac et l'image de son père le hante. Il se souvient de ce rapport d'autopsie qu'il a lu, de ce cancer de l'estomac que les médecins avaient diagnostiqué chez Charles Bonaparte.

Il reste quelques secondes tassé, puis il se redresse. Qu'on selle son cheval. Il veut chasser, malgré le froid, pour plier ce corps, se prouver que la vigueur et l'énergie sont toujours là, en lui.

Il lance son cheval. Il aime le vent qui fouette le visage, balaie l'inquiétude. Il parcourt les allées forestières. Il chasse au gré de ses résidences, les Tuileries, Saint-Cloud, la Malmaison, Fontainebleau, aux bois de Vincennes, du Raincy, dans les forêts de Versailles ou de Saint-Germain.

Il entraîne avec lui le comte Tolstoï. Il éprouve de la joie à le devancer, à retrouver dans une clairière l'ambassadeur épuisé et transi. Il s'étonne naïvement. Fatigué, comte ?

Ce monsieur de Tolstoï est un brave homme rempli de préjugés et de méfiance envers la France. Mais il doit le convaincre.

Au retour de la chasse, il l'invite à le suivre dans le palais des Tuileries.

Il regarde cet homme froid dont les espions de police assurent qu'il fréquente toujours assidûment les salons du faubourg Saint-Germain, et qu'il est même tombé amoureux de Mme Récamier, l'insupportable femme, amie de Mme de Staël ! Mais il faut supporter cet homme-là.

Napoléon fait asseoir Tolstoï et commence à marcher de long en large devant lui.

– Imaginez, commence-t-il, une armée de cinq cent mille hommes, russe, française mais peut-être autrichienne, qui se dirigerait par Constantinople sur l'Asie. Elle ne serait pas arrivée sur l'Euphrate qu'elle ferait trembler l'Angleterre et la mettrait aux genoux du Continent. Rien ne l'empêcherait d'arriver aux Indes...

Il s'arrête devant le comte Tolstoï, il a envie de le saisir aux épaules, de le secouer. Il ne supporte pas ce regard sceptique.

– Ce n'est pas une raison pour échouer dans cette entreprise, parce que Alexandre et Tamerlan n'y ont pas réussi, reprend-il.

Il tape du pied.

– Il s'agit de faire mieux qu'eux, martèle-t-il.

Mais cet homme entend-il ce que je lui dis ?

Napoléon prend son chapeau à deux mains et le jette à terre, puis, allant et venant, s'arrêtant souvent devant l'ambassadeur, il dit d'une voix irritée, pressante :

– Écoutez, monsieur de Tolstoï, ce n'est plus l'Empereur des Français qui vous parle, c'est un général de division qui parle à un autre général de division.

Il s'interrompt, se penche sur Tolstoï.

– Que je sois le dernier des hommes si je ne remplis pas scrupuleusement ce que j'ai contracté à Tilsit et si je n'évacue pas la Prusse et le duché de Varsovie lorsque vous aurez retiré vos troupes de la Moldavie et de la Valachie !

Il se redresse.

– Comment pouvez-vous en douter ? Je ne suis ni un fou ni un enfant pour ne pas savoir ce que je contracte, et ce que je contracte, je le remplis toujours !

Quelques instants plus tard, Napoléon regarde Tolstoï qui s'éloigne, accompagné par le grand maréchal du palais.

D'un coup de pied, il repousse au bout du salon son chapeau.

Tolstoï, même s'il transforme ce que j'ai dit, parlera de ma colère, de ce chapeau que j'ai jeté à terre.

Il vient toujours un moment, avec les hommes, où il faut appuyer les mots par des gestes, un mouvement du corps, une colère feinte. Il faut les étonner, les effrayer, pour qu'ils cèdent ou simplement se souviennent. Il faut aussi savoir les séduire, comme le font les femmes. Il appelle Méneval.

Il surprend le regard que lance son secrétaire vers le chapeau. Il perçoit cette manière qu'a aussitôt Méneval de rentrer la tête dans les épaules comme si un ouragan menaçait.

Il doit être pour ceux qui le servent, l'entourent, pour tous les citoyens de son Empire, qu'ils soient paysans ou rois, cette menace imprévisible, cette bonté inattendue, ce mystère, cet homme au-dessus d'eux, qu'ils vénèrent et qu'ils craignent. Celui qui récompense au-delà de ce qu'on imagine et qui châtie d'une main de fer.

C'est ainsi qu'on règne. Et cela s'applique à tous. Cela exige une volonté de chaque instant. Ce serait si facile d'être « bon », de céder à ceux que l'on commande. De renoncer au but, pour se complaire dans l'inaction.

Il fait un signe à Méneval. Il veut écrire à Alexandre Ier, pour confirmer ce qu'il a dit à Tolstoï, et évoquer pour le tsar cette marche vers l'Euphrate, vers les Indes, afin de menacer l'Angleterre par l'Orient.

« Votre Majesté et moi, ajoute-t-il, aurions préféré la douceur de la paix et de passer notre vie au milieu de nos vastes Empires, occupés de les vivifier et de les rendre heureux... Les ennemis du monde ne le veulent pas.

« Il faut être plus grands malgré nous.

« Il est de la sagesse et de la politique de faire ce que le destin ordonne et d'aller où la marche irrésistible des événements nous conduit.

« Alors cette nuée de pygmées qui ne veulent pas voir que les événements actuels sont tels qu'il faut en chercher la comparaison dans l'histoire et non dans les gazettes du dernier siècle fléchiront... Et les peuples russes seront contents de la gloire, des richesses de la fortune qui seront le résultat de ces événements... L'ouvrage de Tilsit réglera les destins du monde.

« ... Un peu de pusillanimité nous portait à préférer un bien certain et présent à un état meilleur et plus parfait ; mais puisque enfin l'Angleterre ne veut pas, reconnaissons l'époque arrivée des grands changements et des événements. »

Il désire la venue de ces grands événements. Il les pressent. Il les suscite. Il les organise. Il se soumet à leur marche.

Une dépêche que dépose Méneval sur sa table de travail annonce que les troupes du général Miollis sont entrées à Rome. Pie VII va plier. C'en est fini des impertinences sans bornes de la cour de Rome.

Il rappelle Méneval. Il faut aller jusqu'au bout d'un acte. Il dicte une lettre pour Eugène, vice-roi d'Italie.

« À la moindre insurrection qui éclaterait, il faut la réprimer avec de la mitraille et faire de sévères exemples. »

Il prend une prise de tabac, puis passe dans le cabinet des Cartes. Il se penche sur la table où est déployée celle de l'Espagne. C'est là que se joue la partie.

Il faut une seule main pour tenir toutes les troupes qui s'avancent en ordre dispersé dans la péninsule.

Pourquoi pas Murat ?

Il retourne dans son cabinet de travail. « Murat est un héros et une bête », murmure-t-il.

Le grand-duc de Berg, poussé par Caroline, va s'imaginer qu'il est destiné à devenir roi d'Espagne. Mais son courage, son ambition, ses illusions peuvent me servir. Il faut simplement le tenir comme on tire les rênes d'un cheval trop fougueux. Qu'il entre dans Madrid, et nous verrons !

« Je pense qu'il ne faut rien précipiter, dit-il à Murat. Il convient de prendre conseil des événements qui vont suivre. »

Mais Murat doit prendre garde. Il faut prévenir cette « bête » de grand-duc.

« Vous avez affaire à un peuple naïf, reprend Napoléon, il a tout le courage et il aura tout l'enthousiasme que l'on rencontre chez les hommes que n'ont point usés les passions politiques.

« L'aristocratie et le clergé sont les maîtres de l'Espagne. S'ils craignent pour leurs privilèges et pour leur existence, ils feront contre nous des levées en masse qui pourront éterniser la guerre. J'ai des partisans ; si je me présente en conquérant, je n'en aurai plus. »

Napoléon s'arrête de dicter. Il vient de prévoir ce qui peut arriver, mais il pressent aussi que les événements glissent entre les mains, qu'on ne peut les retenir.

Les dépêches, au fil des jours, se succèdent.

À la suite d'une émeute à Aranjuez, Godoy, le favori de la reine, a été emprisonné, Charles IV a abdiqué, et son fils Ferdinand, prince des Asturies, a été proclamé roi d'Espagne dans l'enthousiasme.

Cet homme qui m'a écrit des lettres suppliantes, je ne lui sens aucune des qualités qui sont nécessaires au chef d'une nation.

« Cela n'empêchera pas, dit Napoléon à Murat, que pour nous l'opposer on en fasse un héros. Je ne veux pas que l'on use de violence envers les personnages de cette famille ; il n'est jamais utile de se rendre odieux et d'enflammer les haines. »

Mais qui peut contenir un incendie quand le vent souffle ?

Le prince des Asturies est devenu Ferdinand VII, roi d'Espagne. Il est entré dans Madrid au milieu d'une foule en délire. Et les troupes de Murat l'y ont suivi. Les acteurs sont face à face.

Je ne veux pas de la haine. Mais je peux imaginer ce qui va suivre.

Maintenant il faut attendre, laisser les événements se déployer, vivre chaque jour avec passion.

Napoléon entre dans sa chambre. Il voit, délicatement posé sur le lit, le domino que Constant a préparé. Le masque noir est placé à côté du capuchon. Ce soir, c'est bal masqué chez Caroline. Il se place devant un miroir, appelle Constant, essaie le masque cependant que le valet de chambre l'aide à enfiler le domino.

Va-t-on le reconnaître ?

Il aime se glisser dans la foule des travestis. Toutes ces jeunes femmes, Pauline Hortense, Caroline, en cet hiver 1808, donnent des fêtes, font assaut d'imagination et d'ambition. Mais elles se trompent si elles croient, l'une ou l'autre, le circonvenir en l'amusant, en lui poussant des femmes entre les bras, ainsi cette mademoiselle Guillebeau qui s'est présentée à demi nue dans une soirée chez Caroline.

– La grande-duchesse de Berg rêve à la Couronne d'Espagne pour Murat, murmure Napoléon à Duroc.

Il avance masqué, s'appuyant au bras du grand maréchal du palais, lui-même travesti.

Il interpelle les femmes en changeant sa voix. Il les surprend, les choque par des allusions grivoises. Il aime, derrière le masque, sous le domino, deviner leur inquiétude. Elles savent que l'Empereur est l'un de ces masques. Sera-ce celui-ci ?

– Sire, dit l'une des femmes.

Il déteste qu'on le reconnaisse. Il entraîne Duroc. Il rentre aux Tuileries. Il peste. Il s'amusait, à ce bal. Constant lui propose un autre déguisement, qu'il enfile aussitôt. Il reparaît ainsi parmi la foule. Mais on s'écarte de lui. On a dû encore l'identifier, à sa démarche, à sa silhouette, à ses mains croisées dans son dos.

Il s'attarde pourtant. Les femmes sont belles, vingt-quatre d'entre elles dansent un quadrille qui figure les heures. Leurs vêtements aux couleurs voisines suggèrent la montée du jour puis sa chute dans la nuit. Il suit leur danse, applaudit, puis tout à coup il se sent las. Les lumières vives l'éblouissent. Il aurait voulu rester quelques instants un inconnu, il devine que tous les regards l'observent. Il est l'Empereur. Il ne peut être que cela, même sous le masque et le domino.

Il quitte le bal, la foule.

Avec une seule personne il peut s'abandonner.

Il se fait conduire au 48, rue de la Victoire, chez Marie Walewska.

Il lui raconte. Il voudrait qu'elle participe à ces fêtes. Et il est heureux qu'elle ne le désire pas, qu'elle reste ainsi cachée, discrète, paisible. Elle ne l'interroge jamais, comme si elle se désintéressait de ce que fait l'Empereur. Elle ne s'anime, elle ne le harcèle qu'en ce qui concerne son pays, cette Pologne qu'elle souhaite voir renaître.

Il se ferme. Il ne peut lui répondre clairement et cela le blesse. Comprendrait-elle qu'il a besoin de l'alliance russe et qu'il ne peut prendre le risque de la briser en donnant satisfaction aux Polonais ?

Il se borne à lui dire :

– Pendant l'été, les grandes affaires seront peut-être arrangées.

Il se lève. Le charme est rompu. La politique, cette passion du monde, l'a à nouveau saisi.

Il rentre aux Tuileries.

C'est le 27 mars 1808 à l'aube. Le palais est désert, glacé. Son pas résonne dans les galeries cependant que les valets courent, que Méneval, réveillé, se présente.

Napoléon dicte aussitôt une lettre pour Louis, roi de Hollande, afin de lui annoncer que Murat est entré à Madrid, que Charles IV a abdiqué au bénéfice du prince des Asturies, devenu Ferdinand VII.

Puis, tout en marchant d'un pas vif, Napoléon parle plus fort.

« Mon frère, le climat de la Hollande ne vous convient pas. D'ailleurs, la Hollande ne saurait sortir de ses ruines ; dans ce tourbillon du monde, que la paix ait lieu ou non, il n'y a pas de moyen pour qu'elle se soutienne.

« Dans cette situation, je pense à vous pour le trône d'Espagne, vous serez souverain d'une nation généreuse... Répondez-moi catégoriquement quelle est votre opinion sur ce projet. Vous sentez que ceci n'est encore qu'un projet... Répondez-moi catégoriquement, si je vous nomme roi d'Espagne, l'agréez-vous ? Puis-je compter sur vous... Répondez-moi seulement ces deux mots : " j'ai reçu votre lettre de tel jour, je réponds oui ", et alors je compterai que vous ferez ce que je voudrai, ou bien " non ", ce qui voudra dire que vous n'agréez pas ma proposition... Ne mettez personne dans votre confidence, et ne parlez à qui que ce soit de l'objet de cette lettre, car il faut qu'une chose soit faite pour qu'on avoue y avoir pensé. »

Enfin ! Il a tranché.

Il se sent déchargé d'un poids. Il a choisi de suivre le rythme des événements. Ce sont eux qui lui dictent sa conduite.

Il va quitter Paris, s'approcher de l'Espagne, se rendre à Bayonne, parce qu'il ne saisit bien la réalité des choses que quand il les voit, les touche, les étreint.

Le monde est comme une femme, on ne le connaît, on ne le comprend que quand on le possède.

Il lance d'un ton guilleret à Méneval :

– Nous sommes au cinquième acte de la tragédie ; nous serons bientôt au dénouement.

16.

Il est impatient et furieux. Dans la cour de l'évêché d'Orléans, ce dimanche 3 avril 1808, il tempête. Il est 4 h 30. Il attend qu'on finisse d'atteler les chevaux à la berline. Il va d'un mur à l'autre, ignorant Champagny qui se tient au milieu de la cour. Il bute sur les pavés que rend glissants une pluie fine. Rien ne va comme il veut.

Depuis qu'il a quitté le château de Saint-Cloud, hier à midi, c'est comme si le destin voulait entraver sa marche vers Bordeaux, Bayonne et l'Espagne. Les voitures de sa suite n'étaient pas prêtes. Elles rejoindraient la berline de l'Empereur à la première étape à Orléans, avec la bibliothèque portative, la vaisselle, les provisions de bouche et les vins, les portemanteaux, les fourriers, les domestiques. Mais, à l'arrivée à Orléans, à 21 heures, point de voitures. Et où sont-elles ce matin, alors qu'on finit d'atteler la berline ?

Il monte dans la voiture, fait signe qu'on peut partir, et Champagny doit courir pour s'installer à son tour sur la banquette en face de Napoléon.

Les lettres et les dépêches sont posées près de l'Empereur. Il les saisit. Il les brandit devant le visage de Champagny. *Le ministre des Relations extérieures doit savoir que monsieur mon frère, roi de Hollande, refuse le trône d'Espagne. Et qu'invoque-t-il, lui que j'ai posé sur son trône, lui qui n'était rien ? Il n'est pas, dit Louis, « un gouverneur de province. Il n'y a pas d'autre promotion pour un roi que celle du ciel. Ils sont tous égaux ».*

Napoléon jette la lettre. Voilà ce que devient un homme auquel on donne du pouvoir. Il s'aveugle.

Prétendrait-il être mon égal ?

Napoléon se rencogne dans la berline.

Où, sinon parmi les héros antiques, trouverait-il quelqu'un à sa mesure ? Ou même simplement un homme qui pourrait comprendre ses desseins, les soutenir avec intelligence ?

Il regarde cette campagne tourangelle paisible sur laquelle se lève le jour. La brume s'accroche aux arbres qui bordent les ruisseaux. Les champs sont encore déserts.

Il se sent seul dans le monde, sans interlocuteur. Peut-être le tsar Alexandre Ier est-il le souverain, l'homme avec lequel il a pu le mieux dialoguer. Mais les autres ? Les habiles, comme Talleyrand et Fouché, ne sont pas dignes de confiance. Et ne sont que des subordonnés jouant leur partie.

Talleyrand est vénal et Fouché a ses propres objectifs. Il continue d'entretenir les bruits de divorce.

« Je lui ai fait connaître dix fois mon opinion là-dessus, dit Napoléon. Tous les propos sur le divorce font un mal affreux ; ils sont aussi indécents que nuisibles. Il est temps qu'on finisse de s'occuper de cette matière-là. Et je suis scandalisé de voir la suite qu'il y met. »

Mais Fouché s'obstine.

Sur qui puis-je compter ? Mes frères ? Louis se croit mon égal et refuse l'Espagne. Jérôme tient trop à son trône de Westphalie pour accepter d'aller à Madrid. Avec une épouse luthérienne, que ferait-il chez les papistes ? Lucien est un incorrigible rebelle. Lors de l'entrée des troupes françaises à Rome, il a pris le parti du pape ! Lui se croit devenu prince romain.

Reste Joseph, auquel je peux proposer de troquer le royaume de Naples contre celui d'Espagne, et je donnerai Naples à Caroline et à Murat, « ce héros et cette bête » qui, au moins, sait ce qu'il vaut. « Ne doutez jamais de mon cœur, il vaut mieux que ma tête », a-t-il écrit.

Je suis seul. Sans égal, et donc sans allié. Sans personne pour comprendre ma politique !

Napoléon se redresse. Le jour est levé. On entre dans Poitiers. On s'arrête au relais. Il descend de berline.

Une voiture est là avec une escorte. Trois hommes richement vêtus s'avancent, le saluent. Il les ignore. Quel est ce guet-apens ?

Trois grands d'Espagne, explique Champagny. Le duc Medinacelí, le duc de Frías, et le comte de Fernán Nuñez viennent notifier à l'Empereur l'avènement du prince des Asturies comme nouveau roi d'Espagne, sous le nom de Ferdinand VII.

Napoléon s'éloigne.

Le prince des Asturies, roi d'Espagne ! C'est trop tard. Napoléon a tranché. Le roi d'Espagne sera un Bonaparte. Napoléon ne recevra pas les trois grands d'Espagne.

Il repart. Qu'on leur dise que Ferdinand vienne à ma rencontre, que je l'attendrai à Bayonne.

Il monte dans la berline sans jeter un regard vers les trois hommes qui s'inclinent.

– Les intérêts de ma maison et de mon Empire demandent que les Bourbons cessent de régner en Espagne, dit-il à Champagny. Les pays de moines sont faciles à conquérir. Si cela devait me coûter quatre-vingt mille hommes, je ne le ferais pas, mais il n'en faudra pas douze mille : c'est un enfantillage.

Il fait plein soleil maintenant, on a traversé Angoulême.

– Je ne voudrais faire de mal à personne, reprend-il, mais quand mon grand char politique est lancé, il faut qu'il passe. Malheur à qui se trouve sous les roues.

À Barbezieux, dans la grande salle au plafond voûté de l'auberge de La Boule-Rouge, il a fait asseoir Champagny et son secrétaire à sa table. Il a rapidement déjeuné d'un chapon rôti et d'un verre de vin de Touraine. Les jambes allongées, la main droite glissée dans le gilet, il dicte, il parle.

Il est ici comme au bivouac, en campagne. Et n'est-ce pas cela qu'il aime ?

Il a passé la dernière nuit à Paris chez Marie Walewska avant de regagner le château de Saint-Cloud. Nuit paisible, comme une rade. Mais il faut lever l'ancre, aller vers le large, si l'on veut découvrir de nouveaux continents. Et il a quitté Marie Walewska avec des sentiments mêlés, faits de regrets et d'enthousiasme. Enfin, il retrouve, après trois mois passés dans les palais et châteaux impériaux, le vent de la route, la surprise des logements qu'on découvre, les paysages et les visages nouveaux, tout ce qui fait sa vie depuis toujours, le mouvement, le changement, l'impromptu. Il ne sera jamais un souverain assis. Mais cela ne signifie pas que, comme on le chuchote dans le salon de Mme de Récamier, et même dans celui de l'Impératrice, et comme le suggère Talleyrand, il aime la guerre.

Il se penche vers Champagny.

– La paix, dit-il, je la veux par tous les moyens conciliables avec la dignité et la puissance de la France. Je la veux au prix de tous les sacrifices que peut permettre l'honneur national.

Il se lève.

– Chaque jour, je sens que la paix devient plus nécessaire. Les princes du Continent le désirent autant que moi ; je n'ai contre l'Angleterre ni prévention passionnée ni haine invincible.

Il marche dans la salle. Il prise d'un geste saccadé.

– Les Anglais ont suivi contre moi un système de répulsion ; j'ai adopté le système continental pour amener le cabinet anglais à en finir avec nous. Que l'Angleterre soit riche et prospère, peu m'importe, pourvu que la France et ses alliés le soient comme elle.

Il se rassied. C'est pour cela qu'il faut que sa dynastie règne en Espagne et que les troupes françaises soient au Portugal.

– La paix seule avec l'Angleterre me fera remettre le glaive au fourreau, et rendre à l'Europe la tranquillité.

Il frappe du poing sur la table, s'adresse à Méneval. Qu'il prenne sous la dictée des lettres pour Berthier, prince de Neuchâtel, major général de la Grande Armée, et pour Murat, grand-duc de Berg, lieutenant général en Espagne.

Il marche à nouveau et, les mains derrière le dos, d'une voix tranchante, il commence.

« Vous devez vous souvenir des circonstances où, sous mes ordres, vous avez fait la guerre dans de grandes villes. On ne s'engage point dans les rues. On occupe les maisons des têtes de rues, et on établit de bonnes batteries... Il faut rendre les généraux responsables des hommes isolés... Point de petits paquets ; qu'on ne fasse marcher que par colonnes de cinq cents hommes. Dans le pays ou village qui pourrait s'insurger ou qui aura maltraité des soldats et des courriers, y faire un grand exemple. S'il y a un mouvement à Madrid, vous le réprimerez à coups de canon, et vous en ferez une sévère justice... »

Il va vers la porte. Il lance une dernière phrase :

« Quand je jugerai le moment arrivé, j'arriverai à Madrid comme une bombe. »

Le soir de ce lundi 4 avril, il entre dans Bordeaux.

La ville est déserte. Devant la préfecture, l'officier qui commande le poste de garde se précipite, explique qu'on attendait l'Empereur ce matin. Les troupes ont regagné leurs quartiers.

Napoléon regarde à peine l'officier puis le préfet, se fait conduire à sa chambre. Et, sans tourner la tête, lance :

– Revue demain au Champ-de-Mars de la Garde, de la cavalerie, visite du port.

Il a la certitude que, s'il pouvait tout accomplir lui-même aussi vite qu'il pense et veut, alors il aurait déjà organisé le monde entier. Mais il y a les autres souverains, les préfets, les soldats, les ennemis. Et, pour les rendre efficaces ou les réduire, il faut que personnellement il les voie, les pousse en avant, ou bien qu'il les soumette.

Il est le cœur de son Empire. Le principe qui tient rassemblé tout ce qu'il a conquis, bâti.

Voilà pourquoi il veut un fils, pour le placer près de lui afin que, le jour venu, la succession soit naturelle, indiscutable.

Un fils, cela signifie divorce, cela veut dire rejeter Joséphine.

Il la voit descendre de voiture dans la cour du palais de la préfecture, alors qu'il fait manœuvrer les soldats du 108e régiment de ligne. C'est son travail d'Empereur qui a besoin de troupes aguerries et fidèles. Il doit être là, à leur tête, même pour l'exercice. Et il aime ce mouvement des hommes en ligne, la perfection mécanique de leurs gestes et de leurs pas. Il aime lancer des ordres, le corps tendu sur les étriers. C'est cela, sa vie, depuis toujours.

Joséphine s'est immobilisée. Elle est vêtue de blanc. Il est ému par cette silhouette qui, enveloppée par les voiles, reste juvénile et élégante. C'est comme si le passé et ses émotions resurgissaient.

Il va vers elle, l'accueille avec cérémonie. Elle s'incline, souriante. Ils sont deux vieux complices.

Le soleil est léger. Une brise marine souffle sur la Gironde. Le mardi 12 avril, avec Joséphine, Napoléon descend le fleuve depuis le quai du Chapeau-Rouge jusqu'à l'entrepôt des grains.

Il a pris la main de Joséphine. Le printemps incite à la tendresse. Tout serait simple s'il n'y avait les exigences de la politique et la force du destin.

Il regarde Joséphine. Lorsque le moment de la séparation viendra, car il viendra, il faudra qu'il la protège. Et pour l'instant, puisque le moment n'est pas venu, il faut qu'il la préserve, qu'il lui donne le plaisir des jours, dans une sorte d'insouciance.

Elle se prête à ce jeu. Elle chuchote des confidences. Elle lui rappelle des moments intimes.

Il doit la quitter pour se rendre à Bayonne, mais dès qu'il arrive il lui écrit.

« Mon amie, je donne l'ordre qu'il soit fait un supplément de 20 000 francs par mois à ta cassette, pendant ton voyage, à compter du 1er avril.

« Je suis horriblement logé. Je vais dans une heure changer, et me mettre à une demi-lieue, dans une bastide. L'infant Don Charles et cinq ou six grands d'Espagne sont ici. Le prince des Asturies est à vingt lieues. Le roi Charles et la reine arrivent. Je ne sais où je logerai tout ce monde-là. Tout est encore à l'auberge. Mes troupes se portent bien en Espagne.

« J'ai été un moment à comprendre tes gentillesses ; j'ai ri de tes souvenirs. Vous autres femmes, vous avez de la mémoire.

« Ma santé est bonne, et je t'aime de bien bonne amitié. Je désire que tu fasses des amitiés à tout le monde à Bordeaux ; mes occupations ne m'ont permis d'en faire à personne.

« Napoléon »

Les cloches sonnent à Bayonne lorsqu'il sort de la ville pour atteindre le château de Marracq. Il parcourt le vaste parc à cheval, distingue une tourelle, qui sert de colombier, à l'extrémité de la muraille qui ferme le parc. À quelques centaines de mètres en contrebas coule la Nive. Il décide de s'installer là. La demeure est vaste. D'autres châteaux situés à peu de distance peuvent accueillir les membres de la cour. Il veut qu'ils le rejoignent dans quelques jours. Il aime avoir son monde autour de lui. Et le parc est assez vaste pour y faire manœuvrer des troupes.

Ici il recevra les Bourbons d'Espagne.

Le mercredi 20 avril, voici Ferdinand, prince des Asturies, qui se croit roi d'Espagne !

Napoléon l'observe en silence. Il l'accompagne en haut de l'escalier, l'invite à dîner, tente de le faire parler. Le prince des Asturies a les yeux et le visage ronds. Il émane de son corps une impression de veulerie.

« Le roi de Prusse est un héros en comparaison du prince des Asturies ! s'exclame Napoléon. Il ne m'a pas encore dit un mot ; il est indifférent à tout, très matériel, il mange quatre fois par jour et n'a idée de rien... »

Peu après arrivent le roi Charles IV, la reine Marie-Louise et son favori, Manuel Godoy.

Est-ce cela, une dynastie issue des Bourbons ?

« Le roi Charles est un brave homme, il a l'air d'un patriarche franc et bon. La reine a son cœur et son histoire sur sa physionomie ; c'est vous en dire assez, confie Napoléon à Talleyrand. Cela passe tout ce qu'il est permis d'imaginer... Le prince de la Paix, Godoy, a l'air d'un taureau... Il a été traité avec une barbarie sans exemple, un mois entre la vie et la mort, toujours menacé de périr. Diriez-vous que dans cet intervalle il n'a pas changé de chemise et qu'il avait une barbe de sept pouces... »

Il éprouve pour ces Bourbons de la pitié mêlée de mépris et de dégoût.

Ces gens-là ne méritent plus de régner. C'est justice de les chasser du trône. Et c'est l'intérêt de ma dynastie, de l'Europe et de l'Espagne. Quant à Ferdinand VII, qui se veut roi, celui-là, c'est l'ennemi.

« Le prince des Asturies est très bête, très méchant, très ennemi de la France, explique Napoléon à Talleyrand. J'ai fait arrêter ses courriers, sur lesquels on a trouvé des lettres pleines de fiel et de haine contre les Français, qu'il appelle à plusieurs reprises : ces maudits Français. Vous sentirez bien qu'avec mon habitude de manier les hommes, son expérience de vingt-quatre ans n'a pu m'en imposer ; et cela est si évident pour moi qu'il faudrait une longue guerre pour m'amener à le reconnaître pour roi d'Espagne. »

Il les regarde se chamailler. Le père reprochant au fils de lui avoir volé la couronne, le fils répondant avec insolence, la mère emportée par la colère, insultant son fils, défendant son amant, et celui-ci demeurant silencieux, épuisé.

Ils sont laids, ils sont lâches. Charles IV pleure comme un enfant. Ferdinand mange avec voracité.

Ils attendent de moi que je choisisse entre eux.

J'ai choisi ce qu'ils n'imaginent même pas. Le plan est arrêté. Il faudra l'exécuter, le leur faire accepter. Il y aura quelques cris, quelques larmes. Mais ces gens-là ne sont plus rien.

Le 2 mai, il dicte une lettre pour Murat. Le grand-duc de Berg doit lui aussi être averti.

« Je suis content du roi Charles et de la reine, écrit Napoléon. Je leur destine Compiègne.

« Je destine le roi de Naples à régner à Madrid. Je veux vous donner le royaume de Naples ou du Portugal. Répondez-moi sur-le-champ ce que vous en pensez, car il faut que cela soit fait dans un jour. »

Joséphine arrive au château gaie, heureuse. Hortense vient d'accoucher d'un fils, le 20 avril, qu'elle a prénommé Charles-Louis-Napoléon [1].

Napoléon l'entraîne. Il la trouve embellie. Ils descendent vers la Nive. Il fait chaud, il la pousse dans la rivière. Ils s'aspergent, prennent une barque, se dirigent vers le château de Lauga, où Caroline Murat vient de s'installer.

Il faudra qu'elle accepte de ne plus rêver à l'Espagne, mais à Naples, un beau royaume. Il rit. Il a écrit à Joseph que « l'Espagne n'est pas ce qu'est le royaume de Naples... À Madrid, vous êtes en France. Naples est au bout du monde. Je désire donc qu'immédiatement après avoir reçu cette lettre vous laissiez la régence à qui vous voudrez... Et que vous partiez pour vous rendre à Bayonne par le chemin de Turin, du Mont-Cenis et de Lyon ».

Joseph est l'aîné de la famille. Il a droit à ce trône d'Espagne, que les autres frères ont refusé. Il l'acceptera. Il n'aura pas le choix.

Si ces Bourbons savaient!

Il les voit s'avancer dans le parc, vers Joséphine. Elle est la grâce. Il lui prend la main, la conduit à table. Elle présidera le dîner.

Une petite cour s'est reconstituée au château de Marracq, organisée par le grand maréchal Duroc.

Parmi les jeunes femmes qui composent la suite de Joséphine et qui s'inclinent devant lui, Napoléon aperçoit une jeune femme dont le nom lui revient aussitôt, Mlle Guillebeau, qu'il avait remarquée à l'un des bals masqués donnés à Paris par Caroline ou Hortense. Il la fixe longuement. Elle ne baisse pas les yeux. Toute son attitude dit qu'elle accepte. Napoléon se sent guilleret. Il lance un coup d'œil à Joséphine. Elle a vu. Elle sourit, consentante. Elle ne craint pas cela. Elle souhaite même ces infidélités. Ce ne sont qu'affaires de corps. La politique et le cœur sont ailleurs. Dans le divorce, et chez

1. Le futur Napoléon III, qui peut-être ne serait pas le fils de Louis mais de l'amiral hollandais Verhuell.

Marie Walewska. Mais Marie est à Paris. Et il faut toujours prendre ce que le destin offre.

Ce soir, il rendra visite à Mlle Guillebeau, sous les combles du château.

Il s'assoit en face de Joséphine et de Charles IV. À sa droite, la reine Marie-Louise. Un couple qu'il trouve pitoyable. Au bout de la table se tient Ferdinand, dont le visage aux traits lourds dit l'avidité. « Quelque chose qu'on lui dise, raconte Napoléon, il ne répond pas ; qu'on le tance ou qu'on lui fasse des compliments, il ne change jamais de visage. Pour qui le voit, son caractère se dépeint par un seul mot : sournois. »

Quand donc les contraindrai-je à renoncer à ce qu'ils croient posséder encore, la Couronne d'Espagne ?

Il hésite. Il pense à Mlle Guillebeau, à la nuit qui vient. Il faudrait aussi un événement, un signe qui lui permette de balayer en quelques phrases les illusions de cette famille qu'il méprise.

Le 5 mai 1808, il n'a encore rien dit.

Il se promène, ce jeudi-là, dans le parc du château de Marracq.

C'est le milieu de l'après-midi. Il fait doux.

Il n'a pas pu refuser de donner son bras à cette petite femme grosse, laide, vulgaire, la reine Marie-Louise, qui respire bruyamment, se plaint d'une voix aiguë de son fils Ferdinand, ce traître. Elle se lamente des souffrances que les émeutiers ont infligées à « son » prince de la Paix, Godoy. Elle s'en remet à l'Empereur, dit-elle en lui pressant le bras. Charles IV approuve sa femme. Il se tient de l'autre côté de Napoléon. Ils sont tous deux comme des sujets qui quémandent.

Napoléon se retourne, il aperçoit Joséphine aux côtés de Duroc et de Ferdinand. Il éprouve tout à coup pour elle un élan de gratitude. Elle l'a toujours soutenu avec intelligence. Ici encore, elle écoute quand il le faut les souverains d'Espagne, elle a la grâce naturelle d'une souveraine.

Il voit un officier qui s'avance, venant du château, précédé d'un aide de camp. L'officier, dont l'uniforme est couvert de poussière, porte un gros portefeuille de cuir. Il doit être envoyé par Murat.

Napoléon s'approche en compagnie de Marie-Louise et de Charles IV.

– Qu'y a-t-il de nouveau à Madrid ? demande-t-il en reconnaissant le capitaine Marbot, un aide de camp de Murat.

Il s'étonne du silence de l'officier qui présente les dépêches, le regard fixe.

– Que se passe-t-il ? répète Napoléon.

L'officier se tait toujours.

Napoléon prend les dépêches, entraîne l'officier loin des Bourbons et, au fur et à mesure que l'on s'éloigne, le capitaine Marbot se met à parler. Sous les arbres, tout en marchant le long du mur de clôture, Napoléon écoute, lit les dépêches de Murat.

Le 1er mai, la foule s'est rassemblée Puerta del Sol, à Madrid. Elle a été difficilement dispersée. Le lundi 2 au matin, l'émeute à l'annonce du départ de la capitale du plus jeune des fils de Charles IV, don Francisco, s'est déchaînée. Les soldats français isolés dans Madrid ont été égorgés. Plusieurs milliers d'émeutiers ont attaqué les escadrons de dragons ou de la Garde qui, venant des faubourgs, pénétraient dans la capitale. Sur la Puerta del Sol, les soldats espagnols ont rejoint les émeutiers et tiré à mitraille sur les Français. Les combats se sont prolongés le mardi 3 mai.

Napoléon interrompt le capitaine Marbot. Ce ne sont pas les détails d'une bataille qui comptent, mais la conclusion, dit-il.

Il lit la dernière lettre de Murat. Les mameluks ont chargé avec la Garde.

– Plusieurs milliers d'Espagnols ont été tués, dit Marbot.

Le peuple, poursuit-il, est désespéré. Il n'accepte pas que la famille royale ait été conduite en France. Les émeutiers ont fait montre d'un courage féroce, même les femmes et les enfants ont attaqué les Français.

– Ils nous haïssent, même après notre victoire...

Napoléon l'interrompt.

– Bah, bah, dit-il en retournant vers le centre du parc où les souverains espagnols l'attendent. Ils se calmeront et me béniront lorsqu'ils verront leur patrie sortir de l'opprobre et du désordre dans lequel l'avait jetée l'administration la plus faible et la plus corrompue qui ait jamais existé...

Il donne une tape sur l'épaule de Marbot, lui pince l'oreille.

Voilà l'événement qu'il attendait pour balayer les Bourbons d'Espagne.

Il interpelle d'une voix forte Ferdinand, raconte les émeutes de Madrid, le sang répandu, les Français assassinés, la sévérité nécessaire de la répression ordonnée par Murat, la rébellion enfin écrasée après ces journées des 2 et 3 mai.

Il regarde Charles IV se précipiter vers son fils, hurler : « Misérable ! », l'accuser d'être responsable de l'émeute. C'est sa criminelle rébellion, l'usurpation de la couronne de son père qui ont déclenché ce massacre. La reine Marie-Louise se lance à son tour contre Ferdinand, le frappe.

– Que ce sang retombe sur ta tête ! hurle-t-elle.

Napoléon s'éloigne. Joséphine, Duroc, les dames et les officiers de leur suite laissent la reine et le roi continuer d'insulter leur fils qui, pâle, se tait.

Il suffit maintenant de ramasser la Couronne d'Espagne qu'ils ont fait rouler à terre.

Il convoque Ferdinand, lui parle sans même le regarder, comme on le fait à un homme qu'on méprise.

– Si d'ici à minuit vous n'avez pas reconnu votre père pour votre roi légitime et ne le faites savoir à Madrid, vous serez traité comme rebelle.

Il suffira ensuite d'obtenir l'abdication de Charles IV. Duroc a déjà préparé le traité. On paie les Bourbons comme des valets qu'on licencie.

Napoléon ne lit pas lui-même le texte du traité. Il marche dans le salon du château de Marracq aux poutres noircies par la fumée.

« Le château de Compiègne et la forêt du même nom sont donnés à vie à Charles IV et le château de Chambord lui est abandonné à perpétuité, lit Duroc. Le Trésor français paiera annuellement à Charles IV une liste civile de 7 500 000 francs. »

D'ici là, le roi et la reine logeront à Fontainebleau, et Ferdinand sera hébergé par Talleyrand, dans son château de Valençay.

Napoléon est seul dans le parc. Il marche dans l'allée qui conduit au bord de la Nive. La nuit tombe. Il attend que le château soit endormi pour rejoindre Mlle Guillebeau dans la petite chambre qu'elle occupe sous les combles et où il fait si chaud qu'il faut laisser la fenêtre ouverte.

Il aime l'odeur de la campagne, la rumeur du vent. Aux Tuileries, il se sent enfermé. Il étouffe. Il a besoin d'horizon et de vent.

Il remonte lentement vers le château.

Il a donc chassé les Bourbons d'Espagne comme il avait chassé les Bourbons de Naples. Cette dynastie est morte. Elle n'a pas su défendre ses droits. Quand l'énergie manque à un homme, à une dynastie ou à un peuple, il est juste qu'ils succombent.

Les Espagnols accepteront-ils ou bien se lèveront-ils pour défendre leurs souverains ?

Il faut les convaincre.

Il marche plus vite. En entrant au château, il convoque Méneval. Mlle Guillebeau attendra.

Dans le cabinet de travail qu'envahissent les bruits de la campagne et le chant lointain de la rivière, il dicte :

« Espagnols, après une longue agonie, votre nation périssait. J'ai vu vos maux. Je vais y porter remède... Vos princes m'ont cédé tous leurs droits à la Couronne des Espagnes... Votre monarchie est vieille, ma mission est de la rajeunir.

« J'améliorerai toutes vos institutions et je vous ferai jouir, si vous me secondez, des bienfaits d'une réforme, sans froissement, sans désordre, sans convulsion...

« Je placerai votre glorieuse couronne sur la tête d'un autre que moi-même, en vous garantissant une Constitution qui concilie la sainte et salutaire autorité du souverain avec les libertés et les privilèges du peuple...

« Je veux que vos derniers neveux conservent mon souvenir et disent : il est le régénérateur de notre patrie. »

Il pense à Joseph, qui doit s'être mis en route. Aura-t-il la main assez ferme pour tenir les rênes de ce pays ? Pour se faire accepter par son peuple ?

– Le plus gros de la besogne est fait, murmure-t-il.

Il fait signe à Méneval. Il veut dicter une lettre pour Talleyrand.

« Je regarde donc, commence-t-il, le plus gros de la besogne comme fait. Quelques agitations pourront avoir lieu ; mais la bonne leçon qui vient d'être donnée à la ville de Madrid, celle qu'a reçue dernièrement Burgos doivent nécessairement décider promptement des choses... »

Il faut seulement que personne ne vienne inciter les Espagnols à la révolte.

« J'ai le plus grand intérêt, continue Napoléon, à ce que le prince des Asturies ne commette aucune fausse démarche. Je désire donc qu'il soit amusé et occupé... »

Il demeurera à Valençay, chez Talleyrand, un maître connaisseur en divertissements.

« J'ai donc pris le parti de l'envoyer dans une campagne, chez vous, en l'environnant de plaisirs et de surveillance. »

Napoléon va jusqu'à la fenêtre. Le parc est comme illuminé par la blancheur laiteuse de la lune.

Il revient vers Méneval, dit d'une voix joyeuse : « Si le prince des Asturies s'attachait à quelque jolie femme, cela n'aurait aucun inconvénient, surtout si on en était sûr. »

D'un pas rapide, il traverse la pièce et s'engage dans l'escalier qui conduit chez Mlle Guillebeau.

Tôt le matin, il se promène dans le parc du château de Marracq. Une brume légère estompe le bleu du ciel. Mais, sous cette gaze, le temps s'annonce beau, éclatant.

Il descend l'Adour en barque avec Joséphine. Il monte à bord d'une frégate qui vient d'entrer dans le port de Bayonne. Il va jusqu'à Saint-Jean-de-Luz. Les longues lignes de la barre tracent sur la couleur sombre de l'océan des parallèles blanches.

Il entraîne Joséphine sur la plage de sable.

Cette fin du mois de mai 1808 et ces premiers jours de juin annoncent un été tranquille, que parfois la chaleur orageuse de la mi-journée vient tourmenter.

Il apprend, le dernier jour de mai, que Murat est malade, et dans le paquet de dépêches qui annoncent la jaunisse du lieutenant général, d'autres lettres signalent qu'ici et là les troupes françaises sont attaquées.

« Ce sont des brigands. Ils nous tuent quand nous marchons isolément. »

Napoléon s'emporte. Il avait donné des ordres. Il faut, répète-t-il, avancer en colonnes, désarmer les habitants, utiliser l'artillerie contre les villes, faire des exemples.

Il exige qu'on lui fasse parvenir rapidement des dépêches.

« La première chose en tout, c'est de ménager de bonnes informations, insiste-t-il dans ses lettres à Murat. Je vois avec peine votre indisposition ; mais la consultation des médecins me rassure ; j'espère apprendre bientôt que l'émétique et un peu de sueur vous auront fait du bien. »

Mais quand il rentre au château de Barracq, sous un orage qui a éclaté peu après qu'il a quitté Bayonne, la première dépêche qu'il ouvre annonce le massacre de trois cent trente-huit soldats à Valence. Les émeutiers qui ont égorgé les Français de la garnison étaient conduits par un chanoine, Calvo.

Il s'arrête de lire.

Peut-être, en effet, est-ce une insurrection de fanatiques qui commence, guidée par les moines et les prêtres. Qui sait si le pape, ses cardinaux romains ne sont pas derrière ce mouvement qui s'étend ? Chaque dépêche annonce l'insurrection d'une ville – Saragosse, Barcelone, Malaga, Cadix, Badajoz, Grenade. À Oviedo, les habitants ont été appelés à se révolter par le chanoine qui a, les informateurs en sont sûrs, qualifié Napoléon d'« Antéchrist ». Les soldats français sont appelés les « suppôts du diable » ou bien les « troupes de Voltaire ».

Il ne faut pas que l'incendie se propage.

Napoléon écrit au ministre de la Guerre, Clarke. Qu'on expédie des réserves en Espagne sans affoler l'opinion avec des rumeurs de guerre.

« Pour ne pas faire trop de bruit à Paris, ces régiments peuvent faire la première marche à pied, comme à l'habitude, et ne prendre les voitures qu'à une journée de Paris. »

Il faut que Joseph soit rapidement à pied d'œuvre à Madrid.

Il va à la rencontre de son frère à la sortie de Bayonne. Joseph s'inquiète, assure que le pape demande à tous les évêques espagnols de refuser de reconnaître ce « roi franc-maçon, hérétique, luthérien, comme sont tous les Bonaparte et la nation française ». Joseph, toujours pusillanime et qu'une rumeur inquiète, est terrorisé.

Napoléon le prend par le bras, le conduit dans la salle à manger du château de Marracq où un dîner est donné en son honneur. Il le rassure. Les délégués espagnols, réunis en une junte, l'ont reconnu comme souverain.

– Soyez sans inquiétude, rien ne vous manquera. Soyez gai, et surtout portez-vous bien !

Joseph hésite. Il a rassemblé ses propres informations sur l'Espagne.

– Personne n'a dit toute la vérité à Votre Majesté, murmure-t-il.

Il baisse la tête comme s'il n'osait pas avouer ce qu'il pense, ce qu'il pressent.

– Le fait est qu'il n'y a pas un Espagnol qui se montre pour moi, excepté le petit nombre de personnes qui ont assisté à la junte, conclut-il.

Est-ce là un propos de souverain ? Joseph croit-il qu'on est roi sans effort ? Croit-il qu'il ne faut pas combattre ?

– Vous ne devez pas trouver trop extraordinaire de conquérir votre royaume, dit Napoléon.

Il fixe Joseph dont le regard se détourne. Est-ce là le roi qu'il faut à l'Espagne ? Pourquoi dois-je tenir à bout de bras tous ceux que je charge d'une fonction, d'une tâche ?

Suis-je si seul ?

– Philippe V et Henri IV, reprend-il, ont été obligés de conquérir leur royaume.

Il faut rassurer Joseph.

– Soyez gai, ne vous laissez pas affecter et ne doutez pas un instant que les choses finiront mieux et plus promptement que vous ne pensez.

Mais Murat continue d'être alité et s'apprête à quitter Madrid sur une civière. Mais Saragosse résiste aux assauts, aux boulets, à la mitraille. Mais les Anglais débarquent au Portugal, interviennent en Espagne. Mais les armées espagnoles se reconstituent, marchant vers Madrid. Mais les jours passent et l'insurrection s'étend.

Dans le parc du château de Marracq, Napoléon organise des troupes. Il hésite. La tentation est grande de se mettre à la tête de ses escadrons de cavalerie, de marcher avec la Garde, de rentrer dans Madrid d'où Joseph, qui y est à peine arrivé, songe déjà à s'éloigner, affolé à l'idée d'être pris. Il appelle au secours. Il craint d'être tué, dit-il.

Cette peur qui suinte de ses lettres n'est pas d'un roi, n'est pas digne d'un homme qui est mon frère.

« Le style de votre lettre ne me plaît point, répond Napoléon. Il ne s'agit point de mourir mais de vivre et d'être victorieux ; et vous l'êtes et le serez.

« Je trouverai en Espagne les colonnes d'Hercule, et non les limites de mon pouvoir... Soyez tranquille sur l'issue de tout cela. »

Le maréchal Bessières ne vient-il pas de remporter une victoire à Medina de Río Seco ? Et les troupes du général Dupont ne sont-elles pas engagées à Baylen contre les Espagnols ? Elles sont en situation de vaincre ces rebelles.

Napoléon regarde défiler les troupes dans le parc du château de Marracq.

S'il bondissait en Espagne, il réglerait tout cela, il en est sûr. Mais il doit tenir compte de toutes les pièces de l'échiquier. Les rapports de police indiquent que l'on complote à Paris. Peu de chose, quelques républicains qui bavardent contre l'Empire, mais quelle confiance accorder à Fouché, ministre de la Police générale ?

Napoléon a le sentiment qu'il doit être partout. Il devrait être à Madrid, mais aussi à Paris. Et en Allemagne, puisque l'Autriche reconstitue ses armées. Dans quel but ?

Vienne s'apprête-t-elle à ouvrir la guerre, pensant que je suis enlisé en Espagne ? C'est dans la nature des choses !

« Puisque l'Autriche arme, dit-il à Berthier, il faut donc armer. Aussi j'ordonne que la Grande Armée soit renforcée... S'il est un moyen d'éviter la guerre, c'est de montrer à l'Autriche que nous ramassons le gant et que nous sommes prêts. »

La guerre encore, déjà !

Napoléon quitte le château de Marracq le 20 juillet. La chaleur est torride. Sur la route d'Auch, de Toulouse, de Montauban, d'Agen, la canicule est accablante. On roule de nuit afin d'éviter le soleil qui, dès l'aube, incendie la campagne.

Napoléon a décidé de regagner Paris. Il a choisi de colmater les brèches qui s'ouvrent au nord, pour pouvoir, plus tard, régler la question d'Espagne, si l'insurrection n'est pas écrasée d'ici là. Il y compte. Il l'espère.

À chaque étape, il guette l'arrivée des courriers.

À Bordeaux, le 2 août, il perçoit l'émotion de l'aide de camp qui lui tend la dépêche. Il la parcourt d'un seul regard. Le général Dupont a capitulé à Baylen devant les troupes et les insurgés espagnols du général Castanos. Vingt mille hommes ont rendu leurs armes et leurs drapeaux, en échange de la promesse d'être rapatriés !

Napoléon jette la dépêche à terre, hurle :

– Bête ! Imbécile ! Poltron ! Dupont a perdu l'Espagne pour sauver ses bagages !

Il donne des coups de pied dans la dépêche.

– C'est une tache sur son uniforme ! crie-t-il.

Il se fait apporter les cartes, les dépêches successives qu'avaient envoyées Dupont. Il écrit au général Clarke, ministre de la Guerre.

« Je vous envoie des pièces pour vous seul ; lisez-les, une carte à la main, et vous verrez si, depuis que le monde existe, il y a eu rien de si bête, de si inepte, de si lâche... Tout ce qui est arrivé est le résultat de la plus inconcevable ineptie. »

Il enrage. Il est seul. La lâcheté, l'aveuglement, la bêtise de ceux qui le servent sont ses premiers ennemis.

Mais il faut faire face.

À Rochefort, le vendredi 5 août, il s'enferme avec ses généraux et quelques ministres arrivés de Paris ; qu'on dirige la moitié des troupes stationnées en Allemagne vers l'Espagne. Que le maréchal Ney en prenne le commandement.

Puis il s'isole.

C'est la première fois depuis qu'il commande et gouverne, depuis qu'il règne et combat dans toute l'Europe, que des unités de son armée capitulent.

La première fois.

Il serre les dents. Il maîtrise cette douleur qui ronge son estomac. Il sait bien qu'autour de lui les ennemis sont à l'affût. Cette perte de vingt mille hommes va résonner dans toute l'Europe.

Il lance un ordre. Un courrier doit partir, brûler toutes les étapes, atteindre Saint-Pétersbourg avant que la nouvelle de la capitulation de Baylen soit parvenue à Alexandre Ier.

Ne jamais laisser soupçonner que l'on est affaibli, précéder la réaction de l'autre, lui laisser entendre que l'on est prêt à évacuer, comme il le désire, la Prusse, lui suggérer une rencontre. Montrer que l'on ne craint rien. Que l'on est plus déterminé et plus puissant que jamais.

Il rentre à Paris par les villes de l'Ouest, La Rochelle, Niort, Fontenay.

Le lundi 8 août, il pénètre dans Napoléon-Vendée. Il se souvient. Il avait décidé la construction de cette ville le 25 mai 1804, alors que les mois s'appelaient encore Prairial et l'année, An XII. Il avait voulu effacer le nom de La Roche-sur-Yon, et montrer qu'il avait pacifié la Vendée.

Il parcourt les rues de la bourgade. Est-ce là sa ville ? Des maisons en pisé ? Des casernes en torchis ?

La colère le submerge.

Il tire son épée, et d'un geste violent il l'enfonce jusqu'à la garde dans les murs de terre.

Est-ce là construire pour l'avenir ?

Il s'assombrit. Tout est peut-être ainsi, friable. Sa gloire, sa dynastie, son Empire.

Est-ce une raison pour renoncer ? Il appelle l'ingénieur, le destitue, donne des ordres.

Seule l'action sauve.

Il a appris depuis l'enfance qu'on ne gagne rien à baisser la tête.

Si tous avaient la même expérience que lui, il ne se sentirait pas si seul, contraint à chaque instant de les inciter à résister, à combattre.

Dans la berline qui roule vers Saint-Cloud, il écrit à Joseph.

« Vous êtes aux prises, mon ami, avec des événements au-dessus de votre habitude autant qu'au-dessus de votre caractère naturel.

« Dupont a flétri nos drapeaux. Des événements d'une telle nature exigent ma présence à Paris. Ma douleur est vraiment forte lorsque je pense que je ne puis être en ce moment avec vous, au milieu de mes soldats.

« Dites-moi que vous êtes gai, bien portant et vous faisant au métier de soldat ; voilà une belle occasion pour l'étudier. »

Il n'a pas, pour l'instant, en Espagne, d'autre carte à jouer. Il faut parier sur Joseph.

Mais il devra, pour gagner la partie, s'engager lui-même dans le jeu, entrer dans Madrid à la tête de la Grande Armée. Il le faut. Il le doit.

Lorsqu'il arrive à Saint-Cloud, le dimanche 14 août 1808 à 15 h 30, il sait qu'il ne fera ici qu'une brève halte.

Il traverse la cour du château à grands pas.

Ce soir, il annonce à Duroc qu'il y a fête aux Tuileries, en son honneur. Demain, c'est la Saint-Napoléon.

Il aura, demain, trente-neuf ans.

– Allons danser, dit-il.

17.

Dès qu'il entre dans le grand salon du palais des Tuileries, ce dimanche 14 août 1808, un peu après 20 heures, et qu'il s'avance au milieu des dignitaires qui s'écartent, s'inclinent, Napoléon sent les regards acérés posés sur lui.

Voici Talleyrand, le Blafard, comme l'appelle, selon les rapports de police, Metternich, l'ambassadeur d'Autriche. Le prince de Bénévent s'approche. Il est si poudré que son parfum est suffocant. Il a son demi-sourire narquois. Il sait. Ils savent tous que le général Dupont a capitulé, que le général Junot est en passe de faire de même à Cintra, devant les troupes anglaises de Wellesley, que les Espagnols sont entrés dans Madrid, que Joseph, le roi d'Espagne, est en fuite, et qu'il n'y a plus un soldat français au sud de l'Èbre.

Ils veulent voir sur mon visage les cicatrices de ces défaites.

Ils s'interrogent. L'empereur doute-t-il, son pouvoir est-il affaibli, vacille-t-il ? Ils sont à l'affût.

Prêts à m'abandonner, à me trahir si je chancelle.

Ils se demandent ce que je vais décider. Je passe. Ils chuchotent.

On leur a rapporté que dans le parc du château de Marracq, sur les bords de l'Adour ou de la Nive, sur les plages de Bayonne ou de Saint-Jean-de-Luz, Joséphine a paru gaie, rassurée, heureuse. A-t-il renoncé au divorce ? s'interrogent-ils.

Fouché l'observe, ne baisse pas les yeux. Il veut savoir si ce projet de divorce pour lequel il plaide est abandonné, auquel cas il lui faudra rentrer en grâce auprès de Joséphine, faire oublier ce qu'il a osé lui proposer.

Ses espions surveillent déjà le 48, rue de la Victoire, et ils l'avertiront que cette nuit l'Empereur a rendu visite à Marie Walewska et qu'il n'est sorti de son hôtel qu'à l'aube pour retourner à Saint-Cloud.

Ils m'épient.

Je dois montrer que je suis aussi sûr, aussi déterminé qu'au lendemain d'un triomphe.

Napoléon s'arrête au centre du salon. On l'entoure. Il sourit. Il plaisante, puis, d'une voix forte, il lance :

– La paix est le vœu du monde, mais l'Angleterre s'y oppose et l'Angleterre est l'ennemie du monde. Les Anglais ont débarqué des forces assez considérables en Espagne, j'ai rappelé le 1er et le 2e corps et trois divisions de la Grande Armée pour finir de soumettre ce pays.

Il prend le bras du maréchal Davout, fait quelques pas, parle haut pour que les dignitaires qui les suivent l'entendent.

– Dupont, dit-il, a déshonoré nos armes. Il a montré autant d'ineptie que de pusillanimité. Quand vous apprendrez cela un jour, les cheveux vous dresseront sur la tête.

Il regarde autour de lui. Les yeux se baissent.

– J'en ferai bonne justice, et, s'ils ont taché notre habit, il faudra qu'ils le lavent.

Ne jamais montrer qu'on hésite, ne jamais avouer son inquiétude ou sa faiblesse. Et les chasser de soi aussi.

Il se fait conduire chez Marie Walewska. Elle ouvre les bras. L'amour désintéressé d'une femme, sa jeunesse et sa tendresse offertes sont comme les victoires : le ressort et l'énergie de la vie.

Le lundi 15 août, dans l'après-midi, il reçoit à Saint-Cloud le corps diplomatique. Les ambassadeurs eux aussi sont aux aguets du moindre signe. Ici, paraître fort, assuré, est un impératif.

Napoléon s'approche de Metternich, l'entraîne dans un long va-et-vient, à l'écart des autres diplomates. D'un mouvement de tête, il renvoie Talleyrand qui se dirigeait vers lui.

– Le Blafard, murmure Napoléon en souriant à Metternich. Quand je veux faire une chose, je n'emploie pas le prince de Bénévent. Je m'adresse à lui quand je ne veux pas faire une chose en ayant l'air de la vouloir.

Il rit, puis tout à coup son visage se ferme et il dit d'une voix sourde :

– L'Autriche veut donc nous faire la guerre, ou elle veut nous faire peur ?

Metternich paraît surpris, dénie les intentions belliqueuses de Vienne.

– Si cela est ainsi, pourquoi vos immenses préparatifs ? Votre milice vous donnera quatre cent mille hommes disponibles, enrégimentés, exercés. Vos places sont approvisionnées. Enfin, ce qui est pour moi l'indice sûr d'une guerre qu'on prépare, vous avez fait acheter des chevaux, vous avez maintenant quatorze mille chevaux d'artillerie.

Il se maîtrise pour ne pas hausser le ton, montrer que l'on est si fort qu'on ne peut être inquiété par les mesures autrichiennes.

– Vous vouliez me faire peur ? reprend-il. Vous n'y réussirez pas. Vous croyez les circonstances favorables pour vous ? Vous vous trompez.

Il continue de marcher d'un pas tranquille cependant que les autres ambassadeurs les observent.

– Ma politique est à découvert parce qu'elle est loyale, continue-t-il. Je vais tirer cent mille hommes de mes troupes d'Allemagne pour les envoyer en Espagne, et je serai encore en mesure avec vous. Vous armez, j'armerai. Je lèverai s'il le faut deux cent mille hommes ; vous n'aurez pour vous aucune puissance du Continent.

Il raccompagne lentement Metternich vers les ambassadeurs.

– Vous voyez combien je suis calme, dit-il.

Puis il le retient par le bras.

– Les Bourbons sont mes ennemis personnels, eux et moi nous ne pouvons occuper en même temps des trônes en Europe.

Voilà la raison profonde de l'affaire d'Espagne.

– Ce n'est pas un motif d'ambition.

Il salue les autres ambassadeurs, puis se retire.

Ce sont des jours d'attente comme ceux qui précèdent l'assaut. Il n'est pas impatient. Il mesure chaque geste et chaque parole afin d'analyser et de prévoir.

Il doit d'abord s'assurer de la paix au nord, en Allemagne. Metternich a été convaincu. Vienne restera l'arme au pied. Il faut à tout prix maintenir l'alliance avec Alexandre, et donc le rencontrer.

Si je lui parle, je le convaincs.

Le rendez-vous est fixé à Erfurt, à la fin septembre 1808. Cela laisse quelques mois de paix, le temps de vaincre en Espagne, puis, si besoin est, de revenir en Allemagne et de briser définitivement l'Autriche comme la Prusse a été laminée.

C'est une partie d'échecs.

Il marche dans son cabinet de travail. Il chasse dans la forêt de Saint-Germain ou bien dans les futaies de Grosbois, chez le maréchal Berthier. Il passe en revue des troupes à Versailles, dans la plaine des Sablons.

Et, à chaque seconde, il a l'échiquier en tête. Il anticipe. Il prépare Jérôme à ce qui peut survenir, plus tard, en Allemagne. Et, comme roi de Westphalie, Jérôme doit être prêt.

« Il est incalculable, ce qui peut se passer d'ici au mois d'avril », lui dit-il. Il lui transmet une lettre de Stein, le ministre prussien de Frédéric-Guillaume III, que la police a saisie. Elle est adressée au général Wittgenstein, un Prussien qui sert dans l'armée russe. Stein annonce qu'il prépare une insurrection nationale dans toute l'Allemagne. Les Français seront attaqués, le pays dévasté si besoin est, tout le peuple sera appelé aux armes, les princes et les nobles seront déchus s'ils ne se joignent pas au mouvement.

Stein croit-il que je vais attendre ?

Une fois l'Espagne soumise, il faudra revenir en Allemagne. Je déplacerai la Grande Armée, qui est la reine de mon échiquier.

Il entre dans la salle des Cartes. Sur celle d'Espagne, des épingles indiquent la marche de trois colonnes espagnoles qui se dirigent vers l'Èbre. Il faut les laisser progresser.

Il ferme les yeux. Le plan de la contre-attaque se dessine.

Mais il faut des hommes. On lèvera par anticipation la classe 1810, et les exemptés de 1806 à 1809 seront appelés sous les armes.

On grogne ? La chasse à l'épouse est ouverte parce que les hommes mariés sont exemptés du service militaire ?

J'ai besoin d'hommes. Que la gendarmerie impériale traque les insoumis. Et qu'on donne 3 francs à chaque soldat lorsque les unités qui vont d'Allemagne en Espagne rentrent en France.

– Faites faire à Paris des chansons que vous enverrez dans les villes où passent les soldats, dit-il à Maret. Ces chansons parleront de la gloire que l'armée a acquise, de celle qu'elle va acquérir encore...

Il doit tenir son armée serrée, compacte. « Tout est opinion à la guerre. » Il faut donner confiance, exalter l'héroïsme de ces hommes. Leur parler.

« Soldats, dicte-t-il, après avoir triomphé sur les bords du Danube et de la Vistule... Je vous fais aujourd'hui traverser la France sans vous donner un moment de repos.

« Soldats, j'ai besoin de vous. La présence hideuse du léopard souille les continents d'Espagne et de Portugal... Portons nos aigles triomphantes jusqu'aux colonnes d'Hercule.

« Soldats, vous avez surpassé la renommée des armées modernes, mais avez-vous égalé la gloire des armées de Rome, qui dans une même campagne triomphaient sur le Rhin et sur l'Euphrate, en Illyrie et sur le Tage ? »

Écouteront-ils ?

Il dit au ministre de la Guerre, le général Clarke :

– Tout ce qui se passe en Espagne est déplorable. On n'a rien fait pour donner de la confiance aux Français. L'armée est commandée non par des généraux qui ont fait la guerre, mais par des inspecteurs des Postes !

Il balaie d'un revers de main les dépêches qui sont empilées sur sa table de travail, n'en retenant qu'une.

Clarke sait-il ce qu'enseigne un catéchisme espagnol ? Il brandit la feuille, lit, d'une voix durcie par la colère :

De qui procède Napoléon ?
De l'enfer et du péché
Quels sont ses principaux offices ?
Ceux de tromper, voler, assassiner et opprimer
Est-ce péché que de tuer des Français ?
C'est au contraire bien mériter de la patrie si,
Par ce moyen, on la délivre des insultes, du vol
Et des tromperies.

Il jette la feuille à terre. Voilà le travail du pape et de ses évêques !

C'est pour que la France échappe à ce fanatisme qu'il veut que l'Université impériale ait le monopole de l'enseignement, que l'Église ne soit pas une arme contre le pouvoir.

Il s'interrompt, renvoie Clarke.

C'est toujours la même partie qui continue, contre les Bourbons, contre la superstition.

On n'accepte pas ce qu'il est, ce qu'il représente. Il doit faire face. Il n'y a pas d'autre choix.

Le mercredi 21 septembre, il se rend à Paris.

Il descend de voiture, boulevard des Capucines, pour visiter les travaux en cours. Puis, dans la plaine des Sablons, il passe en revue une division de troupes hollandaises. Il ne se lasse pas de voir défiler ses régiments.

Bientôt c'est déjà la nuit.

Il va retrouver Marie.

Demain, dit-il, il sera sur la route pour rejoindre Erfurt. Après, il se rendra en Espagne. Marie Walewska demeure silencieuse, mais il devine son inquiétude. Elle ne comprend pas pourquoi il doit ainsi être à la tête de ses armées. Doit-il sans cesse combattre ?

Il murmure, comme pour lui-même :

– Il faut avoir longtemps fait la guerre pour la concevoir.

Il se lève, ajoute d'une voix plus forte :

– À la guerre, les hommes ne sont rien, c'est un homme qui est tout.

Il est cet homme.

18.

Il fait encore nuit, ce jeudi 22 novembre 1808, quand, à 5 heures du matin, Napoléon monte dans sa berline. Il tourne la tête. Il lui semble apercevoir, s'avançant dans les galeries, la silhouette de Joséphine, suivie par ses dames de compagnie.

Il fait aussitôt signe au colonel qui commande l'escorte des chasseurs de la Garde. La berline s'ébranle et prend la route de Châlons.

Il se sent enfin libre. Voilà des jours que Joséphine insiste pour l'accompagner à Erfurt. Il a refusé. Elle l'a harcelé. Elle voulait assister aux représentations que va donner chaque soir la Comédie-Française, participer aux fêtes et aux dîners. N'a-t-elle pas le droit d'être parmi les rois et face à l'empereur de Russie ? N'est-ce pas elle, l'Impératrice ?

Il n'a rien répondu. Il est heureux de ne pas avoir cédé. Il est seul comme un jeune homme à marier. Il se laisse bercer par les cahots de la berline. Il faut qu'il suggère aux souverains rassemblés, et d'abord à Alexandre Ier, qu'il cherche une nouvelle épouse, digne de lui, pour assurer l'avenir de la dynastie. Ce mariage auquel il pense, ce peut être un atout pour sa politique, le moyen de resserrer encore les liens d'une alliance. Pourquoi pas une grande-duchesse russe ? Alexandre Ier n'a-t-il pas deux jeunes sœurs non mariées ?

Il rêve alors que le jour se lève sur les étendues grises des plateaux lorrains. La voiture est souvent contrainte de ralentir. Il se penche avec un mouvement d'impatience. La route est encombrée de fourgons et de berlines, de chevaux de selle et de carrosses, de cavaliers qui portent la livrée impériale.

Il lui semble reconnaître dans l'une des voitures Mlle Bourgoing, avec son menton pointu, ses boucles, son regard mutin. Il se souvient de la rouerie de cette jolie comédienne qui s'abandonnait à lui tout en étant la maîtresse de Chaptal. Il sourit. Pauvre Chaptal qui, dans l'aventure, y a perdu son ministère !

Il demande à Méneval, qui se tient dans le coin opposé de la berline, de lui donner la liste des comédiens invités à jouer à Erfurt.

– Trente-deux, murmure-t-il après avoir écouté Méneval.

Il ne peut s'empêcher d'évaluer à 1 000 écus par tête pour frais de voyage, et en outre plusieurs milliers de francs de gratification pour les premiers sujets, quelle dépense a ainsi été engagée.

– Je vais étonner l'Allemagne par cette magnificence, dit-il.

Il chantonne, récite quelque vers de *Cinna*.

Tous ces crimes d'État qu'on fait pour la couronne
Le ciel nous en absout alors qu'il nous la donne
Le passé devient juste et l'avenir permis
Qui peut y parvenir ne peut être coupable
Quoi qu'il ait fait ou fasse il devient inviolable.

Il les répète.

– C'est excellent, et surtout pour ces Allemands qui restent toujours sur les mêmes idées et qui parlent encore de la mort du duc d'Enghien, dit-il. Il faut agrandir leur morale.

La route est à nouveau dégagée, le temps est beau, sec et froid. Les villages se découpent sur un horizon bleu.

– On donnera donc *Cinna*, ce sera pour le premier jour, reprend-il. C'est bon pour les hommes à idées mélancoliques dont l'Allemagne est remplie.

Il ferme les yeux.

C'est une partie serrée qu'il va jouer. Il doit en être à la fois l'ordonnateur et le vainqueur. Il a invité les rois de Saxe, de Wurtemberg et de Bavière, les princes, les grands-ducs et ducs d'Allemagne et de Pologne, les diplomates, les maréchaux, Oudinot, Davout, Lannes, Berthier, Mortier, Suchet, Lauriston, Savary, Soult. Et naturellement Champagny. Talleyrand sera là comme grand chambellan.

Il faudra se servir de chaque homme comme d'un atout. Et même des acteurs de la Comédie-Française. Il faut envelopper

Alexandre, le séduire, le conduire à faire pression sur l'Autriche, pour qu'elle ne s'engage pas dans une guerre avant que j'en aie fini avec l'Espagne.

C'est cela, l'enjeu.

– Nous allons à Erfurt, murmure-t-il. Je veux en revenir libre de faire en Espagne ce que je voudrai ; je veux être sûr que l'Autriche sera inquiète et contenue.

J'ai besoin d'Alexandre Ier pour cela.

Il a hâte d'arriver à Erfurt où Talleyrand doit déjà être installé. Il s'interroge. A-t-il eu raison de confier au prince de Bénévent le soin de rédiger un projet de traité avec Alexandre Ier, afin de renouveler l'alliance de Tilsit et de prévoir une intervention russe contre l'Autriche si celle-ci menace la France ?

On arrive à Châlons. Il est 20 heures. Il s'enferme avec Méneval, examine les textes préparés par Talleyrand. Le prince de Bénévent semble avoir oublié le passage du traité qui, précisément, concerne l'Autriche ! Alors que c'était là l'article essentiel.

Il a un pressentiment.

Talleyrand le vénal, le « Blafard », va peut-être jouer sa propre carte, ménager Vienne pour préparer son avenir personnel. Car lui aussi doit songer à ma chute, à ma mort sans héritier. Il me faut un fils.

Il dicte une dépêche pour le maréchal Oudinot, qui doit rassembler à Erfurt, en vue des parades qui se dérouleront devant l'empereur Alexandre, les escadrons les plus prestigieux.

« Je veux, avant de commencer la négociation, que l'empereur Alexandre soit ébloui par le spectacle de ma puissance. Il n'y a point de négociation que cela ne rende plus facile. »

Il passe par Metz, Kaiserslautern, Mayence, Kassel, Francfort. Il ne dort que quelques heures, reprenant la route à 4 heures, dans la nuit. Il s'arrête pour assister à une revue de troupes. Il faut qu'on le voie. Mais, après Francfort, il ne quitte plus sa berline de toute la journée du lundi 26 septembre, et il roule encore toute la nuit.

Le matin, à 9 heures, en compagnie du général Berthier, il entre enfin dans Erfurt, cette enclave française dans la Confédération du Rhin.

La voiture longe la rivière Gera, les escadrons de la Garde

l'entourent. La foule se presse déjà autour du palais du Lieutenant de l'Électeur de Mayence, devenu l'hôtel du Gouvernement. Là sera la résidence impériale. Il voit les troupes qui sont rangées sur la place voisine, le Hirschgarden.

Il salue à peine les maréchaux, lance des ordres, dicte une lettre à Cambacérès. Mais il ne veut pas perdre de temps. Il lui faut influencer chacun des participants à cette réunion. Il se rend auprès du roi de Saxe. Mais c'est Alexandre qu'il doit amener à ses vues.

À 14 heures, il est à cheval. Les montures des maréchaux qui l'entourent piaffent. L'escadron de la Garde se tient en arrière cependant que le cortège s'avance sur la route de Weimar à la rencontre du tsar.

Les premiers instants vont être aussi décisifs que le premier engagement d'une bataille.

À Münchenholzen, il s'arrête et voit s'approcher la voiture d'Alexandre Ier. Alexandre descend. Napoléon met pied à terre. Il embrasse le tsar. Puis c'est la chevauchée vers Erfurt. Il se tient à la hauteur d'Alexandre. Les états-majors se sont mêlés. Dans l'air vif, les sabots soulèvent une légère poussière blanche.

Les cloches de toutes les églises sonnent. Les canons tonnent. Les troupes, dans leurs uniformes colorés, rendent les honneurs.

– L'empereur me paraît disposé à faire tout ce que je voudrai, dit Napoléon à Talleyrand quand il se trouve seul avec lui dans le palais.

Il marche, cependant que Constant et Roustam lui présentent les habits de cérémonie.

– S'il vous parle, reprend Napoléon, dites-lui que ma confiance en lui est telle que je crois qu'il vaut mieux que tout se passe entre nous deux. Les ministres signeront après.

Il réfléchit.

– Souvenez-vous bien, dans tout ce que vous direz, que tout ce qui retarde m'est utile. Le langage de tous ces rois sera bon. Ils me craignent.

Il faut que la partie dure. L'empereur d'Autriche et le roi de Prusse, qui ne viendront pas à Erfurt, imagineront le pire pour eux si les conversations se prolongent dans le faste et dans une atmosphère de fête.

On annonce Alexandre. Napoléon lui ouvre les bras, lui présente Talleyrand.

– C'est une vieille connaissance, lui dit le tsar, je suis charmé de le voir. J'espérais bien qu'il serait du voyage.

Napoléon regarde Talleyrand, puis Caulaincourt, l'ambassadeur à Saint-Pétersbourg, qui est arrivé à Erfurt avec le tsar. Ces deux hommes lui paraissent proches. Sont-ils complices ? Ils ont à l'égard du tsar une déférence excessive. Il s'irrite. Il veut écarter ces soupçons qui le tenaillent. Il saura convaincre Alexandre Ier.

Le lendemain, mercredi 28 septembre 1808, dans l'hôtel du Gouvernement, il attend l'arrivée du baron de Vincent, qui est porteur d'une lettre de l'empereur d'Autriche François Ier. L'atmosphère du salon est étouffante. Les maréchaux se pressent autour de la table. Le tsar est entouré de ses officiers. Napoléon l'entend qui parle allemand avec l'archiduc Charles.

Talleyrand, impassible, est à quelques pas de l'autre côté de la table. Dans la pénombre, Napoléon aperçoit Caulaincourt. Décidément, il n'aime pas ce duo.

Ce matin, dans ses conversations avec Alexandre, il a eu l'impression que le tsar se dérobait, refusait d'évoquer la question d'une alliance contre l'Autriche, dans le cas où celle-ci attaquerait la France. Il a noté chez Alexandre une détermination inattendue, de la réserve et de la froideur derrière la politesse maniérée et les déclarations amicales.

Ce n'est qu'une première rencontre, mais la résistance du tsar est surprenante.

Il semble ne pas vouloir se laisser envelopper. Comme s'il connaissait ma manœuvre et mon but.

Napoléon glisse la main gauche dans son gilet. Il tend la droite au baron de Vincent qui lui présente la lettre de l'empereur d'Autriche. Il va lire la lettre, dit-il, recevoir le baron en audience particulière jeudi. Il se retire. Les dépêches qui arrivent de Vienne confirment que l'Autriche continue à s'armer, qu'elle refuse de reconnaître Murat comme roi de Naples et Joseph comme roi d'Espagne.

Que veut-elle ? Si Alexandre refuse de peser sur Vienne, ce sera la guerre. Il faut qu'elle éclate le plus tard possible, quand les affaires d'Espagne seront terminées.

Il reçoit le baron de Vincent. Il veut faire sentir à l'envoyé de l'empereur d'Autriche sa colère et sa détermination.

– Faudra-t-il toujours que je trouve l'Autriche sur mon chemin, en travers de mes projets ? dit-il. Je voulais vivre avec vous en bonne intelligence...

Il arpente le salon de l'hôtel du Gouvernement. Il ne regarde pas le baron de Vincent.

– Que prétendez-vous ? Le traité de Presbourg a irrévocablement fixé votre sort. C'est la guerre que vous cherchez ?

Il s'approche de l'Autrichien, le fixe.

– Je dois m'y préparer et je vous la ferai terrible. Je ne la désire ni ne la crains ; mes moyens sont immenses, l'empereur Alexandre est et restera mon allié.

Est-ce sûr ?

Ils se voient chaque jour. Le matin, ils négocient, puis ils chassent ensemble. Ils vont sur le terrain de bataille d'Iéna, où l'on a organisé une battue. Le gibier cerné est tué, les sangliers, les biches et les cerfs sont jetés sanglants devant les souverains.

Napoléon s'écarte, entre sous la tente, où il va recevoir les souverains.

Il n'aime pas ce massacre en ce lieu où s'est déroulé l'affrontement des hommes. C'est une boucherie cruelle et inutile.

Peu à peu, en racontant la bataille, sa mauvaise humeur s'efface. Alexandre est attentif, admiratif.

Peut-être l'ai-je conquis ?

Lors des représentations théâtrales, le tsar se montre enthousiaste, et quand Talma, dans une scène de l'*Œdipe* de Voltaire, déclame : « L'amitié d'un grand homme est un bienfait des dieux », Alexandre se penche, saisit la main de Napoléon, la serre vivement, avec ostentation.

Faut-il croire cet homme ?

Je dois faire comme si j'avais confiance en cette alliance, comme si Alexandre allait enfin signer cette convention qui le met à mes côtés contre l'Autriche.

Napoléon rentre au palais. Il se met au travail, reçoit Caulaincourt.

L'ambassadeur est digne et grave, comme à son habitude.

– Quel projet me croit-on ? demande Napoléon.

Caulaincourt hésite.

– De dominer seul, Majesté, dit-il enfin.

Napoléon secoue les épaules.

– Mais la France est assez grande ! Que puis-je désirer ? N'ai-je pas assez de mes affaires d'Espagne, de la guerre contre l'Angleterre ?

Il marche autour de Caulaincourt, l'observe.

– L'Espagne, reprend-il. Il y a eu là un concours de circonstances fâcheuses, même désagréables, mais qu'importe aux Russes ?

Il hausse à nouveau les épaules.

– Ils n'ont pas été si délicats sur les moyens de partage et de soumission de la Pologne, dit-il. L'Espagne, cela m'occupe loin d'eux ; voilà ce qu'il leur faut ; ils sont donc enchantés.

Il continue de marcher.

– En politique, tout se fait, tout se fonde sur l'intérêt des peuples, sur le besoin de la paix publique, sur la balance nécessaire des États... J'ai fait ce que j'ai dû dans la situation où les intrigues de la cour de Madrid avaient placé ce malheureux pays.

Il écarte les mains, puis donne une tape amicale à Caulaincourt.

– Je n'avais pas pu faire entrer dans mes calculs tout ce qu'ont produit la faiblesse, la bêtise, la lâcheté et la mauvaise foi de ces princes d'Espagne. Mais qu'importe, quand on a de la résolution et qu'on sait ce qu'on veut !

Alexandre peut-il comprendre cela ?

Il le faut. Il veut encore essayer de l'en persuader lors de leurs prochaines rencontres. Dès demain.

Napoléon parle devant Alexandre, avec vivacité. De temps à autre il s'arrête, regarde le tsar qui sourit d'une manière charmante, paraît approuver, puis tout à coup se met à évoquer Mlle Bourgoing, cette actrice au talent si remarquable, cette femme qui l'attire. Serait-elle accueillante ? demande Alexandre Ier.

Napoléon sourit. Il se sent l'aîné, chargé d'expérience.

– Je souhaite que vous puissiez résister à la tentation, dit-il.

Il laisse entendre qu'il parle en connaissance de cause, comme il l'aurait fait à un camarade de garnison. Les hommes, qu'ils soient lieutenants ou rois, sont taillés dans la même étoffe. Il ajoute que Mlle Bourgoing est bavarde.

– Dans cinq jours, on saurait à Paris comment, des pieds à la tête, est faite Votre Majesté, dit-il.

Alexandre rit, s'incline et, après un regard complice, quitte la pièce.

Napoléon se rassure. Il doit continuer de tisser et de recoudre avec Alexandre cette intimité qu'il avait établie à Tilsit, il réussira sans doute ainsi à emporter sa conviction, à lui faire comprendre que l'alliance entre eux doit être étendue à une garantie contre l'Autriche.

Dans la soirée, au théâtre, alors que la Comédie-Française joue *Phèdre*, il se montre prévenant avec le tsar, invite dans la loge impériale la duchesse de Saxe-Hildburghausen, qui est la sœur de la reine Louise de Prusse. Il faut bien flatter les Prussiens, puisque Alexandre en reste entiché. Le tsar paraît sensible à l'attention.

Lors des concerts et des dîners, des revues qui sont organisées chaque jour, des bals, Napoléon multiplie les attentions.

Il faut séduire cet homme, vers lequel d'ailleurs il se sent attiré. Parmi les souverains d'Europe, Alexandre est le seul pour lequel il n'éprouve pas de mépris. Il voudrait maintenir avec lui une relation de confiance, amicale, sans illusion mais sans hypocrisie.

Le soir, au retour du théâtre, il ne peut s'endormir.

Au milieu de la nuit, il éprouve une douleur intense dans la poitrine en même temps qu'il étouffe. Il se réveille en sueur. Il voit des ombres autour de lui. Il pense à l'assassinat du tsar Paul Ier commis par les proches d'Alexandre, qui obéissaient à l'ordre de ce fils parricide.

Il se recroqueville. Il reconnaît Constant et Roustam. On le sèche. Il se lève. Il commence une lettre à Joséphine.

« Mon amie, je t'écris peu : je suis fort occupé. Des conversations de journées entières, cela n'arrange pas mon rhume. Cependant tout va bien. »

Il hésite, puis d'un seul trait écrit :

« Je suis content d'Alexandre ; il doit l'être de moi : s'il était femme, je crois que j'en ferais mon amoureuse.

« Je serai chez toi dans peu ; porte-toi bien, et que je te trouve grasse et fraîche.

« Adieu, mon amie.

« Napoléon »

Au bal donné à Weimar, Napoléon regarde Alexandre danser avec élégance.

Il fait le tour de la salle, les mains derrière le dos. Les souverains s'inclinent. Il reconnaît Goethe, ce petit homme qui est venu un matin à Erfurt assister à son lever. Il s'approche de lui.

– Monsieur Goethe, je suis charmé de vous voir.

Il regarde autour de lui. Il y a dans cette salle de bal, à l'exception peut-être d'Alexandre, tant de marionnettes ou d'automates, tant de bêtise cachée sous les uniformes et les décorations.

– Monsieur Goethe, vous êtes un homme. Je sais que vous êtes le premier poète tragique de l'Allemagne.

Près de Goethe se tient le dramarturge Wieland.

– Monsieur Wieland, dit Napoléon, nous vous appelons le Voltaire d'Allemagne.

Napoléon se tourne. Alexandre danse toujours.

– Mais pourquoi, reprend Napoléon, écrivez-vous dans ce genre équivoque qui transporte le roman dans l'histoire et l'histoire dans le roman ? Les genres, dans un homme aussi supérieur que vous, doivent être tranchés et exclusifs. Tout ce qui est mélange conduit aisément à la confusion...

– Les pensées des hommes valent quelquefois mieux que leurs actions, dit Wieland, et les bons romans valent mieux que le genre humain.

Napoléon secoue la tête.

– Savez-vous ce qui arrive à ceux qui montrent toujours la vertu dans des fictions ? C'est qu'ils font croire que les vertus ne sont jamais que des chimères. L'histoire a été bien souvent calomniée par les historiens eux-mêmes...

Ils s'interrompt.

– Tacite, reprend-il, connaissez-vous un plus grand et souvent plus injuste détracteur de l'humanité ? Tacite ne m'a jamais rien appris. Aux actions les plus simples, il trouve des motifs criminels. N'ai-je pas raison, monsieur Wieland ?

Il montre la salle de bal.

– Mais je vous dérange ; nous ne sommes pas ici pour parler de Tacite. Regardez comme l'empereur Alexandre danse bien.

Il écoute Wieland lui dire qu'il est un empereur qui parle en homme de lettres.

– Je sais que Votre Majesté ne dédaigne pas ce titre.

Napoléon se souvient. Il a parfois rêvé d'être écrivain, à la manière de Jean-Jacques. C'était si loin d'ici, dans cette chambre de Valence. Wieland et Goethe parlent maintenant des passions des hommes qui un jour seront maîtrisées par la raison.

Napoléon fait un pas, commence à s'éloigner, lance :

– C'est là ce que disent tous nos philosophes. Mais cette force de raison, je la cherche, et je ne la vois nulle part.

Tout à coup il se sent las, seul au milieu de cette foule parée. Il a brusquement la certitude qu'il se trompe sur Alexandre, qu'il s'abuse en croyant qu'il va réussir à l'amener sur ses positions.

Qui sait si l'empereur n'est pas soutenu dans sa résistance par Talleyrand et Caulaincourt, des hommes qui jouent leur propre partie, l'un si vénal et si habile, et l'autre si désireux de la paix, prêts l'un et l'autre à dévoiler ma stratégie pour que je ne sois pas vainqueur ?

Il reste éveillé toute la nuit bien que la fatigue se soit abattue sur lui et lui donne le sentiment que son corps est pesant. Il respire mal. Il souffre de l'estomac. Son ventre lui semble gonflé, énorme. Il essaie de se calmer. Il trace quelques lignes pour Joséphine.

« J'ai reçu, mon amie, ta lettre. Je vois avec plaisir que tu te portes bien. J'ai asssisté au bal de Weimar. L'empereur Alexandre danse, mais moi non, quarante ans sont quarante ans.

« Ma santé est bonne, au fond, malgré quelques petits maux.

« Adieu, mon amie.

« Tout à toi. J'espère te voir bientôt.

« Napoléon »

Au matin, il a décidé de savoir ce qu'il doit penser des intentions du tsar.

Il ne répond pas à Alexandre qui, en entrant dans le salon où a lieu chaque jour leur entretien, lui parle avec enthousiasme du bal de Weimar, de la grâce et de la distinction de la princesse Stéphanie de Beauharnais, épouse de Charles, prince héréditaire de Bade et frère de l'impératrice de Russie.

– Stéphanie de Beauharnais, ma belle-sœur, dit Alexandre.

Napoléon écoute, puis, d'une voix sèche, évoque l'Autriche, les menaces de guerre qu'elle fait peser sur la France. Une intervention diplomatique d'Alexandre Ier est la seule manière de maintenir la paix. Le tsar est-il décidé à s'engager ?

Alexandre paraît ne pas avoir entendu.

Il faut savoir.

Napoléon prend son chapeau, le jette à terre, le piétine, crie qu'il veut une réponse précise. Alexandre se lève, se dirige vers la porte.

– Vous êtes violent, moi je suis entêté, dit-il. Avec moi, la colère ne gagne rien. Causons, raisonnons, ou je pars.

Napoléon lui saisit le bras en riant, l'entraîne vers le centre du salon, s'assoit près de lui, bavarde.

– Stéphanie de Beauharnais est une femme d'esprit, dit-il.

Maintenant, il sait.

Alexandre ne signera jamais une alliance l'engageant aux côtés de la France contre l'Autriche.

Voilà enfin les positions des uns et des autres éclaircies.

Il a perdu quelques jours en assauts inutiles, mais il ne s'est pas laissé duper. Talleyrand s'est-il vendu à Vienne, comme il le pressent, et a-t-il incité Alexandre à la résistance ? Aura-t-il jamais la preuve de cette trahison ?

Mais les hommes et les choses sont ainsi. Il faut les voir en face, changer d'objectifs, faire en sorte que la guerre inévitable que Vienne veut déclencher le soit le plus tard possible.

Il faudra donc à nouveau faire la guerre, ici, en Allemagne.

Il regarde ces paysages avec un mélange d'amertume et de mélancolie. Il n'a pas pu imposer la paix. Il se sent détaché de ce qu'il vit ici. Il est déjà ailleurs, en Espagne, où il va devoir courir en quittant Erfurt, puis il faudra faire face aux armées autrichiennes.

Il s'assoit pour l'un de ces dîners qui ne l'amusent déjà plus.

Il a à sa droite le tsar, les rois de Westphalie et de Wurtemberg. À sa gauche, la duchesse de Weimar, les rois de Bavière et de Saxe. Il parle des origines de la Constitution germanique. On s'étonne de son érudition. Il regarde tous ces souverains rassemblés.

Il évoque la vie de garnison, le temps dont il avait disposé durant des années pour lire, étudier, les cahiers de notes qu'il avait remplis.

– Quand j'étais lieutenant d'artillerie..., commence-t-il en dévisageant l'un après l'autre les souverains.

Puis il se reprend :
– Quand j'avais l'honneur d'être lieutenant d'artillerie, dit-il.

Il ne regrette pas ce mouvement de fierté et d'orgueil. Il a été cela. Il est Empereur. Il lui faut changer de tactique avec Alexandre. Il en est si souvent ainsi sur un champ de bataille. On ne peut enfoncer l'ennemi ? On attaque sur les ailes. Mais qu'on n'imagine pas qu'il recule. Il ne va au contraire abandonner aucune des places fortes dont il dispose en Allemagne, sur l'Oder, et qui seront si utiles dans cette guerre qu'Alexandre n'a pas voulu rendre impossible et que Vienne désire.

Talleyrand demande audience. Napoléon l'écoute. Le prince de Bénévent l'invite à la modération, au compromis.

Napoléon le dévisage, puis, comme distraitement, lui dit :

– Vous êtes riche, Talleyrand. Quand j'aurai besoin d'argent, c'est à vous que j'aurai recours. Voyons, la main sur la conscience, combien avez-vous gagné avec moi ?

Il sait que Talleyrand ne se troublera pas, n'avouera rien.

– Je n'ai rien fait avec l'empereur Alexandre, dit Napoléon, paraissant oublier la question qu'il avait posée. Je l'ai retourné dans tous les sens, mais il a l'esprit court. Je n'ai pas avancé d'un pas.

Caulaincourt est entré dans le salon. Napoléon se tourne vers lui.

– Votre empereur Alexandre est têtu comme une mule. Il fait le sourd pour les choses qu'il ne veut pas entendre. Ces diables d'affaires d'Espagne me coûtent cher !...

– L'empereur Alexandre est complètement sous le charme, dit Talleyrand.

Napoléon ricane.

– Il vous le montre, vous êtes sa dupe. S'il m'aime tant, pourquoi ne signe-t-il pas ?

Il interrompt Talleyrand, qui évoque à nouveau les places fortes sur l'Oder, qu'il faudrait sans doute évacuer.

– C'est un système de faiblesse que vous me proposez là ! hurle Napoléon. Si j'y accède, l'Europe me traitera bientôt en petit garçon.

Il prise nerveusement, marche au milieu de la pièce, ignorant Talleyrand et Caulaincourt. Il a appris qu'il faut utiliser toutes les situations. Ne jamais capituler. Il n'aura pas séjourné à Erfurt durant tous ces jours pour abandonner le terrain.

– Savez-vous ce qui fait que personne ne marche droit avec moi ? dit-il en s'approchant de Talleyrand. C'est que, n'ayant pas d'enfant, on croit la France en viager sur ma tête. Voilà le secret de tout ce que vous voyez ici : on me craint et chacun s'en tire comme il peut ; c'est un état de choses mauvais pour tout le monde. Et...

Il détache chaque mot :

– ... Il faudra bien un jour y remédier. Continuez à voir l'empereur Alexandre ; je l'ai peut-être un peu brusqué, mais je veux que nous nous quittions sur de bons termes...

Il retient Caulaincourt, qui voulait s'éloigner avec Talleyrand.

Il faudrait interroger le tsar sur ce qu'il pense d'un nouveau mariage, lui dit Napoléon, sur la nécessité d'avoir des enfants pour fonder la dynastie.

Caulaincourt paraît surpris, gêné.

– C'est pour voir si Alexandre est réellement de mes amis, s'il prend un véritable intérêt au bonheur de la France, car j'aime Joséphine, reprend Napoléon. Jamais je ne serai plus heureux. Mais on connaîtra par là l'opinion des souverains sur cet acte qui serait pour moi un sacrifice. Ma famille, Talleyrand, Fouché, tous les hommes d'État me le demandent au nom de la France. Au fait, un garçon vous offrirait bien plus de stabilité que mes frères, qu'on n'aime pas et qui sont peu capables... Vous voudriez peut-être Eugène ? Les adoptions ne fondent pas bien les dynasties nouvelles. J'ai d'autres projets pour lui.

Peut-être ne restera-t-il d'Erfurt que cette idée de divorce, qu'il a semée pour que l'Europe des souverains ne soit pas surprise quand la répudiation interviendra, pour que le tsar imagine, puisqu'on le consulte à ce sujet, que Napoléon a encore toute confiance en lui.

Alors qu'il n'a signé, ce mercredi 12 octobre, qu'une convention qui est un simple renouvellement, du bout des doigts, de l'alliance de Tilsit.

– J'ai signé en fermant les yeux pour ne pas voir dans l'avenir, murmure Napoléon à Berthier.

Mais il connaît ce futur.

Il a proposé à Alexandre d'adresser une lettre à George III, roi d'Angleterre. Il en choisit les termes : « La paix est donc à la fois dans l'intérêt des peuples du Continent comme dans l'intérêt des peuples de Grande-Bretagne », il faut mettre fin à la « guerre longue et sanglante » pour le « bonheur de l'Europe ».

Des mots que l'Angleterre rejettera.

C'est le vendredi 14 octobre 1808.

Il chevauche aux côtés d'Alexandre sur la route de Weimar. Il regarde autour de lui les états-majors qui caracolent. Les troupes rendent les honneurs. Il entend dans le lointain les cloches des églises d'Erfurt qui carillonnent. Les canons tonnent.

Il arrête son cheval à l'endroit précis où, il y a dix-huit jours, il a accueilli Alexandre Ier. Les illusions et les espoirs sont depuis tombés.

La voiture du tsar attend avec son escorte.

Il embrasse Alexandre. Il le tient quelques secondes aux épaules, puis le regarde monter dans sa voiture.

Il se sent lourd, se hisse lentement sur son cheval, et reprend la route d'Erfurt.

C'est le silence. Ni cloches ni canons. Seulement le martèlement sourd des sabots des chevaux sur la terre mouillée par une pluie fine et tenace.

Napoléon avance au pas, seul, en avant de son état-major.

Il a la tête baissée. Il se laisse guider par le cheval.

Il ferme les yeux pour ne pas voir cet avenir qu'il imagine.

Cinquième partie

Impossible ? Je ne connais pas ce mot-là

14 octobre 1808 – 23 janvier 1809

19.

Il quitte Erfurt au début de la soirée du vendredi 14 octobre 1808. Il pleut. Il fait froid. Les lampes à huile brûlent dans la berline. Il s'est installé sous l'une d'elles. Il lit les dépêches qui viennent d'arriver de Paris et d'Espagne. Il suffit de quelques phrases du général Clarke, ou bien des appels à l'aide de Joseph qui réclame des renforts, propose des opérations insensées, pour qu'il imagine ce que doit être, au milieu d'un peuple en révolte, la situation de ses soldats. Ils sont égorgés. Ils pillent. Ils massacrent. Ils ont peur. Les Anglais de John Moore sont maintenant plusieurs dizaines de milliers à combattre en Espagne, venant du Portugal.

Il repousse les dépêches. Il commence à dicter une lettre pour le général Junot, qui s'est rendu aux Anglais à Cintra et a été rapatrié en France, conformément aux accords de capitulation.

« Le ministre de la Guerre m'a mis sous les yeux tous vos mémoires... Vous n'avez rien fait de déshonorant, vous ramenez mes troupes, mes aigles et mes canons. J'avais cependant espéré que vous feriez mieux... Je vais publiquement approuver votre conduite : ce que je vous écris confidentiellement est pour vous seul. »

Napoléon reste plusieurs minutes silencieux, puis il reprend :

« Avant la fin de l'année, je veux vous remplacer moi-même à Lisbonne. »

Il est tendu. Il ne veut pas qu'on fasse halte, sinon pour changer les attelages. On passe à Francfort. On continue sur Mayence.

Une partie vient de se terminer. Une autre commence. Il faut qu'il prenne, comme il l'avait prévu, la tête des troupes, qu'il entre à Madrid et à Lisbonne. Qu'il brise cette révolte et chasse les Anglais de la péninsule.

Les bonnes troupes dont il dispose sont sur la rive nord de l'Èbre. Il a demandé qu'elles attendent les Espagnols afin de pouvoir, le moment venu, en enfonçant leur centre, puis en se rabattant, les envelopper. Mais Joseph, incapable de conduire une armée, a donné des ordres, et Ney et Lefebvre, emportés par leur fougue, ont attaqué sur les ailes, remporté des succès. Mais que n'ont-ils compris que compte seule *la* victoire qui détruit totalement l'ennemi ?

Il dicte une lettre pour Joseph : « À la guerre, il faut des idées saines et précises, dit-il. Ce que vous proposez n'est pas faisable. »

Qu'on attende son arrivée.

Il fait forcer l'allure.

Il doit gagner vite cette partie espagnole pour pouvoir revenir, combattre ici, contre l'Autriche.

Si, à Erfurt, il avait pu...

Il n'a pas de regret. Il a fait ce qu'il a pu, mais Alexandre était insaisissable. Il reprend l'un des rapports de police qu'il vient seulement de lire.

À Erfurt, tous les soirs, après le spectacle, le tsar s'est rendu chez la princesse Tour et Taxis, où il a retrouvé Talleyrand. Chaque soir, ils se côtoyaient plusieurs heures, s'isolant souvent des autres invités rassemblés chez la princesse. Le baron de Vincent, l'envoyé de l'empereur d'Autriche, a souvent participé à ces conversations.

Talleyrand m'a trahi. Sa politique est depuis toujours de protéger Vienne. Mais a-t-il été plus loin ? Ne se contentant pas de convaincre Alexandre de ne pas se joindre à moi pour menacer l'Autriche, mais le dressant contre moi ? Combien ce prince « Blafard » a-t-il touché de Vienne ?

Que veut-il ? Prendre des garanties pour son avenir, si je meurs ou suis battu ? Ou bien coaliser l'Europe contre moi pour me soumettre ? Dois-je le briser ? Ou l'utiliser encore, sans illusion ?

Il hésite, puis il dicte un ordre pour le prince de Bénévent : il faut savoir aussi se servir de l'ennemi.

« Vous donnerez chez vous au moins quatre fois par semaine un dîner de trente-six couverts, composé en grande partie de législateurs, de conseillers d'État et de mes ministres, afin de les mettre à même de se voir, et que vous puissiez ainsi connaître les principaux et cultiver leurs dispositions. »

Que ce prince Blafard serve comme un valet.

Il éprouve un sentiment de dégoût. Au fond, il n'estime que ceux des hommes qui exposent leur poitrine au feu d'une bataille. Les autres sont poisseux et salissent quand on s'approche d'eux.

Il arrive au château de Saint-Cloud le mardi 18 octobre 1808, peu avant minuit.

Il ne voit Joséphine que le lendemain matin. Elle a ce regard anxieux qu'il ne supporte pas. Elle ne l'interroge pas, mais ses yeux le harcèlent. Elle sait bien qu'il attend l'occasion de se séparer d'elle pour conclure l'un de ces mariages princiers auxquels il a contraint tous les membres de sa famille. Et pourquoi pas lui ?

Mais elle n'ose pas lui poser ouvertement la question. Elle se contente de se lamenter lorsqu'il lui dit qu'il ne va rester que quelques jours à Paris. Il veut assister à l'ouverture de la session du Corps législatif, se montrer aussi avec elle, l'Impératrice, dans les rues de la capitale, inspecter les travaux du Louvre et des bords de Seine. Puis rejoindre l'armée en Espagne.

Elle s'accroche à lui. Ainsi il faut qu'il reparte pour faire la guerre ? Cela ne cessera donc jamais ?

Il la rabroue. Il l'écarte. Croit-elle qu'il ne préférerait pas jouir d'un bon lit au lieu de patauger dans la boue des bivouacs ?

Il claque les portes, s'enferme dans son cabinet de travail. Il voit Cambacérès, Fouché, les ministres. Ils n'osent pas parler comme Joséphine. Ils obéissent, mais il devine leurs réticences.

Oui, la guerre, encore ! Qu'y peut-il ? L'Angleterre vient de répondre à l'offre de paix par des exigences inacceptables. Pourquoi cesserait-elle de combattre au moment où ses troupes remportent des succès et alors que l'Autriche arme ?

Il ne dispose pas des événements. Il y obéit. C'est son devoir envers la France. Son destin.

Dans la nuit du vendredi 28 octobre, il fait arrêter sa voiture rue de la Victoire. Il surprend Marie Walewska dans son sommeil. Il éprouve, à l'aimer, puis à la quitter, une émotion intense.

C'est cela, sa vie.

Il part pour Rambouillet, et de là, par Tours et Angoulême, pour Bayonne.

Vite. Il ne prononce que ce seul mot. À Saint-André-de-Cubzac, il fait arrêter la voiture. Les chemins sableux des Landes obligent à ralentir l'allure, et il ne le supporte pas. Il va finir le trajet à cheval. Il monte en selle. Il galope. Il est brisé quand il arrive à Bayonne, le jeudi 3 novembre, en compagnie de Duroc. Il est 2 heures du matin. Il titube de fatigue mais il crie des ordres. Il veut voir les magasins de l'armée. Il n'y a pas d'uniformes, alors que le froid est vif et que la pluie noie l'Espagne.

– Je n'ai plus rien, je suis nu ! crie-t-il. Mon armée est dans le besoin. Les fournisseurs sont des voleurs. Jamais on n'a été plus indignement servi et trahi.

Il est trop las pour poursuivre la route. Il rejoint le château de Marracq. Mais il ne peut dormir, dicte une lettre au général Dejean, le ministre qui dirige l'administration de la Guerre.

Puis, comme pour se parler à lui-même, il prend la plume, écrit à Joséphine.

« Je suis arrivé cette nuit à Bayonne, avec bien de la peine, ayant couru à franc étrier une partie des Landes. Je suis un peu fatigué.

« Je vais partir demain pour l'Espagne. Mes troupes arrivent en force.

« Adieu, mon amie. Tout à toi.

« Napoléon »

Il se réveille en sursaut après moins d'une heure de sommeil. Il veut voir les responsables de dépôts. Il les rudoie, exige que l'on constitue les convois d'approvisionnement qui suivront l'armée. Il passe un escadron de chevau-légers polonais en revue, puis il rejoint Tolosa, une petite ville située à quelques kilomètres au sud de Saint-Sébastien.

Il est en Espagne. La partie est engagée.

La grande salle du monastère dans laquelle il s'est installé est glaciale. Il pleut à verse. Le général Bigarré s'approche, s'incline cérémonieusement, le complimente au nom de Joseph, roi d'Espagne. Napoléon lui tourne le dos.

Joseph, il vient de le comprendre, se prend pour Charles Quint !

– Sa tête est perdue, bougonne-t-il. Il est devenu tout à fait roi !

Il entend un murmure. Une délégation de moines s'avance. Il dévisage ces têtes rondes, il écoute ces voix mielleuses qui protestent de leur bonne volonté et de leur respect.

– Messieurs les moines, lance-t-il, si vous vous avisez de vous mêler de nos affaires militaires, je vous promets que je vous ferai couper les oreilles.

Il entre dans la cellule qu'on lui a préparée pour la nuit. Il se jette tout habillé sur le lit étroit. Il fait froid.

C'est la guerre.

20.

Il arrive à Vitoria le 5 novembre 1808. Dans les rues de la petite ville, il croise des unités de la Garde à pied et de la Garde à cheval qui se dirigent vers Burgos, la ville qu'il a donné ordre de conquérir. Si elle tombe, le front espagnol sera percé, et l'on pourra se diriger vers Madrid.

Les soldats le reconnaissent, l'acclament. Il s'arrête et les salue, levant son chapeau, déclenchant à nouveau les cris de « Vive l'Empereur ! ». Eux, ces hommes du rang auxquels il demande de donner leur vie, sont encore enthousiastes. Il reste longtemps à les regarder défiler. Il a besoin de la confiance que ces grenadiers lui manifestent.

Il se rend à l'évêché où l'attend Joseph, entouré de sa cour. Il ne l'embrasse pas, l'entraîne à l'écart.

La guerre est un métier, dit-il. Vous ne le connaissez pas. Les ordres que Joseph a donnés ne pouvaient pas être exécutés.

Il lance d'une voix forte, afin que le maréchal Ney, qui a refusé d'obéir à Joseph, l'entende :

– Le général qui entreprendrait une telle opération serait un criminel.

Joseph le regarde. Il a le visage empourpré. Mais il se tait.

Joseph n'a jamais été très courageux. Il tient à sa couronne. Et il doit, il va se soumettre.

C'est mon frère aîné, mais je suis l'Empereur. J'ai fait de lui ce qu'il est.

Napoléon martèle ses ordres. Que Joseph suive à distance mon état-major. Qu'il ne se mêle plus d'affaires militaires.

Je lui rendrai l'Espagne quand elle sera matée.

Il se tourne, appelle les maréchaux, les généraux et les aides de camp. Il ne se soucie plus de Joseph.

À la guerre, on ne peut perdre son temps et son énergie à ménager les amours-propres, même celui d'un roi, fût-il son frère aîné !

La nuit tombée, il fait quelques pas dans Vitoria. Des soldats ont établi leur bivouac sur la place. Le ciel est si dégagé que l'on pourrait compter les étoiles. Ce temps magnifique est propice. Il est aussi beau, aussi doux que les plus belles nuits d'un mois de mai en France. Il rentre et écrit, debout, quelques lignes pour Joséphine.

« Mon amie, je suis deux jours à Vitoria ; je me porte bien. Mes troupes arrivent tous les jours ; la Garde est arrivée aujourd'hui.

« Le roi est fort bien portant. Ma vie est fort occupée.

« Je sais que tu es à Paris. Ne doute pas de mes sentiments.

« Napoléon »

Il exige que Constant le réveille dès qu'arrivent les aides de camp porteurs des dépêches des maréchaux.

Il doit être là où l'on se bat. Il décide de rejoindre le maréchal Soult, qui vient de bousculer les Espagnols et de s'emparer de Burgos. Il chevauche si vite dans la nuit, vers cette ville, qu'il arrive à Cubo, sur la route de Burgos, seulement accompagné d'un aide de camp, de Roustam et de quelques chasseurs. Le reste de l'escorte et de l'état-major n'a pas réussi à suivre. Il s'arrête, dicte à l'officier une lettre pour Joseph.

« Mon frère, je partirai à 1 heure du matin pour être rendu avant le jour à Burgos, où je ferai mes dispositions pour la journée, car vaincre n'est rien, il faut profiter du succès.

« Autant je crois devoir faire peu de cérémonies pour moi, autant je crois qu'il faut en faire pour vous. Pour moi, cela ne marche pas avec le métier de la guerre ; d'ailleurs je n'en veux pas. Il me semble que des députations de Burgos doivent venir au-devant de vous et vous recevoir au mieux. »

Il saute en selle. Il n'a pas le temps d'attendre l'escorte.

Aux approches de Burgos, il voit à la lueur des torches que les chasseurs qui l'accompagnent écartent pour ouvrir le passage les morts enchevêtrés – soldats, paysans, moines mêlés.

Il fait encore nuit quand il entre dans la ville. Les soldats ivres titubent dans les rues jonchées des débris du pillage. Sur la place, devant l'archevêché, on brûle dans de grands feux des meubles d'église. L'odeur est pestilentielle. Des cadavres sont étendus partout au milieu des détritus et des chevaux éventrés. On entend les cris des femmes, dominant les chants des soldats.

Il passe au milieu de ses soldats qui ne le voient pas, emportés par la furie de la ripaille, du viol et du saccage.

La pièce où il doit dormir dans l'archevêché est souillée, les meubles en ont été brisés.

On vient d'y découvrir trois Espagnols armés.

Il s'assied sur le lit maculé de l'archevêque. Il est accablé de fatigue. Il a faim. Il est redevenu l'officier en campagne. C'est comme s'il n'avait jamais connu le luxe des palais. Roustam lui apporte un morceau de viande rôtie, du pain et du vin qu'il a obtenus des grenadiers qui bivouaquent sur la place. Il mange, jambes écartées, dans cette pièce sale et puante, à peine éclairée. Puis il s'allonge sur le lit avec ses bottes et ses vêtements couverts de poussière et de boue.

Le lendemain, il regarde un instant les fumées qui continuent de s'élever au-dessus de Burgos. Des bâtiments achèvent de brûler. Il convoque ses aides de camp. Il veut connaître la position des différentes armées, celle de Soult, de Ney, de Victor, de Lannes. Il faut que les officiers reprennent les troupes en main afin que cessent les pillages. Il va inspecter la ville et les magasins qu'on y a découverts et qui regorgent de vivres.

Sur la place, il entend les premiers cris de « Vive l'Empereur ! ».

– Dans tout cela, il y a du Bacchus plus que d'autre chose, dit-il.

On ne peut conduire une armée de soldats ivres et de pillards. Chaque jour, dit-il, il passera les troupes en revue.

Il rentre dans l'archevêché, que les grenadiers de la Garde ont commencé de nettoyer. Les premiers courriers arrivent, annonçant au fil des heures les victoires de Soult à Reinosa, de Victor à Espinosa, de Lannes à Tudela. Les Espagnols de Castanedos sont en fuite, comme les Anglais de John Moore. Il se penche sur les cartes. Désormais, on peut marcher sur Madrid.

Avant de quitter Burgos, il rend visite aux blessés qui

s'entassent au couvent de la Conception. Il voit ses hommes mutilés que la grangrène ronge et qui sont couchés sur de la paille pourrie. Ils se soulèvent, saluent l'Empereur, racontent ce qu'ils ont vu, ce qu'ils ont entendu raconter.

Le capitaine Marbot, l'aide de camp de Lannes, a été blessé en essayant d'apporter des dépêches à l'Empereur. Sur la route, disent-ils, Marbot a vu « un jeune officier du 10e chasseurs à cheval, encore revêtu de son uniforme, cloué par les mains et les pieds à la porte d'une grange !... Ce malheureux avait la tête en bas et l'on avait allumé un petit feu dessous ! Heureusement pour lui, ses tourments avaient cessé ; il était mort ! Mais le sang de ses plaies coulait encore ».

Napoléon se tait. Il se souvient de ces dépêches tachées de sang qu'on lui a remises, c'étaient celles que portait Marbot sur lui quand il a été blessé.

Il faut en finir avec cette guerre, échapper à ce bourbier sanglant.

Il passe entre les rangs des blessés, fait distribuer à chaque officier huit napoléons, et trois à chaque soldat. Puis, quittant le couvent de la Conception, il prend la route vers Aranda.

Il pousse son cheval sur ce chemin pierreux. Les aides de camp et l'escorte ont de la peine à suivre. Il semble ne pas éprouver de fatigue. Il veut entrer dans Madrid.

À Aranda, il voit se dresser à l'horizon la sierra de la Guadarrama. C'est la barrière rocheuse que Bacler d'Albe, l'adjudant commandant, chef des ingénieurs géographes, a soulignée d'un trait sombre sur la carte, à Burgos. Derrière cette sierra, il y a Madrid, et pour franchir la montagne il n'existe qu'un seul passage : le col de Somosierra.

Napoléon se penche sur la carte en compagnie de Bacler d'Albe. Ils sont si proches l'un de l'autre qu'ils se touchent du front. Napoléon relève la tête.

Il a confiance en cet homme qu'il connaît depuis des années, qu'il veut toujours avoir près de lui, dans sa tente, en campagne. Il l'interroge. Bacler d'Albe a fiché sur la carte des épingles de couleur qui suivent la route du col de Somosierra. Ce col s'élève à plus de 1 400 mètres. La route est serrée entre deux montagnes. Elle est étroite. Et, précisent les voltigeurs qui sont partis en reconnaissance, elle est barrée par les Espagnols qui ont établi des postes d'artillerie à chacun de ses lacets. Sur la crête, il y a un dernier barrage, tenu par une batterie de seize pièces et des milliers d'Espagnols, commandés par Benito San Juan.

– La seule route, murmure Napoléon.

Il faut donc passer par le col de Somosierra pour fondre sur Madrid. Il veut apprécier lui-même la situation.

Le mercredi 30 novembre, il avance dans les rues du village de Ceroso de Arriba, au pied de la sierra. Les soldats l'acclament. Il donne l'ordre au colonel des chasseurs de la Garde, Piré, d'aller en reconnaissance. Il attend, passant devant un escadron de deux cent cinquante chevau-légers polonais qui maintiennent difficilement leurs montures.

Il voit revenir Piré, couché sur l'encolure de son cheval. Il dit, essoufflé, que le passage est impossible. Les canons prennent la route en enfilade.

– « Impossible », je ne connais pas ce mot-là.

Napoléon fait un signe au commandant Kozietluski, qui est à la tête des chevau-légers polonais.

Les cavaliers s'élancent sur la route du col. Ils forment une cohue enthousiaste, dans le chatoiement du bleu roi et de l'écarlate de leurs uniformes, leurs chapkas noires ondulant comme des vagues.

Napoléon entend la décharge des fusils espagnols, puis les cris, effacés par le tir des canons.

Ils doivent passer. Madrid est derrière ce col.

Mais ils refluent en désordre. Ils ont chargé sans ménager d'espace entre leurs lignes. Et le courage ne suffit jamais.

Napoléon voit sortir des rangs de son état-major le général Montbrun, qui se propose de prendre le commandement des Polonais pour une nouvelle charge. L'homme est grand, le visage balafré mangé par une grosse barbe noire. Un officier d'ordonnance, Ségur, s'avance. Il veut être de l'assaut.

Napoléon baisse la tête.

Il faut franchir ce col.

Il observe Montbrun donner ses consignes afin que les cavaliers s'écartent les uns des autres.

Il les regarde s'élancer au galop sur la pente raide. Ils disparaissent entre les rochers. Une salve éclate, puis les tirs d'artillerie, et les cris de « Vive l'Empereur ! » qui résonnent entre leurs versants.

Ils vont passer. Ils meurent pour moi.

D'autres tirs, d'autres cris amplifiés par l'écho roulent le long de cette route d'une demi-lieue.

Combien vont mourir ? Passeront-ils ?

Des explosions viennent du sommet du col de Somosierra que la fumée recouvre. Ils l'ont atteint. Ils sont passés.

Napoléon s'élance, entraînant sont état-major. Derrière, au pas de course, suivent les fantassins de la division Ruffin.

Parvenu au col, il voit, étendus parmi les cadavres espagnols, Ségur et le lieutenant polonais Niegolowski, blessés tous deux, comme Montbrun.

Napoléon saute de cheval. Il regarde la quarantaine de survivants, dont la plupart sont couverts de sang. Il se penche, enlève sa croix, l'accroche sur la poitrine du lieutenant polonais.

Puis il remonte à cheval, franchit le col. Devant lui, une vaste étendue. Il imagine Madrid, là-bas, à l'horizon.

Il galope jusqu'au village de Buitrago. Il va dormir là.

Il suffit d'une poignée d'hommes pour changer le sort d'une guerre.

Le lendemain, il passe en revue les survivants. Il lève son chapeau. Il se dresse sur les étriers. Il crie d'une voix forte :

– Vous êtes dignes de ma vieille Garde, je vous reconnais pour ma plus brave cavalerie !

Il retrouve, dans ces voix graves qui répondent « Vive l'Empereur ! », l'accent de la Pologne, l'accent de Marie Walewska.

Il lance son cheval au galop. Il veut coucher ce soir dans les faubourgs de Madrid.

C'est le jeudi 1er décembre 1808.

Il y a quatre ans, il était à la veille d'être couronné Empereur. Il va dans quelques heures conquérir en vainqueur une nouvelle capitale, Madrid, la ville de Charles Quint et de Philippe II.

Lorsqu'il entre dans sa tente, qu'on a dressée à San Agostino, il lève les yeux.

Le ciel est lumineux.

Il regarde longuement les étoiles. Il est digne de sa couronne, il est fidèle à son destin.

Il se lève alors que l'aube dessine à peine l'horizon. Il parcourt à cheval la ligne de front. Madrid est là, dans un creux de la nuit qui peu à peu se vide. Il voit surgir les toits de la ville et de ses palais. Il donne l'ordre de l'attaque pour 15 heures, puis il se retire au château de Chamartín, à une lieue et demie de la capitale.

Mais il ne peut rester ainsi loin du combat. Il préfère bivouaquer sur la ligne d'attaque.

Les troupes s'élancent à l'assaut dans la lumière laiteuse du clair de lune. Les Espagnols qui défendent le palais du Retiro, l'Observatoire, la manufacture de porcelaine, la grande caserne et l'hôtel de Medina Celí sont mis en déroute.

Napoléon assiste au combat d'une hauteur, que balaient les tirs de l'artillerie espagnole. Il veut voir tomber la ville. Les portes sont prises. Il donne l'ordre d'arrêter l'attaque. C'est la troisième sommation qu'il lance aux Espagnols.

« Une attaque générale va être livrée, dit-il. Mais j'aimerais mieux la reddition de Madrid à la raison et à l'humanité plutôt qu'à la force. »

Il attend l'arrivée d'une délégation espagnole dirigée par le général Thomas de Morla, qui déclare aux aides de camp avoir besoin de toute la journée du 4 décembre pour convaincre le peuple de la nécessité d'une cessation des combats.

Il veut voir lui-même les Espagnols. Il se tient debout dans l'antichambre de sa tente, les bras croisés. Il toise les trois parlementaires. Il les écoute quelques minutes parler de la détermination du peuple, puis il les arrête d'un geste.

– Vous employez en vain le nom du peuple, dit-il. Si vous ne pouvez parvenir à le calmer, c'est parce que vous-mêmes vous l'avez excité, vous l'avez égaré par des mensonges.

Il avance d'un pas.

– Rassemblez les curés, les chefs des couvents, les alcades, les principaux propriétaires, et que d'ici à 6 heures du matin la ville se rende, ou elle aura cessé d'exister.

Il s'approche encore du général Morla.

– Vous avez massacré les malheureux prisonniers français qui étaient tombés entre vos mains. Vous avez, il y a peu de jours, laissé traîner et mettre à mort dans les rues deux domestiques de l'ambassadeur de Russie parce qu'ils étaient nés français.

Il a appris il y a quelques heures les conditions dans lesquelles sont retenus les prisonniers de l'armée du général Dupont, dans l'île de Cabrera.

– L'inhabileté et la lâcheté d'un général, s'écrie-t-il, avaient mis entre vos mains des troupes qui avaient capitulé sur le champ de bataille. Et la capitulation a été violée. Vous, monsieur Morla..., comment osez-vous demander une capitulation, vous qui avez violé celle de Baylen ?

Il tourne le dos aux parlementaires.

– Retournez à Madrid, dit-il en écartant le rideau qui sépare la tente en deux. Je vous donne jusqu'à demain 6 heures du matin. Revenez alors, si vous n'avez à me parler du peuple que pour m'apprendre qu'il est soumis. Sinon, vous et vos troupes, vous serez tous passés par les armes.

Il laisse tomber le rideau.

Le dimanche 4 décembre 1808, il s'est réveillé peu avant 6 heures.

La chambre du château de Chamartín est glacée. Un brasero est installé au milieu de la pièce, qui ne comporte pas de cheminée.

Le maréchal Berthier est annoncé.

Il le fait entrer. Il devine que Madrid a capitulé. Qui résiste à la force et à la détermination ?

Maintenant, il faut changer l'Espagne. Il dicte dans la nuit, qu'aucune lueur d'aube ne vient encore éclairer, le texte d'un décret.

« Madrid s'est rendue et nous en avons pris possession à midi.

« À dater de la publication du présent décret, les droits féodaux sont abolis en Espagne.

« Le tribunal de l'Inquisition est aboli, comme attentatoire à la souveraineté et à l'autorité civiles.

« À dater du 1er janvier prochain, les barrières existant de province à province seront supprimées, les douanes seront transportées et établies aux frontières. »

Il retient Berthier. Il faudrait, lui dit-il, étendre partout le Code civil.

« Le Code civil est le code du siècle ; la tolérance y est non seulement prêchée, mais organisée. »

L'Inquisition, murmure-t-il, ces moines, ce fanatisme...

Il pense à l'officier crucifié la tête en bas.

– La tolérance, ce premier bien de l'homme, répète-t-il.

Il semble prendre conscience de la présence de Berthier. Il veut que les troupes défilent à Madrid en grande tenue.

– Je la tiens enfin, cette Espagne désirée.

Il visite Madrid. Mais il n'éprouve aucune attirance pour cette ville qui lui semble froide, hostile malgré l'ordre revenu.

Il préfère demeurer au château de Chamartín. Il y reçoit les maréchaux, les Espagnols qui se rallient. Il leur parle de la liberté, des décrets qu'il vient de prendre. Il les sent réticents, comme s'ils ne comprenaient pas qu'il veut ouvrir l'Espagne aux idées nouvelles.

– Vous avez été égarés par des hommes perfides, leur dit-il, qui vous ont engagés dans une lutte insensée.

Il leur rappelle les mesures qu'il a édictées.

– Les entraves qui pesaient sur le peuple, je les ai brisées ; une Constitution libérale vous donne, au lieu d'une monarchie absolue, une monarchie tempérée et constitutionnelle.

Il a, devant leur silence, un mouvement d'humeur.

– Il dépend de vous que cette Constitution soit votre loi. Si tous mes efforts sont inutiles, il ne me restera qu'à vous traiter en province conquise et à placer mon frère sur un autre trône.

Il ouvre les mains au-dessus du brasero.

– Je mettrai alors la couronne d'Espagne sur ma tête, et je saurai la faire respecter aux méchants.

Il va vers eux.

– Dieu m'a donné la force et la volonté nécessaires pour surmonter tous les obstacles, dit-il.

Il s'éloigne, tout à coup pensif.

Et si un jour Dieu, ou le destin, m'abandonnait ?

Il se tourne vers les Espagnols.

Il lui resterait, il en est sûr, la force et la volonté.

21.

Il jette la lettre de Joseph sur la table où sont déployées les cartes, dans cette pièce du château de Chamartín qu'il utilise comme cabinet de travail. Le brasero placé près de la table rougeoie. Napoléon reprend la lettre. Tout l'irrite, dès les premières lignes de son frère.

« Sire, écrit Joseph, la honte couvre mon front de ne pas avoir été consulté avant la promulgation des décrets du 4 décembre, après la prise de Madrid.

« Je supplie Votre Majesté de recevoir ma renonciation à tous les droits qu'elle m'avait donnés au trône d'Espagne. Je préférerai toujours l'honneur et la probité au pouvoir acheté si chèrement. »

Napoléon serre la lettre dans son poing.

Qu'a-t-il acheté, Joseph ? Il n'a pas versé son sang ! Il n'a même pas été capable de donner un ordre efficace ! Et quel général lui obéirait, quel grognard le respecterait ? Il restera sur le trône d'Espagne autant qu'il le faudra. D'ailleurs, il n'abdiquera pas ! Trop attaché à son titre !

Napoléon fait quelques pas, retourne vers la table. Il place sa main à plat sur la carte d'Espagne qui s'y trouve déployée.

Celui qui décide, celui qu'on respecte, est celui qui se bat.

Il se penche. Il faut d'abord chasser l'Anglais, le prendre en tenaille. Moore cherchera à rembarquer ses troupes dans un port de Galice, ou à Lisbonne. Et il faut le détruire avant. Et, pour cela, Napoléon doit reprendre l'armée en main.

Il convoque Berthier.

– Qu'on fusille les pillards, lance-t-il aussitôt.

Il montre à Berthier une supplique qui l'invite à gracier deux voltigeurs surpris avec des objets de culte dérobés à une église de Madrid. Ce sont de bons soldats, affirme leur colonel, qui méritent qu'on les gracie.

– Non. Le pillage anéantit tout, dit Napoléon en marchant dans la pièce, même l'armée qui l'exerce. Les paysans désertent, cela a le double inconvénient d'en faire des ennemis irréconciliables qui se vengent sur le soldat isolé et qui vont grossir les rangs ennemis à mesure que nous les détruisons, cela prive de tous renseignements, si nécessaires pour faire la guerre, et de tout moyen de subsistance.

– Qu'on les fusille, répète-t-il, les dents serrées.

C'est le prix de la discipline.

Il entraîne Berthier vers la carte. Lannes, montre-t-il, assiège Saragosse. Gouvion-Saint-Cyr vient de battre les Espagnols du général Reding à Molinas del Rey.

– Nous sommes maîtres de la Catalogne, des Asturies, de la Nouvelle et de la Vieille-Castille.

Mais il faut écraser Moore et ses Anglais, donc se lancer à leur poursuite et ne leur laisser aucun répit.

– Il sera difficile qu'ils échappent, et ils paieront cher l'entreprise qu'ils ont osé former sur le Continent.

Il va jusqu'à la fenêtre. Le temps est d'un bleu limpide. Il veut passer en revue toute l'armée, entre le château de Chamartín et Madrid, puis on se mettra en marche avec Ney et Soult, Duroc et Bessières.

Il regarde vers le nord, la ligne noire de la sierra de la Guadarrama. Il faudra à nouveau la franchir, non plus au col de Somosierra, mais par un passage plus méridional et moins élevé.

Le 22 décembre, il écrit à Joséphine.

« Je pars à l'instant pour manœuvrer les Anglais, qui paraissent avoir reçu leurs renforts et vouloir faire les crânes. Le temps est beau ; ma santé, parfaite ; sois sans inquiétude. »

Dans la matinée du jeudi 22, il consulte les dernières dépêches que viennent d'apporter les aides de camp de Soult. Il s'étonne.

– La manœuvre des Anglais est extraordinaire, dit-il. Il est probable qu'ils ont fait venir leurs bâtiments de transport au Ferrol, pensant qu'il n'y avait pas de sûreté pour eux à se retirer sur Lisbonne.

Il va vers la fenêtre.

– Toute la Garde est déjà partie, dit-il. Probablement le 24, ou le 25 au plus tard, nous serons à Valladolid.

Mais, pour cela, il faut marcher et courir les routes à en crever.
Il va vers le perron du château.
Il est 14 heures.

Il éperonne son cheval, mais, après quelques dizaines de minutes de course, il se redresse. Le temps change. Un vent glacé souffle en rafales. Le sommet de la sierra de la Guadarrama disparaît dans des nuages d'un gris-noir.

Il aperçoit, au pied de la sierra, des soldats qui piétinent en désordre au milieu des chevaux et des caissons d'artillerie. Ils sont noyés dans une tourmente de neige. Les bourrasques l'aveuglent. Il est contraint de mettre pied à terre dans la foule qui, malgré la Garde qui tente de la repousser, l'enveloppe.

On ne s'arrête pas pour une tempête de neige, murmure-t-il. On passe.

Il écoute, le visage baissé, les explications que les officiers lui donnent. La route du col est balayée par un vent violent qui a poussé plusieurs hommes dans les précipices. Les chevaux ont glissé sur le verglas. Les canons ont dégringolé sur la pente. La neige, le gel rendent la marche en avant impossible. On ne peut pas traverser.

On doit passer.

Il lance d'une voix forte ses ordres. Que les hommes d'un même peloton se tiennent par le bras pour résister aux coups de vent. Que les cavaliers mettent pied à terre et avancent de la même manière.

Il faut toujours payer avec soi-même.

Il prend le bras de Duroc et de Lannes. Que l'état-major forme des pelotons.

– En avant ! crie-t-il.

Une lieue et demie à parcourir jusqu'au sommet. Il tire, courbé. On le pousse. Il pousse. Il est un homme comme un autre, mais il sait ce qu'il veut. Pourquoi il marche.

À mi-pente, dans la neige, il faut s'arrêter. Les bottes à l'écuyère empêchent d'avancer. Il monte à califourchon sur un canon. Il passera. Les généraux et les maréchaux l'imitent.

– Foutu métier ! lance-t-il, le visage glacé, les yeux obscurcis par la neige.

Il entend des voix rageuses qui montent de la foule des fantassins.

– Foutez-lui un coup de fusil, une balle dans la tête, à cette charogne !

Jamais avant cette nuit il n'a entendu ces cris de haine contre lui. Il ne tourne même pas la tête. Qu'on le menace, qu'importe. Qu'on le tue, pourquoi pas ! Si le destin le veut ! Il ne craint pas ces hommes que la fatigue et le froid rendent fous.

Il est parmi eux. Ils n'oseront pas tirer sur leur Empereur. Mais il sent sourdre en lui une inquiétude.

Est-ce ici, dans cette Espagne, au cours de cette « malheureuse guerre », que se nouent les fils de ma destinée en un « nœud fatal » ?

Il courbe la tête sous la tempête. Il pense à tous ces hommes illustres dont il a passionnément suivi l'ascension et la chute dans Plutarque.

Tous ont connu ce moment où le destin s'incurve. Est-ce ici, pour moi ?

– En avant ! crie-t-il.

Le vent se fait plus fort. Dans la tourmente, il distingue les bâtiments du couvent qui se dresse au sommet du col. Il faut du vin, du bois pour les hommes. Il organise la distribution, reste debout dans les bourrasques, donnant des ordres pour que l'armée se repose. Puis, après quelques dizaines de minutes, il commence à descendre. Il faut à tout prix rejoindre les Anglais.

À Espinar, au pied de la sierra, il s'arrête. Il entre dans la maison de poste.

Il se laisse un instant terrasser par la fatigue, puis il se redresse, regarde autour de lui. Les officiers de son état-major sont assis à même le sol.

Leur attitude dit l'accablement et l'épuisement.

Il appelle Méneval. Qu'on trouve Bacler d'Albe, qu'on déroule les cartes. Il dicte, en attendant, quelques lignes pour Joseph.

« J'ai passé la Guadarrama avec une partie de la Garde et par un temps assez désagréable. Ma Garde couchera ce soir à Villacastín. Le maréchal Ney est à Medina. Les Anglais paraissent être à Valladolid, probablement avec une avant-garde, et être en position à Zamora, Benavente, avec le reste de leur armée... Le temps est assez froid. »

Foutu métier, dont Joseph ne comprendra jamais ce qu'il exige d'un homme, fût-il Empereur !

La pluie qui tombe maintenant est glacée, et, quand le temps se radoucit, les averses torrentielles transforment les chemins en bourbiers.

Il voit enfin les rives du Douro. Il remonte les colonnes de fantassins. Il observe ces hommes qui marchent courbés, noyés sous les rafales. Il sent la pluie qui traverse sa redingote, coule de son chapeau dont le bord s'affaisse, imbibé d'eau. Pas un soldat ne lève la tête vers lui, pas une acclamation.

Il pourrait se laisser aller, donner l'ordre de faire halte pour attendre la fin des pluies.

Il demande qu'on presse la marche. Il voit les fantassins contraints de se déshabiller pour franchir les torrents dont l'eau est glacée.

On passe à Tordesillas, à Medina. Où sont les Anglais ?

Il va en avant. Il n'écoute pas ses aides de camp qui lui répètent que les troupes ne suivent pas. Il galope à travers champs, sous la pluie.

Parfois il se retourne et aperçoit, sous les rafales, l'escadron de chasseurs de la Garde qui le suit, à plusieurs dizaines de mètres. Il doit être le meilleur, puisqu'il est l'Empereur.

À Valderas, il attend les bras croisés sous la pluie l'arrivée du maréchal Ney. Au bout d'une heure, il voit s'avancer Ney, confus. L'Empereur a été notre avant-garde, dit le maréchal.

Napoléon le fixe.

– Ce qu'il importe de savoir, dit-il, c'est si l'ennemi prend sa retraite sur la route de Benavente ou sur celle d'Astorga.

Sous la pluie, il donne des consignes. Il faut que les chasseurs de la Garde commandée par Lefebvre-Desnouettes se lancent en avant afin de reconnaître la position des troupes anglaises.

Il attend. Ce temps est aussi mauvais que celui de la Pologne. Il pense au cimetière d'Eylau. Il sent à nouveau l'inquiétude monter en lui, comme un pressentiment.

Il décide de marcher sur Benavente parce qu'il ne peut supporter cette inaction. Un aide de camp couvert de boue s'approche, chevauche à sa hauteur. Lefebvre-Desnouettes a été fait prisonnier, crie-t-il. Les chasseurs de la Garde ont dû se replier après avoir été surpris par la cavalerie anglaise.

Napoléon donne des éperons. Il entre le premier dans Benavente.

Il se jette sur le lit de la chambre d'une maison enfumée. Il a froid. Il est crotté, couvert de boue. Tout à coup il se souvient qu'on est aujourd'hui le samedi 31 décembre 1808.

Déjà ! Dans l'année qui commence, il aura quarante ans. Et les Anglais qui demeurent insaisissables ! Et l'armée qui vacille d'épuisement. Et l'Autriche dont il ne sait plus rien, car voilà plusieurs jours qu'il ne reçoit pas de dépêches de Paris.

Il se lève. Il dicte quelques lignes pour Joseph.

Foutu métier.

Les Anglais ont eu de la chance, explique-t-il. « Ils doivent de la reconnaissance aux obstacles qu'a opposés la montagne de Guadarrama, et aux infâmes boues que nous avons rencontrées. »

À peine a-t-il terminé qu'on apporte des dépêches. Le maréchal Bessières confirme que les Anglais se sont échappés, qu'ils marchent vers la Galice, sans doute pour embarquer à La Corogne. Il faut donc se lancer à leur poursuite, vers Astorga.

Avant de partir, il écrit à Joséphine.

« Mon amie, je suis à la poursuite des Anglais depuis quelques jours ; mais ils fuient épouvantés. Ils ont lâchement abandonné les débris de l'armée espagnole de La Romana pour ne pas retarder leur retraite d'une demi-journée. Plus de cent chariots de bagages sont déjà pris. Le temps est bien mauvais.

« Lefebvre a été pris ; il m'a fait une échaffourée avec trois cents chasseurs ; ces crânes ont passé une rivière à la nage et ont été se jeter au milieu de la cavalerie anglaise ; ils en ont beaucoup tué ; mais, au retour, Lefebvre a eu son cheval blessé ; il se noyait ; le courant l'a conduit sur la rive où étaient les Anglais ; il a été pris. Console sa femme.

« Adieu, mon amie. Bessières, avec dix mille chevaux, est sur Astorga.

« Napoléon

« Bonne année à tout le monde. »

Jamais la pluie n'a été aussi glaciale. Il se recroqueville sur son cheval, tout en galopant le plus vite qu'il peut. Il voit des soldats exténués qui se couchent dans la boue. Il entend des coups de feu isolés. Il se souvient de ces soldats qui, dans la chaleur étouffante du désert d'Égypte, se suicidaient.

Ne pas voir. Ne pas entendre. Il veut atteindre Astorga. En finir avec les Anglais. Vite. Lannes galope à ses côtés.

Il n'aperçoit plus derrière lui, dans la nuit, que son état-major et celui du maréchal Lannes, puis, plus loin, quelques centaines de chasseurs de la Garde.

Sans doute à Paris fête-t-on le dernier jour de l'année. Il songe à Marie Walewska, qui a dû, comme elle le lui avait annoncé, rejoindre la Pologne.

Il est dur d'être fidèle à son destin, de vouloir le serrer entre ses mains, de ne pas le laisser glisser. Il serait si doux de s'endormir près d'elle, dans la chaleur d'un feu de cheminée.

Il pense aux palais qu'il a habités. Il imagine ces dignitaires, Talleyrand, Fouché, qui donnent des bals, reçoivent dans leurs salons éclairés par des centaines de chandeliers.

C'est lui qui permet tout cela. Et il est là, dans la boue et sous l'averse.

Un officier le rejoint. Il crie dans la bourrasque qu'un courrier vient d'arriver de Paris et qu'il cherche Sa Majesté.

Napoléon tire sur les rênes, saute de cheval.

Il va l'attendre. On est à moins de deux lieues d'Astorga.

Les chasseurs de l'escorte allument, au bord de la route, un grand feu. Il marche autour du foyer pour se réchauffer, les mains derrière le dos.

La pluie a cessé, mais le froid est plus vif. Il grelotte. Il n'entend pas le courrier qui arrive, donne à Berthier un portefeuille gonflé de dépêches.

On apporte une lanterne. Napoléon fait un signe à Berthier, qui commence à ouvrir les plis et les lui tend.

Une lettre de Marie. Il se remet à marcher. Le grenadier le suit, tenant la lanterne à bout de bras.

Marie se plaint qu'il oublie les promesses faites aux Polonais. Elle n'est que l'écho de ces gens qui imaginent qu'il peut changer d'un mot les choses, ou bien qui pensent qu'ils sont les seuls dans l'Empire, alors qu'il doit tenir compte de toutes les données, qu'il est responsable de tout et de tous.

Il froisse la lettre, l'enfonce dans la poche de sa redingote.

Il saisit plusieurs dépêches, s'immobilise auprès du foyer. Il reconnaît l'écriture d'Eugène de Beauharnais et celle de l'un de ses informateurs, Lavalette, un homme en qui il a toute confiance, un de ses anciens aides de camp du temps des guerres d'Italie, et qu'il a placé à la direction des Postes. Lavalette est l'époux d'une nièce de Joséphine. C'est un fidèle, comme Eugène de Beauharnais. Il lit et relit les lettres de ces deux hommes. Il ne bouge plus. À Paris, explique Lavalette, Fouché et Talleyrand ont désormais partie liée. On les a surpris souvent chez l'un ou chez l'autre dans de longs conciliabules. Ils affichent leur entente. On dit même qu'un ministère a été constitué, prêt à agir si l'Empereur succombait. Eugène a saisi une lettre adressée à Murat. On demandait au roi de Naples de prévoir des relais de chevaux dans toute l'Italie pour pouvoir rejoindre Paris sans délai afin de succéder à l'Empereur s'il disparaissait. Murat, poussé par Caroline, a naturellement accepté cette proposition. Ce complot est aussi celui de tous ceux qui veulent voir cesser la guerre. Talleyrand est en relation constante avec Metternich, l'ambassadeur d'Autriche. Il incite Vienne à se rapprocher de Saint-Pétersbourg afin de faire plier Napoléon. Caulaincourt, l'ambassadeur auprès d'Alexandre Ier, est un des fidèles de Talleyrand.

Eugène signale par ailleurs que l'Autriche poursuit son réarmement. Elle achète des chevaux et des approvisionnements dans toute l'Europe. Son armée compte désormais plusieurs centaines de milliers d'hommes. Les espions assurent que Vienne est persuadée que Napoléon s'est enlisé en Espagne, embourbé dans une guerre nationale. La junte espagnole, réfugiée à Séville, a décrété le soulèvement de tout le peuple contre les Français, et incité chaque Espagnol à les tuer. Le moment est donc propice, estime-t-on à Vienne, pour déclencher la guerre en Allemagne. Fouché et Talleyrand le savent, et le prince de Bénévent l'espère sans doute. Murat est l'homme qui, ayant un prestige militaire, pourrait succéder à l'Empereur.

Napoléon serre les dépêches dans son poing, en bourre les poches de sa redingote.

Il avait l'intuition de tout cela.

Il marche lentement autour du brasier. Les soldats s'écartent.

Il ne pensait pas, cependant, que le complot soit parvenu à ce point de préparation. Fouché ! Talleyrand ! Murat !

Il se souvient d'Erfurt, des informations qu'on lui avait transmises sur les longues soirées passées entre le tsar et Talleyrand.

Il remonte en selle. Il laisse le cheval avancer au pas. C'est comme si cet élan qui le poussait vers Astorga venait de se briser. Le front principal n'est plus ici, en Espagne. Il doit changer de direction, comme lorsque dans une bataille une armée ennemie surgit là où on ne l'attendait pas.

Il faut qu'il rentre à Paris, qu'il étouffe ces comploteurs, qu'il écrase Vienne si elle ose, comme tout le laisse à penser, déclencher la guerre.

Reste à choisir le moment de son départ d'Espagne.

Il lève la tête. La ville d'Astorga est devant lui, obscure et déserte.

Il faut s'arrêter ici. Ce n'est plus lui, il le sait maintenant, qui conduira la bataille contre les Anglais de Moore. Le combat principal qu'il doit livrer est à Paris, et contre l'Autriche.

Mais il ne doit quitter l'Espagne que lorsque les Anglais en auront été chassés, et lorsqu'il aura repris l'armée en main, afin de laisser à Joseph un royaume pacifié et ayant les moyens de faire face. Il ne faut pas que, lorsqu'il sera engagé contre les Autrichiens, l'Espagne soit à nouveau une plaie ouverte.

Il fait si froid, dans la maison où il entre, qu'en dépit du grand feu qu'allument les fourriers il continue de grelotter.

La pluie tombe sur Astorga durant tous ces premiers jours de janvier 1809, glacée. Il va d'une maison à l'autre. Les grenadiers y sont cantonnés. Il s'installe devant la cheminée. Il les questionne. Il sait que trois soldats de sa Garde, sur la route, se sont suicidés, désespérés par la fatigue, l'impossibilité où ils étaient de s'arrêter de crainte d'être torturés par les Espagnols. Et combien d'autres se sont couchés pour mourir dans la boue. Il les a vus.

Il conforte en quelques mots, en quelques gestes ces hommes épuisés. Les soldats lui font cortège. Ils ne crient pas « Vive l'Empereur ! », mais il est l'un des leurs par les souffrances partagées. À jamais.

Il passe en revue les troupes de Soult et de Ney, qui viennent d'arriver à Astorga. Il dirige Soult vers La Corogne, là où John Moore s'est replié, attendant les navires anglais sur lesquels il compte embarquer.

Tout à coup, des cris aigus. Ils proviennent d'une immense grange située à quelques pas du lieu où se déroule la revue. Des soldats se précipitent, ouvrent les portes. Napoléon s'approche. Dans la pénombre, il aperçoit un millier de femmes et d'enfants couverts de boue, entassés les uns sur les autres, affamés. Ce sont des Anglais qui suivaient l'armée, familles des soldats abandonnées dans la retraite. Ces femmes l'entourent, s'agenouillent, supplient.

Il donne ordre qu'on les loge dans les maisons d'Astorga, qu'on les nourrisse et qu'on les renvoie aux Anglais dès que le temps le permettra.

Il rentre. C'est cela, la guerre.

Il se sent à la fois résolu comme jamais et pénétré d'amertume.

Il se place le dos au feu. Il dicte, il écrit.

Il voudrait ne pas exprimer sa méfiance à l'égard de Fouché et de Talleyrand ou de Murat, pour mieux les surprendre. Mais la colère l'emporte.

« Croyez-vous, dit-il à Fouché, que je suis tombé en quenouille... Je ne sais, mais il me semble que vous connaissez bien peu mon caractère et mes principes. »

Il parcourt les dépêches où Joseph, Cambacérès lui adressent leurs vœux pour la nouvelle année et parlent de paix ! Que n'ont-ils vu ces femmes et ces enfants qui se nourrissaient depuis plusieurs jours d'orge crue ! Ils auraient compris ce qu'est l'hostilité anglaise.

« Mon frère, dit-il à Joseph, je vous remercie de ce que vous me dites relativement à la bonne année. Je n'espère pas que l'Europe puisse être encore pacifiée dans cette année. Je l'espère si peu que j'ai signé hier un décret pour lever cent mille hommes. L'heure du repos et de la tranquillité n'est pas encore venue ! »

Il signe puis il se reprend, ajoute :

« Bonheur ? Ah, oui, il est bien question de bonheur dans ce siècle-ci ! »

Il décide de quitter Astorga pour Valladolid. Les courriers de Paris parviennent jusqu'à cette ville en cinq jours. Et c'est ce qui se passe à Paris qui compte désormais, puisque les troupes du maréchal Soult ont rejoint Moore à La Corogne. La défaite anglaise n'est plus qu'une question de jours.

Il s'enferme dans son cabinet de travail, aménagé au premier étage du palais de Charles Quint, qui donne sur la place d'Armes de Valladolid. Il marche de la cheminée à la fenêtre. Les muscles de son corps sont si tendus qu'ils en deviennent douloureux. Il serre les dents. Son estomac le brûle. Il houspille Constant, Roustam et les aides de camp. A-t-on des nouvelles de Soult ? A-t-il enfin jeté Moore dans l'océan ?

Il écrit avec une sorte de rage qu'il ne peut contenir.

« Ma petite Marie,

« Tu es une raisonneuse et c'est très laid ; tu écoutes aussi des gens qui feraient mieux de danser la polonaise que de se mêler des affaires du pays.

« Je te remercie de tes félicitations pour Somosierra, tu peux être fière de tes compatriotes, ils ont écrit une page glorieuse dans l'histoire. Je les ai récompensés en masse et isolément.

« Je serai prochainement à Paris : si j'y demeure assez longtemps, tu pourras peut-être y revenir.

« Mes pensées sont pour toi.

« N. »

Mais ces pensées s'effacent vite. Il lui faut aussi écrire à Joséphine, qui, comme à l'habitude, écoute tous les bavards.

« Je vois, mon amie, que tu es triste et que tu as l'inquiétude très noire... On est fou à Paris, tout marche bien. Je serai à Paris aussitôt que je le croirai utile.

« Je te conseille de prendre garde aux revenants ; un beau jour, à 2 heures du matin...

« Mais adieu, mon amie ; je me porte bien, et suis tout à toi.

« Napoléon »

Il claque la porte, descend l'escalier à grandes enjambées. Sur la place d'Armes, comme chaque matin, c'est la revue des troupes. Il s'approche, entre dans les rangs, saisit un grenadier par le collet, le tire à lui, lui faisant rompre la ligne. Il le secoue si fort que l'homme laisse tomber son arme.

Napoléon crie, sans lâcher le soldat.

On murmure dans les rangs, lance-t-il.

– Ah, je le sais, vous voulez retourner à Paris, pour y retrouver vos habitudes et vos maîtresses ! Eh bien, je vous retiendrai encore dans les armes à quatre-vingts ans.

Il lâche le soldat qui tremble, regagne sa place.

Il marche entre les rangs. Il faut que les yeux des soldats se baissent. Il faut que ces hommes soient domptés.

Tout à coup il s'immobilise. Est-ce possible ? Il aperçoit en avant d'une ligne le général Legendre, chef d'état-major de Dupont, l'homme qui a capitulé à Baylen.

– Vous êtes bien osé de paraître devant moi ! crie-t-il en se dirigeant vers le général Legendre.

Il ne peut s'empêcher de gesticuler. C'est comme si toute l'amertume et toute la colère accumulées depuis plusieurs jours, toute la hargne contre ceux qui le « trahissent », toute la fatigue débordaient tout à coup.

– Comment vous montrez-vous encore, quand partout votre honte est éclatante, quand votre déshonneur est écrit sur le front de tous les braves ! Oui, on a rougi jusqu'au fond de la Russie et de la France...

Il va et vient. Il jette un coup d'œil vers ses troupes figées. Il faut donner une leçon à tous ces hommes, profiter de la présence de Legendre pour achever de les reprendre en main.

– Et où a-t-on vu une troupe capituler sur un champ de bataille ? On capitule dans une place de guerre quand on a épuisé toutes les ressources, quand on a honoré son malheur par trois assauts soutenus et repoussés... Mais sur un champ de bataille, on se bat, monsieur, et lorsque, au lieu de se battre, on capitule, on mérite d'être fusillé !

Il revient une nouvelle fois vers Legendre. Il ne voit même plus ce visage secoué de tics.

– En rase campagne, il n'y a que deux manières de succomber : mourir, ou être fait prisonnier, mais l'être à coups de crosse ! La guerre a ses chances, on peut être vaincu... On peut être fait prisonnier. Demain, je puis l'être... François Ier l'a été, il l'a été avec honneur, mais si je le suis jamais, je ne le serai qu'à coups de crosse !

Legendre balbutie quelques mots.

Je les entends. Je ne veux pas comprendre ses raisons.

– Nous n'avons cherché qu'à conserver des hommes à la France, dit Legendre.

– La France a besoin d'honneur ! crie Napoléon. Elle n'a pas besoin d'hommes !

Il fait un pas en arrière.

– Votre capitulation est un crime ; comme général, c'est une ineptie ; comme soldat, c'est une lâcheté ; comme Français, c'est la première atteinte sacrilège portée à la plus noble des gloires... Si vous aviez combattu au lieu de capituler... Madrid n'aurait pas été évacuée, l'insurrection de l'Espagne ne s'exalterait pas d'un succès inouï, l'Angleterre n'aurait pas une armée dans la péninsule, et quelle différence dans tous les événements, et peut-être dans la destinée du monde !

Il tourne le dos à Legendre.

Peut-être en a-t-il trop dit, peut-être a-t-il dévoilé qu'il commence à penser que l'Espagne est le nœud fatal du destin.

D'un coup de tête, il donne le signal de la revue. Les tambours roulent. Il regarde passer le premier peloton, qui s'avance au pas de charge. Puis il rentre dans le palais de Charles Quint.

Il hurle encore. Le corps d'un officier égorgé a été trouvé dans le puits d'un couvent de Valladolid.

– La canaille n'aime et n'estime que ceux qu'elle craint ! crie-t-il. Il faut faire pendre une vingtaine de mauvais sujets. Il faut faire de même à Madrid. Si on ne se débarrasse pas d'une centaine de brigands et de boutefeux, on n'a rien fait !

Il écrit à Joseph.

« En quelque nombre que soient les Espagnols, il faut marcher droit à eux et d'une résolution ferme. Ils sont incapables de tenir. Il ne faut ni les biaiser, ni les manœuvrer, mais courir dessus ! »

Il va quitter l'Espagne. Soult a écrasé les Anglais. John Moore a été tué ; Wellesley [1], le général qui a respecté les conditions de la capitulation de Junot, le remplace. Peu importe. Il n'y a plus de tuniques rouges en Espagne.

« Il faut dire partout, répète-t-il à Joseph, que je dois revenir dans vingt ou vingt-cinq jours. »

Il fait préparer les relais tout au long de la route du retour. Il ira à cheval entre Valladolid et Burgos. D'un geste, il fait taire ceux de ses aides de camp qui soulignent le danger d'une attaque des *guerilleros*, le mauvais état des chemins, la distance de près de trente lieues [2] entre les deux villes. Il veut seulement, dit-il, des attelages prêts pour une berline entre Burgos et Bayonne, puis sur la route de Bordeaux à Poitiers, et à Vendôme. Il roulera à en faire crever les chevaux, ainsi, jusqu'à Paris.

Le mardi 17 janvier 1809, il saute en selle à 7 heures du matin.

Il s'élance, précédé par Savary, suivi par Duroc, Roustam et cinq guides de la Garde.

Plus vite.

---

1. En juillet 1809, Wellesley sera fait vicomte de Wellington.
2. Cent vingt kilomètres.

Il dépasse une calèche. Il reconnaît la voiture du général Tiébault. Il cravache la croupe du cheval de Savary afin qu'il pousse sa monture. Il éperonne la sienne à grands coups.

Plus vite.

Il se baisse sur l'encolure du cheval. Il s'enfonce dans l'espace. Il ne sent pas la pluie. Il aime ce vent de la course, tranchant comme le destin.

Sixième partie

Il y a eu assez de sang versé !

23 janvier 1809 – 13 juillet 1809

22.

Mais ils dorment tous, ici !

Il bouscule les officiers qui se précipitent à sa rencontre. Il écarte les laquais qui sont trop lents à ouvrir les portes devant lui. Il crie qu'il veut recevoir Cambacérès immédiatement. Il traverse les salons, parcourt les galeries, entre dans la chambre de Joséphine alors que les servantes, les dames de compagnie l'avertissent que l'Impératrice repose encore.

Il est de retour ! lance-t-il en se penchant alors qu'elle grimace. Il va bien. Elle aussi, n'est-ce pas ? Dans sa dernière lettre, elle se plaignait de maux de dents ! Elle ne bouge pas, stupéfaite, se cachant le visage dans les mains.

Les vieilles femmes n'aiment pas être surprises tôt le matin.

Il aime la vérité. Il veut la vérité.

Il sort de la chambre.

Cela ne fait que quelques minutes qu'il vient de descendre de voiture dans la cour du palais des Tuileries, ce lundi 23 janvier 1809, à 8 heures, et déjà il étouffe. Ces pièces sentent le renfermé, le parfum entêtant, le sommeil des vieilles gens ! Voilà six jours et six nuits qu'il court les routes depuis Valladolid, qu'il comprime son énergie, sa colère, comme des ressorts, et ce palais endormi est une eau stagnante.

Ces gens croupissent ! Savent-ils d'où il vient ? Imaginent-ils ce qui se passe en Espagne ? Ce qu'il y a vécu ? Ce qu'y vivent les soldats, le meilleur de son armée, qu'il a laissés là-bas ?

Roustam a déjà préparé son bain. Foutre du bain !

Il a l'impression qu'il a déjà laissé filer trop de temps sans agir. Il veut interroger Cambacérès, les espions de sa police, pour savoir ce qui s'est tramé ici, ce qu'ont ourdi Fouché, Talleyrand et tous ceux qui ont imaginé qu'il allait mourir en Espagne ou revenir si affaibli qu'on pourrait le remplacer par Murat !

Murat ! Et ma propre sœur Caroline !

Mais il est là, vivant. Ils vont devoir rendre des comptes. Qu'ont-ils dit ? Qu'ont-ils fait durant ses trois mois d'absence ? Il veut tout savoir. Il veut la vérité.

Après quelques heures, il sait. C'est chez Mme de Rémusat que Talleyrand a dit : « Le malheureux va remettre en question toute sa situation. »

Le malheureux, c'est moi.

Il écoute ses informateurs qui parlent d'une voix tremblante. Ils craignent les espions de Fouché. On a vu le ministre de la Police générale, confirment-ils, dans l'hôtel du prince de Bénévent, rue de Varenne. Les deux hommes se sont promenés de salon en salon, bras dessus, bras dessous, au milieu des invités. Talleyrand a parlé à haute voix des affaires d'Espagne. « C'est une basse intrigue, a-t-il dit, et c'est une entreprise contre un vœu national ; c'est prendre à rebours sa position et se déclarer l'ennemi des peuples ; c'est une faute qui ne se réparera jamais. »

Napoléon se souvient des conseils de Talleyrand, qui l'incitait à chasser les Bourbons d'Espagne.

Il ne pense qu'à cette trahison, à cette guerre couverte que Talleyrand conduit contre lui. Il veut le foudroyer par surprise.

Il se montre dans les rues de Paris. Il visite les constructions du Louvre et de la rue de Rivoli. Il se rend à l'Opéra en compagnie de Joséphine. Mais il bouillonne d'indignation. Il ne peut plus rester assis si longtemps. Il se lève, rentre seul aux Tuileries, se fait apporter les états de situation des armées. Il dénombre, il compte, il répartit. Il va devoir laisser les troupes de ce qui fut la Grande Armée, et qu'il appelle parfois maintenant l'Armée impériale, en Espagne. Il va donc falloir reconstituer en quelques semaines une armée d'Allemagne, avec des conscrits, des étrangers, Badois, Wurtembourgeois, Westphaliens, Polonais, Italiens et même quelques milliers d'Espagnols. Il disposera de 350 000 hommes dont 250 000 Français, et parmi eux 100 000 vétérans qu'il placera sous le commandement de Davout. Eugène, en Italie, a 100 000 hommes à sa disposition. Les archiducs Charles et Jean peuvent compter sur 300 000 Autrichiens.

Il dit, en fermant les états de position :

– Je double la force de mes troupes quand je les commande. Quand j'ordonne, on obéit, parce que la personnalité est sur moi. C'est peut-être un mal que je commande en personne, mais c'est mon essence. Les rois, les princes ne devraient peut-être jamais commander leurs armées ; c'est une question. Si je les commande, c'est parce que tel est mon sort, mon lot particulier.

D'être ainsi au travail, dans la nuit, l'apaise.

Marie n'est pas à Paris.

Il congédie Méneval, appelle Constant.

L'un des rapports de police fait état de la naissance, le 11 novembre 1808, d'une petite fille prénommée Émilie Pellapra, née de Françoise Marie Leroy, épouse du receveur général de Caen, Pellapra.

Il se souvient de cette jeune femme rencontrée à Lyon, sans doute en 1805, et qu'il avait reçue quelquefois aux Tuileries, ici, dans son appartement privé. Et les dernières fois, en mars 1808, avant de partir pour Bayonne. Il y a moins d'une année. Le temps de porter un enfant.

Il veut voir cette femme, cette nuit.

Il la guette, la surprend au moment où Constant referme la porte derrière elle. Elle lui sourit, dénouant ses cheveux. Elle sort de couches, dit-elle. Et, à la manière dont elle s'exprime, il sait qu'il est le père de cette Émilie.

C'est la première fois depuis son retour à Paris qu'il éprouve une joie vive.

Il se sent fort et invincible. Talleyrand l'avait imaginé affaibli. Il avait préparé la succession.

Que de surprises attendent ces messieurs, qui se sont coalisés avec lui contre moi.

Demain, il voit Fouché. Après-demain, Talleyrand.

Il regarde Fouché s'avancer, saluer.

Cet homme est maître de lui, et pourtant il doit se douter que je sais, que j'enquête depuis mon arrivée aux Tuileries.

– Monsieur le duc d'Otrante, vous êtes de ceux qui ont envoyé Louis XVI à l'échafaud !

Fouché incline un peu la tête.

– Oui, Sire, et c'est le premier service que j'ai eu le bonheur de rendre à Votre Majesté.

Fouché est un rusé. Il saura se justifier. Il dira qu'il m'a loyalement averti des problèmes que posait ma succession. Ne m'a-t-il pas lu un mémoire sur le divorce ?

Est-ce à lui que j'en veux ? Il est à sa manière retors et cependant franc. Il n'est pas poisseux comme Talleyrand, vénal et cauteleux comme l'ancien évêque d'Autun.

– Il est des vices et des vertus de circonstance, reprend Napoléon. Je connais les hommes, ils sont si difficiles à saisir quand on veut être juste. Se connaissent-ils ? S'expliquent-ils eux-mêmes ? On ne m'abandonnera que si je cessais d'être heureux.

Il s'approche de la fenêtre.

L'Espagne est vaincue, dit-il. Si l'Autriche veut la guerre, elle sera écrasée.

Et je peux être père quand je le veux. Je le sais.

Il se tourne vers Fouché, marche vers lui.

– Vous ne faites point la police de Paris, lui dit-il tout à coup sur un ton brutal. Et vous laissez à la malveillance le champ libre pour faire courir toute espèce de bruits... Occupez-vous de la police, et non des affaires étrangères à votre ministère !

Il a ménagé Fouché parce qu'il est aussi de bonne tactique de séparer ceux qui se sont coalisés. C'est Talleyrand le Blafard qu'il doit atteindre.

Le samedi 28 janvier, il fait entrer dans son cabinet de travail l'archichancelier Cambacérès, l'architrésorier Lebrun, et Decrès, ministre de la Marine, accompagné de Fouché, ministre de la Police générale. Talleyrand arrive le dernier, en boitillant, et s'appuie à une console.

Napoléon a voulu la présence de ces témoins. Il faut exécuter Talleyrand publiquement pour que Paris sache comment il fustige les traîtres.

Il commence à parler d'une voix qu'il veut cinglante. Il laisse sa colère monter.

– Ceux, dit-il, que j'ai faits grands dignitaires ou ministres cessent d'être libres dans leurs pensées et dans leurs expressions. Ils ne peuvent être que des organes des miennes.

Il va à pas lents, s'arrêtant devant chacun de ces hommes.

– Pour eux, reprend-il, la trahison commence quand ils se permettent de douter. Elle est complète si, du doute, ils vont jusqu'au dissentiment.

Il s'écarte de quelques pas. C'est maintenant qu'il va frapper Talleyrand, d'estoc et de taille. Il est calme, comme au moment où il donne l'ordre d'ouvrir le feu. Il veut être à la fois l'artilleur et la bouche à feu. Le dragon et la monture. Il se retourne, s'avance vers Talleyrand, le bras levé, le poing fermé.

– Vous êtes un voleur ! crie-t-il. Un lâche, un homme sans foi ! Vous ne croyez pas en Dieu ! Vous avez toute votre vie manqué à tous vos devoirs, vous avez trompé, trahi tout le monde ! Il n'y a rien pour vous de sacré ! Vous vendriez votre père !

Il tourne autour de Talleyrand. Ce visage ne se décomposera donc jamais !

– Je vous ai comblé de biens, et il n'y a rien dont vous ne soyez capable contre moi. Ainsi, depuis dix mois, vous avez l'impudeur, parce que vous supposez, à tort et à travers, que mes affaires en Espagne vont mal, de dire à qui veut l'entendre que vous avez toujours blâmé mon entreprise sur ce royaume, tandis que c'est vous qui m'en avez donné la première idée, qui m'y avez persévéramment poussé.

Il approche son visage de celui de Talleyrand.

– Et ce malheureux, le duc d'Enghien, par qui ai-je été averti du lieu de sa résidence ? Qui m'a excité à sévir contre lui ? Quels sont donc vos projets ? Que voulez-vous ? Qu'espérez-vous ? Osez le dire !

Il s'éloigne à nouveau, revient, serre le poing devant les yeux de Talleyrand.

– Vous mériteriez que je vous brisasse comme un verre, j'en ai le pouvoir mais je vous méprise trop pour en prendre la peine. Pourquoi ne vous ai-je pas fait pendre aux grilles du Carrousel ? Mais il en est bien temps encore. Tenez, vous êtes de la merde dans un bas de soie !

Talleyrand ne bouge pas. Que faut-il donc dire pour que cet homme laisse tomber son masque ?

– Vous ne m'aviez pas dit que le duc de San Carlos était l'amant de votre femme ! lance-t-il.

Il l'a blessé. Il voit les joues qui tressaillent. Talleyrand murmure :

– En effet, Sire. Je n'avais pas pensé que ce rapport pût intéresser la gloire de Votre Majesté et la mienne.

Mais Napoléon en est persuadé : l'injure et le mépris glissent sur cet homme-là. Il perd la mémoire des affronts qu'on lui inflige.

Le voici encore, ce dimanche 29 janvier, dans la salle du Trône, comme si hier je ne l'avais pas accablé.

Napoléon passe, sa tabatière à la main, prise plusieurs fois. Il veut encore manifester son mépris. Il parle aux voisins de gauche et de droite de Talleyrand, sans paraître le voir.

Talleyrand reste immobile.

Rentré dans son cabinet de travail, Napoléon dicte une note à paraître dans *Le Moniteur* du 30 janvier 1809. Talleyrand cesse d'être grand chambellan. Il est remplacé par M. de Montesquiou.

Peine légère. Mais que puis-je d'autre ? Talleyrand est celui qui, auprès de moi, représente ces gens de l'Ancien Régime, celui qui a la confiance d'Alexandre Ier, celui qui est l'ami de Caulaincourt. L'alliance avec le tsar me lie les mains.

Et il faut donc accepter cette situation, paraître en rire. Quand Hortense raconte qu'elle a reçu un Talleyrand éploré se présentant en victime de calomnies, Napoléon s'exclame :

– Vous ne connaissez pas le monde, ma fille ! Je sais à quoi m'en tenir. Il croit donc que j'ignore ses propos ? Il voulait faire ses honneurs à mes dépens. Je ne l'en empêche plus. Qu'il bavarde à son aise. Au reste, je ne lui fais pas de mal. Seulement, je ne veux plus qu'il se mêle de mes affaires.

Je sais maintenant qu'il est mon ennemi. Un homme qu'on humilie est aussi dangereux qu'un fauve qu'on blesse sans le tuer. Mais que pouvait-on espérer d'un Talleyrand ?

Il s'interroge à haute voix devant Rœderer. Il a besoin de parler. La guerre avec l'Autriche approche. Il sent autour de lui de l'inquiétude. Les propos de Talleyrand, le complot qu'il avait noué avec Fouché et Murat ne sont que la partie visible de ce grouillement des ambitions et des lâchetés.

Ceux qui me sont fidèles ne sont pas les gens de l'ancienne cour.

– J'en ai pris quelques-uns dans ma maison. Ils sont deux ans sans me parler et dix ans sans me voir. Du reste, je n'en reçois aucun. Je ne les aime point. Ils ne sont propres à rien. Leur conversation me déplaît. Leur ton ne convient point à ma gravité.

Je me repens tous les jours d'une faute que j'ai faite dans mon gouvernement. C'est la plus sérieuse que j'aie faite : ç'a été de rendre aux émigrés la totalité de leurs biens...

Talleyrand est l'un de ces hommes-là, courtisans et hostiles, lâches.

– Moi, je suis militaire, c'est un don particulier que j'ai reçu en naissant. C'est mon existence, c'est mon habitude. Partout où j'ai été, j'ai commandé. J'ai commandé à vingt-trois ans le siège de Toulon. J'ai commandé à Paris en Vendémiaire. J'ai enlevé les soldats en Italie dès que je me suis présenté. J'étais né pour cela.

Il aime ce « foutu métier » de militaire, murmure-t-il. Il se tourne vers Rœderer.

– L'Autriche veut un soufflet. Je m'en vais le lui donner sur les deux joues. Si l'empereur François fait le moindre mouvement hostile, il aura bientôt cessé de régner. Voilà qui est clair. Avant dix ans, ma dynastie sera la plus vieille d'Europe.

Il tend le bras.

– Je jure que je ne fais rien que pour la France ; je n'ai en vue que son utilité. J'ai conquis l'Espagne, je l'ai conquise pour qu'elle soit française. Je n'ai en vue que la gloire et la force de la France, toute ma famille doit être française.

Il va vers sa table de travail, montre à Rœderer les registres où sont inscrits les états de situation des armées.

– Je sais toujours la position de mes troupes, dit-il. J'aime la tragédie, mais toutes les tragédies du monde seraient là d'un côté, et des états de situation de l'autre, je ne regarderais pas même ma tragédie, et je ne laisserais pas une ligne de mes états de situation sans l'avoir lue avec attention. Ce soir, je vais les trouver dans ma chambre, je ne me coucherai pas sans les avoir lus.

Il s'approche de Rœderer.

– Mon devoir est de conserver l'armée. C'est mon devoir envers la France qui me confie ses enfants. Dans deux mois, j'aurai forcé l'Autriche à désarmer...

Il se souvient, il y a des années, d'avoir déjà dit à Rœderer : « Je n'ai toujours qu'une passion, qu'une maîtresse : c'est la France. »

Il le répète.

Il chasse dans les bois de Versailles ou de Boulogne. Il pleut et il fait froid en cette fin de février 1809.

Lorsqu'il rentre aux Tuileries, il s'assied parfois au même guéridon que Charles-Louis-Napoléon, le fils d'Hortense et de Louis. Il caresse l'enfant. Il est ému. Ce désir d'avoir un fils à lui est si fort qu'il se détourne. L'émotion le submerge.

Le lundi 27 février, alors qu'il quitte ainsi l'enfant, l'aide de camp du maréchal Lannes se présente, apportant un pli.

Le baron Lejeune a fait la route à franc étrier pour annoncer la chute de Saragosse le 21 février. Il a fallu conquérir chaque maison, explique-t-il. Les femmes et les enfants se sont battus comme des soldats.

Napoléon ouvre les dépêches. Une pièce ronde de plomb, dentelée comme une roue de montre, tombe. Sur les deux faces, une croix a été gravée. C'est une balle tirée par les Espagnols. Elle a blessé grièvement le capitaine Marbot.

Napoléon la soupèse. Il faudra la faire parvenir à la mère de Marbot, dit-il.

Puis il lit la lettre de Lannes.

« Quelle guerre ! écrit le maréchal. Être contraint de tuer tant de braves gens ou même de furieux. La victoire fait peine. »

Napoléon baisse la tête.

Il aime Lannes, l'un des meilleurs, l'un de ses plus anciens compagnons des champs de bataille d'Italie et d'Égypte.

Mais quoi ? Il faut vaincre.

Il a pourtant un goût amer dans la bouche, comme si cette volonté qui l'habite devenait plus âpre, comme s'il n'y avait plus de douceur et de joie dans la victoire, mais seulement une nécessité amère.

« La victoire fait peine. »

Il a éprouvé déjà ce que Lannes a ressenti à Saragosse. Mais, si la victoire est amère, que serait la défaite ?

Il marche lentement vers son cabinet de travail.

La guerre vient. Il la sent s'approcher.

Sur sa table, il trouve un message de Champagny. Le ministre des Relations extérieures lui rapporte que Metternich a protesté contre les mouvements de troupes de l'Armée impériale. Vienne les considère comme une provocation.

Napoléon convoque aussitôt Metternich.

– Qu'est-ce que cela signifie ? demande-t-il d'une voix sourde à l'ambassadeur. Est-on piqué de la tarentule ? Voulez-vous encore mettre le monde en combustion ?

Metternich se dérobe. Napoléon l'observe.

– Metternich est tout près d'être un homme d'État, murmure-t-il à Champagny, il ment très bien.

Il le salue à peine.

La guerre est là.

Que je le veuille ou non. Je dois donc vaincre.

23.

Ce n'est plus qu'une question de jours. Il convoque à tout instant Berthier. Il veut des états de situation de chaque corps d'armée, ceux de Davout, de Masséna, de Lannes. Il a nommé Lefebvre à la tête des troupes bavaroises. Il s'emporte quand le roi de Bavière réclame le commandement de ses soldats pour le prince royal. Il dicte une réponse comme on claque une porte : « J'ai nommé pour les commander le duc de Dantzig, qui est un vieux soldat... Quand le prince royal aura fait six ou sept campagnes dans tous les grades, il pourra les commander ! »

Il se sent nerveux, irritable. Il a l'impression qu'autour de lui on tente de s'esquiver, c'est comme si les rênes glissaient entre ses mains, comme si le cheval était rétif, fourbu. Il a, à chaque instant, envie de bousculer ceux qui l'entourent. Il n'aime pas leurs regards angoissés. Il fuit les soupirs de Joséphine. Elle le supplie, chaque fois qu'ils dînent ensemble ou qu'ils sont assis côte à côte dans une loge de théâtre, de la laisser l'accompagner quand il partira en campagne.

Il ne répond pas. Il voudrait tant que cette guerre qu'il sent gronder aux portes s'éloigne comme un orage avorté. Mais il sait depuis des mois, depuis Erfurt, qu'elle éclatera, puisque Alexandre Ier a refusé de dire les mots, de signer les phrases qui eussent retenu l'Autriche sur le chemin de l'affrontement avec la France.

Trahison.

Il chasse dans la forêt de Rambouillet, la rage au cœur. Trahison du tsar, mais n'est-elle pas naturelle ? Alexandre joue sa carte puisque la plaie d'Espagne reste ouverte et la France affaiblie.

Trahison de Talleyrand, des royalistes du faubourg Saint-Germain.

Il donne deux violents coups d'éperon. Son cheval bondit. Le cerf zigzague, affolé, dans le sous-bois humide. La meute est à ses trousses. L'animal fauve est puissant, mais sa course s'alourdit. Il va droit vers l'étang de Saint-Hubert. Napoléon contourne l'étang, met pied à terre. On lui tend un fusil. L'animal sort de l'eau, le poitrail clair, large.

Je dois donner la mort.

Il ferme les yeux. Le cerf est couché sur la berge, l'eau de l'étang rougit. La meute hurle.

Il se détourne, rentre au pas par les allées déjà sombres. Dans l'un des salons du château, il aperçoit Andréossy, l'ambassadeur de France en Autriche, qui a couru depuis Vienne pour rejoindre la France. Il porte sur lui toute la fatigue de ce voyage, le visage et les vêtements froissés.

Napoléon jette sa cravache et son chapeau, fait fermer les portes du salon.

D'un signe, il demande à Andréossy de parler.

Il écoute seulement le début des phrases. Il suffit d'un mot pour comprendre.

L'archiduc Charles rassemble ses troupes. Une milice bourgeoise remplace l'armée régulière à Vienne. L'archiduc s'apprête à lancer un manifeste aux peuples allemands pour les appeler à se soulever contre l'Empereur. Des négociateurs anglais sont à Vienne afin de préparer un traité d'alliance entre l'Angleterre et l'Autriche. Londres fournira les crédits nécessaires à la guerre.

Napoléon ne commente pas.

La guerre roule vers moi de plus en plus vite, comme une masse énorme.

Au Tyrol, les Autrichiens poussent les populations à se soulever contre la Bavière. Les paysans sont fanatisés par le capucin Haspinger. On cite le nom d'un chef de guerre populaire, Andreas Hofer. Vienne procure les armes.

Il renvoie Andréossy.

Combien de jours encore avant de quitter la France pour retrouver les bivouacs, les pluies, la boue, voir les soldats morts ? Et entendre crier les blessés ?

Il rentre aux Tuileries. Il le faut. Mais l'atmosphère du palais lui pèse. Les galeries, les salons, les cercles de la cour sont silencieux comme si l'on veillait un agonisant.

Moi, qu'on porte déjà en terre.

Il lit un rapport secret que lui envoie Joseph Fiévée, l'un de ces observateurs à gages dont il dispose dans tous les milieux. Celui-ci était royaliste, mais depuis des années il espionne, analyse, écoute pour l'Empereur. L'homme est pénétrant d'intelligence, ses oreilles traînent partout.

« La France est malade d'inquiétude », écrit-il. On se répète dans les salons du faubourg Saint-Germain la phrase d'un dignitaire qu'on ne nomme pas. Peut-être s'agit-il de Decrès, le ministre de la Marine, à moins que ce ne soit Talleyrand. Il a confié : « L'Empereur est fou, absolument fou, il se perdra et nous perdra, nous avec lui. »

Napoléon jette le rapport de Fiévée dans la cheminée.

Fou ? On ose prononcer de tels mots parce qu'on imagine que je ne pourrai pas relever le défi, qu'on me voit étranglé. L'Autriche est en armes. L'Espagne, insurgée. Les Anglais sont au Portugal. L'Allemagne frémit. La Russie me guette. Et ici, en France, on complote, on me trahit.

Il retourne vers la table. Il reconnaît l'écriture de cette supplique. M. René de Chateaubriand demande une nouvelle fois la grâce de son cousin, Armand de Chateaubriand, pris sur une plage du Cotentin les poches bourrées de lettres d'émigrés réfugiés à Londres ou à Jersey et destinées aux royalistes de Bretagne.

Armand de Chateaubriand n'est qu'un courrier royaliste au service de l'Angleterre et des Bourbons. La mort.

Et M. René de Chateaubriand, pour me fléchir, m'envoie son dernier livre, Les Martyrs. *Qu'ai-je à faire de cela ? Sait-il ce qu'est la guerre ?*

« La mort de son cousin donnera à M. de Chateaubriand l'occasion d'écrire quelques pages pathétiques qu'il lira dans le faubourg Saint-Germain. Les belles dames pleureront et cela le consolera ! » s'exclame-t-il.

Qu'on laisse la justice passer et qu'on exécute cet espion, cet émigré, ce traître, dans la plaine de Grenelle !

Il se sent revenu aux temps difficiles. Point d'ovations quand il s'assied dans la loge impériale au Théâtre-Français. Des regards presque affolés, comme s'il était porteur d'une malédiction.

Fontanes, le servile Fontanes, que j'ai fait grand maître de l'Université, s'approche, murmure, courbé comme un laquais : « Vous partez, et je ne sais quelle crainte inspirée par l'amour et tempérée par l'espoir trouble toutes les âmes. »

Leurs âmes ? Ou leurs rentes ?

Il ricane.

Ils n'ont jamais exposé leur poitrine aux balles, aux boulets, aux sabres. Ils sentent seulement que la partie qui s'engage est l'une des plus redoutables. Une coalition, et mon armée engagée en Espagne.

Il brandit devant Rœderer les registres militaires.

– Oui, je laisse à Joseph mes meilleures troupes, et je m'en vais à Vienne avec mes petits conscrits et mes grandes bottes !

Et il lance d'une voix forte à Rœderer, au moment où celui-ci sort :

– Je ne fais rien que par devoir et par attachement pour la France.

Mais peuvent-il concevoir cela, ceux qui se sont accrochés à mon pouvoir comme des parasites, pour en tirer tout le suc dont ils sont avides ? Croient-ils que j'entre dans cette guerre avec joie ?

Elle m'accable. Mais je ne peux que relever le défi.

Le jeudi 23 mars, il lit une dépêche qui vient d'être transmise par le télégraphe : « Un officier français a été arrêté à Braunau, et les dépêches dont il était porteur lui ont été enlevées de vive force par les Autrichiens, quoique scellées des armes de la France. »

Devrai-je accepter cela ?

À 16 heures, il convoque le comte de Montesquiou, grand chambellan.

Il dit d'une voix sourde :

– Faites savoir à M. le comte de Metternich que l'Empereur et Roi ne recevra pas ce soir.

Quelques mots prononcés et la guerre s'est encore approchée.

Il donne l'ordre à Berthier de partir pour l'Allemagne et de prendre le commandement de toute l'armée, dans l'attente de son arrivée.

Chaque jour, les dépêches qu'il ouvre annoncent que la guerre a fait un pas de plus. L'archiduc Charles proclame le 6 avril que « la défense de la patrie appelle à de nouveaux devoirs ». Le 11, la flotte anglaise attaque des navires français dans la rade de l'île d'Aix.

Le mercredi 12 avril, à 19 heures, Napoléon confère avec son aide de camp, Lauriston, et Cambacérès. Un courrier du maréchal Berthier est annoncé. D'un signe, Napoléon le fait entrer. Il lit la dépêche. Sa poitrine tout à coup est serrée par un étau, sa gorge prise. Ses yeux brûlent comme s'il pleurait. Puis il dit sans tourner la tête afin qu'on ne voie pas ses yeux, et les mots viennent lentement :

– Ils ont passé l'Inn, c'est la guerre.

Il partira donc cette nuit.

Il est calme maintenant. Au dîner, l'Impératrice insiste à nouveau pour l'accompagner. Il la regarde distraitement, dit : « Entendu. »

Dans son cabinet de travail, il dicte des lettres à Joseph, à Eugène. L'archiduc Jean serait entré en Italie, par Caporetto. Il faut le contenir, le refouler, marcher sur Vienne.

Il boit à petites gorgées du café. Il reçoit Fouché vers 23 heures. Il faut bien lui faire confiance pour tenir le pays, envoyer des espions dans toute l'Allemagne. Pas de guerre sans police et sans renseignement.

Il se couche à minuit.

Le temps est revenu des sommeils hachés.

À 2 heures, il se réveille. Partir, combattre, c'est son destin. Vaincre, c'est son devoir.

À 4 h 20, il monte dans la berline. Les lampes à huile sont allumées, les portefeuilles, pour qu'il puisse travailler, sont posés sur une banquette. Joséphine est assise dans un des coins de la voiture, les jambes enveloppées d'une fourrure. Il ne la regarde pas. Il donne le signal du départ. Il entend le galop de l'escadron des chasseurs de la Garde qui sert d'escorte.

C'est le refrain de sa vie.

24.

De temps à autre, quand la berline est trop secouée pour que Napoléon puisse lire ou étudier les cartes, il observe Joséphine. Elle dort. Les cahots de la route font glisser peu à peu le voile avec lequel elle voulait cacher son visage. Il voit cette « vieille femme » dont le sommeil affaisse les traits. Sa respiration est bruyante, et quand elle entrouvre les lèvres il aperçoit ses dents noires, petites, ébréchées, qu'elle a toujours tenté de dissimuler.

Il ne doit pas détourner les yeux. Il ose regarder les cadavres sur le champ de bataille ou, pis encore, voir les jeunes soldats s'élancer alors que la mort va les prendre par milliers. Il a depuis toujours affronté la vérité.

Il regarde longuement Joséphine. À quoi servirait de vaincre, d'envoyer des hommes mourir, s'il restait sans héritier, époux de cette vieille femme ?

Il doit, pour assurer l'avenir de sa dynastie, pour que les batailles qu'il va livrer aient un sens, divorcer, et peut-être ainsi, par un mariage princier et le fils qui en naîtra, désarmer l'hostilité de ces cours, Vienne ou Saint-Pétersbourg, les plus puissantes, celles qui ne l'ont pas encore accepté.

Il va conquérir Vienne une nouvelle fois. Il le faut. Il va contraindre le tsar, une fois l'Autriche vaincue, à être fidèle à l'alliance de Tilsit. Il faut que l'une ou l'autre de ces dynasties lui donne l'une de ses jeunes filles en mariage. Voilà le but.

Joséphine peut-elle imaginer cela alors qu'elle se réveille, qu'elle lui jette un regard chargé d'inquiétude, qu'elle relève son voile dans un geste rapide et apeuré ?

Elle l'attendra à Strasbourg, dit-il. Il ira seul à Vienne.

La berline ralentit. Il reconnaît Bar-le-Duc. Il se souvient que le général Oudinot est né dans cette ville, qu'il n'était que sergent à la veille de la Révolution, et qu'il a depuis fait toutes les guerres. Il le voit à Friedland sous la mitraille ou bien à Erfurt, accueillant les rois, lui, le petit-fils de brasseurs.

Voilà l'homme qu'il a fait général et duc. Voilà la noblesse de l'Empire, celle des talents et du courage.

Il fait arrêter la berline. Il saute à terre dans la nuit. Il rit de la surprise des parents du duc de Reggio, de l'effroi de ses deux petites filles qu'on a tirées de leur sommeil. Il les embrasse.

Il aime entrer ainsi par surprise dans les vies, comme un magicien qui laisse une trace ineffaçable dans les mémoires, et dont on racontera la venue. Le départ est si rapide qu'on se demandera si l'on n'a pas rêvé sa visite.

Il veut être le rêve des hommes. Il remonte dans la berline. Il murmure, en se penchant à nouveau sur les cartes :

– Je fais mes plans avec les rêves de mes soldats endormis.

Il somnole. Il sait ce que pensent ses soldats. Les conscrits ont peur, et ne demandent qu'à crier : « Vive l'Empereur ! » Il leur dira : « J'arrive avec la rapidité de l'éclair. Marchons. Nos succès passés sont un sûr garant de la victoire qui nous attend. Marchons donc, et qu'à notre aspect l'ennemi reconnaisse ses vainqueurs. »

Il sera parmi eux. En avant de leurs lignes mêmes. Il les entraînera. N'a-t-il pas fait de l'armée de va-nu-pieds d'Italie une cohorte invincible ? Mais il y a les généraux et les maréchaux, tous ceux qui voudraient jouir de leurs titres et de leurs biens, qui disent en soupirant : « J'aimerais bien retirer mes bottes. »

Et lui ? Que croient-ils, ces messieurs ? Qu'il aime avoir les jambes cuites dans le cuir des écuyères ?

Il se met à griffonner quelques lignes.

« Je n'entends pas accoutumer les officiers à demander leur retraite dans un moment d'humeur et à redemander du service quand cette humeur est passée. Ces caprices sont indignes d'un honnête homme, et la discipline militaire ne les comporte pas. »

Le samedi 15, il est à Strasbourg. Il écarte d'un mouvement brusque Joséphine qui, au moment où il repart en compagnie de Duroc, s'accroche à lui en pleurant. Est-ce digne d'une Impératrice ?

Dans la voiture, il lit les dépêches de Berthier. Les Autrichiens ont la supériorité en nombre d'hommes. Ils sont près de cinq cent mille et lui ne dispose que de trois cent mille soldats en Allemagne et en Italie. Ses lignes sont étirées de Ratisbonne à Augsbourg. Les contingents étrangers ne sont pas sûrs. Berthier communique que dans les églises on a retrouvé des textes de prières imprimés à Vienne, et qui appellent les Allemands de Bavière et du Wurtemberg à prier pour « l'archiduc Charles. C'est Dieu qui nous l'a envoyé pour nous porter secours ».

Il rejette les dépêches de Berthier. Il faut attendre avant d'agir, comprendre ce que veut l'ennemi. Il appelle un aide de camp qui, penché à la portière, écoute le message qu'il doit porter au maréchal.

– Surtout, hurle l'Empereur, ne vous aventurez pas !

Il répète la phrase, regarde l'officier s'éloigner de l'escorte.

À Ludwigshafen, le dimanche 16 avril, il s'arrête quelques instants. Il aperçoit le roi de Wurtemberg qui l'attend dans le froid de l'aube. Sa démarche est celle d'un homme qui a peur. Il dit d'une voix anxieuse, après avoir salué Napoléon :

– Quel est le plan de Votre Majesté ?

– Nous irons à Vienne.

Il prend le bras du roi, le rassure. Le souverain dit enfin la confiance qu'il éprouve dans le « Jupiter moderne ».

Napoléon monte dans sa berline.

Jupiter ? Je dépends des hommes.

Il reçoit à cet instant la réponse de Berthier. « J'attends Votre Majesté avec impatience », écrit le maréchal.

Que sont les hommes sans moi ? Ils retireraient leurs bottes !

Le dimanche, dès le début de l'après-midi, l'orage éclate. Une pluie diluvienne déferle.

Il entre dans un hôtel de Gmünd comme un voyageur quelconque. Il dîne dans un coin de la salle mal éclairée.

Il aime aussi ces instants d'anonymat, quand sa présence ne change rien au rythme quotidien de la vie. C'est à ces moments-là qu'il ressent le mieux son pouvoir, quand il sait qu'il lui suffirait d'un mot pour, comme la foudre, troubler l'atmosphère, et qu'il ne le fait pas, restant dans la pénombre, payant comme n'importe qui.

Mais, le seuil franchi, il est à nouveau l'Empereur.

À Dillingen, il écoute le roi de Bavière affolé, chassé de Munich par l'approche des troupes autrichiennes.

– Sire, tout est perdu pour nous, si Votre Majesté n'agit pas rapidement, murmure le roi d'une voix suppliante. Tout est perdu, répète-t-il.

– Rassurez-vous, vous serez sous peu de jours à Munich.

Pourquoi ces hommes ont-ils besoin d'un protecteur ? Pourquoi s'en remettent-ils à un autre pour les rassurer, les défendre, les guider ?

Cependant qu'il roule vers Donauwerth, où déjà il fit campagne en 1805, il se souvient de ces années, les plus insupportables de sa vie, quand il devait quémander un rôle à Pascal Paoli, à un Barras. Il n'a eu de cesse que de ne plus dépendre que de lui-même. Et du destin.

Dans l'auberge de Donauwerth, où il arrive le lundi 17 avril à 6 heures, il fait étaler les cartes sur une grande table. Les dépêches arrivent. Bacler d'Albe commence à pointer les épingles qui jalonnent la marche des troupes de l'archiduc Charles.

Tout se joue à cet instant. Il fait seller un cheval, part inspecter les fortifications de la petite ville. Il s'arrête au sommet d'une hauteur. Dans le brouillard, il distingue les rives du Danube, la large saignée noire du fleuve. Au bout, là-bas, Vienne.

Il rentre à l'auberge au galop, se précipite vers la carte. Un message de Davout confirme que l'archiduc Charles se dirige vers Ratisbonne.

Est-ce possible ?

Les aides de camp confirment l'information. Il se penche sur la carte, marche dans la pièce. Il voit toute la partie qui s'engage. Elle est jouée dans sa tête.

– Ah, monsieur le prince Charles, lance-t-il, je vous aurai à bon compte !

Il donne les ordres, dicte les messages. Il va attaquer l'archiduc Charles sur son flanc sud. Maintenant, c'est le « foutu métier » qui commence.

Il se lève à 4 heures le mardi 18 avril. D'abord l'étude des cartes à la lueur des lanternes. Puis la dictée des messages. À Davout, à Masséna.

« Dans un seul mot vous allez comprendre ce dont il s'agit. Le prince Charles avec toute son armée a débouché hier de Landshut sur Ratisbonne. Il avait trois corps d'armée évalués à quatre-vingt mille hommes. Vous voyez actuellement que jamais circonstance ne voulut qu'un mouvement soit plus actif et plus rapide que celui-ci. Activité, activité, vitesse ! Je me recommande à vous. »

Puis, à cheval.

Sur la grand-route de Neustadt à Oberhausen, il distingue entre les arbres un monument, celui de La Tour d'Auvergne. Il lève son chapeau. Il aime retrouver les traces de ces Français d'avant lui, dont il ravive les exploits.

Après lui, quelqu'un viendra-t-il ?

Il court les routes, les champs. Il est à Ingolstadt, dans le château royal, mais il repart aussitôt découvrir les hauteurs qui dominent le Danube.

À Ziegelstadel au milieu de l'après-midi du mercredi 19, il est épuisé, le corps moulu. Les troupes du corps de Davout passent. Un boulanger sort de sa maison, lui apporte un fauteuil de bois. Il s'y laisse tomber. Il sent les regards des soldats qui défilent à quelques mètres de lui. Il est fatigué comme ils le sont tous. Ils aiment ce partage, cette égalité dans la guerre. C'est son travail d'être là sur le bord de la route, sur le champ de bataille, et, la nuit, d'étudier les cartes, de conduire ces hommes à la victoire.

Il se redresse.

– Le travail est mon élément, dit-il à Savary en remontant à cheval. Je suis né et construit pour le travail. Je connais la limite de mes jambes. Je connais la limite de mes yeux. Je ne connais pas celles de mon travail.

Il arrive au château de Vohburg, la nuit est tombée. Il ouvre une fenêtre. Il lui semble entendre la rumeur du fleuve.

Si la partie se déroule comme il l'a prévu, si les hommes exécutent les plans qu'il a conçus, alors Vienne va tomber, et une fois encore, comme à Marengo, Austerlitz ou Friedland, il aura relevé le défi. Et, à Paris, les bavards, les blafards rentreront dans leurs trous. Mais jusques à quand ce tourbillon de guerres ? Dont les généraux se plaignent, il le sait.

Il est plus de 23 heures ce mercredi 19 avril. Demain, on livrera bataille. Il aperçoit, entrant dans la cour du château, la silhouette du maréchal Lannes, duc de Montebello. Peut-être le meilleur de scs soldats.

Lannes s'avance d'un pas lent dans la grande pièce éclairée par des cierges pris à l'église voisine.

Je connais bien sa fatigue. Elle est en moi aussi. Mais je suis l'Empereur.

– Combien de blessures as-tu ? murmure Napoléon.

Lannes hoche la tête.

– J'oublie tout lorsque le métier m'appelle, dit-il.

Blessé à Arcole, à Saint-Jean-d'Acre, à Aboukir, à Pultusk. Deux fois encore, avant Arcole.

Lannes va et vient, la tête baissée.

– Je crains la guerre, dit-il. Le premier bruit de guerre me fait frissonner. On étourdit les hommes pour mieux les mener à la mort.

– Est-ce moi ? murmure Napoléon en lui prenant le bras.

Ces guerres, l'Angleterre les organise, les provoque, même si celle-ci, c'est l'Autriche qui l'a suscitée.

Il parle, explique pour convaincre. Lannes a le courage d'un Murat et d'un Ney. Si même les meilleurs doutent...

– Commandez, Sire, dit enfin Lannes. J'exécuterai. Il faut que tous les officiers paraissent sur le champ de bataille comme s'ils étaient à la noce.

Un messager de Davout entre dans la pièce.

Avec son seul corps d'armée, Davout a battu toute l'armée autrichienne à Tengen. Elle recule sur Thann.

Napoléon pince l'oreille de Lannes, l'entraîne.

Nous allons vaincre. Je commanderai.

C'est déjà le jeudi 20 avril 1809. Il faut bien dormir quelques heures.

Il se lève à l'aube. Le brouillard couvre toute la campagne et il n'est pas dissipé quand Napoléon s'engage sur la route de Ratisbonne, jusqu'à ces hauteurs qui dominent Abensberg.

Autour de lui, il regarde ces chevau-légers bavarois et wurtembourgeois qui lui servent d'escorte.

Ces hommes-là vont-ils être fidèles ou bien, au premier choc, les régiments bavarois vont-ils se débander, passer à l'ennemi ?

Il se lance au galop et va se placer en avant de ces régiments. Et il donne le signal de l'assaut.

Si je dois mourir, quelle importance que ce soit d'une balle autrichienne reçue en pleine poitrine ou d'une balle bavaroise tirée dans mon dos ?

Mais je ne mourrai pas. Je ne le dois pas.

Après quelques heures, les troupes autrichiennes sont enfoncées, coupées en deux.

Il s'assied dans la grande salle de l'hôtel de la Poste, place du Marché, à Rohr. Il somnole de 2 heures à 4 heures du matin, puis il se lève d'un bond.

– Ne perdons pas une minute ! lance-t-il.

Il chevauche jusqu'au Danube. Les Autrichiens se sont rassemblés sur l'autre rive, dans la ville de Landshut. Encore un pont que les fantassins doivent traverser sous une grêle de balles.

Il les suit des yeux. Ils s'élancent, gagnent la rive opposée, mais se heurtent à la porte de la ville, refluent. Ils reculent, trébuchant sur les corps qui encombrent le tablier du pont. Ils repartent à la charge, sont à nouveau repoussés.

Il faut prendre Landshut.

Il voit s'approcher le général Mouton, un aide de camp qui apporte un message de Davout.

Il faut toujours un chef à une attaque. Mouton est valeureux. Celui qui m'a dit : « Je ne suis pas fait pour les honneurs des palais et ils ne sont pas faits pour moi », celui-là peut emporter Landshut.

Napoléon se tourne vers lui.

– Vous arrivez fort à propos ! Placez-vous à la tête de cette colonne et enlevez la ville de Landshut.

Mouton met pied à terre, sort son sabre et court vers le pont.

Je n'oublierai pas cet homme-là ! Ce sont les soldats de cette trempe qui font ma force. Je leur dois tout. Et je leur dois d'exposer ma vie à leurs côtés.

Il s'est installé dans la résidence royale à Landshut. Par la fenêtre, tout en dictant, il voit les troupes qui traversent la ville. Elles marchent vers Eckmühl.

« Je suis décidé, écrit-il à Davout, à exterminer l'armée du prince Charles aujourd'hui ou au plus tard demain. »

Le signal de l'attaque sera donné par Davout, qui fera tirer une salve de dix coups de canon.

Tout à coup, la fatigue le saisit. Il s'assied. Il n'entend plus rien. Lorsqu'il se réveille, à peine une heure plus tard, il voit d'abord le jour qui se lève, clair. Il a mal à la gorge. Roustam lui verse une tasse de lait et de miel. Puis il part à cheval. Il fait frais. Il n'aime pas cette chaussée embourbée qui longe la vallée de l'Isar et sur laquelle les troupes piétinent.

Eckmühl est au nord. Il veut voir le champ de bataille. Le terrain est accidenté, couvert de monticules et de bouquets de bois, mais dans la direction du Danube, au-delà d'Eckmühl, il découvre une immense plaine au fond de laquelle, sur le fleuve, s'élève Ratisbonne, dont les Autrichiens ont délogé la petite garnison française.

À 13 h 50, il entend les dix coups de canon de Davout. La bataille débute.

Il est en avant, entouré de ses maréchaux.

Quand le crépuscule commence à tomber et que la nuit s'étend, il regarde ce jaillissement d'étincelles que provoquent les sabres lourds frappant sur les milliers de casques et d'armures. Il n'entend pas les cris des combattants, couverts par les chocs sourds des armes qui tapent à coups redoublés.

Il est surpris de la résistance de la cavalerie autrichienne. La bataille est perdue, mais elle continue de se battre, protégeant la retraite des fantassins vers Ratisbonne.

Lannes s'approche. Il faut poursuivre l'ennemi, propose-t-il, lancer toute l'armée afin d'en finir avec l'archiduc Charles, et emporter du même élan la ville de Ratisbonne. Napoléon est prêt à donner l'ordre de continuer l'assaut, la marche. Il a si souvent dit que la poursuite est tout, qu'on doit détruire l'ennemi, que, en écoutant Lannes, il lui semble entendre ses propres paroles. Il hésite pourtant. C'est un combat de nuit qui s'engagerait, dit Davout. Les hommes sont exténués. Ratisbonne est à trois lieues encore.

Il est comme les soldats, il sent la fatigue l'écraser. Voilà des jours qu'il ne dort plus. Il hésite encore, puis il donne l'ordre de bivouaquer.

Il voit l'étonnement de Lannes, le soulagement des autres officiers.

– Nous avons remporté la victoire, dit-il.

Il s'éloigne de quelques pas. Il entend maintenant les cris des blessés et des mourants qui montent de tout le champ de bataille.

Pour la première fois, il n'a pas ordonné de profiter de la déroute de l'ennemi pour le poursuivre.

Il n'a pas pu.

À l'aube du dimanche 23, il regarde défiler l'artillerie qui dans un brouillard épais se dirige vers Ratisbonne. Il faut que la ville tombe. Il place lui-même les canons afin de faire abattre de vieilles maisons qui, adossées aux remparts, peuvent en s'écroulant combler les fossés qui entourent la ville. Il s'approche à pied des canons, et tout à coup il ressent une violente douleur dans la jambe droite. Il est déséquilibré, cherche l'appui de Lannes. Une balle l'a atteint à l'orteil droit.

– Ce ne peut être qu'un Tyrolien, ces gens sont très adroits, dit-il.

Il s'assied sur un tambour pendant qu'on le panse.

Cette blessure est-elle un signe ? Il regarde. Elle est sans gravité même si la douleur est intense.

Il tourne la tête. Il voit des soldats qui accourent. On crie « l'Empereur est blessé ! », « l'Empereur est mort ! ». Il se dresse. Qu'on le hisse sur son cheval, qu'on batte le rappel. Il va parcourir le front des troupes. Il faut qu'on le voie. Il ne peut mourir.

Il parcourt les lignes et le cri retentit, ce cri qu'il n'a plus entendu depuis des mois : « Vive l'Empereur ! »

Il s'arrête devant chaque régiment.

Il faut récompenser ces hommes. Je suis vivant, victorieux, généreux, juste.

Ma noblesse, ce sont eux qui la composent. Je vais les ennoblir sur le champ de bataille.

Les chefs de corps désignent les grenadiers les plus valeureux.

– Je te fais chevalier de l'Empire avec 1 200 francs de dotation, lance-t-il d'une voix forte.

– Mais, Sire, je préfère la croix.

Il regarde le soldat au visage buté, couturé, à la voix ferme.

– Tu as l'une et l'autre, puisque je te fais chevalier.

– Moi, j'aimerais mieux la croix.

Je dois lui accrocher la croix, lui pincer l'oreille.

Ces hommes se font tuer pour moi, parce qu'ils savent que j'expose ma vie comme eux, et que je les conduis à la victoire.

Ratisbonne est prise, Ratisbonne brûle. La route de Vienne est ouverte.

Il devrait être satisfait, mais il n'éprouve plus la même gaieté à vaincre. Il n'a pas détruit l'armée de l'archiduc Charles. Elle se retire vers Vienne en longeant la rive gauche du Danube. Il lance ses troupes sur la rive droite. Il dicte une proclamation pour l'armée.

« Soldats ! Vous avez justifié mon attente. Vous avez suppléé au nombre par votre bravoure. Vous avez glorieusement marqué la différence qui existe entre les soldats de César et les cohues armées de Xerxès. »

Il voit, du palais où il se trouve, les soldats chargés de seaux courir dans les rues afin d'aider à éteindre l'incendie qui ravage la ville. Il va payer sur sa propre cassette les dégâts occasionnés par les combats. Il est las de la guerre. Il aperçoit des blessés qui, s'appuyant l'un sur l'autre, se traînent vers les infirmeries.

Il reprend d'une voix basse :

« En peu de jours nous avons triomphé dans les trois batailles rangées de Thann, Abensberg et Eckmühl, et dans les combats de Landshut et de Ratisbonne.

« Avant un mois nous serons à Vienne. »

Serait-ce la fin de la guerre ?

Le destin est toujours bienveillant. En quatre jours de combat, il a bousculé les troupes autrichiennes. Mais combien de morts ?

Son pied et sa jambe sont toujours douloureux. Il marche avec difficulté. Mais cela n'est rien. Par rapport aux souffrances des autres.

Quand il voit, quelques jours plus tard, dans les rues d'Ebersberg, le millier de soldats morts qui gisent dans les rues parce que Masséna, « l'Enfant chéri de la Victoire », a voulu prendre d'assaut cette ville – pour rien, puisque le Danube a été franchi déjà –, il a la nausée. Il ignore Masséna. Il l'écoute se justifier. Mille morts, deux mille blessés en vain.

Il refuse de loger dans une maison de la ville haute, la seule partie d'Ebersberg qui ne soit pas détruite. Il fait dresser sa tente dans un jardin, devant une maison dans le proche village d'Angtetten.

Il marche dans la partie de la tente qui lui sert de chambre. Il aurait dû retenir Masséna. Mais peut-il tout diriger ? Il voudrait pouvoir, maintenant, s'en remettre pour une part à des hommes non seulement valeureux mais clairvoyants.

Il voudrait...

Il murmure, en passant dans la partie de la tente qui lui sert de cabinet de travail, avant de commencer à dicter ses ordres :

– Il faudrait que tous les agitateurs de guerres vissent une pareille monstruosité. Ils sauraient ce que leur projet coûte de maux à l'humanité.

Mais il faut prendre Vienne !

Il galope vers la capitale, s'arrête à Ems, regarde défiler les divisions qui poursuivent les Autrichiens. À Moelk, il découvre au bout d'un promontoire un couvent de bénédictins qui domine le Danube et d'où l'on aperçoit la rive gauche du fleuve. Les feux des bivouacs autrichiens percent la nuit.

Il entre dans le bâtiment et s'installe dans une galerie qui surplombe le paysage.

Si ce pouvait être une longue halte ! Mais le travail n'est pas terminé.

Il entend les voix des grenadiers qui ont envahi le couvent et auxquels les moines servent à boire.

Les hommes ont besoin de ces instants de liesse qu'il ne s'accorde pas, lisant le courrier arrivé de Paris.

Il a un geste de mépris en parcourant la lettre servile de Talleyrand. « Il y a treize jours que Votre Majesté est absente, écrit le prince de Bénévent, et elle a ajouté six victoires à la merveilleuse histoire de ses précédentes campagnes. »

Je suis vainqueur. Je ne suis pas mort. Les courtisans s'agenouillent.

« Votre gloire, Sire, fait notre orgueil, mais votre vie fait notre existence », dit encore Talleyrand.

Il s'exclame, parlant seul, se souciant peu de savoir si les maréchaux l'entendent :

– Je l'ai couvert d'honneurs, de richesses, de diamants, il a employé tout cela contre moi. Il m'a trahi autant qu'il le pouvait, à la première occasion qu'il ait eue de le faire...

Il jette la lettre de Talleyrand.

Joséphine lui écrit aussi, s'inquiétant de sa blessure. Sur un coin de table, il lui répond :

« La balle qui m'a touché ne m'a pas blessé ; elle a à peine rasé le tendon d'Achille. Ma santé est fort bonne. Tu as tort de t'inquiéter. Mes affaires ici vont fort bien.

« Tout à toi.

« Napoléon

« Dis bien des choses à Hortense et au duc de Berg. »

Mais il doit s'arracher à ces mots de tendresse, à ces images de paix. Il doit faire son métier.

Il s'approche du balcon qui longe la galerie. Il veut savoir quelles troupes autrichiennes campent de l'autre côté du fleuve. Celles du général Hiller ou celles de l'archiduc Charles ? Il faut qu'un officier profite de la nuit pour aller s'emparer d'un Autrichien qu'on interrogera. Lannes a pensé au capitaine Marbot, son aide de camp.

– Remarquez bien que ce n'est pas un ordre que je vous donne, dit Napoléon à Marbot. C'est un désir que j'exprime ; je reconnais que l'entreprise est on ne peut plus périlleuse, mais vous pouvez la refuser sans crainte de me déplaire. Allez donc réfléchir quelques instants dans la pièce voisine, et revenez nous dire franchement votre décision.

Marbot acceptera, il le sait. Ces hommes-là ne sont pas des courtisans mais des soldats, comme lui.

C'est mon génie que de savoir commander à ces hommes.

Il tire sur l'oreille de Marbot, qui s'en va vers le fleuve sans hésiter.

Il s'agit bien des troupes du général Hiller. On peut donc marcher sur Vienne.

Il arrive à Saint-Pölten. Il fait beau, les soldats l'acclament. Il a pu enfin dormir quelques heures.

« Mon amie, je t'écris de Saint-Pölten, note-t-il pour Joséphine. Demain, je serai devant Vienne, ce sera juste un mois après le même jour où les Autrichiens ont passé l'Inn et violé la paix.

« Ma santé est bonne ; le temps est superbe et le soldat fort gai : il y a ici du vin.

« Porte-toi bien.

« Tout à toi.

« Napoléon »

Le mercredi 10 mai 1809, il marche à nouveau dans les jardins du château royal de Schönbrunn.

Tout son corps se détend. Il retrouve les salons, les dorures. Il rêve quelques instants. Il se souvient de son premier séjour ici, c'était le 13 novembre 1805, l'avant-Austerlitz.

Faudra-t-il comme Sisyphe qu'il recommence toujours à pousser le boulet de la guerre jusqu'au sommet pour qu'ensuite le boulet roule à nouveau et qu'il doive retrouver les mêmes lieux, Donauwerth, Schönbrunn ? Quoi, demain ? Varsovie ? Eylau ?

Il se sent fatigué, nerveux.

Il apprend que les Autrichiens ont blessé les plénipotentiaires qui demandaient la reddition de Vienne. Il donne l'ordre qu'on la bombarde jusqu'à ce qu'elle capitule.

À chaque fois il l'éprouve, l'ascension vers le sommet est plus difficile.

Vienne se bat. En Prusse, un officier de hussards, le major Schill, avec quelques centaines d'hommes, massacre les soldats français. Au Tyrol, l'insurrection dure. En Espagne, au Portugal, on ne l'emporte pas, au contraire.

Il monte à cheval, il galope, et tout à coup il sent que la monture s'affaisse, tombe sur le flanc.

Il fait si noir...

Il ouvre les yeux. On est en train de le porter. Il se dégage, regarde autour de lui. Il voit les visages effrayés de Lannes, des aides de camp, des chasseurs de la Garde. Il s'est donc évanoui. Il rabroue Lannes qui lui conseille de ne pas remonter à cheval. Il faut oublier cet incident. Les hommes croient trop aux présages.

Il rassemble dans la cour du château de Schönbrunn tous les témoins, maréchaux, officiers, soldats. Qu'ils forment un cercle autour de lui. Il passe devant eux.

Il veut le secret, dit-il. Rien n'a eu lieu.

Il reste plusieurs minutes au centre du cercle, dans le silence.

Les hommes se tairont.

Il rentre dans le château.

Le samedi 13 mai 1809, à 2 heures du matin, Vienne capitule.

Il est debout dans le salon de réception du château. Il regarde les immenses tableaux qui décorent la pièce.

– Je vivrai ici, murmure-t-il, au milieu des souvenirs de Marie-Thérèse la Grande.

Puis, sans prendre de repos, il se rend, entouré de son escorte, à Vienne, qu'il traverse lentement. Les rues sont désertes. Où est la curiosité bienveillante d'autrefois ?

Au retour, il dicte une proclamation pour l'armée.

« Soldats, le peuple de Vienne délaissé, abandonné, veuf, sera l'objet de vos égards. Je prends les habitants sous ma spéciale protection. »

Il voudrait la paix. Il ne doit pas clamer la victoire. Et, d'ailleurs, la guerre n'est pas terminée. Les troupes de l'archiduc Charles n'ont pas été détruites.

« Soyez bons pour les pauvres paysans et pour ce bon peuple qui a tant de droits à notre estime, dit-il. Ne concevons aucun orgueil de nos succès : voyons-y une preuve de cette justice divine qui punit l'ingrat et le parjure. »

Il donne des ordres pour qu'on traque les pillards, les traînards. Il ne veut pas d'une Autriche et d'une Allemagne qui deviendraient d'autres Espagnes.

Il faut maintenir rétablir la discipline.

Le soir de ce samedi 13 mai, alors que le brouillard tombe, il décide de faire la ronde des factionnaires qui sont placés autour du château de Schönbrunn.

Il se fait reconnaître. Il passe.

L'un des soldats répète les sommations, crie dans le brouillard :

– Si tu avances, je te fous ma baïonnette dans le ventre !

Napoléon s'immobilise. Il n'est rien qu'un homme qu'on peut tuer. Il continue d'avancer. Le grenadier l'identifie, présente les armes.

Le destin n'a pas décidé de toucher au fil de ma vie.

Napoléon demande son nom au grenadier [1], le félicite, lui tire l'oreille puis s'éloigne lentement.

Dans sa chambre, il écrit un mot à Joséphine.

« Je suis maître de Vienne, tout ici va parfaitement. Ma santé est fort bonne.

« Napoléon »

1. Coluche !

25.

L'air est doux dans les jardins du château de Schönbrunn en ce milieu du mois de mai 1809. Napoléon fait quelques pas dans les allées, après avoir passé en revue des régiments de sa Garde, et il s'arrête aussitôt. Il ne peut pas goûter le printemps, la quiétude de ce lieu royal. Il doit conclure cette campagne, en finir avec cette guerre. Il rentre, consulte les cartes, les rapports des patrouilles qu'il a envoyées en aval de Vienne, le long du Danube.

Il appelle Bacler d'Albe. Ils pointent tous les deux des aiguilles sur la carte.

Le Danube est large d'au moins un kilomètre. Il compte au milieu de son lit des îles nombreuses qui peuvent servir de points d'appui à des ponts jetés de la rive droite vers la rive gauche, puisqu'il faut traverser le fleuve, les troupes de l'archiduc Charles étant concentrées sur la rive gauche. Elles sont là, montre Bacler d'Albe, entre les villages d'Aspern et d'Essling, et au-delà, plus au nord, sur le plateau de Wagram.

Napoléon est inquiet. Depuis le début de cette guerre qu'il n'a pas voulue, il lutte contre l'impression que les mauvais présages se sont multipliés. Il ressent souvent comme un rappel des menaces qui pèsent sur lui, une courte et violente douleur dans le pied droit. Il a été blessé. Son cheval s'est abattu et il s'est évanoui. Hier encore, alors qu'il marchait avec le maréchal Lannes au bord du Danube, Lannes a trébuché, est tombé dans l'eau glacée du fleuve, tourbillonnante comme celle des torrents alpins nourris par la fonte des neiges. Il a dû entrer dans le Danube jusqu'à mi-corps pour tendre la main au duc de Montebello. Ni l'un ni l'autre n'ont ri. Mais ils se sont longuement regardés avec la même inquiétude.

Il faut pourtant que les troupes passent d'une rive à l'autre, et, donc, il faut construire des ponts en aval de Vienne. L'île Lobau, qui fait, selon les relevés de Bacler d'Albe, quatre kilomètres sur six, sera le pivot sur lequel reposeront un grand pont pour franchir le bras du Danube depuis la rive droite, et un petit pont de deux cents mètres, la moitié du précédent, qui ira de l'île Lobau à la rive gauche.

Il prend sans hésiter la décision de faire commencer le travail des sapeurs. On s'emparera d'abord de l'île Lobau, on rassemblera des cordages, des bois et des fers, des caisses de boulets pour servir d'ancrage. Les pontonniers du général Bertrand arrimeront les éléments des ponts. Il convoque Bertrand. Ses hommes ont une nuit pour effectuer ce travail.

C'est le mercredi 17 mai. Demain, il quittera Schönbrunn pour Ebersdorf, le village de la rive droite qui fait face à l'île Lobau.

Il examine les dernières dépêches. En Espagne, c'est la gangrène, la succession des défaites et des petites victoires qui ne règlent rien. En Italie, les troupes d'Eugène progressent vers Vienne. Mais le pape tente, depuis Rome, de soulever les catholiques contre l'« Antéchrist ».

Moi ! Et cela réussit en Espagne, au Tyrol ! Puis-je accepter cela, moi ?

Il commence à dicter sans même reprendre sa respiration.

« Décret :

« Moi, Napoléon, Empereur des Français, Roi d'Italie, Protecteur de la Confédération du Rhin,

« Considérant que lorsque Charlemagne, Empereur des Français, et notre Auguste Prédécesseur, fit donation de plusieurs comtés aux évêques de Rome, il ne les leur donna qu'à titre de fiefs et pour le bien de ses États, et que, par cette donation, Rome ne cessa pas de faire partie de son Empire ;

« Que tout ce que nous avons proposé pour concilier la sûreté de nos armées, la tranquillité et le bien-être de nos peuples, la dignité de notre Empire avec les prétentions temporelles des papes, n'a pu se réaliser ;

« Nous avons décrété et décrétons ce qui suit :

« Les États du Pape sont réunis à l'Empire Français. »

C'est ainsi. On me combat. On m'excommunie. Je brise. Devrais-je tendre l'autre joue ? Je suis Empereur et non saint

homme, j'ai charge de mes peuples et de mes soldats qui se font tuer sur mon ordre.

Et que je tue s'il le faut.

De la même voix, il reprend :

« Tout traîneur qui, sous prétexte de fatigue, se sera détaché de son corps pour marauder sera arrêté, jugé par une commission militaire et exécuté sur l'heure. »

Ce n'est pas avec de la pitié et de la compassion qu'on fait la guerre. Je ne l'ai pas voulue, mais elle est là, je la fais.

Il ne peut plus attendre. Le pont vers l'île Lobau n'est pas terminé, mais Napoléon passe le Danube en barque et s'installe avec le maréchal Lannes dans la seule maison de l'île Lobau.

Il entend par la fenêtre ouverte les rires des aides de camp étendus sur l'herbe autour de la maison. Il sort. La pleine lune éclaire l'île, le fleuve et la rive gauche où brûlent les feux des bivouacs des Autrichiens. Il écoute. Ces jeunes hommes, dont beaucoup peuvent mourir demain, chantent d'une voix gaie, insouciante :

Vous me quittez pour aller à la gloire
Mon tendre cœur suivra partout vos pas...
L'astre des nuits de son paisible éclat
Lançait des feux sur les tentes de France...

Il sait qu'on prétend dans l'armée que ces paroles ont été écrites par Hortense, reine de Hollande. Il revoit quelques instants ces images de paix, l'enfant d'Hortense, Napoléon-Charles, jouant sur la terrasse des Tuileries. Enfant mort. Il veut un fils. Et pour cela aussi, il doit vraincre.

Le dimanche 21 mai, il rejoint les troupes de Masséna et de Lannes qui, après être passées par le grand pont, l'île Lobau et le petit pont, ont atteint la rive gauche. Elles se battent dans les villages d'Aspern et d'Essling.

Il reste immobile sur son cheval dans les ruines d'une tuilerie, située sur une petite hauteur. Il doit tenir ferme les rênes, car les balles et les boulets pleuvent. Il voit les lignes autrichiennes comme des vagues blanches prendre d'assaut Aspern et Essling, puis refluer, et ce sont d'autres vagues, sombres, qui déferlent, et le sol est parsemé des taches blanc et bleu des uniformes des soldats morts et blessés.

Une boucherie.

Les boulets des centaines de pièces de canon autrichiennes crèvent les lignes et font tomber à chaque coup plusieurs hommes. Il ne tourne la tête qu'au moment où un aide de camp lui apporte un message. Aspern et Essling ont été repris pour la sixième fois. Tout à coup, il se sent déséquilibré. Il ressent une chaleur à la jambe gauche. Il reste en selle. Une balle a déchiré toute sa botte et brûlé la peau.

Un autre présage.

Il chasse l'inquiétude. Un aide de camp lui annonce que le grand pont a été emporté par la crue, s'effondrant sous les coups des troncs que charrient les eaux torrentielles du fleuve. Il s'apprête à donner l'ordre de se replier, d'abandonner Aspern et Essling, qui ont coûté tant de sang.

Une voix crie que le pont a été rétabli, que les convois de munitions et les hommes peuvent à nouveau passer sur l'île Lobau et la rive gauche.

Brusquement il sent le sifflement d'un boulet, le cheval se cabre, s'abat, la cuisse fracassée.

Il prend une autre monture. Mais les grenadiers l'entourent, crient :

– Bas les armes si l'Empereur reste là ! Bas les armes !

Si ce boulet avait frappé un mètre plus haut, il serait l'un de ces corps qu'il aperçoit couchés dans l'herbe entre les pans de murs abattus.

Quelqu'un saisit le cheval par le mors, hurle :

– Retirez-vous ou je vous fais enlever par mes grenadiers !

C'est le général Walter, ce vieux luthérien, ce fils de pasteur que je connais depuis l'Italie, qui a été blessé à Austerlitz, que j'ai fait commandant des grenadiers à cheval de la Garde, qui a chargé tant de fois à Eylau qu'on l'a cru mort à plusieurs reprises, qui tire mon cheval.

Ils ne veulent pas que je meure.

Il fait demi-tour et, au pas, traverse le petit pont. Il remonte les colonnes de jeunes conscrits qui lèvent leurs fusils, crient : « Vive l'Empereur ! »

Peu à peu la brume recouvre le fleuve, et le silence s'établit avec la nuit.

Il s'assied devant la petite maison de l'île Lobau. Il dicte une dépêche pour Davout :

« L'ennemi a attaqué avec toutes ses forces et nous n'avions que vingt mille hommes de passés. L'affaire a été chaude. Le champ de bataille nous est resté. Il faut nous envoyer ici tout votre parc, le plus de munitions possible. Envoyez ici le plus de troupes que vous pourrez, en gardant celles qui sont nécessaires pour garder Vienne. Envoyez-nous aussi des vivres. »

Il ferme les yeux. Il faut qu'il dorme quelques minutes. Il le faut.

Un brouillard épais enveloppe tout quand Napoléon se réveille, ce lundi 22 mai 1809.

Il entend le cheminement des hommes et les grincements des chariots de munitions qui traversent l'île et se dirigent vers la rive gauche. Si ces convois et ces renforts passent, la bataille peut être gagnée. Mais, si les ponts sont rompus, ce peut être des dizaines de milliers d'hommes pris au piège.

Il montre un pin. Que les charpentiers construisent une vigie d'où il pourra voir le champ de bataille. Il s'impatiente cependant que le brouillard se lève et que le canon recommence à tonner. Il grimpe enfin au sommet de l'arbre. Aspern et Essling tiennent. Il va donc pouvoir faire charger au centre les cavaliers de Lannes, enfoncer le cœur de l'armée autrichienne.

Il saute à terre. Il veut être sur la rive gauche avant l'assaut.

Il avance le long de la rive jusqu'aux positions tenues par un bataillon de la Garde dont les pièces tirent à coups redoublés sur les Autrichiens qui donnent une nouvelle fois l'assaut. Brusquement cette voix près de lui, celle du général Bertrand.

Le général du génie est livide. Le grand pont vient d'être emporté. On ne pourra pas le rétablir avant deux jours. Les munitions et les renforts, les vivres, rien ne peut plus passer.

Il se détourne de Bertrand. Il appelle aussitôt les aides de camp. Qu'on avertisse les maréchaux Lannes et Masséna, les chefs de corps, d'avoir à se replier en combattant et à passer en bon ordre le petit pont, qu'on fortifie l'île Lobau et qu'on s'y tienne.

Tout en regagnant l'île Lobau, il regarde les corps étendus. Peut-être vingt mille hommes abattus autour d'Essling et d'Aspern. Et sans doute beaucoup plus d'Autrichiens.

À l'entrée du petit pont, il aperçoit des grenadiers qui portent un brancard recouvert de branchages. Il reconnaît parmi eux le capitaine Marbot, l'aide de camp de Lannes, qui tient la main d'un homme couché, blessé. Lannes.

Il a envie de hurler. Il se précipite. Lannes, Lannes. Il écarte Marbot. Les jambes de Lannes ne sont plus qu'une bouillie sanglante. On va l'opérer, trancher.

Il s'arrache à lui, remonte à cheval. Il ne peut plus. Il se couche sur l'encolure, se laisse porter, secouer. Ce goût âcre sur les lèvres, cette brûlure dans les yeux, ce sont ses larmes.

Il se redresse enfin. Il lance des ordres. Il faut tenir Essling à tout prix pour que la retraite des troupes engagées sur la rive gauche soit protégée. Il ne peut rester immobile, il galope à nouveau jusqu'au petit pont. Il veut savoir. Il aperçoit Lannes avec la jambe gauche coupée. L'émotion à nouveau, irrépressible. Il ne veut pas que... Il s'agenouille. Il l'embrasse. Il respire l'odeur de son sang. Il serre le corps de Lannes. Le sang tache son gilet blanc.

Lannes le retient, s'agrippe.

– Tu vivras, mon ami, tu vivras.

Il m'implore comme si j'avais le pouvoir de le sauver, comme si j'étais sa providence. Je veux qu'il vive. Et je sens qu'il va mourir.

Napoléon s'éloigne.

Les troupes harassées mais marchant en ligne passent le petit pont, établissent leur bivouac dans l'île Lobau, sur laquelle commencent à tomber quelques boulets autrichiens.

Il faut tenir l'île, détruire le petit pont après le passage des dernières unités. Et, le grand pont réparé, ne laisser dans l'île que des batteries de canon et les hommes nécessaires à sa défense.

Il regagne le village d'Ebersdorf sur la rive droite. Il n'a pas gagné cette bataille d'Essling, mais il ne l'a pas perdue. Cependant vingt mille hommes sont morts.

Et l'on dira partout que j'ai reculé. Il faut donc vaincre encore. Malgré les morts. Malgré les souffrances de Lannes.

Le maréchal agonise dans la chaleur accablante de ces derniers jours de mai.

Son corps est rongé par l'infection, la gangrène. Il lutte. Il a besoin de ma présence. Je m'agenouille. Je lui parle. Je voudrais rester près de lui, mais on me tire par le bras.

L'armée d'Italie a enfin rejoint l'armée du Rhin. Il faut saluer ce succès.

« Soldats de l'armée d'Italie, vous avez glorieusement atteint le but que je vous avais marqué. Soyez les bienvenus ! Je suis content de vous. »

Tant de fois j'ai prononcé ces mots ; et tant de fois il a fallu recommencer à se battre.

C'est la loi de ma vie.

« Soldats, reprend-il, cette armée autrichienne avait la prétention de briser ma couronne de fer ; battue, dispersée, anéantie grâce à vous, elle sera un exemple de la vérité de cette devise : *Dio la mi diede, guai a chi la tocca* [1] ! »

Il s'assied dans cette maison d'Ebersdorf qui lui sert de quartier général. On a fermé les volets tant la chaleur est forte.

La gangrène doit avoir rongé tout le corps de Lannes.

Il ne doit pas y penser.

« Mon amie, écrit-il à Joséphine, je t'envoie un page pour t'apprendre qu'Eugène m'a rejoint avec toute son armée ; qu'il avait parfaitement rempli le but que je lui avais demandé... Je t'envoie ma proclamation à l'armée d'Italie, qui te fera comprendre tout cela.

« Je me porte fort bien.

« Tout à toi.

« Napoléon

« P.-S. Tu peux faire imprimer cette proclamation à Strasbourg et la faire traduire en français et en allemand pour qu'on la répande dans toute l'Allemagne. Remets au page qui va à Paris une copie de la proclamation. »

Il reste dans la pénombre de la maison d'Ebersdorf. C'est un moment de calme entre deux tempêtes. Il voit Berthier à chaque instant de la journée : il faut se préparer à la prochaine bataille, rebâtir les ponts, remplir les magasins de vivres et de munitions, rassembler les armées, placer les blessés dans les hôpitaux de Vienne.

Il sort chaque matin et chaque soir pour se rendre au chevet de Lannes, installé dans une maison voisine.

Lannes va mourir.

Le mercredi 31 mai, l'aide de camp Marbot, sur le seuil de la maison, écarte les bras pour m'interdire de passer.

---

1. Dieu me la donna, malheur à qui la touche.

Lannes est mort. La puanteur du cadavre a envahi la pièce. Il est dangereux d'y pénétrer. Les miasmes fétides, répète Marbot.

Napoléon l'écarte. Il s'agenouille, il serre Lannes contre lui.

– Quelle perte pour la France et pour moi, murmure-t-il.

Il ne peut plus. Il pleure.

Il veut garder ce corps contre lui. Le réchauffer.

On le tire. On l'oblige à se relever. C'est Berthier. Le général Bertrand et les officiers du génie attendent ses ordres, explique-t-il.

Napoléon s'éloigne, revient. Il faut que le corps de Lannes soit embaumé, porté en France, dit-il.

Il va vers Bertrand.

– Les ponts..., commence-t-il.

Dans la pièce sombre de la maison d'Ebersdorf, il écrit à la maréchale Lannes, duchesse de Montebello.

« Ma cousine, le Maréchal est mort ce matin des blessures qu'il a reçues sur le champ d'honneur. Ma peine égale la vôtre. Je perds le général le plus distingué de mes armées, mon compagnon d'armes depuis seize ans, celui que je considérais comme mon meilleur ami.

« Sa famille et ses enfants auront toujours des droits particuliers à ma protection. C'est pour vous en donner l'assurance que j'ai voulu vous écrire cette lettre, car je sens que rien ne peut alléger la juste douleur que vous éprouverez. »

Il reste un long moment la tête sur la poitrine. Si las. Il faut qu'il demande à Joséphine d'essayer de consoler la maréchale Lannes.

Il écrit :

« La perte du duc de Montebello qui est mort ce matin m'a fort affligé. Ainsi tout finit ! »

26.

Napoléon est assis dans son cabinet de travail. Il regarde les jardins qui entourent le château de Schönbrunn. Les fenêtres sont ouvertes. Ces matinées du début du mois de juin 1809 sont douces. Ce pourrait être la paix. Il imagine quelques instants sa vie ici, avec Marie Walewska. Les lettres qu'elle lui écrit de Pologne sont là, sur la table. Il se souvient de ces longues journées dans le château de Finckenstein, après la bataille d'Eylau, avant la victoire de Friedland. Il avait cru alors qu'il avait établi un système d'alliance avec le tsar qui empêcherait la guerre. Rien ne s'est produit comme il l'avait espéré et tout est survenu comme il l'avait craint.

Et l'armée de l'archiduc Charles est toujours sur la rive gauche du Danube, sur le plateau de Wagram.

Elle élève des palissades, elle crée des redoutes, elle installe des postes d'artillerie fixe pour empêcher toute traversée du fleuve.

Il doit la détruire. Il doit franchir le Danube.

Je ne peux compter que sur moi. Le tsar fait manœuvrer ses troupes, mais c'est bien plus pour empêcher les Polonais de Poniatowski de vaincre et de reconstituer un royaume de Pologne que pour menacer les Autrichiens. Bel allié que cet Alexandre Ier !

Napoléon se lève. Il appelle le général Savary. Il veut savoir quels régiments participeront ce matin à la parade, quels maréchaux et généraux seront présents. Il doit distribuer des croix d'honneur, élever des grenadiers à la dignité de chevalier d'Empire.

Il veut redonner de la vigueur à ces troupes malmenées à Essling.

Il veut effacer de leur mémoire le souvenir des camarades morts et blessés, près de vingt mille ! Il veut qu'ils oublient qu'ils ont dû se replier. Ils doivent être prêts à se battre à nouveau dès que les ponts seront reconstruits, dès que les renforts seront arrivés. Il attend de France 20 000 fantassins, 10 000 cavaliers, 6 000 grenadiers de la Garde, et de l'artillerie. Il disposera alors de 187 000 hommes et de 488 canons à opposer aux 125 000 hommes de l'archiduc Charles.

Il va jusqu'à la fenêtre.

Mais il y a ce fleuve à traverser, ces soldats de l'armée de l'archiduc Jean, le frère de Charles, qui ont été battus en Italie mais qui se sont regroupés en Hongrie et représentent une force de plus de trente mille hommes.

Napoléon se tourne vers Savary. Il veut tous les matins se rendre dans l'île Lobau. C'est une fois de plus le pivot de son dispositif. De là il pourra observer les Autrichiens, mesurer l'état d'avancement des ponts et choisir le moment où les troupes passeront de la rive droite dans l'île et de celle-ci sur la rive gauche.

Il faudra réussir. Il n'est pas un souverain d'Europe qui n'attende sa défaite pour se précipiter contre lui.

Le roi de Prusse ou le bel allié Alexandre guettent mes défaillances.

– Ils se sont tous donné rendez-vous sur ma tombe, dit-il à Savary, mais ils n'osent s'y réunir.

Il renvoie Savary. Il reste seul. Il entend les pas des régiments qui se mettent en place dans la cour d'honneur. La parade commencera à 10 heures comme chaque matin.

Il a besoin de cette organisation précise du temps.

Après le tumulte de la bataille, l'inattendu et la mort qui viennent à chaque instant bouleverser les données de la partie, il veut ici, à Schönbrunn, que l'ordre règne, que l'étiquette la plus rigoureuse soit respectée. Il ne peut travailler avec efficacité que dans la routine des habitudes. Alors l'esprit est libre. Alors il peut imaginer cette bataille à venir, ces ponts, ce mouvement des troupes qui balaieront le plateau de Wagram après avoir touché la rive gauche, là où l'archiduc Charles ne les attend pas, en aval d'Aspern et d'Essling.

C'est un bref moment de joie. Il a la vision du mouvement des troupes. Il fera intervenir l'artillerie en masse, comme on ne l'a jamais fait avant lui dans les batailles. Il trompera l'archiduc

Charles en lui faisant croire qu'il porte son assaut sur Essling et en le tournant.

Il revient à la table des cartes. Il pointe le doigt sur Gross-Enzersdorf. C'est là que se jouera la bataille.

Il fait quelques pas dans ce bureau. Il ne peut penser à autre chose qu'à cet affrontement qui approche et dont il doit tenter de prévoir le déroulement.

Après, la victoire acquise, viendra peut-être la paix. Il la désire. Il a besoin de vivre autrement, d'arrêter cette course endiablée dont il ne peut interrompre le cours.

Il prend, sur la petite table placée près de celle où sont déployées les cartes, les lettres de Marie Walewska.

Il trace quelques mots. Il voudrait qu'elle vienne le retrouver ici, comme elle le fit au château de Finckenstein.

« Tes lettres m'ont fait plaisir, comme toujours, écrit-il. Je n'approuve guère que tu aies suivi l'armée à Cracovie, mais je ne puis te le reprocher. Les affaires de Pologne sont rétablies et je comprends les anxiétés que tu as eues. J'ai agi, c'était mieux que te prodiguer des consolations. Tu n'as pas à me remercier, j'aime ton pays et j'apprécie à leur juste valeur les mérites d'un grand nombre des tiens.

« Il faut plus que la prise de Vienne pour amener la fin de la campagne.

« Quand j'en aurai terminé, je m'arrangerai pour me rapprocher de toi, ma douce amie, car j'ai hâte de te revoir. Si c'est à Schönbrunn, nous goûterons ensemble le charme de ses beaux jardins et nous oublierons tous ces mauvais jours.

« Prends patience et garde confiance.

« N. »

Je n'ai jamais eu personne vers qui me tourner pour lui demander de me rassurer.

C'est en moi, en moi seul, que je dois puiser toute l'énergie et toute la confiance qui me sont nécessaires.

Dieu ? Il est silencieux. Et le pape, qui se prétend son représentant, m'excommunie !

« Plus de ménagements pour ce pape, c'est un fou furieux qu'il faut enfermer. »

À quoi me servirait d'être prudent avec des ennemis qui me vouent à l'enfer ?

Il me faut tenir tous les fronts, vaincre ici, régner partout. À Rome comme à Paris.

Il écrit à Fouché. Le duc d'Otrante doit prendre en main tous les pouvoirs que détenait le ministre de l'Intérieur, Crétet, malade de surmenage.

Est-ce que j'ai le loisir d'être malade ?

Il se tourne vers son secrétaire.

– Un homme que je fais ministre, lui lance-t-il, ne doit plus pouvoir pisser au bout de quatre ans !

C'est cela le pouvoir, se donner jusqu'au bout de ses forces, ou alors renoncer. Fouché est un homme trempé, qui saura tenir le pays.

Et puis la victoire fera taire les critiques, dissipera les inquiétudes. Pour l'instant, tant que les armes n'ont pas tranché, que Fouché tienne d'une main de fer la Police générale et le ministère de l'Intérieur.

« Je suis bien tranquille, vous y êtes, dicte-t-il. Tout cela changera dans un mois. »

Quand j'aurai défait l'archiduc Charles.

Alors parades, revues, inspection.

Chaque jour il est dans l'île Lobau. Il marche les mains derrière le dos durant sept à huit heures. Il s'arrête devant chacun des cent canons dont il a fait armer l'île. Il questionne le colonel Charles d'Escorches de Sainte-Croix. Il apprécie ce jeune officier d'à peine trente ans, fils d'un ancien ambassadeur de Louis XVI. Il veut que l'officier soit présent à Schönbrunn chaque matin à son lever, à l'aube, pour rendre compte de ce qui s'est passé dans la nuit sur l'île Lobau.

Sainte-Croix mesure-t-il mon inquiétude ? Sait-il que chaque nuit je crains une attaque de l'archiduc Charles sur l'île ?

Mais les Autrichiens ne pensent qu'à se fortifier !

Napoléon monte sur une immense échelle double dont le sommet dépasse la cime des arbres, et que Sainte-Croix a fait placer sur une hauteur de l'île Lobau de telle sorte que, des derniers degrés, on puisse apercevoir toute la rive gauche du Danube.

Napoléon reste longtemps agrippé à l'échelle. Il voit les redoutes ennemies le long de la rive gauche, mais vers Essling et Aspern. On franchira donc le Danube comme il l'a prévu, vers Enzersdorf.

Au-delà s'étendent les champs de blé mûr que la brise couche et qu'aucun paysan ne vient moissonner. Il faudra que les cavaliers et les fantassins avancent au milieu des épis.

Napoléon descend de l'échelle. Il convoque le maréchal Masséna. Il veut voir l'ennemi de plus près.

Napoléon endosse comme Masséna une capote de sergent. Le colonel de Sainte-Croix s'habille en simple soldat. Napoléon ouvre la marche, descend vers le rivage de l'île. Les Autrichiens sont de l'autre côté du fleuve. Mais entre soldats, dans cette période d'accalmie, on s'observe. Le colonel se déshabille. Il n'est qu'un soldat qui veut se baigner. Napoléon et Masséna s'assoient au bord de l'eau comme deux sergents en promenade. Les sentinelles autrichiennes regardent, plaisantent. Une sorte de trêve s'est établie en ce lieu de baignade.

Napoléon a vu. Il remonte vers le centre de l'île. Il ne modifiera pas son plan. Il suffit d'attendre que les ponts soient construits, prêts à être jetés. Quatre ponts entre l'île Lobau et la rive gauche, et trois ponts de la rive droite à l'île Lobau.

Il parcourt une nouvelle fois l'île. Les troupes y sont maintenant si nombreuses que des grenadiers de la Garde doivent y organiser la circulation des chariots et des canons, qui viennent s'accumuler dans l'attente du passage sur la rive gauche.

Tout à coup le cheval de Masséna trébuche, tombe dans un trou caché par de hautes herbes. Napoléon saute à terre. Est-ce à nouveau l'un de ces mauvais présages, pareil à ceux qui ont précédé la bataille d'Essling ?

Il a besoin de Masséna, cet orphelin sans fortune qui a bourlingué comme mousse avant de gravir sous l'Ancien Régime tous les grades, de caporal à adjudant-major, et de devenir général de brigade en 1793 grâce à son talent et à son courage.

Masséna a la cuisse ouverte. Il ne peut plus monter ni marcher. Ses troupes sont pourtant le pivot de la bataille. Elles sont prévues pour se tenir à l'aile gauche du dispositif, recevoir tout le choc de l'attaque autrichienne qui se produira dès l'arrivée des troupes sur la rive gauche, et elles devront tenir jusqu'à ce que l'archiduc Charles soit tourné.

Napoléon regarde Masséna, se penche sur sa blessure. Perdra-t-il aussi cet officier-là ? Guerrier avide d'argent, avare, mais « Enfant chéri de la Victoire », et fait duc de Rivoli ?

Masséna se redresse. Il grimace de douleur. Mais il commandera ses troupes en calèche, dit-il, avec un médecin à ses côtés.

Le vendredi 30 juin, au château de Schönbrunn, Napoléon convie à dîner Eugène de Beauharnais, les maréchaux Davout et Bernadotte. Il aime Eugène, courageux, fidèle. Presque un fils. Il apprécie Davout, duc d'Auerstedt, un ancien cadet-gentilhomme de l'École militaire de Paris, comme lui. Un homme qui a fait tirer en 1793 sur Dumouriez lorsque celui-ci a trahi la république. Un général qui n'a jamais été battu.

Napoléon parle sans regarder Bernadotte. Il se méfie de ce vieux rival, l'époux de Désirée Clary. Comme tout cela est loin, et comme la jalousie est tenace !

Bernadotte a retenu ses troupes à Austerlitz et à Iéna. Il a même conspiré contre moi. Il a refusé de s'engager le 18 Brumaire. Il commande les divisions saxonnes. Puis-je compter sur lui ?

À 22 heures, un aide de camp de Masséna annonce que les troupes ont commencé à passer sur la rive gauche, créant une tête de pont vers Essling afin de fixer l'ennemi.

C'est l'ouverture de la partie.

Napoléon, de la même voix égale, conclut le propos qu'il tenait sur le théâtre :

– Si Corneille vivait, je le ferais prince.

Puis il se lève, se tourne vers Montesquiou, le grand chambellan.

– À quelle heure se lève le jour ?

– Sire, à 4 heures.

– Eh bien, nous partirons demain matin à 4 heures pour l'île Lobau.

Il est debout à 3 heures. Comment dormir davantage ?

À 5 heures, ce samedi 1er juillet 1809, il arrive dans l'île Lobau.

Il regarde les troupes qui passent les ponts de la rive droite vers l'île et trouvent difficilement une place dans l'île encombrée de caissons d'artillerie, de chevaux, de dizaines de milliers d'hommes. Il faut les faire attendre pour que, le jour de l'attaque, ce soit un déferlement irrésistible sur la rive gauche.

Napoléon ne dort plus qu'une ou deux heures, quand il le peut, au milieu de la journée ou de la nuit. Il entre dans sa tente, établie près du grand pont. Il étudie les cartes. Il ressort pour une nouvelle inspection. Il interroge un espion qui, depuis plusieurs jours, s'est infiltré sur l'île et traverse chaque nuit le Danube pour rapporter ses informations aux Autrichiens. L'homme pleure, supplie. Il propose de passer à nouveau le fleuve, de communiquer de faux renseignements à l'archiduc. Il est né à Paris, explique-t-il, il s'est ruiné au jeu, il a fui ses créanciers. Il avait besoin d'argent.

Napoléon se détourne. Qu'on fusille cet homme.

Le mardi 4, la chaleur est étouffante. Le ciel se couvre. C'est dans la nuit que les troupes doivent traverser le Danube et se porter là où l'archiduc ne les attend pas, à Enzersdorf. À 21 heures, l'orage éclate.

Napoléon sort de la tente. Des trombes d'eau s'abattent sur l'île et le fleuve. Le vent ploie les arbres. Les eaux du Danube sont agitées de vagues qui viennent battre les ponts.

Il reste sous la pluie, les bras croisés. Il voit Berthier se précipiter vers lui. Il faut, dit le maréchal, ajourner l'attaque.

– Non, dit-il sans hésiter. Vingt-quatre heures de retard et nous aurons l'archiduc Jean sur les bras.

Il donne l'ordre d'ouvrir le feu sur Aspern et Essling, afin que l'archiduc soit persuadé que c'est là, à gauche, que va porter l'attaque.

Il lève le visage vers le ciel, sous la pluie. L'averse tiède lui couvre le visage, efface la fatigue.

Il rejoint Masséna qui est assis dans sa calèche. Les quatre chevaux blancs de l'attelage, qui ruent à chaque coup de tonnerre ou de canon, lui semblent un heureux présage.

– Je suis enchanté de cet orage, lance-t-il à Masséna.

Il parle fort pour que les aides de camp qui caracolent autour de la calèche entendent.

– Quelle belle nuit pour nous ! Mes Autrichiens ne peuvent voir nos préparatifs de passage en face d'Enzersdorf, et ils n'en auront connaissance que quand nous aurons enlevé ce poste essentiel, quand nos ponts seront placés et une partie de mon armée formée sur la rive qu'ils prétendent défendre.

C'est le mercredi 5 juillet 1809. Il fait encore nuit.

Il est passé sur la rive gauche avec les premières troupes qui attaquent Enzersdorf. Lorsque le village est pris, il monte à cheval et commence à parcourir les lignes qui se rabattent sur les Autrichiens.

Le jour se lève, éclatant, lavé par l'orage de la nuit. La chaleur est intense. Il fait tirer toutes les pièces d'artillerie. Et, ici et là, les blés hauts que le soleil a déjà séchés commencent à s'enflammer. Il voit dans sa lorgnette des hommes qui fuient l'incendie, d'autres qui tombent dans les flammes.

Il va d'un point à l'autre. Au nord de la plaine, à la lisière du plateau de Wagram, les troupes de Davout ont franchi le ruisseau de Russbach qu'il aperçoit, brillant dans le soleil.

Elles se rabattent maintenant afin d'envelopper le village de Wagram. Tout à coup, un aide de camp vient annoncer, couvert de sang, que les Saxons de Bernadotte se sont débandés, ont échangé des coups de feu avec les troupes de Macdonald qui, sans doute, ont confondu les uniformes saxons avec ceux des Autrichiens.

Ne pas laisser éclater sa colère contre Bernadotte, qui, une fois de plus, ne joue pas la partie. Mais ne pas oublier.

Napoléon marche devant sa tente pendant que la nuit tombe et que les combats cessent. Il entend les cris des blessés. Les incendies continuent d'embraser ici et là les champs de blé. Il flotte une odeur de chair brûlée.

Il s'assied, étend les jambes, laisse tomber sa tête sur sa poitrine. Il est 1 heure du matin. Il va dormir trois heures. Il en a ainsi décidé.

Il se réveille comme il l'a prévu. Un corps, une tête sont des machineries qu'il faut savoir maîtriser.

Il commence à parcourir le champ de bataille.

Aujourd'hui, jeudi 6 juillet 1809, sera le jour décisif. Il fait une chaleur accablante déjà. Les boulets commencent à pleuvoir autour de lui. L'un d'eux éclate devant son cheval gris-blanc, qu'il a choisi à dessein pour qu'on le voie, qu'on sache qu'il est, lui, l'Empereur, exposé au feu comme n'importe quel soldat.

– Sire, lance un aide de camp, on tire sur l'état-major !

Quel est ce naïf ?

Napoléon lance, en piquant son cheval des éperons :

– À la guerre, tous les accidents sont possibles !

L'archiduc Charles a déclenché une attaque contre les troupes de Masséna, pivot de la manœuvre.

Masséna doit tenir. Napoléon galope dans sa direction, aperçoit sur la ligne de front la calèche tirée par les quatre chevaux blancs. Voilà un homme. Il saute à terre. Les boulets encadrent la calèche, blessent les aides de camp qui l'entourent. Napoléon monte dans la voiture. Il faut tenir, à tout prix, lance-t-il.

Debout, il parcourt avec sa lorgnette la ligne d'horizon. Les troupes de l'archiduc Charles avancent. Il aperçoit à l'ouest, dans le ciel clair, les maisons de Vienne et des milliers de mouchoirs blancs que les habitants de la capitale, depuis les toits ou les fenêtres, agitent pour saluer l'avance des troupes de l'archiduc.

Ils vont voir !

Il monte à cheval. Il donne l'ordre aux batteries d'artillerie concentrées dans l'île Lobau d'ouvrir le feu.

Il avait prévu cela. Les lignes autrichiennes sont brisées.

Il aperçoit l'aide de camp Marbot.

– Courez dire à Masséna qu'il tombe sur tout ce qui est devant lui et la bataille est gagnée ! hurle-t-il.

Il faut maintenant donner le coup de boutoir.

– Prenez cent pièces d'artillerie, crie-t-il au général Lauriston, dont soixante de ma Garde, et allez écraser les masses ennemies !

Il rejoint Lauriston au moment où celui-ci s'élance. Il veut, précise-t-il, que les pièces n'ouvrent le feu que lorsqu'elles seront à trois cents mètres des Autrichiens.

Il voit les artilleurs progresser sous les balles et les boulets, placer leurs canons roue contre roue, et déclencher enfin le feu alors que les Autrichiens semblent à quelques mètres seulement des pièces.

Les lignes sont éventrées. Les corps s'entassent, les blés prennent feu, les caissons de poudre sautent. Il voit les hommes projetés en l'air, leur giberne en feu.

– La bataille est gagnée ! lance-t-il.

Mais l'archiduc Charles se retire avec quatre-vingt mille hommes et se dirige vers Znaïm.

Il dort deux heures. À 3 heures du matin, le vendredi 7 juillet, il est debout.

Il chevauche dans les blés foulés et brûlés. Des blessés crient dans le jour qui se lève.

Il donne l'ordre que des détachements de cavalerie suivis par des voitures parcourent la plaine afin de secourir ces hommes que les épis cachent et qui vont pourrir dans la chaleur.

Est-ce ces cris, cette odeur des cadavres ou la chaleur intense ? Il sent tout à coup la fatigue. Il est pris de nausée.

Au château de Wolkersdorf où il s'installe, il commence à évaluer le chiffre des pertes. Combien de morts et de blessés ? Cinquante mille ? Sans doute autant chez les Autrichiens. Il a vu le maréchal Bessières étendu. Il n'a pas voulu s'approcher. Pas le temps de pleurer pendant la bataille. Cinq maréchaux ont été tués, trente-sept blessés.

Il écoute Savary qui lui parle de Bernadotte. Au soir du 5 juillet, Bernadotte a critiqué l'Empereur, déclaré que s'il eût commandé, lui, il aurait par une « savante manœuvre, et presque sans combat, réduit le prince Charles à la nécessité de mettre bas les armes ». Bernadotte a en outre publié un ordre du jour à la gloire de ses Saxons.

– Éloignez-le de moi sur-le-champ, qu'il quitte la Grande Armée dans les vingt-quatre heures ! crie Napoléon.

Il est en sueur, la bouche remplie d'une salive amère. Les uns meurent, comme Lannes ou le général Lasalle, tué d'une balle en plein front à trente ans, les autres sont blessés, souffrent, comme Bessières, et celui-là se pavane !

Tout son corps est douloureux.

Il sort dans la nuit fraîche. La lune éclaire les jardins du château. Il vomit. La peau de son visage est brûlée par le soleil. Il entre lentement dans le château. Il a l'estomac cisaillé par une douleur.

Il appelle Roustam. Il veut du lait.

Il est contraint de s'allonger. Il se soulève. La campagne n'est pas finie.

L'archiduc Charles a toujours des troupes organisées. Il faut se diriger vers la ville de Znaïm, livrer bataille encore.

Mais il vomit à nouveau.

Ce corps l'abandonne.

Il ferme les yeux.

Malade ? Qu'est-ce que ce mot ? Cet état inacceptable ? Il travaille. Il somnole, se réveille en sursaut, dicte. Le dimanche 9 juillet, il se sent mieux. À 2 heures du matin, il écrit à Joséphine.

« Tout va ici selon mes désirs, mon amie, dit-il. Mes ennemis sont défaits, battus, tout à fait en déroute. Ils étaient nombreux, je les ai écrasés. Mes pertes sont assez fortes. Bessières a eu un boulet qui a touché le gros de la cuisse ; la blessure est très légère. Lasalle a été tué.

« Ma santé est bonne aujourd'hui ; hier j'ai été un peu malade d'un débordement de bile, occasionné par tant de fatigues, mais cela me fait grand bien.

« Adieu, mon amie, je me porte bien.

« Napoléon »

Le lundi 10, il quitte le château de Wolkersdorf et galope en direction de Znaïm. Il connaît ce paysage. Il distingue au loin les pentes du plateau de Pratzen. C'était le 2 décembre 1805, Austerlitz. La veille, les milliers de torches des soldats célébraient, en attendant la bataille, l'anniversaire du sacre.

Il n'a pas cessé d'être à la tête d'une armée. Il doit combattre à nouveau ceux qu'il a vaincus !

Il lance des ordres pour qu'on attaque les troupes de l'archiduc Charles, qui viennent d'engager le combat pour protéger la retraite du gros de l'armée.

Vaincre.

Il entre dans sa tente, qu'on a dressée dans un champ couvert de hautes herbes. Un orage violent éclate tout à coup, mais on entend encore, mêlées au tonnerre, les explosions des boulets.

Il est 17 heures le mardi 11 juillet 1809. Un cavalier autrichien s'avance, précédé par une escorte française. C'est le prince de Liechtenstein qui vient demander une suspension des combats.

Napoléon est debout dans sa tente. Les maréchaux se présentent autour de lui. Davout répète qu'il faut en finir avec les Habsbourg, avec ces Autrichiens qui reçoivent de l'argent anglais. Oudinot, Masséna, Macdonald approuvent.

Il sort de la tente. La pluie a cessé. Le canon tonne. Dans une bande de ciel bleu qui barre l'horizon, il aperçoit à nouveau le plateau de Pratzen.

– Il y a eu assez de sang versé, dit-il.

D'un signe, il indique au maréchal Berthier qu'il doit accorder la suspension des hostilités.

Il va rentrer à Schönbrunn. Peut-être Marie Walewska l'attend-elle déjà. Peut-être sera-ce la paix.

Il griffonne quelques mots pour Joséphine.

« Je t'envoie la suspension d'armes qui a été conclue hier avec le général autrichien. Eugène est du côté de la Hongrie et se porte bien. Envoie une copie de la suspension d'armes à Cambacérès, en cas qu'il ne l'ait pas déjà reçue.

« Je t'embrasse et me porte fort bien.

« Napoléon

« Tu peux faire imprimer à Nancy cette suspension d'armes. »

Joséphine est à Plombières. Elle prend les eaux, vieille femme qui se défend, qui veut continuer de donner le change, de lutter contre le temps.

Tout est guerre.

Septième partie

Il faut faire la paix

14 juillet 1809 – 26 octobre 1809

27.

Il a quarante ans aujourd'hui, 15 août 1809. Il marche en compagnie de Duroc dans la grande allée des jardins du château de Schönbrunn. Il est à peine 7 h 30. Le soleil levant, à l'horizon, illumine les toits de Vienne. Napoléon se tourne. Il aperçoit derrière les arbres, qui forment une clôture naturelle aux jardins, la façade blanche de la maison où se trouve Marie Walewska. Elle est installée là depuis la mi-juillet.

Il s'arrête. À gauche de l'allée, il reconnaît la ruine romaine, l'obélisque et la fontaine qu'il avait vus en 1805 lors de son premier séjour à Schönbrunn. Quatre ans déjà. Il a quarante ans.

Il passe les doigts sur la base de sa nuque. La peau est craquelée, boursouflée. Elle l'irrite. Et il a même l'impression qu'une douleur diffuse gagne, à partir de cette inflammation rouge, les épaules, le crâne.

Mais faut-il écouter les criailleries de son corps ? Il a continué à vivre. Il voit Marie Walewska chaque nuit. Il l'aime avec fougue. Et cette nuit encore, avant de rentrer au château pour accueillir les dignitaires qui, à 7 heures, sont venus présenter leurs compliments pour le 15 août, jour de ses quarante ans.

Cette nuit, à côté de Marie, il s'est senti apaisé. Les douleurs qui lui serrent le dos, l'estomac, ont disparu. Et même cette brûlure de la peau dans le cou, il l'a oubliée.

Marie n'exige jamais rien. Elle est discrète. Elle n'assiste même pas aux spectacles qui sont donnés dans le théâtre de Schönbrunn. Elle attend dans cette maison de Meidling, voisine du château. Elle est lisse, paisible et fraîche comme l'eau de cette fontaine. Elle n'a aucune des hypocrisies, des habiletés, des roueries des femmes qu'il a connues. Elle a les rondeurs fermes de la jeunesse. Elle ne murmure qu'à propos de la Pologne. Mais elle comprend et accepte ce qu'il lui dit.

Il se tourne vers Duroc tout en recommençant à marcher, se dirigeant vers la Gloriette, cette petite colline surmontée d'un portique et qui est un belvédère dominant les jardins et tous les pays alentour. Vienne est là-bas, au loin, dans l'incendie de l'aube.

La Pologne, c'est toujours un sujet sur lequel toutes les négociations avec la Russie sont rompues.

– On ne fait que ce qu'on peut, commence-t-il. Si j'étais empereur de Russie, je ne consentirais jamais à la moindre augmentation du duché de Varsovie, comme moi je me ferais tuer, et mes dix armées avec, pour défendre la Belgique. De plus, je ferais une onzième armée d'enfants et de femmes pour combattre et défendre tout ce qui serait au préjudice de la France. Le rétablissement de la Pologne dans ce moment-ci est impossible pour la France. Je ne veux pas faire la guerre à la Russie.

Il secoue la tête. Et il ressent à nouveau cette brûlure à la base de la nuque.

Il a déjà consulté le docteur Yvan, qui a pansé sa blessure à Ratisbonne et qui, comme chirurgien-chef attaché à la personne de l'Empereur, ne le quitte jamais depuis plusieurs années.

Mais Yvan n'a aucun génie. Et le docteur Frank, le plus célèbre praticien, est venu de Vienne examiner le cou de Napoléon. Il s'est composé le visage grave d'un savant qui découvre une maladie incurable.

Napoléon se frotte la nuque. Doit-il croire ce médecin autrichien ? Il l'a écouté parler de vice dartreux, de traitements vésicatoires, de médicaments et d'onguents.

– Le docteur Corvisart est arrivé de Paris cette nuit, dit Duroc.

Le grand maréchal du palais se justifie. Il a pris la décision d'inviter Corvisart à Schönbrunn après le diagnostic du docteur Frank.

Napoléon hausse les épaules. Il se souvient de sa nuit avec Marie. Il ne croit pas que son corps soit gravement atteint. Peut-être n'est-ce que l'inquiétude, les fatigues de la guerre et la cruauté de ce qu'il a vu, ces hommes morts, Lannes, Lasalle et plus de cinquante mille autres, et cette odeur de chair grillée flottant sur le plateau de Wagram.

À Paris, dit-il, l'annonce du départ du médecin de Sa Majesté, du grand Corvisart, a dû faire naître les suppositions les plus folles.

On doit reparler de ma succession.

– J'ai quarante ans, Duroc. Si je meurs...

Il s'interrompt, il prise, puis écarte d'un mouvement brusque le col de sa redingote qui lui irrite la peau.

Il veut un fils. Il doit divorcer. C'est maintenant, à quarante ans, ou jamais.

Il rentre au château, convoque Méneval, commence à lire les dépêches. Au bout de quelques minutes, il lève la tête.

Cette nuit, Marie lui a annoncé qu'elle croyait être enceinte. Il a posé les deux mains sur son ventre. Un fils, là – une nouvelle preuve de sa capacité à donner la vie. Il doit divorcer. Dès que la paix sera conclue avec Vienne, il rentrera à Paris, tranchera d'un seul coup brutal, comme on ampute un membre sur le champ de bataille.

Mais quand pourra-t-il quitter Schönbrunn ? Les Autrichiens négocient habilement, refusent la transaction qu'il leur a proposée : l'abdication de l'empereur François Ier, responsable de la guerre, contre l'intégrité préservée du territoire.

Qu'espèrent-ils en tardant ? Que le débarquement réalisé par les Anglais dans l'île de Walcheren, avec l'intention sans doute de marcher sur Anvers et la Hollande, réussisse ? Que j'entre en guerre avec la Russie à propos de la Pologne ? Ou bien que les catholiques des pays d'Europe s'insurgent contre moi parce que le pape a été arrêté ?

Il convoque Champagny, le ministre des Relations extérieures. Cet homme n'a aucune des qualités de Talleyrand, mais c'est un exécutant honnête.

– Je suis fâché qu'on ait arrêté le pape, dit Napoléon. C'est une grande folie.

Il prise. Il marche de long en large. Il avait en effet évoqué la possibilité que l'on enferme le souverain pontife. Mais – il tape du pied – il n'en a jamais donné l'ordre, il n'a jamais désiré qu'on chasse Pie VII de Rome pour l'installer à Savone ! Il voulait annexer Rome, voilà tout.

– C'est une grande folie, reprend-il, mais enfin il n'y a pas de remède, ce qui est fait est fait.

Il s'emporte. Sa nuque le brûle, et plus il élève la voix, plus la démangeaison et la douleur s'accroissent.

Si rares sont ceux qui le comprennent, si rares aussi ceux qui lui apportent une aide efficace, si rares enfin ceux qui ne le déçoivent pas.

Ainsi son frère Jérôme qu'il a fait roi ! Jérôme imagine qu'on fait la guerre comme un satrape, en se tenant loin des combats.

Il commence à dicter.

« Il faut être soldat, et puis soldat, et encore soldat ; il faut bivouaquer à son avant-garde, être nuit et jour à cheval, marcher avec l'avant-garde pour avoir des nouvelles ou bien rester dans son sérail. Mon frère, vous faites la guerre comme un satrape. »

Mais le ministre de la Guerre, Clarke, ne vaut pas mieux. Il n'a pris aucune mesure pour s'opposer au débarquement anglais dans l'île de Walcheren. Veut-il se faire prendre par les Anglais dans son lit ? Quant à Joseph, en Espagne, il continue de vouloir imiter Charles Quint, et laisse les Anglais de Wellesley remporter la victoire de Talavera ! Et Wellesley a été fait duc de Wellington.

– En Espagne, s'écrie-t-il, j'ai ouvert une école aux soldats anglais, c'est dans la péninsule que se forme l'armée anglaise !

Et, pendant ce temps-là, Fouché nomme ce Bernadotte, que j'ai écarté de mon armée, commandant en chef des Gardes nationales ! Bernadotte, retors, jaloux, incapable. Qu'on le destitue !

Voilà les hommes qui prétendent me servir !

Il a la bouche pleine de bile et la peau irritée. Il est nerveux. Il lui faut encore répondre à Joséphine dont les lettres sont pleines des sous-entendus d'une femme jalouse.

Les bonnes âmes ont déjà dû lui annoncer la présence de Marie Walewska à Schönbrunn près de moi !

Elle écrit comme si j'étais coupable ! Ce n'est qu'au nom du passé que je la ménage.

« Je reçois ta lettre de la Malmaison. L'on m'a rendu compte que tu étais grasse, fraîche et très bien portante. Je t'assure que Vienne n'est pas une ville amusante. Je voudrais fort être déjà parti.

« Adieu, mon amie. J'entends deux fois par semaine les bouffons ; ils sont assez médiocres ; cela amuse les soirées. Il y a cinquante ou soixante femmes à Vienne, mais au parterre, comme n'ayant pas été présentées.

« Napoléon »

Il va maintenant assister à la grande parade dans la cour d'honneur du château. Il sort. La lumière est éclatante.

Derrière un cordon de gendarmes et de grenadiers, il aperçoit le maréchal Berthier, s'approche de lui. « Vous êtes prince de Wagram », lui dit-il. Puis il se dirige vers le maréchal Masséna. « Vous êtes prince d'Essling. »

Il aime ce moment où il récompense des hommes qui ont bien combattu, qui l'ont servi avec dévouement. Il dit à Macdonald, à Marmont et à Oudinot : « Vous êtes maréchaux d'Empire », et à Davout : « Vous voici prince d'Eckmühl. »

Les tambours roulent. La parade commence. De cette cour d'honneur, il ne voit pas la maison où réside Marie Walewska.

Il rentre au château et rit en apercevant le docteur Corvisart dont tout le visage exprime l'étonnement. Il va vers lui. Il a de l'estime pour cet homme aux allures aimables, qu'il voit presque chaque jour à Paris et dont le diagnostic est sûr. Corvisart devait l'imaginer alité, mourant.

– Eh bien, Corvisart, quelles nouvelles ? Que dit-on à Paris ? Savez-vous qu'on me soutient, ici, que je suis gravement malade ? J'ai une petite éruption, une légère douleur de tête.

Il se tourne, montre sa nuque tout en défaisant sa cravate.

– Le docteur Frank prétend que je suis attaqué d'un vice dartreux qui exige un traitement long, sévère. Qu'en pensez-vous ?

J'ai quarante ans. La mort peut mieux que jamais me saisir.

Corvisart rit.

– Ah, Sire, me faire venir de si loin pour un vésicatoire que le dernier médecin eût pu appliquer aussi bien que moi ! Frank extravague. Ce petit accident tient à une éruption mal soignée, et ne résistera pas à quatre jours de vésicatoire. Vous allez à merveille !

Corvisart a-t-il raison ? La question lui vient parfois, en ces semaines de l'été 1809. Il ressent certains jours une fatigue qui l'accable. Et d'autres jours, au contraire, l'énergie l'emporte.

Ce 15 août 1809, il décide de se rendre à Vienne incognito en compagnie du maréchal Berthier, pour découvrir les illuminations de la ville, assister au feu d'artifice qu'on donne à l'occasion de la fête.

Il devine l'inquiétude de Berthier, qui lance des regards angoissés à la foule des passants. Si on reconnaissait l'Empereur...

– Je m'abandonne à mon étoile, dit Napoléon. Je suis trop fataliste pour employer aucun moyen de me préserver d'un assassinat.

Ces gens, qui le bousculent sans l'identifier, l'amusent. Il se sent joyeux, juvénile. Il va passer le reste de la nuit avec Marie Walewska.

– Ma santé est bonne, dit-il à Berthier en rentrant au château de Schönbrunn. Je ne sais ce que l'on débite. Je ne me suis jamais mieux porté depuis bien des années. Corvisart ne m'était point utile.

Il se rend chez Marie Walewska. Il la découvre avec ravissement, si rose, le corps si épanoui.

Elle porte un enfant de moi. C'est sa jeunesse, sa fécondité qui sont les sources de ma santé.

Il faut qu'il divorce afin d'épouser une femme digne d'un empereur et qui lui donne ce que la douce Marie lui a offert.

28.

L'automne vient. Déjà ! Est-ce possible ? Napoléon a pris ses habitudes ici à Schönbrunn. Il parcourt la campagne à cheval, traversant à pas lents les villages où l'on s'est battu et où les paysans achèvent de reconstruire leurs maisons. Les moissons dans la plaine d'Essling et sur le plateau de Wagram sont rentrées. Les pluies de septembre et d'octobre ont commencé à creuser des ornières dans la terre, et la nuit interrompt brutalement les crépuscules.

Les soldats cantonnés à Nikolsburg ou à Krems, à Brunn ou à Goding, non loin de la frontière hongroise, accueillent l'Empereur par leurs vivats. Il les passe en revue, les fait manœuvrer.

Un samedi de septembre 1809, le 17, il prend la route d'Olmutz. Il monte un cheval blanc plein de vigueur qui saute les fossés et les haies, et il arrive ainsi avant son état-major et son escorte sur le champ de bataille d'Austerlitz. Les troupes du 3e corps, en le voyant, crient : « Vive l'Empereur ! » Il caracole. Il se souvient.

Les princes Dietrichstein l'attendent dans leur château. On lui offre des noix et du vin blanc de Bisamberg. Il repart pour Brunn où il décide de passer la nuit à l'Hôtel du gouvernement. Il a le sentiment d'être partout chez lui. Et il en serait ainsi d'un bout de l'Europe à l'autre. Les Anglais, vient de lui annoncer le général Clarke, s'apprêtent à rembarquer et à abandonner l'île de Walcheren. Leur tentative d'invasion a échoué. Peut-être, du Tyrol à l'Espagne, réussira-t-il à pacifier l'Empire ?

Il rentre à Schönbrunn. Il voit Marie Walewska, puis il se rend au théâtre, où presque chaque soir on danse, déclame ou chante pour lui. Il félicite les acteurs italiens qui viennent d'interpréter *Le Barbier de Séville.*

Champagny, après le spectacle, lui présente l'état des négociations avec les Autrichiens en vue du traité de paix. Il s'indigne. Quelle comédie joue Metternich ? Napoléon veut prendre en main personnellement les discussions, ici, à Schönbrunn.

Il veut aboutir. Tout à coup pensif, il marche dans sa chambre. Voilà près de six mois qu'il a quitté Paris, un 13 avril, et l'on est déjà à la mi-octobre. Marie Walewska va regagner son château de Walewice pour que l'enfant naisse au sein de sa famille. Il faudra bien qu'il rentre à Paris, qu'il affronte Joséphine.

À cette idée, il se trouble. Il imagine. Elle a su tant de fois le désarmer alors qu'elle était infidèle et qu'il avait décidé à son retour d'Égypte de rompre avec elle. Elle est si habile, et elle a tant de souvenirs partagés avec lui. S'il ne prend pas garde, elle mettra le siège devant sa chambre, elle y rentrera en se tordant les bras, en sanglotant. Elle suppliera.

Il ne veut plus céder.

Il convoque Méneval en pleine nuit, lui dicte une lettre pour l'architecte qui a la charge des travaux de réfection du château de Fontainebleau où il compte séjourner à son retour. Il veut, dit-il, qu'on mure la galerie qui relie son appartement à celui de l'Impératrice.

Ainsi ses intentions seront claires. Elle comprendra, tous verront.

Il ne cédera pas. Il ne pourra plus céder.

Le jeudi 12 octobre 1809, à midi, il traverse la cour d'honneur du château de Schönbrunn pour assister à la parade. À quelques dizaines de mètres la foule se presse derrière les gendarmes. Il se place entre le maréchal Berthier et le général Rapp, son aide de camp, qui, au bout de quelques minutes, s'éloigne, se dirige vers les badauds et les gendarmes qui les contiennent. Il apprécie l'intelligence et le dévouement de cet Alsacien de Colmar que sa connaissance de l'allemand rend précieux sur le champ de bataille. Il peut interroger les prisonniers, les paysans, conduire une négociation. Et c'est aussi un homme courageux qui, à Essling, a chargé à la tête des fusiliers de la Garde.

Rapp, après la parade, s'approche de Napoléon, demande à s'entretenir avec lui. Napoléon le dévisage. Pourquoi cette figure grave ? Il tient à la main un objet enveloppé dans une gazette, qu'il ouvre.

Je vois ce couteau d'un pied et demi de long [1], *tranchant sur ses deux côtés et d'une pointe acérée.*

Napoléon recule. Il écoute Rapp raconter comment il a été intrigué par un jeune homme botté portant une redingote de couleur olive et un chapeau noir, qui demandait à remettre une pétition à l'Empereur en personne. Rapp, en voulant l'écarter, a deviné que le jeune homme dissimulait quelque chose sous son habit.

– Ce couteau, Sire.

Le jeune homme, un dénommé Frédéric Staps, avait l'intention de tuer l'Empereur avec ce couteau. Il ne veut s'en expliquer qu'avec l'Empereur.

Il faut toujours faire face à son destin. Il veut voir Staps.

Napoléon entre dans son cabinet, où l'attend Champagny.

– Monsieur de Champagny, dit-il, les ministres plénipotentiaires autrichiens ne vous ont-ils pas parlé de projets d'assassinat formés contre moi ?

Champagny ne paraît pas étonné par la question.

– Oui, Sire, ils m'ont dit qu'on leur en avait fait plusieurs fois la proposition et qu'ils l'avaient toujours rejetée avec horreur.

– Eh bien, on vient de tenter de m'assassiner. Suivez-moi.

Il ouvre les portes du salon.

C'est donc ce jeune homme qui se tient debout près du général Rapp qui voulait me tuer. Il a le visage rond, doux et naïf. Je veux savoir. Rapp traduira mes questions.

Frédéric Staps répond calmement, et cette tranquillité déconcerte. Ce fils d'un pasteur est-il fou, malade, illuminé ? Peut-on, à dix-sept ans, vouloir tuer un homme sans raison personnelle ?

– Pourquoi vouliez-vous me tuer ?

– Parce que vous faites le malheur de mon pays.

– Vous ai-je fait quelque mal ?

– Comme à tous les Allemands.

Est-il possible de le croire lorsqu'il affirme qu'il a agi de sa propre initiative, qu'il n'a ni inspirateur ni complice ? Et cependant on me hait à la cour de Berlin et à Weimar, comme à Vienne. La reine Louise de Prusse, blessée dans sa vanité, est femme à me

1. Cinquante centimètres environ.

faire assassiner par un fanatique, comme ce jeune homme au visage angélique et dont l'esprit est celui d'un fou.

– Vous avez une tête exaltée, dit Napoléon. Vous ferez la perte de votre famille. Je vous accorderai la vie si vous demandez pardon du crime que vous avez voulu commettre et dont vous devez être fâché.

Je l'observe. Il n'a qu'un léger tressaillement des lèvres avant de parler.

– Je ne veux pas de pardon, dit-il. J'éprouve le plus vif regret de n'avoir pas réussi.

– Diable ! il paraît qu'un crime n'est rien pour vous ?

– Vous tuer n'est pas un crime, c'est un devoir.

Tant de haine déterminée et tranquille contre moi !

Napoléon regarde Rapp, Savary, Champagny, Berthier et Duroc, qui entourent Frédéric Staps. Ils semblent tous fascinés.

– Mais enfin, reprend Napoléon, si je vous fais grâce, m'en saurez-vous gré ?

– Je ne vous en tuerai pas moins.

Napoléon quitte la pièce.

Cette haine, cette détermination sont-elles celles de tout ce peuple allemand comme elles sont celles du peuple d'Espagne et de ces Tyroliens qui continuent de combattre mes armées ?

Il convoque le général Rapp. Il faut que l'interrogatoire de Frédéric Staps soit poursuivi par Schulmeister. Cet homme habile saura peut-être lui faire avouer le nom de ses inspirateurs et de ses complices.

Rapp persiste à penser que Staps a agi seul.

Napoléon secoue la tête.

– Il n'y a pas d'exemple qu'un jeune homme de cet âge, allemand, protestant et bien élevé, ait voulu commettre un pareil crime.

Il prend plusieurs prises tout en marchant dans son cabinet.

Si cette haine est celle des peuples, si les souverains, de Prusse, d'Autriche, d'Angleterre, et le bel allié de Russie, et le pape, ont réussi à détourner contre moi l'incendie qui devait au contraire les menacer, si les peuples préfèrent le fanatisme à la raison, les coutumes et la religion au Code civil et aux Lumières, alors il me faut composer au plus vite, signer la paix avec Vienne à tout prix.

Et même, comme je le pensais déjà, m'unir à l'une de ces dynasties, puisque les peuples continuent de les défendre.

Qui épouserai-je ? Une princesse de Habsbourg ou une grande-duchesse de Russie ?

Mais il faut d'abord que rien ne soit connu de cet attentat. Les assassins ont toujours des imitateurs.

Il avertit Fouché.

« Un jeune homme de dix-sept ans, fils d'un ministre luthérien d'Erfurt, a cherché à la parade d'aujourd'hui d'approcher de moi. Il a été arrêté par les officiers et, comme on a remarqué du trouble dans ce petit jeune homme, cela a excité des soupçons ; on l'a fouillé et on lui a trouvé un poignard. Je l'ai fait venir et ce petit misérable, qui m'a paru assez instruit, m'a dit qu'il voulait m'assassiner pour délivrer l'Autriche de la présence des Français. »

Aussi important que le fait, il y a toujours l'opinion que l'on en tire.

« J'ai voulu vous informer de cet événement, reprend Napoléon, afin qu'on ne le fasse pas plus considérable qu'il ne paraît l'être. J'espère qu'il ne pénétrera pas. S'il en était question, il faudrait faire passer cet individu pour fou. Gardez cela pour vous secrètement, si l'on n'en parle pas. Cela n'a fait à la parade aucun esclandre ; moi-même je ne m'en suis pas aperçu. »

Il faut insister encore.

« Je vous répète et vous comprendrez bien qu'il faut qu'il ne soit aucunement question de ce fait. »

Il reste seul. Il ne craint pas la mort. Il s'approche de la table sur laquelle est posé le long couteau effilé que dissimulait Frédéric Staps.

Mon heure n'était pas venue. J'ai su depuis ma première bataille qu'il était inutile de vouloir se préserver des boulets. Je me suis abandonné à ma destinée. Être empereur, c'est vivre sans cesse sur un champ de bataille. Paix ou guerre, rien ne change pour moi. Dans la paix, les conspirations sont des boulets.

Mais il faut agir. Le destin est un grand fleuve sur lequel l'homme doit naviguer, utilisant le courant, essayant d'éviter les tourbillons.

Il appelle le ministre des Relations extérieures.

– Monsieur de Champagny, il faut faire la paix. Vous êtes en différend avec les plénipotentiaires autrichiens pour 50 millions de contributions. Partagez le différend. Je vous autorise à transiger à 75 millions si vous ne pouvez avoir plus. Pour le reste, je m'en rapporte à vous ; faites le mieux possible et que la paix soit signée dans les vingt-quatre heures.

Il ne dort pas. Il imagine. Il pense à Frédéric Staps.

Si ce jeune fanatique exprime les sentiments allemands, alors c'est l'Allemagne qu'il faut séduire, car elle est au cœur de l'Empire. C'est avec la dynastie des Habsbourg qu'il faut conclure cette union familiale qui désarmera peut-être d'autres Staps. D'ailleurs, la sœur aînée du tsar, mon bel allié, s'est mariée le 3 août avec le duc d'Oldenburg, peut-être pour ne pas avoir à se marier avec moi. Quant à sa sœur Anne, on la dit trop jeune.

Il somnole, lit, dicte. Marie Walewska est partie. Les nuits sont longues et fraîches.

À 6 heures, M. de Champagny se présente. Est-ce la paix ?

– Le traité est signé ?

– Oui, Sire, le voilà.

C'est comme si l'estomac, si souvent douloureux, se détendait tout à coup.

Il écoute. L'Autriche pert tout accès à l'Adriatique et trois millions cinq cent mille de ses ressortissants. Ces territoires deviennent le gouvernement général d'Illyrie, rattaché à la France. La Galicie est partagée entre le grand-duché de Varsovie et la Russie. Le Tyrol revient à la Bavière.

– Cela est très bien, c'est un fort bon traité, dit-il.

Il prise, tousse.

Qui respecte les traités ? Il faudra que le mariage entre lui et une princesse de Habsbourg lie les deux dynasties, rendant inaltérable ce traité. À moins que le bel allié de Saint-Pétersbourg ne consente à donner sa jeune sœur. L'Autriche, alors, serait prise dans un étau, et bien contrainte de respecter le traité.

Champagny, un instant silencieux, reprend : il a obtenu une contribution de 85 millions au lieu des 75 millions fixés par l'Empereur.

– Mais c'est admirable, cela ! Si Talleyrand avait été à votre place, il m'aurait bien donné mes 75 millions mais il aurait mis les 10 autres dans sa poche !

Le dimanche 15 octobre, dit-il, quand le traité aura été ratifié, il fera tirer le canon à la pointe du Prater, pour célébrer l'événement, la paix.

Toute la journée du dimanche, il entend, portés par le vent, les acclamations et les chants des Viennois qui célèbrent la paix.

Le lundi 16 octobre 1809, au moment de quitter le château de Schönbrunn, il se tourne vers le général Rapp.

– Sachez comment il est mort, demande-t-il.

Staps a été condamné à la peine capitale pour espionnage et il doit être exécuté ce lundi.

L'automne est beau, sur les routes d'Allemagne.

Le samedi 21, il arrive à Munich.

Il chasse dans les forêts des environs de la ville. Le pas des chevaux est étouffé par l'épais matelas de feuilles mortes. Il ne traque pas le gibier, le laissant s'enfuir, indifférent aux aboiements des chiens et aux cris des rabatteurs.

Il n'a en tête que le rapport de Rapp.

– Staps, a raconté Rapp, a refusé le repas qu'on lui proposait, disant qu'il lui restait encore assez de force pour marcher jusqu'au supplice. Il a tressailli quand on lui a annoncé que la paix était faite. Il a dit : « Ô mon Dieu, je Te remercie. Voilà donc la paix faite et je ne suis pas un assassin. »

À 4 heures du matin, le dimanche 22 octobre 1809, Napoléon griffonne quelques mots pour Joséphine.

« Mon amie, je pars dans une heure, je me fais une fête de te revoir et j'attends ce moment avec impatience. Je serai arrivé à Fontainebleau du 26 au 27. Tu peux t'y rendre avec quelques dames.

« Napoléon »

Quand lui parlera-t-il ?

Huitième partie

La politique n'a pas de cœur, elle n'a que de la tête

27 octobre 1809 – 20 mars 1811

29.

Où est-elle ? Napoléon cherche Joséphine des yeux. Il saute de sa berline de voyage, s'arrête un instant au bas du grand escalier du château de Fontainebleau. Le grand maréchal du palais, Duroc, qui a quitté Schönbrunn quelques heures avant lui, vient à sa rencontre. Des aides de camp et des officiers l'entourent. Où est-elle ? Il lui avait demandé d'être présente avec les dames de la cour, mais elle a préféré ses aises, comme à son habitude.

Il est vrai que le jour commence à peine à se lever, ce jeudi 26 octobre 1809.

Napoléon aperçoit l'archichancelier Cambacérès, l'entraîne et, tout en marchant vers son cabinet de travail, le félicite pour sa ponctualité et commence à l'interroger. Qu'en est-il de l'opinion ? Pourquoi a-t-on été si lent à repousser le débarquement anglais dans l'île de Walcheren ? Quelle folie que d'avoir osé nommer Bernadotte à la tête des Gardes nationales chargées de cette tâche !

Bernadotte est un incapable, soucieux de ses petites intrigues et malade de jalousie et d'ambition. C'est Fouché, n'est-ce pas, qui l'a désigné ? Que sait-on à Paris de ce jeune Frédéric Staps, de ce fanatique, de ce fou qui voulait me poignarder ?

Napoléon s'arrête devant Cambacérès, debout au milieu du cabinet de travail.

Il ne craint pas la mort, dit-il. Les poignards ou les boulets, le poison seront impuissants contre lui, car il a un destin à accomplir.

Il s'assied. Il observe longuement Cambacérès. Cet homme avisé, prudent, reste le plus souvent silencieux. Il a toujours soutenu Joséphine. Il s'est, chaque fois que le bruit en a couru, montré hostile au divorce. C'est l'adversaire de Fouché.

Il craint une réaction de l'opinion si l'Empereur épouse une descendante de la dynastie des Habsbourg, une Autrichienne, ou une héritière de la dynastie des Romanov.

Où est l'Impératrice ? interroge à nouveau Napoléon.

Les souverains viennent à moi, les armées et les places fortes capitulent, les maréchaux et les ministres m'attendent à l'aube, et cette vieille femme n'est point capable de me recevoir après des mois d'absence. Qu'imagine-t-elle ? A-t-elle peur ? Il faudra bien qu'elle accepte ma décision.

Il se lève et commence à marcher. Il prise. Il ne se préoccupe plus de Cambacérès. D'ailleurs, il n'attend rien de l'archichancelier, sinon qu'il écoute ce qu'il doit lui dire.

Il a décidé de divorcer, dit-il, et le plus tôt sera le mieux. Mais que Cambacérès garde le secret. Il faut d'abord parler à Joséphine et lui faire expliquer les raisons de cette décision par Eugène de Beauharnais ou par Hortense. Mais il préfère le vice-roi d'Italie à la reine de Hollande. Eugène est comme un fils. Il est soucieux des intérêts de la dynastie. Il donnera à sa mère de bons conseils.

– J'ai réellement aimé Joséphine, dit Napoléon.

Il est songeur, s'éloigne de Cambacérès, revient vers lui.

– Mais je ne l'estime pas, reprend-il. Elle est trop menteuse.

Cambacérès se tait.

– Elle a un je-ne-sais-quoi qui plaît, reprend-il. C'est une vraie femme.

Il rit, murmure comme pour lui-même :

– Elle a le plus gentil petit cul qui soit possible.

Le visage empourpré de Cambacérès l'enchante. Cet homme-là ne saura jamais ce que c'est qu'une femme. Ses goûts sont ailleurs.

– Joséphine est bonne, ajoute Napoléon, dans ce sens qu'elle invite toute le monde à déjeuner. Mais se priverait-elle de quelque chose pour donner ? Non !

Il s'emporte tout à coup.

Où est-elle ? À Saint-Cloud, alors que je suis ici, qu'elle aurait dû s'y trouver pour m'accueillir !

Il renvoie Cambacérès, dicte un courrier pour Eugène puis commence à travailler, examinant les dépêches.

L'Espagne, toujours. La guerre s'y prolonge. Il lit et relit la lettre que le général Kellermann a fait parvenir à Berthier.

« C'est en vain qu'on abat d'un côté les têtes de l'hydre, écrit le fils du héros de Valmy, aujourd'hui vieux maréchal. Elles renaissent de l'autre, et sans une révolution dans les esprits, vous ne parviendrez de longtemps à soumettre cette vaste péninsule ; elle absorbera la population et les trésors de la France. »

L'Espagne me ruine. Joseph est incapable de maîtriser le pays. Les maréchaux Soult ou Mortier, qui y combattent, remportent des victoires qui ne sont jamais décisives. Faudra-t-il que je prenne à nouveau le commandement des armées d'Espagne ?

« J'en reviens à dire, écrit le général Kellermann, qu'il faut la tête et le bras d'Hercule. Lui seul, par la force et l'adresse, peut terminer cette grande affaire, si elle peut être terminée. »

Il faudra que Berthier parte en Espagne pour y préparer ma venue. Hercule ! Napoléon sourit. Hercule frappera, plus tard, après, quand il en aura fini avec Joséphine.

Ces bruits de pas et de voix dans les galeries du château puis dans l'antichambre annoncent sans doute l'arrivée de Joséphine à Fontainebleau. Enfin !

Il passe dans la bibliothèque d'un pas rapide. Il s'y enferme, commence à écrire. Il lui en veut du malaise qu'il ressent, de cette impossibilité où il est de lui parler dès ce soir.

Elle entre.

Il ne veut pas lever la tête. Elle ne dit rien. Voilà plus de sept mois qu'ils ne se sont vus. Pourquoi n'est-elle pas venue comme il le lui avait demandé ? Quelle habileté est-ce encore là ? Pense-t-elle qu'il est impatient ?

Il se redresse. Elle pleure silencieusement.

– Ah, vous voilà, madame. Vous faites bien, car j'allais partir pour Saint-Cloud.

Elle balbutie, elle s'excuse. Ce n'est pas cela qu'il veut ! Il veut qu'elle comprenne le moment où ils en sont arrivés de leur vie. Qu'elle lui rende la tâche facile. Qu'elle accepte !

Il l'embrasse. Il ne ressent rien que de la gêne.

Il déteste cette situation. Il ne peut lui parler alors qu'il doit le faire. Il ne supporte pas qu'elle paraisse devant lui avec ce visage gris, ces yeux remplis de larmes, ce regard de bête traquée.

Les jours suivants, il quitte le château dès qu'il le peut.

Il chasse avec une sorte de rage dans cet automne rayonnant de l'Île-de-France. Il chasse à courre dans la forêt de Fontainebleau, dans les bois de Boulogne ou de Versailles, autour de Melun et de Vincennes.

Quand il rentre au château de Fontainebleau et qu'il aperçoit Joséphine tenant son cercle dans son salon, il ne lui jette qu'un coup d'œil. Tant qu'il ne lui aura pas parlé, tant qu'elle n'aura pas accepté, il ne pourra la côtoyer. Pourquoi ne l'aide-t-elle pas ? Pourquoi n'a-t-elle pas la dignité de se soumettre à cette loi du destin qui fait qu'il a besoin d'un « ventre » fécond, d'un jeune ventre, d'une femme issue d'une famille qui soit à la hauteur de ce qu'il est devenu ?

Il convoque Champagny, le ministre des Relations extérieures.

Il doit exiger de l'ambassadeur auprès du tsar qu'il rappelle à celui-ci leur rencontre d'Erfurt, où il fut question de divorce et où Alexandre évoqua la possibilité d'un mariage avec la plus jeune de ses sœurs, Anne. Dites à Caulaincourt que « l'Empereur, pressé par toute la France, se dispose au divorce ». Qu'on sache à quoi s'en tenir et quelles sont les intentions de notre bel allié du Nord !

Mais quelle confiance peut-on avoir en Alexandre ? Le conseiller d'ambassade de l'Autriche à Paris, le chevalier Floret, laisse au contraire entendre que Metternich et l'empereur François Ier sont disposés à « céder » à Napoléon l'archiduchesse Marie-Louise, une jeune fille de dix-huit ans.

Une Habsbourg ! Il imagine. Une Autrichienne, comme le fut Marie-Antoinette ! Il se souvient des journées révolutionnaires dont il fut le témoin en juin, en août 1792, de ces cris qu'il a encore en tête et qu'il entendait dans le jardin des Tuileries. « À mort l'Autrichienne ! »

Il va et vient dans son cabinet de travail. Une Autrichienne, comme Marie-Antoinette. Mais il n'est pas Louis XVI.

Si le tsar se dérobait, ce qu'il craint, ce qu'il pressent, l'Autriche pourrait alors devenir l'alliée nécessaire.

Cette Marie-Louise a dix-huit ans. Elle est la petite-fille de Charles Quint et de Louis XIV.

Je suis devenu moi. J'ai droit à elle si je le veux.

Il reçoit aux Tuileries les rois de Bavière, de Saxe, du Wurtemberg, et Murat, roi de Naples, et Jérôme, roi de Westphalie, et Louis, roi de Hollande.

Il préside, autour de l'arc de triomphe du Carrousel, les parades de la nouvelle Grande Armée. Et il entend les acclamations de la foule. « Vive l'Empereur ! Vive le vainqueur de Wagram ! Vive la paix de Vienne ! »

Il tient du bout des doigts la main de Joséphine, car il doit parfois paraître à ses côtés. Il ne peut la regarder. Elle cherche encore à l'émouvoir.

Mais je ne suis que fidèle à mon destin.

Il préfère, plutôt que de s'asseoir près d'elle, se promener dans la calèche de Pauline, princesse Borghèse, sœur confidente, depuis toujours favorable au divorce, sœur complice qui s'éloigne quand apparaît l'une de ses dames d'honneur, une petite Piémontaise effrontée, blonde et gaie, et qui ne baisse pas les yeux.

Cette nuit il rejoindra Christine, la Piémontaise. Demain il parlera à Joséphine.

Je suis l'Empereur des rois. Personne ne peut s'opposer à mon destin.

C'est le jeudi 30 novembre 1809. Il dîne seul avec Joséphine. Il ne parle pas. Il ne peut pas. Lorsqu'il lève la tête, il n'aperçoit que le grand chapeau qu'elle porte pour cacher ses yeux rougis et son visage marqué.

Il ne peut avaler une bouchée. Il fait tinter le cristal des verres avec son couteau. Il se lève, dit : « Quel temps fait-il ? » puis passe dans le salon voisin.

Quand un page apporte le café, Joséphine fait un geste pour remplir la tasse de l'Empereur. Il la devance, se sert lui-même. D'un signe, il ordonne qu'on les laisse, qu'on ferme la porte.

Déjà elle sanglote, se tord les bras.

– Ne cherchez pas à m'émouvoir, dit-il d'un ton brusque en lui tournant le dos. Je vous aime toujours, mais la politique n'a pas de cœur, elle n'a que de la tête.

Il lui fait face.

– Voulez-vous de gré ou de force ? Je suis résolu.

Elle paraît frappée de stupeur.

– Je vous donnerai 5 millions par an et la souveraineté de Rome.

Elle crie, elle murmure : « Je n'y survivrai pas », elle tombe sur le tapis, elle geint, puis elle semble s'évanouir.

Il ouvre la porte, fait entrer le préfet du palais, Beausset. C'est un homme corpulent, que son épée gêne.

– Êtes-vous assez fort pour enlever Joséphine et la porter chez elle par l'escalier intérieur afin de lui faire donner des soins ? demande-t-il en saisissant une torche pour éclairer l'escalier.

Il ne sait que penser.

Dans l'escalier, Beausset trébuche, Napoléon qui le précède se retourne. Il entend Joséphine chuchoter à l'oreille de Beausset : « Vous me serrez trop fort. »

A-t-elle jamais perdu connaissance ?

Il se retire, et dès qu'il a fait quelques pas il se sent oppressé. Il suffoque. Il entre dans son appartement. Il demande qu'on envoie chez l'Impératrice sa fille Hortense et le docteur Corvisart.

Il s'assied. Joséphine a sans doute exagéré sa peine, simulé l'évanouissement parce qu'elle est menteuse. Mais elle doit souffrir et il en est accablé. C'est un arrachement pour lui aussi. Toute une part de sa vie qui se ferme. Et la douleur l'étreint.

Il entend des pas. Voici Hortense.

Il va au-devant d'elle.

– Vous avez vu votre mère ? Elle vous a parlé ?

Il s'expriment durement. Il essaie de contenir le désarroi qu'il sent monter en lui. Il serait si simple de ne jamais trancher, de ne jamais choisir, de ne pas se soumettre à la loi de son destin.

– Mon parti est pris, reprend-il. Il est irrévocable. La France entière veut le divorce. Elle le demande hautement. Je ne puis résister à ses vœux.

Il tourne le dos à Hortense. Il ne peut plus la regarder.

– Rien ne me fera revenir, ni larmes ni prières. Rien, martèle-t-il.

Il écoute, immobile, la voix claire et calme d'Hortense. Il se souvient de la très jeune fille, d'à peine treize ans, qu'il a connue, de la tendresse qu'il avait pour elle. De l'affection qu'il continue d'éprouver pour cette femme, épouse de Louis et sœur de celui qu'il considère comme un fils – Eugène, qui, lui, n'avait que quinze ans au moment de leur rencontre. C'est sa deuxième famille, depuis tant d'années.

– Vous êtes le maître de faire ce qu'il vous plaira, Sire, dit

Hortense. Vous ne serez contrarié par personne. Puisque votre bonheur l'exige, c'est assez. Nous saurons nous y sacrifier. Ne soyez pas surpris des pleurs de ma mère. Vous devriez l'être plutôt si, après une réunion de quinze années, elle n'en versait pas.

Il se souvient. Il sent les larmes dans ses yeux.

– Mais elle se soumettra, ajoute Hortense, j'en ai la conviction, et nous nous en irons tous, emportant le souvenir de vos bontés.

Il ne peut pas se séparer d'eux. Il veut ajouter quelque chose à sa vie : une épouse royale, un héritier de son sang, mais il ne veut perdre ni Hortense, ni Eugène, ni leurs enfants, ni leur fidélité politique, et il ne veut pas même perdre Joséphine.

Il sent des larmes envahir ses yeux, des sanglots l'étouffer. Que ne comprennent-ils la dureté des choix qu'il s'impose, l'effort qu'il doit faire pour trancher ? Pourquoi faut-il qu'ils lui rendent l'accomplissement de son destin si difficile ? Pourquoi ne l'aide-t-on pas ?

– Quoi, vous me quitterez tous, vous m'abandonnerez ? s'exclame-t-il. Vous ne m'aimez donc plus ?

Ce n'est pas possible. Il ne l'accepte pas. Ce n'est pas de son bonheur qu'il s'agit, mais de son destin, de celui de la France.

– Plaignez-moi, plaignez-moi plutôt d'être contraint de renoncer à mes plus chères affections, répète-t-il.

Il continue de sangloter. Il devine l'émotion d'Hortense. Ni elle ni Eugène ne s'éloigneront de lui.

On n'abandonnera pas l'Empereur des rois. Il impose ses choix.

30.

Elle est là. Et il veut, et il faut que Joséphine soit là, marchant près de lui dans la nef de Notre-Dame, ce dimanche 3 décembre 1809. Elle est encore l'Impératrice.

Les cloches résonnent sous la voûte. Les canons tonnent. Le *Te Deum* célèbre la victoire de Wagram et la paix de Vienne.

Mes rois, mes maréchaux, mes généraux, mes ministres sont rassemblés autour de moi. J'entends les acclamations de la foule. Dans un instant je verrai les troupes massées devant la cathédrale et je monterai dans la voiture, celle du sacre.

Joséphine est là. Comme autrefois, le jour du sacre. Elle cherche à sourire. Elle affronte tous ces regards. Ils savent tous. Fouché a fait répandre la nouvelle dans les salons, dans les tavernes, pour préparer l'opinion : l'Empereur divorce. L'Empereur veut épouser un ventre. L'Empereur veut un fils.

Je connais la cruauté, la bassesse, la lâcheté de ces regards. Joséphine cache sous son voile ses paupières gonflées et ses yeux rougis. Et ils se repaissent tous de sa souffrance.

Sa tristesse et son désespoir me sont insupportables. C'est comme s'ils étaient le prix de ma victoire. Quand je la vois, la douleur m'étreint. Les larmes viennent à mes yeux. Faut-il toujours que quelqu'un meure pour que je triomphe ?

Il pense au corps pantelant du maréchal Lannes sur le champ de bataille d'Essling. Il regarde Joséphine. Elle est comme un soldat qui fait face.

Elle est assise près de lui dans la grande salle des Victoires à l'Hôtel de Ville, lors du banquet donné en l'honneur des rois. Elle est dans la loge du Corps législatif, quand, le mardi 5 décembre, il monte à la tribune.

Il commence à parler. Les mots l'entraînent. Il ne la voit plus.

« Français, vous avez la force et l'énergie de l'Hercule des Anciens ! dit-il. Trois mois ont vu naître et terminer cette quatrième guerre punique... Lorsque je me montrerai au-delà des Pyrénées, le léopoard épouvanté cherchera l'océan pour éviter la honte, la défaite et la mort. Le triomphe de mes armées sera le triomphe du génie du bien sur celui du mal ; de la modération, de l'ordre, de la morale sur la guerre civile, l'anarchie et les passions malfaisantes. »

On l'acclame.

Il prend la main de Joséphine. Après l'éclat du triomphe, c'est la douleur du blessé. Elle rentre à la Malmaison. Il chuchote :

– Je désire te savoir gaie. Je viendrai te voir dans la semaine.

Elle n'est plus là et il souffre déjà de son absence. Elle était dans sa vie depuis si longtemps.

Il travaille pour la chasser de son esprit. Il doit, maintenant que le divorce est décidé, que l'avenir lui apportera un fils...

Il s'interrompt. Marie Walewska lui a écrit de son château de Walewice. Sa grossesse se poursuit. L'enfant naîtra au printemps, en avril ou en mai. Elle le sent déjà, dit-elle. Elle est sûre que ce sera un garçon.

... Un fils.

Quand enfin il aura un fils légitime, il faudra que l'Empire qu'il lui lègue soit d'un seul tenant.

« Je veux manger la Hollande, dit-il, qu'elle soit française. Paris sera la capitale spirituelle de l'Empire, la capitale de mon fils à naître. Rome sera la deuxième ville de l'Empire, ville française, et mon fils sera roi de Rome. Toutes les institutions de l'Église, ses archives, seront à Paris. Et le pape, dépouillé de ses pouvoirs temporels. »

Il voit ce grand Empire s'étendant de la Hollande à la Catalogne. « Je serai sous peu en Espagne », dit-il à Berthier. Mais ce n'est pas pour Joseph qu'il combattra, c'est pour lui, pour ce fils qui devra aussi régner au nord de l'Èbre, comme il régnera à Rome. Et autour de l'Empire viendront, comme un immense glacis, s'agglomérer les États de la Confédération du Rhin, les royaumes de Naples et d'Espagne, et, plus à l'est, le grand-duché de Varsovie.

Les heures passent. Il marche dans son cabinet de travail, propose des décrets de rattachement de Rome à la France, écrit aux généraux commandant en Espagne.

Il lui fallait ce fils pour qu'enfin tous les efforts qu'il a accomplis, les victoires qu'il a remportées, s'ajoutent et changent les destinées de l'Europe.

Ce fils sera, avec lui, grâce à lui, la pierre angulaire d'un empire d'Occident.

Après moi, tout dépendra de ce qu'il sera, lui, cet enfant dont je ne connais pas encore celle qui deviendra sa mère. Mais ce sera lui qui couronnera ce roman qu'est ma vie. Je prendrai ma place dans une longue chaîne dont je suis le maillon ultime avant lui, mon fils à naître.

Je pense à la longue suite de rois et d'empereurs qui l'ont précédé.

« Je me tiens solidaire de tous, dit-il, de Clovis au Comité de salut public. »

Et je ne veux pas que cette chaîne soit brisée après moi. Je divorce pour pouvoir la prolonger.

Il est nerveux, exalté. Ces songes l'habitent. Il ne peut pas finir cette nuit seul.

Que Constant aille chercher, chez la princesse Borghèse, cette dame d'honneur piémontaise blonde et gaie, petite et grasse, Mme Christine de Mathis.

Il se réveille. Il sort du songe et de la nuit. Tout est dit et rien n'est réglé. Ni le divorce ni le mariage. C'est comme une bataille commencée dans laquelle rien n'est conclu.

Peut-être même Joséphine espère-t-elle encore ? Elle lui lance parfois des regards insistants où il lit une attente, comme si elle attendait un geste, un mot qui dissiperaient son cauchemar. Et il se retient d'avoir pour elle des remarques de tendresse, car il sent qu'elle s'accroche à lui comme pour le faire basculer dans leur passé, leurs souvenirs.

Il ne veut pas. Mais à chaque instant il doit lutter contre lui-même, contenir son émotion quand il reçoit Eugène arrivé d'Italie. Il aime le fils d'Hortense. Il l'a vu devenir un homme, un soldat, en Égypte, en Italie, en Allemagne. Il l'écoute dire :

– Il vaut mieux tout quitter, nous aurons une position fausse, ma mère finira peut-être par vous gêner. Désignez-nous un endroit où nous puissions, loin de la cour et des intrigues, aider notre mère à supporter son malheur.

Napoléon secoue la tête. Il l'a déjà dit à Hortense, il ne peut pas accepter cela. Il ne supporterait pas cette blessure. Il n'en voit pas la nécessité.

Ne peuvent-ils me faciliter cette tâche ?

Il s'approche d'Eugène. Il a fait du garçon de quinze ans d'autrefois un vice-roi d'Italie.

– Eugène, dit-il, si j'ai pu vous être utile dans ma vie, si je vous ai tenu lieu de père, ne m'abandonnez pas. J'ai besoin de vous. Votre sœur ne peut me quitter. Elle se doit à ses enfants, mes propres neveux. Votre mère ne le désire pas.

Il saisit Eugène par les épaules. Il doit le convaincre.

– Avec toutes vos idées exagérées, vous feriez mon malheur. Je dirai plus : vous devez songer à la postérité. Restez si vous ne voulez pas qu'elle dise : l'Impératrice fut renvoyée, abandonnée. Elle le méritait peut-être.

Il sent qu'Eugène est ébranlé. Même dans l'émotion, il faut lutter pour l'emporter.

– Son rôle n'est-il pas assez beau d'être encore près de moi, reprend Napoléon, de conserver son rang et ses dignités, de prouver que c'est là une séparation toute politique, qu'elle a voulue, et d'acquérir de nouveaux titres à l'estime, au respect, à l'amour d'une nation pour laquelle elle se sacrifie ?

Il a gagné. Il serre Eugène contre lui. Il veut qu'Eugène se rende auprès de sa mère, la raisonne, qu'elle consente à la séparation.

Le vendredi 8 décembre, dans la matinée, ils sont tous trois réunis. Joséphine, en présence de son fils, parle calmement. Napoléon l'observe. Elle a même retrouvé cette expression aiguë où se mêlent le désir et l'avidité. Il est sur ses gardes.

– Le bonheur de la France, dit-elle, m'est trop cher pour que je ne me fasse pas un devoir de m'y prêter.

Il la voit qui prend la main d'Eugène.

Elle veut, continue-t-elle d'une voix tout à coup sèche, que Napoléon transmette la Couronne d'Italie à Eugène.

C'est donc là le prix qu'elle demande. Dans sa souffrance, elle reste ce qu'elle est : une habile, une vorace.

Eugène s'est levé.

– Votre fils, s'écrie-t-il en répondant à Joséphine, ne voudrait pas d'une Couronne qui serait le prix de votre séparation !

Le fils vaut mieux que la mère.

Napoléon l'embrasse.

– Je reconnais le cœur d'Eugène, dit-il. Il a raison de s'en rapporter à ma tendresse.

Mais c'est mon fils à venir qui sera roi de Rome, je l'ai déjà décidé.

Elle a donc accepté.

Il faut maintenant, sur l'autre front, choisir la mariée. Il convoque Champagny, le ministre des Affaires extérieures. Il est urgent de savoir quelle est vraiment l'attitude d'Alexandre. Veut-il ou non donner sa sœur Anne ? Ou bien biaise-t-il ? Il faut une réponse rapide. Et que l'ambassadeur Caulaincourt, quand il verra le tsar, fasse comprendre qu'on n'attache aucune importance aux conditions, même à celle de la religion. Ce sont des enfants qu'on veut, un ventre fécond, donc. Et une réponse sans détour. Sinon, on se tournera ailleurs, vers Vienne.

Il est joyeux de ce mouvement qui commence. Enfin il a donné le branle.

Il se rend à la grande fête que donne le maréchal Berthier dans son château de Grosbois. Il chasse en compagnie de *ses* rois, ceux de Naples, de Wurtemberg et de Saxe. Il est leur Empereur à tous. Certains sont ses frères de sang : le roi de Hollande ou de Westphalie. Il a permis tout cela. Et bientôt il pourra plus encore, pour son fils.

Tout à coup, il voit Joséphine qui s'avance. On ne l'attendait pas. Elle s'assied dans la salle où l'on va jouer *Cadet Rousselle*, la pièce qui triomphe à Paris.

Il ne connaît pas cette pièce. Il l'écoute et la regarde distraitement, quand tout à coup des répliques le font sursauter. L'acteur répète :

Il faut divorcer pour avoir des descendants ou des ancêtres.

Qui a choisi ce spectacle ? Napoléon suit avec attention cette comédie pleine d'allusions. Il a froid et honte.

À la fin de la représentation, il s'approche de Joséphine, lui prend le bras, marche à pas lents avec elle au milieu des invités. Il s'arrête devant Hortense et Eugène. Il les embrasse et fait baisser les yeux de ces dignitaires qui les entourent. Il reconduit l'Impératrice à sa voiture.

Il ne veut plus supporter cette situation fausse. Il ne veut pas s'infliger et provoquer des souffrances et des humiliations inutiles.

Il faut, maintenant que Joséphine a accepté, trancher vite et publiquement. Point de gangrène, mais une amputation franche.

Il voit le prudent Cambacérès, habile juriste et serviteur dévoué. Demain, le 15 décembre, un sénatus-consulte promulguera la dissolution du mariage. L'Impératrice conservera les titres et rangs d'Impératrice mère, et son douaire sera fixé à une rente annuelle de 2 millions de francs sur le Trésor de l'État.

Napoléon regarde Cambacérès. D'un signe il lui demande de ne pas noter.

Il laissera naturellement à Joséphine la Malmaison, dit-il. Il lui accordera aussi un autre château, loin de Paris, parce qu'elle ne peut rester à l'Élysée. Sa présence pourrait être gênante pour elle comme pour lui. Pourquoi pas le château de Navarre, près d'Évreux ?

Cambacérès se tait. Que pense-t-il ? Peu m'importe.

Qu'on ajoute que toutes les dispositions pourront être faites par l'Empereur en faveur de l'Impératrice Joséphine sur les fonds de la liste civile et seront obligatoires pour ses successeurs.

Ne suis-je pas généreux ?

Il ne demande pas de réponse. Il veut qu'aujourd'hui même, jeudi 14 décembre, à 9 heures du soir, la famille impériale se réunisse ici, dans le cabinet impérial, afin de prendre connaissance de la décision des deux époux et des dispositions du sénatus-consulte.

Il baisse la tête. Il est tout à coup inquiet. Il va franchir sans possibilité de retour la frontière entre deux parties de sa vie. Il veut ce passage, mais il se sent nerveux.

Il reste seul la plus grande partie de la journée. Il chasse dans le bois de Vincennes, il galope jusqu'à ce que son corps soit rompu.

Quand il rentre, il aperçoit dans la salle du Trône les rois et les reines, les maréchaux et les dignitaires dans leurs costumes d'apparat. Les femmes portent colliers et diadèmes, les souverains les grands cordons de leur ordre.

Il voit sa mère, Madame Mère, noire et maigre, qui ne peut dissimuler, comme ses filles – *mes chères sœurs* –, sa joie. Elles ont enfin ce qu'elles veulent depuis si longtemps, le divorce, puisqu'elles n'ont jamais accepté Joséphine, qu'elles l'ont dénoncée, critiquée, harcelée, moquée.

Chez lui, il se fait rapidement habiller par Constant avec son uniforme de colonel de la Garde, puis il passe dans son cabinet de travail, s'assied et fait ouvrir les portes.

Il voit s'avancer Joséphine dans sa robe blanche. Elle ne porte aucun bijou. Elle est émouvante comme une victime prête pour le sacrifice.

Il ne la regarde pas, se lève au moment où entrent à leur tour, après les membres de la famille impériale, Cambacérès et Regnaud de Saint-Jean-d'Angély, le secrétaire de la maison impériale.

Napoléon commence à lire le texte qu'il a dicté, rejetant le discours officiel qui lui avait été préparé par Maret, son chef de cabinet.

« La politique de ma monarchie, l'intérêt et le besoin de mes peuples qui ont constamment guidé toutes mes actions, dit-il, veulent qu'après moi je laisse à des enfants héritiers de mon amour pour mes peuples ce trône où la Providence m'a placé. »

Il lève la tête, regarde Joséphine dont le visage paraît encore plus blanc que la robe.

« Cependant, depuis plusieurs années, j'ai perdu l'espérance d'avoir des enfants de mon mariage avec ma bien-aimée épouse, l'Impératrice Joséphine. »

Il respire longuement, dit d'une voix sourde :

« C'est ce qui me porte à sacrifier les plus douces affections de mon cœur, à n'écouter que le bien de l'État, et à vouloir la dissolution de notre mariage. »

Il a prononcé les mots décisifs, enfin. Sa voix se raffermit. Il dévisage les uns après les autres sa mère, ses sœurs et les dignitaires.

« Parvenu à l'âge de quarante ans, reprend-il, je puis concevoir l'espérance de vivre assez pour élever dans mon esprit et dans ma pensée les enfants qu'il plaira à la Providence de me donner. Dieu sait combien une pareille résolution a coûté à mon cœur, mais il n'est aucun sacrifice qui soit au-dessus de mon courage lorsqu'il m'est démontré qu'il est utile au bien de la France. »

Il se tourne vers Joséphine. Qu'elle ne doute pas de ses sentiments, dit-il.

« Je n'ai qu'à me louer de l'attachement et de la tendresse de ma bien-aimée épouse... et qu'elle me tienne toujours pour son meilleur et son plus cher ami. »

Ami. Ce mot comme un coup de poignard qu'il se donne à lui-même et dont il la frappe.

Ami : voilà ce qu'il est devenu.

Il se souvient des lettres qu'il écrivait à Joséphine au temps de la campagne d'Italie. Il ne la regarde plus.

Elle commence une phrase, puis les sanglots l'étouffent et c'est Regnaud qui lit son consentement au divorce.

Napoléon ne lève la tête que lorsqu'on lui présente le procès-verbal. Il écrase la plume, souligne son nom d'un large trait. Et il voit la main de Joséphine écrire sous ce trait, lentement, son nom, ces petites lettres enfantines. Il détourne la tête. Il entend le crissement de la plume. Quand le silence revient, il va vers Joséphine, l'embrasse et la reconduit en compagnie d'Hortense et d'Eugène vers ses appartements.

Tout est fini, donc. Il n'assiste pas au Conseil qui va adopter le texte du sénatus-consulte que le Sénat votera. Il suffira ensuite de faire déclarer la nullité du lien religieux par la commission ecclésiastique, que l'on saura et composer et soumettre. Il sait bien, dès ce 14 décembre 1809, qu'il obtiendra ce qu'il veut, même si certains contesteront la légalité de la procédure.

Il a donc réussi. Il s'est séparé de ce qui le liait encore au passé, au début de son ascension.

Il s'assied sur son lit. Il a tranché avec sa jeunesse. Il a désiré cela. Mais il n'éprouve aucune joie. Ce divorce, il l'a voulu pour être fidèle à son destin. Mais est-il encore fidèle à ses origines ?

Il se couche. La porte s'ouvre. Il voit Joséphine. Elle avance lentement vers le lit. Il la serre contre lui.

– Du courage, du courage, murmure-t-il.

Il la garde contre lui cependant qu'elle pleure, puis il appelle Constant, qui la reconduit.

Morne nuit.

Il lui semble, quand il se lève le lendemain matin, qu'il n'a plus d'énergie. Il se laisse habiller en soulevant ses bras lentement. Son corps est endolori. Il a dans la bouche cette saveur âcre de la bile. Son estomac est douloureux.

Il appelle Méneval, mais il ne peut dicter. Il est épuisé. Il se laisse tomber sur une causeuse. Il a l'impression que son corps est lourd. Il ne bouge plus, la tête appuyée sur la main, le front moite.

Il se lève brusquement quand un aide de camp lui annonce que les voitures de l'Impératrice sont prêtes au départ pour la Malmaison.

C'est la dernière épreuve.

Il descend par le petit escalier sombre. Il la voit, hagarde. Il la reçoit contre lui, l'embrasse, puis il la sent glisser. Elle s'évanouit. Il la porte jusqu'à un canapé.

Elle ouvre les yeux, tend le bras. Mais il s'éloigne. Que peut-il dire ? Que peut-il faire ? Il a choisi.

Il appelle son grand chambellan. Il ne veut pas rester aux Tuileries. Il va s'installer pour quelques jours à Trianon.

Il doit vivre.

Il monte dans sa voiture. Qu'on dise à la princesse Borghèse de le rejoindre avec sa dame d'honneur, Christine de Mathis.

Vivre, c'est aussi un choix de la volonté.

31.

Cela ne fait qu'un jour qu'il est à Trianon, et déjà la solitude lui pèse. Ce mois de décembre et cette année 1809 n'en finissent plus !

Il entend les rires de Pauline Borghèse et de ses dames d'honneur. Il ne les supporte pas. Il sort dans le parc. Il lui semble qu'il ne pourra plus retrouver son énergie.

Il a renvoyé Méneval et les aides de camp. Il fait seller son cheval. Il veut chasser. Il parcourt les bois de Versailles, le plateau de Satory. Il rentre trempé par l'averse, mais il se sent mieux. Il aperçoit Christine de Mathis. Il va dîner avec elle. Mais, dès qu'il est assis en face de cette jeune femme qui jacasse et roucoule, il se morfond. Il se souvient de Joséphine, de la complicité qui les unissait. Il se lève. Il abandonne Christine de Mathis.

Peut-être, en se séparant de Joséphine, a-t-il attiré sur lui le mauvais œil ? Peut-être était-elle la femme qui lui permettait d'aller de l'avant. Il ne serait rassuré que si elle vivait paisiblement, gaiement, ce divorce.

Il veut la revoir. Il y a seulement quelques heures qu'il l'a quittée et il a besoin d'elle. Il doit se persuader qu'elle est vivante. Il a si peur tout à coup qu'elle ne supporte pas la séparation et qu'elle ne meure.

Il se rend à la Malmaison et la voit, marchant seule dans le parc. Elle se retourne, vient vers lui comme une femme perdue. Il la soutient, l'entraîne dans les allées. Il se calme. Il ne peut regretter ce divorce. Elle est son passé. Et le passé est derrière lui. On ne le pleure pas. On n'essaie pas de le faire revivre.

Il l'embrasse. Il rentre à Trianon. Et l'inquiétude le reprend. Il faut que Joséphine surmonte l'épreuve. Si elle succombait, quelle blessure pour lui, et quel choc politique ! « L'Empereur égoïste, l'Empereur qui rejette sa vieille épouse et celle-ci dépérit et meurt », dirait-on.

Il écrit :

« Mon amie, je t'ai trouvée aujourd'hui plus faible que tu ne devrais être... Il ne faut pas te laisser aller à une funeste mélancolie ; il faut te trouver contente et surtout soigner ta santé qui m'est si précieuse. Si tu m'es attachée et si tu m'aimes, tu dois te comporter avec force et te placer heureuse. Tu ne peux pas mettre en doute ma constante et tendre amitié, et tu connaîtrais bien mal tous les sentiments que je te porte, si tu supposais que je puis être heureux si tu n'es pas heureuse, et content si tu ne te tranquillises.

« Adieu, mon amie, songe que je le veux.

« Napoléon »

Je dois la soutenir. Si elle coule, je m'enfonce aussi. Mon mariage serait compromis par le scandale et l'écho de sa mort ou simplement de son désespoir.

Elle ne peut pas, elle ne doit pas s'abandonner. J'ai besoin de sa vie, j'ai besoin qu'elle soit heureuse.

Il se répète la phrase qu'elle a murmurée d'une voix calme dans le parc de la Malmaison.

« Il me semble quelquefois, a-t-elle dit, que je suis morte et qu'il ne me reste qu'une sorte de faculté vague de sentir que je ne suis plus. »

Il reçoit d'elle des lettres qui exhalent toutes le même désespoir et le même accablement.

Il ne peut lui en vouloir. Elle s'est soumise. Mais l'irritation le gagne. Il ne lui a pas imposé cette souffrance pour rien.

Il convoque Champagny. A-t-on une réponse du tsar ?

Veut-il, ou non, que j'épouse sa sœur Anne ? Que valent ses excuses ? La mère d'Anne serait réticente ? Prétextes que tout cela. Il faut alors se tourner vers l'Autriche. Que Champagny bavarde avec le nouvel ambassadeur de Vienne à Paris, le prince Charles Schwarzenberg, un prince de valeur qui a sauvé ses hommes à Ulm et combattu à Wagram. Il faut qu'on sache si François Ier est disposé à céder sa fille Marie-Louise. À moi, le

Corsicain, l'Attila, l'Antéchrist – n'est-ce pas ainsi qu'à Vienne les jeunes duchesses me nomment ?

Il s'impatiente. Il faut obtenir une réponse immédiate, nouer rapidement le lien d'un mariage. Qui peut être sûr de l'avenir ?

Il pense à Joséphine. L'inquiétude est tout à coup si forte qu'il part chasser le cerf, se lançant au galop jusqu'à l'épuisement de son cheval. Il rentre à la nuit, mais Trianon, malgré la présence des officiers de sa maison et des domestiques, est froid et lui semble désert.

Il convoque le général Savary. Qu'il se rende à la Malmaison, qu'il voie Joséphine, qu'il fasse un rapport sur l'état de l'Impératrice.

Savary est revenu porteur d'une lettre de Joséphine. L'Impératrice est abattue, commence-t-il. Napoléon, avec impatience, l'écoute, lit la lettre, puis se met à écrire.

« Je reçois ta lettre, mon amie. Savary me dit que tu pleures toujours : cela n'est pas bien... Je viendrai te voir lorsque tu me diras que tu es raisonnable et que ton courage prend le dessus.

« Demain, toute la journée, j'ai les ministres.

« Adieu, mon amie, je suis triste aujourd'hui ; j'ai besoin de te savoir satisfaite et d'apprendre que tu prends de l'aplomb. Dors bien.

« Napoléon »

Que peut-il faire pour la forcer à vivre, à se redresser ? La voir !

« J'ai bien envie de te voir, mais il faut que je sois sûr que tu es forte et non faible ; je le suis aussi un peu et cela me fait un mal affreux. »

Le lundi 25 décembre, il l'invite à Trianon pour le dîner, mais, dès qu'il la voit, il regrette de l'avoir conviée. Elle a cet air battu de victime qu'il ne supporte pas. Il se sent incapable de parler, assis en face d'elle avec, à sa droite, la reine Hortense et Caroline, reine de Naples.

Parfois il baisse la tête parce que les larmes envahissent ses yeux.

Il a voulu, choisi cela.

Il n'y aura pas d'autre dîner avec Joséphine.

Il quitte Trianon dès le lendemain et rentre aux Tuileries. Il longe les galeries, traverse le salon où se tenait le cercle de l'Impératrice.

Ce palais, sans épouse, est mort.

Il se sent isolé. Il ne peut s'empêcher de lui écrire encore :

« J'ai été fort ennuyé de retrouver les Tuileries, Eugène m'a dit que tu avais été toute triste hier : cela n'est pas bien, mon amie, c'est contraire à ce que tu m'avais promis.

« Je vais dîner seul.

« Adieu, mon amie, porte-toi bien. »

C'est le dernier jour de cette année 1809, un dimanche. Il se rend à l'arc de triomphe du Carrousel pour assister à la parade de la vieille Garde qui défile, acclamée.

Il rentre à 15 heures aux Tuileries. Le soleil de ce 31 décembre illumine les pièces.

Il s'assied à sa table de travail. Il va écrire à Alexandre.

Il faudra que dans les jours qui viennent je sache quel ventre, autrichien ou russe, portera mon fils !

Il dicte la lettre d'une voix saccadée.

« Je laisse Votre Majesté juge, qui est le plus dans le langage de l'alliance et de l'amitié, d'Elle ou de moi. Commencer à se défier, c'est avoir déjà oublié Erfurt et Tilsit. »

La phrase est dure. Mais il ne veut pas la changer. Une confidence en effacera peut-être la rudesse.

« J'ai été un peu en retraite, reprend Napoléon, et vraiment affligé de ce que les intérêts de ma Monarchie m'ont obligé à faire. Votre Majesté connaît tout mon attachement pour l'Impératrice. »

Il signe.

L'année qui commence doit être celle d'une autre vie, d'une autre femme, de ma plus grande gloire. J'aurai quarante et un ans.

32.

Napoléon lit la lettre que vient de lui faire porter Joséphine. Elle se redresse, quoi qu'elle dise. Ce n'est plus le divorce qui la désespère, mais l'état de ses biens !

Il prise, va jusqu'à la fenêtre. Il se sent mieux depuis quelques jours. L'hiver 1810 est vif, mais le temps est clair. Les jours ont recommencé à allonger.

Il reprend la lettre, la parcourt et, penché, il trace quelques lignes.

« Tu es sans confiance en moi, écrit-il, tous les bruits que l'on répand te frappent ; tu aimes plutôt écouter les bavards d'une grande ville que ce que je te dis ; qu'il ne faut pas permettre que l'on te fasse des contes en l'air pour t'affliger.

« Je t'en veux, et si je n'apprends que tu es gaie et contente, j'irai te gronder bien fort.

« Adieu, mon amie.

« Napoléon »

Joséphine est redevenue ce qu'elle n'a jamais cessé d'être. Une femme qui dépense et qui chante comme une cigale mais qui a l'avidité prudente d'une fourmi. Et qui, maintenant qu'elle a accepté le divorce, évalue ce que contient sa cassette. Comptons.

« J'ai travaillé aujourd'hui avec Estève, le trésorier principal de la Couronne. J'ai accordé 100 000 francs pour 1810, pour l'extraordinaire de la Malmaison. Tu peux donc faire planter tant que tu voudras ; tu distribueras cette somme comme tu l'entendras. J'ai chargé Estève de te remettre 200 000 francs. J'ai ordonné que l'on paierait ta parure de rubis, laquelle sera évaluée par l'intendance, car je ne veux pas de voleries de bijoutiers. Ainsi, voilà 400 000 francs que cela me coûte.

« J'ai ordonné que l'on tînt le million que la liste civile te doit pour 1810, à la disposition de ton homme d'affaires, pour payer tes dettes.

« Tu dois trouver dans l'armoire de la Malmaison 5 à 600 000 francs ; tu peux les prendre pour faire ton argenterie et ton linge.

« J'ai ordonné qu'on te fît un très beau service de porcelaine ; l'on prendra tes ordres pour qu'il soit très beau.

« Napoléon »

Il relit cette lettre comptable. C'est comme l'article d'un traité de paix. La bataille a eu lieu. On fixe les contributions. Mais ici, c'est le vainqueur qui paie celles du vaincu.

C'est le prix de ma liberté et de ma quiétude. J'ai fait ce que je dois. Pour elle, pour moi.

Il s'assied à sa table de travail. Les bulletins de police que Fouché lui communique répètent inlassablement le même refrain. Celui que chantent les gens qui appartiennent au « parti de ceux qui ont voté la mort du roi ». Il les connaît. Fouché, Cambacérès, et derrière eux tous ceux qui sont sortis des rangs de la Révolution, Murat et bien des maréchaux.

Ils ont été régicides. Ils ont vu rouler la tête de Louis XVI dans le panier. Ils ne veulent pas que j'épouse une Autrichienne, nièce de Marie-Antoinette, qui ferait de moi le neveu par alliance de Louis Capet !

Louis XVI, mon oncle !

Il lit le bulletin de police. « Tandis que toutes les coteries s'agitent dans des questions politiques et dans des intrigues, la population de Paris ne s'occupe guère que de l'augmentation des denrées : elle conserve cependant de fortes préventions contre une princesse autrichienne. »

Ai-je le choix ?

Le tsar, selon Caulaincourt, se dérobe. Alors que Metternich à Vienne et l'ambassadeur Schwarzenberg à Paris parlent clair.

Puis-je attendre le bon vouloir du tsar ? Et d'ailleurs, quelle confiance peut-on avoir en une cour où un fils fait étrangler son père et où un changement de souverain fait un renversement d'alliance, alors qu'à Vienne les empereurs passent mais la politique du cabinet demeure ?

Il hésite. C'est comme au moment d'une bataille, quand il faut choisir de lancer les escadrons sur l'aile gauche ou sur l'aile droite.

Le lundi 29 janvier, Napoléon décide de réunir aux Tuileries un grand Conseil privé.

Il prend place sur l'estrade, face à cette assemblée chamarrée. Il voit à sa gauche les présidents du Sénat et du Corps législatif, les ministres, son oncle le cardinal Fesch, archevêque de Paris, les grands officiers de l'Empire, et, à sa droite, les rois et les reines. Murat est au premier rang, assis à côté d'Eugène. Fouché s'est placé loin de Talleyrand le Blafard.

Avant même qu'ils ne parlent, je devine leurs opinions.

– Je puis, commence Napoléon, épouser une princesse de Russie, d'Autriche, de Saxe, de l'une des Maisons souveraines d'Allemagne, ou bien une Française.

Ils sont tous figés, leurs visages tendus vers moi.

– Il ne tient qu'à moi de désigner celle qui passera la première sous l'Arc de triomphe pour entrer à Paris, ajoute-t-il.

Il tend la main. Que chacun s'exprime.

C'est donc Lebrun qui ose parler le premier. Mais l'architrésorier a choisi la prudence. Il est partisan d'une princesse saxonne. Murat, furibond, emporté, dit ce que l'Empereur attend qu'il dise : l'Autrichienne rappellera le souvenir de Marie-Antoinette, la nation la détestait, un rapprochement avec l'Ancien Régime éloignerait les cœurs attachés à l'Empire sans conquérir ceux des nobles du faubourg Saint-Germain. Il faut épouser une princesse russe, conclut Murat.

Murat a parlé fort. Eugène est favorable à l'Autrichienne. Et voici Talleyrand le vénal, le Blafard, qui de sa voix calme approuve Eugène. « Pour absoudre la France aux yeux de l'Europe et à ses propres yeux d'un crime qui n'était pas le sien et qui n'appartient qu'à une faction », dit-il, il faut épouser une Habsbourg. Et Fontanes, le grand maître de l'Université, de surenchérir : « L'alliance de Votre Majesté avec une fille de la Maison d'Autriche sera un acte expiatoire de la part de la France. »

Qu'ils parlent. Qu'ils imaginent que la France va expier, si cela me permet enfin de faire accepter mon Empire, ma dynastie, ma noblesse impériale, par ceux qui continuent d'influencer une part de l'Europe.

« J'ai la mission de gouverner l'Occident », je l'ai écrit à ce pape qui est « dominé par l'orgueil et le faste du monde », et si pour accomplir mon destin je dois épouser une Autrichienne, devenir le neveu de Louis XVI, pourquoi pas ?

Une Habsbourg dans mon lit, une descendante de Charles Quint et de Louis XIV, quel meilleur ventre pour mon fils ? Quelle assurance pour l'avenir ! Et je sais, moi, que rien ne me changera. Je ne serai jamais Louis XVI.

Napoléon se penche, chuchote à Cambacérès, assis près de lui en qualité d'archichancelier :

– On est donc bien joyeux de mon mariage ? J'entends, c'est qu'on suppose que le lion s'endormira ? Eh bien ! l'on se trompe.

Il hoche la tête.

Le sommeil, reprend-il, lui serait aussi doux peut-être qu'à tout autre ! Mais ne voyez-vous pas qu'avec l'air d'attaquer sans cesse je ne suis pourtant occupé qu'à me défendre ?

Il aperçoit tout à coup Fouché qui s'esquive sans avoir pris la parole. Prudent et habile Fouché, partisan comme tous les régicides du mariage russe. Mais préférant rester silencieux. Il devrait savoir pourtant qu'il ne reste que l'Autrichienne.

Il faut, conclut Napoléon, qu'Eugène se rende auprès du prince Charles de Schwarzenberg et obtienne de lui une réponse immédiate concernant cette jeune archiduchesse de dix-huit ans, Marie-Louise.

Pour la première fois, Napoléon s'interroge : belle ?

On ne lui a parlé que de son âge et de son éducation. Il veut savoir, maintenant.

La séance du Conseil privé s'achève. Il entend Lacuée, le ministre de l'Administration de la guerre, lancer à haute voix :

– L'Autriche n'est plus une grande puissance.

Napoléon se lève.

– On voit bien, monsieur, que vous n'étiez pas à Wagram, dit-il avec mépris.

Que savent-ils de la réalité du monde ? Du jeu qu'il me faut jouer ? Le tsar me fait patienter parce qu'il n'ose ouvertement me refuser sa sœur. Je choisis Marie-Louise, mais je ne veux pas rompre avec Alexandre Ier. Encore faut-il que je sois sûr de la réponse autrichienne. Schwarzenberg dispose-t-il des pouvoirs pour engager Vienne sans consulter son empereur et Metternich ?

Eugène, le mardi 6 février, revient de l'ambassade d'Autriche.

Napoléon le dévisage. Eugène ne laisse rien paraître de la réponse de Schwarzenberg. Napoléon interrompt son long récit de l'entrevue avec l'ambassadeur. Oui ou non ? demande-t-il.

Oui, dit Eugène.

C'est donc fait. Napoléon gesticule. Il éclate de rire. Il va et vient à grands pas dans son cabinet de travail. Il serre les poings.

Je les tiens tous. Ils m'ont livré leur archiduchesse. Elle est à moi.

Il convoque Berthier et Champagny. Le contrat de mariage doit être immédiatement établi. Il faut que tout soit fait en quelques jours. On signera un contrat ici, à Paris, et un autre à Vienne, où sera célébré un mariage par procuration. Berthier représentera l'Empereur.

Je veux qu'elle soit ici avant la fin du mois de mars afin que le mariage soit célébré dans les premiers jours d'avril.

Il se tourne vers Champagny.

– Vous viendrez demain à mon lever. Portez-moi le contrat de Louis XVI et l'historique.

Il est dans la continuité des règnes, de Clovis au Comité de salut public. Il est le neveu de Louis XVI.

– Écrivez ce soir au prince Schwarzenberg pour lui donner rendez-vous demain à midi.

Il retient Champagny au moment où celui-ci s'apprête à s'éloigner. Il faut, maintenant que l'on est sûr de tenir le mariage autrichien, se dégager d'Alexandre Ier.

Napoléon prise, jubile. Belle manœuvre en deux temps, comme un piège tendu sur le champ de bataille. On va paraître se rendre d'abord aux arguments avancés par le tsar. Sa sœur Anne est trop jeune, a-t-il dit ? Donnons-lui raison.

Napoléon dicte la lettre que Champagny adressera à Caulaincourt pour Sa Majesté l'empereur du Nord : « La princesse Anne n'étant pas encore réglée, et les filles pouvant rester deux à trois années entre les premiers signes de la nubilité et la maturité, cela ferait plus de trois années sans fécondité. » Ce serait un trop long délai. Et, comme le souligne le tsar, resterait en outre la question religieuse.

Cette première lettre à Alexandre doit partir bientôt.

– Demain au soir, reprend Napoléon, quand vous aurez signé avec le prince Schwarzenberg, vous expédierez un second courrier pour faire connaître que je me suis décidé pour l'Autrichienne.

Il veut, il doit, tout voir, tout contrôler.

– On enverra de Paris le trousseau et la corbeille. Il est inutile qu'on fasse rien à Vienne, dit-il à l'ambassadeur de France en Autriche, Otto.

Il veut voir les fichus, les manteaux de cour, les peignoirs, les bonnets de nuit, les robes, les bijoux, une grande parure en diamants et de nombreux brillants.

Il convoque les artistes. Ainsi seront les chaussures de l'archiduchesse Marie-Louise, précise-t-il.

Il exige qu'Hortense lui donne des leçons de danse.

– Il faut à présent que je devienne aimable. Mon air sérieux et sévère ne plairait pas à une jeune femme. Elle doit aimer les plaisirs de son âge. Voyons, Hortense, vous êtes notre Terpsichore, apprenez-moi à valser.

Il s'y essaie. Il se sent maladroit, ridicule. Il quitte le salon.

– Laissons à chaque âge ce qui lui est propre, dit-il. Je suis trop vieux. D'ailleurs je vois que ce n'est pas par la danse que je dois briller.

Le matin, il se regarde longuement dans le miroir pendant que Constant et Roustam s'affairent autour de lui. Il est bedonnant déjà. Les cheveux sont devenus rares. Il fait appeler Corvisart, et dès que le médecin est entré il l'interroge, sans même le regarder.

Jusqu'à quel âge un homme peut-il conserver sa puissance en matière de paternité ? Soixante, soixante-dix ans ?

Cela se peut, répond prudemment Corvisart.

Cela sera. Mais comment est-elle, cette Autrichienne ? Il ne dispose que de quelques médaillons, d'un dessin représentant Marie-Louise. Il veut parler aux officiers qui l'ont vue à la cour de Vienne. Sa taille ? Son teint ? La couleur de ses cheveux ?

– J'ai de la peine à leur arracher quelques mots, dit-il à Corvisart. Je vois bien que ma femme est laide, car tous ces diables de jeunes gens n'ont pu me prononcer qu'elle était jolie. Je lui vois la lèvre autrichienne, ajoute-t-il en prenant le dessin. Enfin, qu'elle soit bonne et me fasse de gros garçons...

D'un trait de plume, il souligne les noms de ceux qu'il retient pour composer la maison de la future Impératrice. Il faut de la bonne et vieille noblesse et une maison sur le modèle de celle de Marie-Antoinette.

C'est ainsi. Fouché peut bien grogner. Le temps des régicides est fini. Je veux renouer tous les fils.

Le 16 février 1810, à Vienne, a lieu la ratification du contrat de mariage provisoire. La cérémonie du mariage par procuration se tiendra à Vienne le 11 mars. Marie-Louise se mettra en route le 13 mars. Et le mariage sera célébré à Paris, le 1er avril.

Je suis devenu le neveu de Louis XVI et je reste moi.

Mon fils naîtra de l'union de toutes les dynasties, et je suis l'Empereur d'Occident.

Tout est en place. Il pense à Joséphine. Il a fait ce qu'il devait pour elle, mais il ne faut pas que sa présence soit comme une ombre trop pesante. Il faut qu'elle s'éloigne de Paris. Il veut qu'on aménage de toute urgence le château de Navarre, proche d'Évreux. Il faut qu'elle s'y rende. La Normandie n'est pas un exil.

« Mon amie, lui écrit-il, j'espère que tu auras été contente de ce que j'ai fait pour Navarre. Tu y auras vu un nouveau témoignage du désir que j'ai de t'être agréable.

« Fais prendre possession de Navarre. Tu pourras y aller le 25 mars, passer le mois d'avril.

« Adieu, mon amie.

« Napoléon »

Avril, le mois de mon mariage. Joséphine comprendra.

Il s'enferme dans son cabinet de travail à Rambouillet. Il va écrire sa première lettre à Marie-Louise. Il fait préparer ses plumes et le papier par Méneval, puis commence, déchire le feuillet après quelques lignes. Il doit maîtriser son écriture, la rendre lisible.

Il prend le petit portrait de lui qu'il veut faire porter à l'archiduchesse. Berthier le remettra.

Il recommence à écrire.

« Ma Cousine,

« Les brillantes qualités qui distinguent votre personne nous ont inspiré le désir de la servir et honorer en nous adressant à l'Empereur, votre père, pour le prier de nous confier le bonheur de Votre Altesse Impériale. »

Il s'arrête. Il a la tentation de renoncer. Il préfère la charge à ces ronds de jambe. Il reprend pourtant :

« Pouvons-nous espérer qu'elle agréera les sentiments qui nous portent à cette démarche ? Pouvons-nous nous flatter qu'elle ne sera pas déterminée uniquement par le devoir de l'obéissance à ses parents ? Pour peu que les sentiments de Votre Altesse Impériale aient de la partialité pour nous, nous voulons les cultiver avec tant de soin et prendre la tâche de lui complaire en tout, que nous nous flattons de réussir à lui être agréable un jour : c'est le but où nous voulons arriver et pour lequel nous prions Votre Altesse de nous être favorable.

« Sur ce, nous prions Dieu, ma Cousine, qu'Il vous ait en Sa Sainte et Digne garde.

« Votre Bon Cousin
« Napoléon

« À Rambouillet le 23 février 1810. »

C'est cela qu'il veut. Non pas seulement l'obtenir parce qu'elle se soumet à la volonté de son père.

Il n'a jamais aimé que ce qu'il prend, ce qu'il conquiert.

33.

Il chantonne, ce dimanche matin, 25 février 1810. Il tire l'oreille de Constant qui l'habille, mais écarte son valet. Il se place devant le miroir une nouvelle fois.

Il est donc dans sa quarante et unième année ! Allons donc ! Il commence seulement à vivre ! Il ne s'est jamais senti aussi libre, aussi sûr de lui, aussi jeune. Il en a enfin terminé d'escalader cette falaise abrupte qu'a été sa vie jusqu'à aujourd'hui. Les dernières semaines de décembre ont sans doute été les plus sombres. Il a eu la sensation qu'il ne réussirait jamais à s'arracher à son passé, qu'on l'agrippait à l'intérieur de lui pour l'empêcher d'atteindre le sommet. Il y est parvenu. Il ne se retourne pas. Il attend cette Habsbourg de dix-huit ans, cette pucelle féconde en qui coule le sang des vieilles dynasties. Elle va être dans son lit.

Il passe dans son cabinet de travail. Il s'assied. S'il se laissait aller, il lui écrirait à chaque instant de la journée.

« Toutes les lettres qui arrivent de Vienne, écrit-il en retenant sa main pour tenter de calligraphier les mots, ne parlent de vos belles qualités qu'avec admiration. Mon impatience est extrême de me trouver près de Votre Majesté. Si je m'écoutais, je partirais à franc étrier et je serais à vos pieds avant que l'on ne sût que j'aie quitté Paris. »

Il chante. Il rêve. Il pourrait en effet galoper jusqu'à Vienne, surprendre la cour d'Autriche.

« Mais cela ne doit pas être, reprend-il. Le maréchal Berthier, prince de Neuchâtel, prendra vos ordres pendant votre voyage... Je n'ai qu'une pensée, c'est de connaître ce qui peut vous être agréable. Le soin de vous plaire, Madame, sera la plus constante et la plus douce affaire de ma vie.

« Napoléon »

C'est cela que je n'ai pas encore connu. Peut-être la seule chose qui me reste à découvrir. Une femme neuve, dont je serai le premier homme. Une princesse fille d'empereur. Une vierge qui deviendra la mère de mon fils.

Que de chemin depuis cette « créature » du Palais-Royal, alors que je ne savais rien du corps d'une femme. Les autres, toutes, déjà des habiles et des rouées. Une seule douce, apaisante : Marie. Mais elle aussi déjà livrée avant moi aux mains d'un homme.

J'attends maintenant une épouse pour un Empereur. Une femme de mon rang qui ne sera qu'à moi, qui portera mon fils, le futur de ma dynastie.

Je vais découvrir cela.

Quand ? Quand ? Il bouscule Constant. Pourquoi faut-il attendre encore un mois ?

Il se sent une telle énergie que parfois il s'étonne de cette furie qui le pousse à chasser presque chaque jour, à aller d'un palais à l'autre, des Tuileries à Saint-Cloud, de Compiègne à Rambouillet ou à Fontainebleau.

Il parcourt les pièces au pas de charge. Il s'arrête. Il faut qu'on décroche ces tableaux qui rappellent une défaite autrichienne. Les appartements doivent être tendus de cachemire des Indes. Les meubles, tous les meubles, seront changés. Rien ne doit rappeler qu'ici a vécu une autre femme. Tout doit être neuf pour celle qui est neuve.

Il tente d'imaginer la vie avec elle. Il veut une étiquette aussi stricte que celle de la cour de Louis XIV. Il se tourne vers son grand chambellan, le comte de Montesquiou Fezensac. Quatre femmes, de bonne noblesse, monteront la garde autour de l'Impératrice. Il n'y aura jamais de tête-à-tête entre un homme, quel qu'il soit, et Sa Majesté.

Il s'éloigne, bougon.

– L'adultère est une affaire de canapé, dit-il.

Il sait ce qu'il en est de la fidélité. Enlevons les hommes et les canapés, et les épouses resteront fidèles !

Mais on ne conserve une place que si l'on convainc ses habitants qu'on est le meilleur prince. Il faut que Marie-Louise lui soit attachée. Il faut que l'amour qu'elle lui porte soit tel qu'elle n'éprouve que le besoin de le voir, qu'il soit seul à occuper vraiment ses pensées.

Il faut que son esprit soit prêt à m'accueillir, qu'il soit déjà soumis.

Il lui écrit, pour agir sur elle, puisque c'est tout ce qu'il peut faire même s'il sait qu'elle s'est mise en route après le mariage par procuration et les fêtes données en son honneur à Vienne. Mais ce cortège de cent voitures mettra plus de dix jours pour parvenir jusqu'à Paris.

Et de savoir qu'elle s'approche alors qu'il est là à l'attendre est encore plus insupportable.

« J'espère que Votre Majesté recevra cette lettre à Brunau et même au-delà, écrit-il. Je compte les moments, les jours me paraissent longs ; cela sera ainsi jusqu'à celui où j'aurai le bonheur de vous recevoir... Croyez qu'il n'est personne sur la terre qui vous soit attaché et veuille vous aimer comme moi.

« Napoléon
« Le 10 mars 1810 »

De temps à autre il perçoit l'étonnement sur les visages des aides de camp, de son secrétaire, de ses sœurs. Il pourrait se contenter, pensent-ils sûrement, d'être satisfait de ce mariage politique. Il est maintenant allié comme un Bourbon aux Habsbourg. Cette union boucle le réseau qu'il a voulu tisser entre les membres de sa famille et les dynasties régnantes, celle de Wurtemberg pour Jérôme, de Bavière pour Eugène, de Pauline avec le prince Borghèse. Il est devenu le « frère », le « cousin » de tous ceux qui règnent en Europe.

– Je suis le neveu de Louis XVI, mon pauvre oncle, murmure-t-il devant le ministre des Relations extérieures, Champagny.

« Les principaux moyens dont se servaient les Anglais, poursuit-il, pour rallumer la guerre du continent, c'était de supposer qu'il était dans mes intentions de détrôner les dynasties. »

Il prise. Il a une grimace de mépris. Il faut être aveuglé pour penser cela. Ce qu'il a toujours voulu, c'est calmer cette mer rendue furieuse par la Révolution, l'assagir en gardant ce qu'elle avait fait naître, ces principes nouveaux, et cela, c'est le Code civil, mais il faut aussi la contenir par les principes monarchiques, l'Empire ou cette alliance avec les dynasties.

– Rien ne m'a paru plus propre à calmer les inquiétudes que de demander en mariage une archiduchesse autrichienne, reprend Napoléon.

« Jamais, insiste-t-il, nous n'avons été aussi proches de la paix. »

D'un geste rapide, il écarte les dépêches qui sont posées sur la table de travail. Il reste l'Espagne. Mais il compte s'y rendre, le mariage scellé. L'Italie, elle, est calme, le pape maté, réduit à ce qu'il doit être, un évêque dépouillé de tout pouvoir temporel. « Son royaume n'est pas de ce monde. » Et, quant à l'Église de France, elle sera gallicane, comme sous Louis XIV.

Il fait quelques pas, le visage tout à coup sombre. Reste le bel allié du Nord, Alexandre Ier.

Le tsar est tombé dans le piège qu'il avait voulu me tendre.

Napoléon prend la dernière dépêche de Caulaincourt. L'ambassadeur, morose, demande son rappel. Il fait état du mécontentement russe.

– Je trouve ridicules les plaintes que fait la Russie ! s'exclame Napoléon. Le tsar me méconnaît lorsqu'il pense qu'il y a eu double négociation : je suis trop fort pour cela ! Ce n'est que quand il a été clair que l'empereur de Russie n'était pas maître dans sa famille et qu'il ne tenait pas les promesses faites à Erfurt que l'on a négocié avec l'Autriche, négociation qui a été commencée et terminée en vingt-quatre heures parce que l'Autriche avait envoyé toutes les autorisations à son ministre pour s'en servir dans l'événement.

On lui a livré Marie-Louise sans hésiter.

Mais il ne se contente pas d'un corps de jeune femme. Il veut son esprit, son cœur. Il a besoin, pour lui-même, de passion.

Comment peut-on vivre si on ne se donne pas tout entier, d'un seul élan à un projet ? Comment font-ils, les autres, à ne jamais vivre dans l'absolu d'un rêve ?

Il pense à cela en épuisant son corps dans la chasse ou bien en se rendant à des fêtes.

Il entre dans le magnifique hôtel du comte Marescalchi, ambassadeur du roi d'Italie – *moi, Napoléon* – auprès de l'Empereur – *moi, Napoléon*.

L'hôtel de Marescalchi, situé au coin de l'avenue Montaigne et de l'avenue des Champs-Élysées, est rempli d'une foule d'invités costumés et masqués. On s'observe pour essayer de se reconnaître.

Napoléon s'appuie au bras de Duroc. Tout à coup il étouffe, se retire dans un petit salon où se trouve un officier qu'il reconnaît, le chef d'escadron Marbot. De l'eau glacée, vite, demande-t-il. Il défaille. Il s'asperge le front et la nuque. Une femme entre, interpelle Marbot.

– Il faut pourtant que je parle à l'Empereur, dit-elle. Il faut absolument qu'il double ma pension. Je sais bien qu'on a cherché à me nuire, que dans ma jeunesse j'ai eu des amants ! Eh ! parbleu, il suffit d'écouter ce qui se dit là-bas dans l'entre-deux des croisées pour comprendre que chacun y est avec sa chacune ! D'ailleurs, ses sœurs n'ont-elles pas des amants ? N'a-t-il pas des maîtresses, lui ? Que vient-il faire ici, si ce n'est pour causer plus librement avec de jolies femmes...

Napoléon se lève. Il passe devant la femme, déguisée en bergère avec une tresse blonde qui lui tombe jusqu'aux talons. Il veillera à ce qu'on éloigne cette bavarde insolente de Paris ! Il y a ainsi dans la capitale une dizaine d'acariâtres qui répandent leur venin.

C'est vrai qu'il est venu chez Marescalchi aussi parce que s'y trouvait, il le sait, Christine de Mathis. Mais cette vie-là doit être maintenant effacée, Marie-Louise doit être tenue dans l'ignorance de tout cela. Elle ne doit même pas penser qu'il a été avant elle l'époux d'une femme.

Il convoque Fouché.

Monsieur le régicide fait grise mine. Ses rapports de police continuent de prétendre que le peuple murmure contre l'Autrichienne. Et ses argousins font saisir les ouvrages qui exaltent le souvenir de Marie-Antoinette et de la famille royale. Il a fallu que je lui impose la création de six prisons d'État. Il a murmuré : Bastille ! Détention arbitraire ! Ne dois-je pas me défendre contre les tueurs, les adversaires résolus, décidés même à m'assassiner ?

Et maintenant, lui qui fut partisan du divorce, voici qu'il laisse les journaux évoquer à tout instant Joséphine.

– Je vous avais dit de faire en sorte que les journaux ne parlassent pas de l'Impératrice Joséphine, cependant ils ne font pas autre chose, dit Napoléon en saisissant un journal posé sur sa table. Encore aujourd'hui, *Le Publiciste* en est plein.

Il tourne le dos à Fouché, manière de le congédier.

– Veillez, lance-t-il, à ce que demain les journaux ne répètent pas cette nouvelle du *Publiciste*.

Il attend avec impatience que Fouché quitte le cabinet de travail. Il relit les dépêches que transmet le télégraphe de Strasbourg et qui annoncent que les cent voitures, les quatre cent cinquante chevaux qui composent la suite de Marie-Louise sont arrivés à Saint-Polten. La voiture de Marie-Louise est tirée par huit chevaux blancs. Et Caroline a pris place aux côtés de sa belle-sœur. À Vienne, il y a eu quelques troubles peu après le départ de Marie-Louise, quand on a appris l'exécution par les troupes françaises d'Andreas Hofer, le chef de l'insurrection tyrolienne.

Napoléon froisse la dépêche. Il veut la paix, mais on ne le fera pas plier. Même si rien ne doit gâcher ce mariage, compromettre les relations qu'il veut nouer avec sa femme.

Il écrit.

« Vous êtes à cette heure partie de Vienne. Je sens les regrets que vous éprouvez. Toutes vos peines sont les miennes. Je pense bien souvent à vous. Je voudrais deviner ce qui peut vous être agréable et me mériter votre cœur. Permettez-moi, Madame, d'espérer que vous m'aiderez à le gagner, mais à le gagner tout entier. Cette espérance m'est nécessaire et me rend heureux.

« Napoléon

« Le 15 mars 1810 »

Il ne peut plus attendre. Que fait-il aux Tuileries alors qu'il devrait être auprès de Marie-Louise, puisque le mariage par procuration a été conclu ? Elle devrait déjà être dans son lit.

Le mardi 20, il décide de quitter Paris pour le château de Compiègne. C'est là que Louis XVI a accueilli Marie-Antoinette.

Et moi, j'y recevrai en Empereur Marie-Louise.

Il veut que toute la cour soit à Compiègne et qu'Hortense et Pauline Borghèse soient à ses côtés.

Que Pauline vienne accompagnée de sa dame d'honneur, Christine de Mathis. Pourquoi pas ? Je suis seul, pour l'instant.

Mais d'être à Compiègne ne l'apaise pas.

Lorsque Murat l'y rejoint, il l'entraîne dans de longues chasses.

Il pique son cheval au sang. Il veut être le premier de la course. Son énergie est inépuisable. Il met pied à terre, vise, tire. Et tout à coup il se lasse, rentre au château, écrit à Marie-Louise.

« J'ai fait une très belle chasse, cependant elle m'a paru insipide. Tout ce qui n'est pas vous ne m'intéresse plus. Je sens qu'il ne me manquera plus rien lorsque je vous aurai ici. »

Il veut la prendre tout entière. Que rien d'elle, ni le corps, ni l'esprit, ni les rêves, ne lui échappe.

À peine a-t-il fini d'écrire, ce vendredi 23 mars, qu'il commence une autre lettre. « L'Empereur ne peut être content et heureux que du bonheur de sa Louise », écrit-il.

À peine a-t-il terminé qu'une nouvelle dépêche arrive. « Le télégraphe me dit que vous êtes enrhumée. Je vous en conjure, soignez-vous. J'ai été ce matin chasser ; je vous envoie les quatre premiers faisans que j'ai tués comme signe de redevance bien dû à la Souveraine de toutes mes plus secrètes pensées. Pourquoi ne suis-je pas à la place du page à prêter serment d'hommage lige, un genou à terre, mes mains dans les vôtres, toutefois recevez-le en idée. En idée aussi je couvre de baisers vos belles mains... »

Marie-Louise approche. Le mardi 27 mars, elle est attendue à Soissons.

Folie que d'attendre. Impossible de patienter. Il appelle Constant. Il veut, sur son habit de colonel des chasseurs de la Garde, passer la redingote qu'il a portée à Wagram. C'est ce jour-là avec la victoire qu'il a arraché Marie-Louise.

Il appelle Murat, dont l'épouse Caroline est en compagnie de Marie-Louise. Allons. Une calèche est prête. On s'élance.

Il harcèle les cochers. Aux relais, sous une pluie battante, il descend pour faire hâter les postillons. À l'entrée du village de Courcelles, une roue de la calèche se brise. Il court sous l'averse jusqu'au porche de l'église.

Il aime ces imprévus, cette pluie et ce vent qu'il faut affronter, cette rencontre qui fracasse le protocole, surprend Murat et les soldats de l'escorte.

Il va et vient au bord de la route, guettant l'arrivée du cortège. On imaginait donc qu'il était quoi ? Louis XVI attendant sagement sur son trône à Compiègne ? Il est Napoléon.

Il voit approcher les chevaux blancs de la voiture de Marie-Louise. Il se place au milieu de la route et bondit vers la calèche qui vient de s'arrêter. Un écuyer baisse le marchepied. Il se précipite. Il reconnaît Caroline Murat, qui murmure :

– Madame, c'est l'Empereur.

C'est donc elle, Marie-Louise. Elle est parfumée, rose, si jeune. Il lui prend les mains, les embrasse. Si fraîche. Il rit. Il la détaille. Il sent contre lui cette lourde poitrine, ces hanches grasses, ce corps souple, à prendre. Elle a le teint vif, les cheveux d'un blond cendré. Il ne l'imaginait pas si pleine, si forte. Et il a envie de la presser contre lui comme un butin charnu. Il reconnaît ces traits qui l'avaient frappé sur les portraits qu'il avait vus d'elle, cette grosse lèvre autrichienne. Elle est une bonne terre, grasse, féconde. Il en est sûr. Il a envie de la lutiner, de rire.

Il donne l'ordre qu'on brûle l'étape de Soissons. Tant pis pour le banquet, pour ces notables qu'on aperçoit sous les auvents et qui attendent la souveraine pour prononcer leurs compliments. Il rit. Ce qu'il veut, c'est un lit au plus vite.

La nuit s'avance. Il la serre, la cajole. Elle est effarouchée, puis il sent qu'elle s'abandonne. Elle rit aussi.

Un lit, vite.

Il est 10 heures du soir quand on arrive à Compiègne. Il voit toute la cour qui se presse au pied du grand escalier, qui s'apprête à les entourer, à les étouffer de compliments et de révérences. Il fait un geste, il traverse la foule, gagne une petite salle à manger et dîne avec seulement Caroline et Marie-Louise.

Elle est plus belle qu'il ne l'imaginait. Beauté du diable ! Mais saine, ronde, rose, fraîche, neuve comme une source qui vient de jaillir.

Une Habsbourg de dix-huit ans, c'est cela !

Il la veut cette nuit.

– Quelles instructions avez-vous reçues de vos parents ? lui demande-t-il.

Il aime son regard candide, sa naïveté.

– D'être à vous tout à fait et de vous obéir en toute chose, murmure-t-elle dans son français à l'accent rugueux.

Cette obéissance avouée l'excite.

À moi, cette femme, à moi tout de suite !

Elle dit en baissant la tête que le mariage religieux n'a pas eu lieu. Il appelle le cardinal Fesch, qui la rassure, la persuade que tout est en ordre.

Napoléon l'entraîne vers l'hôtel de la Chancellerie, proche du château. C'est là qu'il aurait dû dormir, seul. Avec Marie-Louise à quelques centaines de mètres ? Il n'est pas homme à accepter cela.

Il la laisse quelques instants avec Caroline. Elle est vierge. Elle ne sait rien. On lui a même assuré que durant toute sa vie on a écarté d'elle jusqu'aux animaux mâles.

Je suis le premier mâle.

Il entre dans la chambre.

Elle est à moi, comme je le veux.

Il la laisse dormir dans le jour qui se lève.

Il voudrait clamer sa victoire, son triomphe. Il sort de la chambre.

Il s'approche de Savary, son aide de camp qui attend dans le salon proche de la chambre.

Il lui tire l'oreille, rit.

– Mon cher, dit-il, épousez une Allemande, ce sont les meilleures femmes du monde, douces, bonnes, naïves et fraîches comme des roses.

Il passe les journées du mercredi 28 et du jeudi 29 mars 1810 près d'elle, dans ce château de Compiègne. Il se fait servir à déjeuner dans la chambre.

Il sent les regards curieux lorsqu'il se présente avec elle pour le concert qui est organisé dans la grande salle du château. Il faut bien la présenter à la cour. Mais il a hâte de la retrouver pour lui seul, de l'étonner encore, de la faire crier et rire. De lui faire découvrir le corps à corps de l'amour. Déjà il l'a sentie, après quelques minutes de surprise et de douleur, ravie de ce qu'elle avait éprouvé.

Il n'a jamais vécu cela. Il est le maître qui enseigne. Il n'a plus de hâte. Il lit sur le visage de Pauline Borghèse un étonnement un peu sarcastique. Deux jours sans quitter Marie-Louise ! Il hausse les épaules.

– Il m'arrive une femme jeune, belle, agréable, dit-il. Ne m'est-il donc pas permis d'en témoigner quelque joie ? Ne puis-je, sans encourir le blâme, lui consacrer quelques instants ?

Il se penche vers Pauline, elle dont la vie tumultueuse est une succession de plaisirs.

– Ne m'est-il donc pas permis, à moi aussi, de me livrer à quelques instants de bonheur ?

Avant de rentrer dans la chambre de Marie-Louise, il dicte rapidement quelques lignes à François Ier, empereur d'Autriche.

« Monsieur mon Frère et Beau-Père, la fille de Votre Majesté est depuis deux jours ici. Elle remplit toutes mes espérances et depuis deux jours je n'ai cessé de lui donner et d'en recevoir des preuves des tendres sentiments qui nous unissent. Nous nous convenons parfaitement.

« Je ferai son bonheur, et je devrai à Votre Majesté le mien.

« Nous partons demain pour Saint-Cloud et, le 2 avril, nous célébrerons la cérémonie de notre mariage aux Tuileries. »

34.

Il a voulu qu'éclatent les salves d'artillerie et que retentissent les fanfares au moment de son arrivée au château de Saint-Cloud avec Marie-Louise, ce vendredi 30 mars 1810, un peu après 17 heures.

Il la regarde. Depuis qu'à la porte Maillot toute la cavalerie de la Garde a entouré leur voiture, elle a cette expression étonnée où se mêlent l'effroi et le ravissement. Il aime la surprendre.

À Stains, quand ils sont entrés dans le département de la Seine, il y avait foule pour les accueillir : des courtisans, des dames du palais, des curieux. Et le préfet Frochot voulait lire un discours de bienvenue. Napoléon l'a interrompu et a donné ordre de repartir aussitôt. Elle a écarquillé les yeux comme une enfant devant laquelle on fait un tour de magie. Il veut être pour elle cet homme de tous les pouvoirs. Le magicien qui lui donne tous les plaisirs, qui la fait entrer dans un monde inconnu dont il détient toutes les clés.

Il lui saisit la main et l'aide à descendre de voiture. Les canons tonnent. Les tambours roulent. Il passe lentement avec elle devant ses vieux grenadiers. C'est sa plus belle victoire. Il a conquis la jeune fille de l'empereur ennemi, du chef qu'ils ont battu. Marie-Louise, c'est le butin de Wagram. Il faut qu'ils la voient.

Pourtant il a hâte de se retrouver seul avec elle. C'est la quatrième nuit qui commence, mais il a le même ravissement. Elle se transforme sous ses caresses. Il la fait naître femme. Et c'est lui qu'elle surprend par ses curiosités et ses audaces naïves. Il ne pense plus à rien. Parfois, dans un éclair, il se souvient qu'avant, même avec une femme désirée, même avec Joséphine la rouée, celle qui lui a fait découvrir ce que peut faire une femme quand son corps tout entier devient des lèvres, il continuait de penser.

« Je travaille toujours, lui disait-il. Rien ne peut m'empêcher de méditer. Je travaille en dînant, au théâtre, la nuit je me réveille pour travailler. » Je travaille en aimant.

Maintenant, il n'a plus rien dans la tête quand Marie-Louise est là contre lui, corps soumis et généreux, ample et souple comme celui d'une jeune jument qu'il veut dresser. Et plus rien ne l'obsède que d'être ce maître de manège.

Il a hâte d'en finir avec ces jours de cérémonie, et cependant il veut ce triomphe pour qu'elle sache qu'il est l'Empereur des rois et que les fastes de Paris, sa capitale, dépassent tout ce qu'elle a vu, ce qu'elle a pu imaginer. Et il faut qu'on la voie, elle, si jeune, l'épouse de l'Empereur.

Le dimanche 1er avril, il la conduit à 14 heures vers leurs fauteuils placés sur une estrade et sous un dais, au bout de la grande galerie du château de Saint-Cloud.

Toute la cour se presse. Il serre la main de Marie-Louise quand elle répond, après lui : oui, elle veut être l'épouse de Napoléon.

– Au nom de l'Empereur et de la loi, je déclare unis..., commence Cambacérès.

Mais les canons placés sur la terrasse du château se mettent à tirer, et aux détonations se mêlent les cris de la foule.

La nuit, il l'entraîne vers la fenêtre qu'elle aime à garder ouverte. Le parc du château est illuminé, la foule encore nombreuse.

Il la cache derrière les rideaux. Il ne veut pas qu'on les voie. La nuit, elle n'est qu'à lui.

Mais, le lundi 2 avril, il la veut parée de la couronne et du manteau de l'Impératrice. Il avance cependant que ses sœurs soulèvent les pans de ce manteau que Joséphine a porté autrefois.

Mais aujourd'hui est mon véritable sacre. J'entre par cette union dans la famille des rois. Et je suis le premier de tous.

Il observe Marie-Louise. Il ne quitte pas ses yeux écarquillés. Une haie de troupes borde la route de la porte Maillot aux Tuileries. Les cavaliers de la Garde caracolent. Partout la foule. Sur l'esplanade de Chaillot, elle est massée dans deux vastes amphithéâtres. Les salves d'artillerie ponctuent la marche du cortège. Il se penche vers Marie-Louise pour mieux saisir sa surprise devant l'arc de triomphe de l'Étoile, sous lequel ils vont passer. Il a voulu que le monument à peine commencé soit achevé à l'aide de charpentes et de toiles afin que l'illusion soit parfaite. Il est fier. C'est la capitale dont il est le maître.

Elle n'a jamais vu les Tuileries, le Louvre. Le soleil illumine les vitres, éclaire les galeries où se pressent près de dix mille personnes. Il reconnaît le prince Kourakine, l'ambassadeur de Russie, qui fait bonne figure. Voici Metternich, triomphant.

Et toutes ces femmes autour d'eux qui se pressent pour la voir, celle que je tiens par la main, l'Impératrice, l'archiduchesse d'Autriche, d'à peine dix-huit ans.

Il entre dans le salon carré transformé en chapelle. Tout à coup, il a chaud sous sa toque de velours noir, son manteau et sa culotte de satin blanc. Il se sent engoncé dans ses vêtements couverts de diamants. Il voit Marie-Louise, rouge sous sa couronne, près de défaillir. Que le cardinal Fesch commence afin que cette cérémonie du mariage religieux soit la plus brève possible. Il a hâte d'en finir. Il aperçoit des sièges vides, ceux des évêques, qui, par fidélité au pape et pour protester contre les mesures prises contre lui, ont refusé d'assister à la cérémonie. Il se sent envahi par la colère.

Il veut que Bigot de Préameneu, ministre des Cultes, convoque ces cardinaux, qu'il les inculpe d'injure grave, qu'il leur interdise tout signe extérieur de dignité épiscopale, qu'ils deviennent des « cardinaux noirs » comme des corbeaux.

« Moi seul dans mon Empire, je désigne les évêques... Ce n'est pas le pape qui est César, c'est moi ! Les papes ont fait trop de sottises pour se croire infaillibles. Je ne souffrirai pas ces prétentions, le siècle où nous vivons ne les souffrira pas ! Le pape n'est pas le grand lama. Le régime de l'Église n'est pas arbitraire. Si le pape veut être le grand lama, dans ce cas je ne suis pas de sa religion. »

Il passe, sombre, dans la galerie, et il sent autour de lui la surprise que suscite sa physionomie.

On ouvre les portes qui donnent sur le jardin. L'air vif enfin ! La Garde défile. Les grenadiers agitent leurs bonnets placés au bout de leurs sabres. Ils crient : « Vive l'Impératrice ! Vive l'Empereur ! »

Il serre les poings.

– J'enverrai cent mille hommes à Rome si cela est nécessaire, murmure-t-il.

Il entraîne Marie-Louise, débarrassée de son manteau et de sa couronne, vers la salle de spectacle où doit se tenir le banquet.

Plus que quelques heures et je serai seul avec elle.

Mais il faut encore s'asseoir sur l'estrade, à la table placée sous le dais, puis se présenter au balcon, assister au feu d'artifice, répondre aux acclamations de la foule. Il faut se contenter de la regarder cependant que les grands aumôniers de France et d'Italie bénissent le lit.

Napoléon ne peut s'empêcher, d'un geste vif, de les renvoyer.

Les portes sont refermées, enfin !

Elle est exténuée. Et il se sent vigoureux, jeune, conquérant.

Il est son Empereur, son maître.

Il oublie tout ce qui n'est pas cette chambre, cette jeune femme.

Il veut jouir d'être avec elle tout au long de la journée. Il n'a jamais vécu cela. C'est comme si le temps avait changé de rythme. Il décide de quitter les Tuileries pour Compiègne. Il y sera mieux pour jouir d'elle. Il écarte les aides de camp qui apportent des dépêches. Il fait attendre plusieurs jours Murat, qui sollicite en vain une audience. Il parcourt les nouvelles en provenance d'Espagne. Joseph se désespère. Le général Suchet n'a pu conquérir Valence. Berthier interroge : quand donc l'Empereur prendra-t-il la tête de ses armées pour en finir avec le « chancre de cette guerre d'Espagne » ?

Il ne veut pas quitter Marie-Louise. Il convoque Masséna, le nomme à la tête de l'armée. N'est-il pas « l'Enfant chéri de la Victoire » ? Masséna doit être capable de bousculer les trente mille Anglais de Wellington et les cinquante mille Portugais que le général anglais a formés.

Il voit s'éloigner Masséna. Il regarde dans le parc du château Marie-Louise qui essaie, entourée de ses dames d'honneur, de monter à cheval. Il rit de ses maladresses. Il se précipite. Il se sent léger, insouciant. A-t-il jamais connu cette impression de n'avoir aucun devoir sinon celui de s'amuser, de donner et de prendre du plaisir ? Est-ce cela, la vie ?

Il faut qu'il dévore cette vie-là aussi, comme il a englouti l'autre, celle d'avant Marie-Louise. Il soulève Marie-Louise, la met en selle. Il tient le cheval par la bride, il court à côté. Il rit quand elle crie d'effroi. Il se fait approcher un cheval, il le monte sans bottes. Il est libre. Il est heureux. Il ne se souvient pas d'avoir éprouvé une telle sensation d'insouciance, sauf peut-être sur les quais d'Ajaccio, quand il était enfant.

Elle est une enfant qui ne sait rien, et il a envie de se laisser entraîner par elle à ces jeux de colin-maillard qu'elle aime. Il s'attarde à table parce qu'il lui plaît de la voir manger. Il n'a plus envie de se rendre à son cabinet de travail après avoir englouti quelques bouchées des différents plats. Il a envie d'étendre les jambes, de placer la main gauche dans son gilet. Il grossit. Il fait changer ses vêtements pour dissimuler son embonpoint. Il prise moins. Il se parfume à l'eau de Cologne. Il attend la nuit.

Le matin, il voit le docteur Corvisart, qui l'ausculte avec attention. Quelques furoncles là, des battements de cœur irréguliers, une toux tenace. Il repousse le médecin. Il se sent bien. Fatigue ? Allons donc ! Quarante et un ans ? On a l'âge de ses désirs ! Des nuits de jeune homme ? Et pourquoi pas, puisqu'il le peut ?

Corvisart ne sait-il pas encore que je suis un homme hors du commun ?

C'est ce qu'oublient même ceux qui furent mes proches. Chacun juge l'autre à sa mesure ! Ainsi Joséphine ! Les lettres qu'elle m'écrit depuis son château de Navarre sont une longue litanie de plaintes et de reproches. Qui croit-elle que je suis ?

Napoléon passe dans son cabinet de travail. Ces lettres de Joséphine l'irritent, viennent lui rappeler un temps passé.

« Mon amie, écrit-il, je reçois ta lettre du 19 avril. Elle est d'un mauvais style. Je suis toujours le même, mes pareils ne changent jamais. »

Peuvent-ils comprendre cela, que, même dans le lit d'une Habsbourg de dix-huit ans, je ne joue pas à être un autre, que c'est seulement une partie de moi étouffée que je mets au jour ? Mais ils sont si simples, ces gens qui m'entourent, qu'ils ne peuvent imaginer que je suis divers en un !

« Je ne sais ce qu'Eugène a pu te dire, reprend-il. Je ne t'ai pas écrit parce que tu ne l'as pas fait, et que j'ai désiré tout ce qui peut t'être agréable.

« Je vois avec plaisir que tu ailles à la Malmaison et que tu sois contente ; moi, je le serai de recevoir de tes nouvelles et de te donner des miennes. Je ne t'en dis pas davantage, jusqu'à ce que tu aies comparé cette lettre à la tienne, et, après cela, je te laisse juge qui est meilleur et plus ami de toi ou de moi.

« Adieu, mon amie, porte-toi bien et sois juste pour toi et pour moi.

« Napoléon »

Mais qui est juste envers moi ?

Mon frère Louis, parce que je l'ai fait roi de Hollande, joue sa partie, refuse d'abdiquer afin que la Hollande devienne française, essaie de retourner les Hollandais contre moi. Il négocie avec les Anglais, les rapports de police sont formels. Il s'est associé à Fouché, à Ouvrard, le fournisseur, et tous travaillent à une paix avec l'Angleterre sans me consulter.

Juste, le tsar ? Il n'a pu me berner. Il reconstitue son armée, la fait glisser vers l'ouest, menace le grand-duché de Varsovie, essaie de s'appuyer sur le Danemark, envoie des émissaires à Vienne et renoue avec Londres comme s'il pensait à la guerre contre moi !

Je ne veux que la paix ! Je veux que la Russie reste mon alliée ! Ne suis-je pas devenu le cousin, le frère, le neveu de tous ces souverains ?

Ne suis-je pas l'époux de l'une des leurs ?

Il faut que l'on sache partout, il faut que mes peuples apprennent que désormais il n'y a plus de raison de s'opposer à moi.

S'ils sont fidèles à leurs anciens souverains, qu'ils songent de qui je suis l'époux. Et s'ils croient aux valeurs nouvelles, qu'ils se souviennent que je suis l'Empereur qui a décidé le Code civil !

Ils le sauront s'ils nous voient.

Le dimanche 27 avril 1810 à 7 heures, il quitte Compiègne en compagnie de Marie-Louise. Il rit, il la réconforte. Elle est ensommeillée, fatiguée encore de ce changement de vie. Il aime qu'elle le regarde avec des yeux effarés qui disent : quel est cet homme inépuisable ? Il veut la montrer à ces pays du nord de son Empire qui furent jadis sous la domination autrichienne, qui verront une archiduchesse des Habsbourg aux côtés de leur Empereur.

Il donne le signal du départ aux six cents cavaliers de la Garde qui servent d'escorte à la longue suite de voitures où il a voulu que prennent place Eugène, les ministres, le roi Jérôme et la reine de Westphalie.

Il pleut. Les routes sont boueuses, les réceptions à Anvers,

Breda, Bergen op Zoom, Middelburg, Gand, Bruges, Ostende, Dunkerque, Lille, Le Havre, Rouen, sont interminables.

Il observe Marie-Louise. Elle ne sait ni sourire à ceux qui lui délivrent leur message de bienvenue ni flatter ces notables qui attendent un signe de reconnaissance qui marquera leur vie. Il se souvient du talent qu'avait Joséphine pour séduire tous ceux qui l'approchaient. Ce souvenir l'irrite. Il s'emporte contre Louis, qu'il rencontre à Anvers et qui expose avec un mélange de naïveté et de suffisance les négociations qu'il a ouvertes en compagnie de Fouché et d'Ouvrard avec l'Angleterre.

Il hurle. Qui leur en a donné le droit ?

Heureusement, il y a les nuits, les promenades au bord de la mer, la gaieté de Marie-Louise lorsque déferlent les longues vagues de la marée. Il y a la joie, qui durant quelques jours envahit Napoléon quand Marie-Louise imagine qu'elle est enceinte.

Mais au retour à Paris, le vendredi 1er juin, il la voit s'approcher, pâle, boudeuse, secouant la tête. Elle n'aura pas d'enfant cette fois-ci !

Il s'isole. Il est déçu. C'est comme s'il se réveillait et découvrait qu'il ne s'était agi que d'un rêve.

Sur sa table, il reconnaît une lettre de Joséphine, plaintive, humble, celle d'une vieille femme malade. Il doit répondre.

« Mon amie, je reçois ta lettre, Eugène te donnera des nouvelles de mon voyage et de l'Impératrice. J'approuve fort que tu ailles aux eaux. J'espère qu'elles te feront du bien.

« Je désire te voir. Si tu es à la Malmaison, à la fin du mois, je viendrai te voir. Je compte être à Saint-Cloud.

« Ma santé est fort bonne, il me manque de te savoir contente et bien portante.

« Ne doute jamais de toute la vérité de mes sentiments pour toi ; ils dureront autant que moi ; tu serais fort injuste si tu en doutais.

« Napoléon »

Il se fait communiquer les autres dépêches, convoque Cambacérès. Il lit, écoute. Il est furieux. Voilà deux mois seulement qu'il a un peu lâché les rênes, deux mois pour lui, était-ce trop ? Il lui semble que tous les ressorts de l'Empire se sont détendus.

Caulaincourt, à Saint-Pétersbourg, pleurniche comme s'il avait cessé d'être l'ambassadeur de l'Empire français pour devenir un sujet amoureux d'Alexandre ! Joseph, à qui j'ai donné le trône d'Espagne, écrit à sa femme – et la police intercepte ses lettres : « L'essai de deux royaumes me suffit. Je veux vivre tranquille, acquérir une terre en France... Je désire donc que tu prépares les moyens pour que nous puissions vivre indépendants dans la retraite, et pouvoir être justes envers ceux qui m'ont bien servi. »

Est-ce la parole d'un roi ? Est-ce là le caractère du frère aîné de l'Empereur ?

Et Louis qui s'acoquine avec Fouché pour négocier sans mon consentement !

Il veut, demain, une réunion du Conseil des ministres au château de Saint-Cloud.

Il les voit, ce samedi 2 avril, prendre place comme des élèves fautifs, à l'exception de Fouché, plus pâle seulement qu'à l'habitude. Celui-là a du caractère, mais qui peut avoir confiance en lui ?

– Alors, monsieur le duc d'Otrante, lance Napoléon. Vous faites maintenant la paix et la guerre ?

Napoléon se lève, marche devant les ministres sans regarder Fouché, qui, d'une voix posée, justifie son attitude, chargeant Ouvrard de toutes les initiatives des négociations avec Londres.

– C'est la plus inouïe des forfaitures que de se permettre de négocier avec un pays ennemi à l'insu de son propre souverain, à des conditions que ce souverain ignore et que probablement il n'admettrait pas, reprend Napoléon. C'est une forfaiture que sous le plus faible des gouvernements on ne devrait pas tolérer.

Fouché commence à répondre.

– Vous devriez porter votre tête sur l'échafaud ! crie Napoléon.

Je ne veux plus de cet homme près de moi. On dira que je l'écarte parce qu'il a voté la mort de Louis XVI et que je suis devenu le neveu du roi. En fait, je ne veux pas d'un ministre de la Police générale qui a sa propre politique. Je veux un exécutant, dévoué corps et âme, quelqu'un qui effraie sans même avoir besoin d'agir.

Il pense au général Savary, duc de Rovigo, un homme qui fut l'aide de camp de Desaix, le colonel commandant la gendarmerie d'élite, sa Garde personnelle. L'homme qui arrêta le duc d'Enghien et veilla à ce qu'il fût exécuté.

– Le duc de Rovigo est fin, dit Napoléon à Cambacérès, résolu et pas méchant. On en aura peur, et par cela même il lui sera plus facile d'être doux qu'à un autre.

Il convoque Savary à Saint-Cloud, dévisage cet homme au visage rude, qui s'est bien battu à Marengo, à Austerlitz, à Eylau.

Il le prend par le bras, l'entraîne dans le parc.

– Pour bien faire la police, commence-t-il, il faut être sans passion. Méfiez-vous des haines, écoutez tout et ne vous prononcez jamais sans avoir donné à la raison le temps de revenir. Ne vous laissez pas mener par vos bureaux ; écoutez-les, mais qu'ils vous écoutent et qu'ils suivent vos directives.

Il s'arrête, fait quelques pas seul.

– Traitez bien les hommes de lettres, on les a indisposés contre moi en leur disant que je ne les aimais pas ; on a eu une mauvaise intention en faisant cela ; sans mes préoccupations, je les verrais plus souvent. Ce sont des hommes utiles qu'il faut toujours distinguer, parce qu'ils font honneur à la France...

Est-ce que Savary comprendra ? Fouché l'a déjà berné en brûlant tous les papiers de son ministère, en cachant la correspondance que j'ai eue avec lui. Il faut que Fouché s'éloigne au plus tôt à Paris, qu'il voyage ou qu'il se retire dans sa sénatorerie d'Aix.

– J'ai changé M. Fouché, parce que, au fond, je ne pouvais pas compter sur lui, reprend Napoléon. Il se défendait contre moi lorsque je ne lui commandais rien, et se faisait une considération à mes dépens.

Et puis Fouché incarnait une faction, le parti de la mort du roi.

– Je n'épouse aucun parti que celui de la masse, martèle Napoléon. Ne cherchez donc qu'à réunir. Ma politique est de compléter la fusion. Il faut que je gouverne avec tout le monde sans regarder à ce que chacun fait. On s'est rallié à moi pour jouir en sécurité. On me quitterait demain si tout rentrait en problème.

Il aperçoit Marie-Louise qui, sur le perron, entourée de ses dames, semble l'attendre. Il abandonne Savary, va vers elle d'un pas rapide.

Elle veut jouer au billard.

35.

Il brandit la lettre. Il a envie de pousser un cri. Il s'approche de Méneval, lui donne plusieurs tapes sur l'épaule, puis lui tire l'oreille. Il veut voir immédiatement le grand maréchal du palais, Duroc. Lorsqu'il est seul, il s'approche de la fenêtre, l'ouvre, et cette douceur de la matinée de juin, ces senteurs de la forêt de Saint-Cloud l'émeuvent tout à coup. Il entend Méneval qui rentre accompagné de Duroc, mais il ne peut bouger. Il reste appuyé à la croisée. Il a serré la lettre dans son poing.

Il ne l'a lue qu'une fois, mais il en connaît chaque mot. Ils ont cette douceur qu'avait la voix de Marie Walewska. Elle murmure que son fils est né le 4 mai, dans le château de Walewice. Il porte le nom d'Alexandre Florian Joseph Colonna. Il a la forme du visage de son père, son front, sa bouche, et les cheveux d'un noir de jais. Elle ne demande rien. Elle est heureuse. Elle attend. Elle espère pour son fils Alexandre.

Il voudrait les serrer contre lui, proclamer sa joie, les présenter à tous, même à Marie-Louise. Où serait le mal ? Il y a plusieurs vies dans sa vie, et il peut toutes les vivre, en protégeant ceux qui l'ont aimé, qu'il a aimés. Il se tourne vers Duroc. Il rit. C'est Duroc qui lui a présenté Marie Walewska, c'est lui qui sera le dépositaire du secret.

Il s'approche du grand maréchal du palais.

– Un fils, dit-il d'une voix forte.

Il veut que Duroc prépare l'installation de Marie Walewska et d'Alexandre à Paris. Il dotera son fils mieux qu'il n'a doté le comte Léon, le premier de ses fils. Mais pouvait-il être tout à fait sûr de

Louise Éléonore Denuelle de La Plaigne ? Et il en est allé de même avec sa fille Émilie, dont la mère est Mme Pellapra.

– Deux fils, murmure-t-il, et il rit encore.

Dès que Marie sera installée à Paris, dans l'hôtel de la rue de la Victoire, elle sera présentée à la cour comme issue de l'une de ces familles polonaises qui sont toujours les alliées de la France. Le docteur Corvisart veillera sur elle et l'enfant.

Il marche dans le cabinet de travail. Que de vies dans sa vie ! Il se sent mutilé d'avoir ainsi à en dissimuler certaines. Pourquoi ? Il est comme un grand fleuve qui coule dans des paysages différents, qui côtoie des berges douces ou abruptes. Mais il est toujours le fleuve, de la source jusqu'à l'embouchure.

Il sort d'un pas rapide. Si Marie Walewska était à Paris, il lui rendrait visite régulièrement comme à une amie, comme à la mère de son fils. Et en quoi cela changerait-il la vie de Marie-Louise ?

Il veut l'unité de toutes ses vies. Il ne peut vivre comme si son destin était éclaté en morceaux séparés. Il est un.

Il chevauche en compagnie d'un seul aide de camp jusqu'à la Malmaison. Il retrouve avec émotion jusqu'aux parfums de fleurs. Tout est d'un calme mort qui l'inquiète. Il interpelle un valet de pied qui s'affole en le reconnaissant. Il lui prend le bras, le secoue.

– Où est Joséphine ? Elle n'est pas levée ?

Il est impatient de la voir, inquiet.

– Sire, la voilà qui se promène dans le jardin.

Il aperçoit la silhouette blanche dans sa robe légère, les cheveux relevés sur la nuque. Il a envie de la prendre dans ses bras.

Il court vers elle, l'embrasse.

Il a plusieurs vies.

Il les conserve toutes, toujours aux aguets.

Il ordonne, préside aux Conseils des ministres chaque jour.

Où le mènerait-on s'il se laissait conduire ?

Savary, le ministre de la Police, n'a pas l'habileté et la souplesse de Fouché. Il voit partout des complots jacobins. Il les démantèle, mais, même si je suis l'époux d'une Habsbourg, ce n'est pas les ci-devant que je cherche à favoriser. Je suis le fondateur d'une noblesse et d'une dynastie, et non pas le rameau greffé au vieux tronc de l'Ancien Régime. Je prends la sève des arbres séculaires pour faire croître ma branche.

Il convoque Cambacérès.

– Je ne veux, dit-il, d'autres ducs que ceux que j'ai créés ou que je pourrai créer encore, et dont la dotation aura été accordée par moi. Si je fais quelques exceptions à l'égard de l'ancienne noblesse, ces exceptions sont très restreintes et ne s'appliqueront qu'à des noms historiques qu'il est utile de conserver.

Cambacérès m'écoute, mais a-t-il compris ?

– Donner des appuis à la dynastie présente, faire oublier l'ancienne noblesse, voilà le but que je veux atteindre.

Il descend dans le jardin de Trianon. Par ces temps des grosses chaleurs d'été, cette résidence est la plus agréable.

Il se mêle aux jeux de société qu'aime tant Marie-Louise. Elle s'essouffle rapidement, se laisse tomber dans l'un des fauteuils placés à l'ombre des arbres. C'est une jeune femme au corps vigoureux et pourtant elle manque d'énergie. Lors de la réception à l'Hôtel de Ville, fastueuse, avec feux d'artifice, bals, elle a vite paru lasse. Chez Pauline Borghèse, à Neuilly, elle a semblé s'ennuyer alors que la fête était éclatante, que Pauline, dans son parc, avait reconstitué en trompe-l'œil la perspective de Schönbrunn pour lui plaire. Elle a eu la même attitude à l'Opéra ou lors des parades de la Garde.

Peut-être est-elle marquée par cette fête tragique du 1er juillet, à l'ambassade d'Autriche, chez le prince Schwarzenberg ? Le feu a pris et la grande salle de bal construite en charpente et en toiles vernies, décorée de tulle, de taffetas, de guirlandes de fleurs en papier, s'est embrasée d'un seul coup, les milliers de bougies alimentant l'incendie, et les invités se sont piétinés pour fuir par la seule issue que le feu ne barrait pas.

Napoléon n'a eu que le temps de sortir avec Marie-Louise, de la reconduire jusqu'aux Champs-Élysées, puis il est revenu à l'ambassade. C'était comme un champ de bataille, la même odeur de chair brûlée qu'à Wagram, les corps entassés les uns sur les autres, et parmi eux la belle-sœur du prince Schwarzenberg.

Napoléon a vu les corps nus, déjà détroussés par les pillards qui ont arraché les bagues, les colliers, les boucles, mutilant quand il le fallait.

Horrible fête.

Chaque fois qu'il y pense, il se souvient de ces malédictions, de ces présages tant de fois évoqués dans sa petite enfance.

Il écarte cette pensée. Il rejoint, au milieu des rondes où l'on se moque du prince Borghèse, où l'on court dans les bosquets de Trianon, Marie-Louise, rouge, en sueur.

On est au début août. Ce soir, comme presque chaque soir, il y aura spectacle. Ce jeudi 9, on donnera *Les Femmes savantes*. Il se penche vers Marie-Louise. Elle préfère les jeux de cirque. Il tend le bras, montre l'amphithéâtre qu'on est en train de construire dans les jardins du Petit Trianon. Ce sont les frères Franconi, des maîtres italiens, qui donneront demain une représentation.

Elle est radieuse. Elle l'embrasse. Elle chuchote. Elle répète plusieurs fois :

– Peut-être.

Il lui prend la main, la serre. Il en est sûr, et ce sera un fils.

Il a plusieurs vies.

Il se lève. Il marche dans les allées. Il a plusieurs vies. Celle-ci commence avec cette jeune femme pleine de lui.

Il retourne vers elle. Il ne faut plus monter à cheval. Il ne faut plus danser, il ne faut plus de grandes fêtes éreintantes, plus de voyages épuisants, mais une vie de cour, calme, paisible, ici à Trianon, à Rambouillet, à Fontainebleau ou à Saint-Cloud. Il la caresse comme une enfant. Des spectacles, des concerts, les jeux qu'elle aime, voilà ce qu'il veut pour elle.

Elle lui saisit les mains. Elle désire qu'il reste près d'elle, toujours.

Il la rassure. Il ne la quittera pas.

Il a besoin pourtant de sentir le vent des courses à cheval, l'odeur des herbes mouillées.

Il chasse le cerf dans les bois de Meudon, dans les forêts de Rambouillet ou de Fontainebleau. Plusieurs fois par semaine, il chasse à courre, à la tête d'une cavalcade qui charge comme un escadron de dragons dans les sous-bois. Il s'élance à midi, il rentre vers 6 heures, ayant changé six fois de cheval.

Il prend un bain puis descend retrouver Marie-Louise, grosse. Il la touche. C'est une autre vie pour lui que cette femme qui porte un enfant, qui s'arrondit. Il est allègre.

« Je ne sais si l'Impératrice vous a fait connaître, écrit-il à François Ier, empereur d'Autriche, que l'espérance que nous avions de sa grossesse acquiert tous les jours de nouvelles probabilités, et que nous avons toutes les sûretés qu'on peut avoir à deux mois et demi.

Votre Majesté comprend facilement tout ce que cela ajoute aux sentiments que m'inspire sa fille et combien ces nouveaux liens rendent plus vif le désir que j'ai de lui être agréable. »

Il la comble de cadeaux, d'attentions et de prévenances. Elle porte l'avenir. Il veut être sûr de la rendre heureuse. Il demande à voir Metternich, qui séjourne à Paris. Il apprécie cet homme intelligent qui fait la politique de Vienne et dont il sait qu'il a été l'ardent partisan du mariage de Marie-Louise. Il souhaite que Metternich voie l'Impératrice en tête à tête. Il rit. C'est une exception exorbitante, n'est-ce pas, car elle ne peut rencontrer aucun homme hors de la présence d'un tiers.

Il attend, et, quand Metternich sort de son entretien, il va vers lui.

– Eh bien, avez-vous bien causé ? L'Impératrice a-t-elle dit du mal de moi ? demande-t-il. A-t-elle ri ou pleuré ?

Il fait un geste d'indifférence.

– Je ne vous en demande pas compte, ce sont vos secrets à vous deux, qui ne regardent pas un tiers, ce tiers fût-il même un mari.

Puis il entraîne Metternich dans son cabinet de travail.

– Je ne me brouillerai jamais avec ma femme, dit-il, lors même qu'elle serait infiniment moins distinguée qu'elle ne l'est sous tous les rapports. Ainsi une alliance de famille est beaucoup.

Il prend sur la table un portefeuille, le montre à Metternich.

– Je n'attache plus de prix à l'exécution des articles secrets du traité de Vienne, relatifs à l'armée autrichienne, dit-il. J'ai le désir de plaire à l'empereur François Ier et de lui donner de nouvelles preuves de mon estime et de ma haute considération.

L'empereur d'Autriche sera le grand-père de mon fils. Le rapprochement avec l'Autriche pourrait être la clé de ma politique. L'alliance avec la Russie ?

– Je ne reçois de Russie que des plaintes continuelles, des soupçons injurieux.

Alexandre Ier craint que je ne rétablisse la Pologne. Si j'avais voulu rétablir la Pologne, je l'aurais dit et je n'aurais pas retiré mes troupes d'Allemagne. La Russie veut-elle me préparer à sa défection ? Je serai en guerre avec elle le jour où elle fera la paix avec l'Angleterre.

Sa voix se durcit.

– Je ne veux pas rétablir la Pologne. Je ne veux pas finir mes destinées dans les sables de ses déserts. Mais je ne veux pas me déshonorer en déclarant que le royaume de Pologne ne sera jamais rétabli.

Il pense à Marie Walewska, à ce fils Alexandre, enfant d'une noble polonaise patriote et de lui, l'Empereur.

J'ai plusieurs vies.

– Non, reprend-il, je ne puis prendre l'engagement de m'armer contre des gens qui m'ont témoigné une bonne volonté constante et un grand dévouement. Par intérêt pour eux et pour la Russie, je les exhorte à la tranquillité et à la soumission, mais je ne me déclarerai pas leur ennemi et je ne dirai pas aux Français : il faut que votre sang coule pour mettre la Pologne sous le joug de la Russie.

Il martèle la table.

– Rien au monde ne peut me faire souscrire à un acte déshonorant ; signer ces mots : « La Pologne ne sera pas rétablie », c'est plus que flétrir mon caractère.

Il s'éloigne de la table.

– Il faudrait que je fusse Dieu pour décider que jamais une Pologne n'existera ! Je ne puis promettre ce que je ne puis tenir.

Il revient vers Metternich. Il semble hésiter avant de parler. Voilà des mois qu'il n'a plus prononcé les mots « guerre », « armée ».

– Que l'on ne croie pas, à Saint-Pétersbourg, que je ne suis pas en mesure de faire de nouveau la guerre sur le Continent. J'ai trois cent mille hommes en Espagne, mais quatre cent mille en France et ailleurs. L'armée d'Italie est encore entière. Je pourrais, au moment où la guerre éclaterait, me présenter sur le Niémen avec une armée plus considérable qu'à Friedland.

Il sourit à Metternich. Il ne veut pas la guerre. Mais pourrait-il compter sur Vienne ? Il n'attend pas la réponse de Metternich. Il le prend par le bras, le reconduit.

– L'Impératrice vous aura dit qu'elle est heureuse avec moi, qu'elle n'a pas une plainte à formuler.

Il retient Metternich sur le seuil.

– J'espère que vous le direz à votre empereur, et il vous croira plus qu'un autre.

Il reste seul, pensif.

La guerre à nouveau comme une éventualité en ce plein cœur de l'été 1810, alors que j'attends un fils. Qu'héritera-t-il de moi, lui qui sera le descendant de Charles Quint et de Napoléon ?

C'est pour lui que je dois rendre inattaquable mon Empire. Et celui qui ne prévoit pas est vaincu.

L'Angleterre et la Russie, demain, peuvent s'entendre contre moi. Et sur qui puis-je compter ? Les rois que j'ai faits ne sont rien, Louis vient enfin d'abdiquer du trône de Hollande, mais sans s'entendre avec moi. Et il a fui à l'étranger, lâchement, abandonnant Hortense et ses enfants.

J'écris à Hortense :

« Ma fille, on n'a point de nouvelles du Roi, on ne sait où il s'est retiré et l'on ne conçoit rien à cette lubie. »

Cet homme-là, mon frère, qui m'outrage.

« Un homme auquel j'ai servi de père. Je l'ai élevé avec les faibles ressources de ma solde de lieutenant d'artillerie, j'ai partagé avec lui mon pain et les matelas de mon lit... Où va-t-il ? Chez les étrangers, en Bohême, sous un nom d'emprunt, pour faire croire qu'il n'est pas en sûreté en France ».

J'écris à notre mère :« La conduite de Louis est telle qu'elle ne peut être expliquée que par son état de maladie. »

Mon intention est de gouverner moi-même le pays.

Qu'était devenue la Hollande ? Un entrepôt de marchandises anglaises de contrebande.

« Est-ce que les Hollandais me prendraient pour un grand pensionnaire ? Je ferai ce qui est convenable au bien de mon Empire, et les clameurs des hommes insensés qui veulent savoir mieux que moi ce qui convient ne m'inspirent que du mépris. »

Mépris pour Lucien, mon frère, qui s'enfuit de Rome parce que je décrète qu'elle est française, la deuxième ville de l'Empire, comme j'ai décrété qu'Amsterdam en sera la troisième. Et mon frère veut gagner les États-Unis et tombe entre les mains des Anglais !

Quant à Joseph, incapable de conduire une guerre, sinon pour gêner mes maréchaux qui piétinent et se font battre par les troupes de Wellington !

Rois d'occasion, comme Murat, qui tente de débarquer en Sicile sans m'en prévenir parce que la reine de Sicile est la grand-mère de Marie-Louise et qu'il craint que je ne l'empêche, lui, roi de Naples, de conquérir l'île. Que n'est-il capable, alors que je l'y ai incité maintes fois !

Tous médiocres, et ceux qui ont quelque talent me sont hostiles. Talleyrand, les espions de police en sont persuadés, vient de demander à Alexandre Ier un prêt de 1 500 000 francs – prix des renseignements qu'il fournit à l'ambassade russe. Quant à Berna-

dotte, il vient de se faire élire prince héréditaire de Suède. Puis-je espérer qu'il ne me fera pas la guerre puisque je ne l'ai pas empêché de devenir suédois ? Je le sens déjà, sous ses déclarations de fidélité, si fier d'être roi, si prêt à tout pour le rester, lui, le mari de Désirée Clary.

Que de vies dans la mienne !

Il revoit Metternich, qui s'inquiète de cette accession d'un maréchal à la dignité de roi, des soupçons qui vont naître à Saint-Pétersbourg.

Napoléon étale devant Metternich sa correspondance avec Charles XII le roi de Suède et avec Bernadotte.

Il n'est pour rien dans la réussite de Bernadotte. Il l'a tolérée.

– Je ne demandais pas mieux que de le voir éloigné de la France. C'est un de ces anciens jacobins avec la tête à l'envers. Mais vous avez raison, je ne devais pas donner de trône à Murat, et même à mes frères. Mais on ne devient sage qu'à la longue.

Il croise les bras.

– Moi, je suis monté sur un trône que j'ai recréé, je ne suis pas entré dans l'héritage d'un autre ; j'ai pris ce qui n'appartenait à personne ; je devais m'arrêter là et ne nommer que des gouverneurs généraux et des vice-rois. Vous n'avez d'ailleurs qu'à considérer la conduite du roi de Hollande pour vous convaincre que les parents sont souvent loin d'être des amis. Quant aux maréchaux...

Il secoue la tête, hausse les épaules.

– Vous avez d'autant plus raison que déjà il y en a qui ont rêvé grandeur et indépendance.

C'est à lui, à lui seul, de préparer l'avenir, de veiller seul sur l'Empire.

Il voit, dans le jardin de Trianon, Marie-Louise qui, entourée de ses dames, applaudit un jongleur.

Il pense tout à coup à Marie-Antoinette, la tante de l'Impératrice, qui vécut ici. Il a devant lui les rapports de police qui signalent des propos souvent hostiles à la « nouvelle Autrichienne ». On a commenté l'incendie lors de la fête à l'ambassade d'Autriche comme un signe des malédictions qu'apportent toujours à la France les femmes de Vienne et l'alliance avec les Habsbourg. On trouve Marie-Louise raide, froide, hautaine.

Que ne partagent-ils son lit !

Elle a tant de chaleur en elle qu'elle ne peut dormir que la fenêtre ouverte, alors que je déteste la fraîcheur des nuits.

Il relit les rapports.

Il faut se méfier des préjugés des peuples. Il ne veut pas que les journaux rapportent des détails ridicules. Il veut voir Savary, ministre de la Police, et le comte de Montalivet, ministre de l'Intérieur. Il faut qu'ils empêchent qu'on « publie tout ce qui viendrait sur moi des correspondances étrangères. Les Allemands sont si connus pour leur niaiserie, qu'ils vont jusqu'à dire que je portais sur ma bouche la pantoufle de Marie-Louise que je ne connaissais pas ! Ce sont des choses qui se recommandent par leur extrême bêtise. Ce sont les journaux de Paris qui doivent dire à l'Europe ce que je fais, et non les gazettes de Vienne ! ».

Il interpelle le comte de Montalivet. Il a connu à Valence cet ancien conseiller au Parlement de Grenoble.

L'une de mes vies, quand j'étais lieutenant d'artillerie.

– Je ne dormirai tranquille, dit-il, que lorsque je serai bien assuré que vous faites votre affaire particulière de vérifier que l'approvisionnement de Paris en blé existe. Il ne m'est aucune mesure susceptible d'influer sur le bonheur des peuples et sur la tranquillité de l'administration que la certitude de l'existence de cet approvisionnement.

Montalivet, comme moi, a vécu 1789. Il faut du pain au peuple, si l'on ne veut pas qu'il vienne en cortège réclamer jusqu'à Trianon le boulanger et la boulangère.

Et il faut aussi de l'argent dans les caisses, du travail dans les manufactures.

À Saint-Cloud, à Trianon, à Fontainebleau, il dicte des décrets pour que la contrebande des marchandises anglaises soit partout traquée. Que l'importation ne soit possible qu'avec des droits de licence représentant 50 pour 100 des marchandises importées. Autant d'argent qui échappera à ceux qui ne respectent pas le blocus continental.

Il dit à Eugène, qui tente de défendre les intérêts italiens, comme Louis avait voulu protéger les commerçants hollandais :

– Mon principe est la France avant tout. Vous ne devez jamais perdre de vue que si le commerce anglais triomphe sur mer, c'est parce que les Anglais sont les plus forts ; il est donc concevable, puisque la France est la plus forte sur terre, qu'elle y fasse aussi triompher son commerce ; sans quoi tout est perdu... L'Angleterre est réellement aux abois, et moi je me dégorge des marchandises dont l'exportation m'est nécessaire et je me procure des denrées coloniales à leurs dépens.

Mais, pour cela, il faut tenir toutes les côtes d'une manière encore plus absolue. Il faut saisir, brûler, à Francfort, à Hambourg, à Amsterdam, à Lübeck, les marchandises de contrebande.

– Vous avez, dit-il à Davout qui commande les troupes d'Allemagne, beaucoup d'officiers d'état-major, faites-les courir. Enfin, je vous charge absolument d'empêcher la contrebande et la navigation anglaises depuis la Hollande jusqu'à la Poméranie suédoise ; faites-en votre affaire.

Mais, il le sait, Davout ne peut pas l'impossible. Depuis le début du mois d'octobre 1810, mille deux cents navires anglais errent dans la Baltique, chargés en marchandises.

Bernadotte leur a fermé les ports suédois. Mais il reste les ports russes. Que fera Alexandre ? Et, s'il les accueille, que dois-je faire ?

Il descend dans le grand salon où il a fait installer le sculpteur vénitien Canova, qu'il a convoqué aux Tuileries. Il connaît cet homme depuis son premier séjour en Italie. Il n'a guère aimé la manière dont Canova l'a représenté, nu, tenant à la main une petite victoire. Mais Canova est le plus grand. Il doit faire un buste de Marie-Louise, et Napoléon assiste aux séances de pose.

Il s'assied. Marie-Louise bouge, s'impatiente.

– C'est ici la capitale du monde, dit Napoléon à Canova, il faut que vous y restiez.

Il apprécie le mouvement des doigts de Canova, ses réponses sans servilité.

– Pourquoi Votre Majesté ne se réconcilie-t-elle pas avec le pape ? demande Canova.

– Les papes ont toujours empêché que la nation italienne ne se relevât. C'est l'épée qu'il vous faut !

Marie-Louise tousse. Canova parle d'imprudence puisque l'Impératrice est enceinte.

– Vous voyez comme elle est, dit Napoléon. Mais les femmes veulent que tout se passe à leur fantaisie... Moi, je lui dis toujours de se soigner. Et vous, êtes-vous marié ?

Il écoute à peine Canova parler de sa liberté.

– Ah, femmes, femmes..., répète Napoléon.

Marie-Louise l'étonne, comme l'ont surpris, chacune à leur manière, Joséphine et Marie Walewska.

Il voit Hortense qui vient parler de sa mère. Joséphine craint qu'elle ne soit condamnée à l'exil, non pas seulement loin de Paris, mais hors de France.

Il ne le veut pas. Il a plusieurs vies qui devraient se côtoyer, se mêler. Mais Marie-Louise ne peut comprendre ce désir.

– Je dois penser au bonheur de ma femme, dit-il à Hortense. Les choses ne se sont pas arrangées comme je l'espérais. Elle est effarouchée des agréments de votre mère et de l'empire qu'on lui connaît sur mon esprit. Je le sais, à n'en pas douter.

Il s'arrête de marcher. C'est l'automne. Dans le parc du château de Saint-Cloud, les jardiniers entassent ici et là des feuilles mortes. Des fumerolles s'élèvent aux limites de la forêt aux couleurs rousses. Ils ont commencé à brûler les feuilles tombées.

– Dernièrement, reprend-il, je voulus aller me promener avec elle à la Malmaison. J'ignore si elle crut que votre mère y était, mais elle se mit à pleurer et je fus obligé de changer de direction.

Cela me paraît si naturel et si simple de faire se croiser mes différentes vies. Quand donc viendra ce temps où les hommes et les femmes ne seront plus prisonniers de leurs préjugés ?

– Quoi qu'il en soit, continue-t-il, je ne contraindrai l'Impératrice Joséphine en rien. Je me souviendrai toujours du sacrifice qu'elle m'a fait. Si elle veut s'établir à Rome, je l'en nommerai gouvernante. À Bruxelles, elle peut encore y tenir une cour superbe et faire du bien au pays. Près de son fils et de ses petits-enfants, elle serait mieux encore et plus convenablement. Mais...

Il écarte les mains. Il sait bien qu'elle ne veut rien de tout cela !

– Écrivez-lui que, si elle préfère vivre à la Malmaison, je ne m'y opposerai pas.

Rentré au château, il écrit à la hâte quelques lignes à Joséphine.

« Mon opinion était que tu ne peux être l'hiver convenablement qu'à Milan ou à Navarre ; après cela, j'approuve tout ce que tu feras, car je ne veux te gêner en rien.

« Adieu, mon amie ; l'Impératrice est grosse de quatre mois, et nomme Madame de Montesquiou gouvernante des enfants de France. Sois contente et ne te monte pas la tête. Ne doute jamais de mes sentiments.

« Napoléon »

Il garde son affection pour Joséphine, et il est attaché à Marie-Louise, qui l'émeut.

Il la suit dans cette longue galerie du château de Saint-Cloud. Elle a une démarche lourde. Il s'exclame :

– Voyez comme sa taille grossit !

Il avance à ses côtés dans la foule des dignitaires rassemblés dans la chapelle du château de Saint-Cloud. Il voit Marie-Louise qui distribue aux mères des enfants qui vont être baptisés ce dimanche 4 novembre 1810 des médaillons entourés de diamants. Il y a vingt-six enfants, dont Charles-Louis-Napoléon, le fils de Louis et Hortense, et le fils de Berthier – tous enfants de princes et de rois –, qui vont être tenus sur les fonts baptismaux par l'Impératrice et l'Empereur.

Ce fils d'Hortense [1], *ce petits-fils de Joséphine, qui devient le filleul de ma seconde épouse, pour qui j'ai répudié Joséphine !*

Et je vais être le père d'un fils né d'une Habsbourg.

Il annonce à la foule des invités la grossesse de Marie-Louise. On l'acclame.

Il dicte une lettre à l'empereur d'Autriche pour lui notifier officiellement la nouvelle.

« J'expédie un de mes écuyers pour porter à Votre Majesté impériale la nouvelle de la grossesse de l'Impératrice sa fille. Elle est avancée de près de cinq mois. L'Impératrice se porte très bien et n'éprouve aucune des incommodités attachées à son état. Connaissant tout l'intérêt que Votre Majesté nous porte, nous savons que cet événement lui sera agréable. Il est impossible d'être plus parfaite que la femme que je lui dois. Aussi je prie Votre Majesté d'être persuadée qu'elle et moi nous lui sommes également attachés. »

Il s'immobilise. Il écoute la plume du secrétaire courir sur le papier.

Méneval lui présente le texte à signer.

Il trace d'un geste vif son nom.

Quel roman que ma vie !

---

1. Charles-Louis-Napoléon, le futur Napoléon III.

36.

Napoléon arpente en compagnie du grand maréchal du palais les pièces vides aux plafonds hauts. Duroc ouvre les portes dorées à deux battants. Napoléon le rejoint d'un pas vif, lui tire l'oreille.

Le grand maréchal habitait là, dans cette aile des Tuileries dont les croisées donnent sur le Carrousel. Mais c'est ici que vivra mon fils, roi de Rome.

Il convoque les architectes. Tout doit être repeint. On placera une bande matelassée haute de trois pieds le long des murs, afin que l'enfant ne se blesse pas en tombant.

Napoléon s'approche d'une croisée. Le soleil de novembre, froid, illumine les statues dorées de l'arc de triomphe du Carrousel.

C'est moi qui ai fait construire cela. À la gloire de mon armée.

Il imagine le regard de l'enfant qui découvrira le symbole de la grandeur et de la victoire. Le roi de Rome saura, en ouvrant les yeux, qu'il est fils et petit-fils d'empereurs.

Tout en regagnant son cabinet de travail, Napoléon dicte. Il établit la liste du trousseau de l'enfant, des dignitaires qui doivent être convoqués lorsque l'Impératrice aura ses premières douleurs, puis il fixe l'ordonnancement des cérémonies qui suivront la naissance, cent un coups de canon, le défilé des grenadiers de la Garde. Il se tourne vers Duroc qui a murmuré une question, qu'il devine plutôt qu'il n'entend. Vingt et un coups de canon s'il s'agit d'une fille, dit-il à regret. Mais ce sera un fils. Les témoins de la naissance seront Eugène, vice-roi d'Italie, et le grand-duc de Würzburg.

Il entre dans son cabinet de travail. Il veut que tout lui soit soumis, aussi bien les esquisses de Prudhon pour le berceau en vermeil que la liste des médecins qui assisteront l'Impératrice. Tout.

Trois mois, cela suffit à peine pour imaginer, prévoir, convoquer.

Le temps manque toujours, dit-il. 1811, l'année à venir, est sa quarante-deuxième année. Tout ce qu'il a fait jusqu'alors, il le ressent ainsi, n'a été que la préparation de la période de son destin, dans laquelle il s'engage.

Il commence sa vraie vie d'Empereur. Il dispose de la puissance des armes, de l'obéissance des peuples, de l'expérience et encore de la force de la jeunesse.

Il peut chasser des heures durant, hier dans la plaine de Rozoy, aujourd'hui même à la Croix de Saint-Hérem. Et il a débusqué le cerf. Il est le plus rapide des cavaliers.

Et dans le lit de Marie-Louise, ou dans celui de cette brune si vive, la belle-fille du commandant Lebel, adjoint au gouverneur de Saint-Cloud, qui s'est offerte et qu'il a prise quelques nuits, parce qu'on ne refuse pas ce que la vie vous offre, il est plus gaillard que le sous-lieutenant qu'il a été, et qui fut, il s'en souvient, maladroit, timide même, trop brusque et trop pressé.

Il est au plein de sa vie.

Tous ces rois ont été contraints de reconnaître sa dynastie, de l'admettre parmi eux. Il a conquis son trône, et une impératrice de vingt ans va lui donner un fils.

Personne ne viendra obscurcir ce midi de son destin. Il ne le tolérera pas.

Il s'assied. Il regarde les bulletins de police, les dépêches, les rapports placés dans leurs différentes boîtes sur la table. Il voudrait ne pas avoir à plonger les mains dans ces papiers. Sa vie est devenue si pleine sans eux !

Marie-Louise le réclame à tout instant. Et il aime leurs tête-à-tête, sa naïveté, sa peau surtout, et ce corps qui change avec la maternité. Tout cela, si nouveau pour lui, alors qu'ici c'est l'ordinaire gris, la brutalité et les manœuvres sournoises, cette réalité dans laquelle il marche depuis son enfance, sans illusions.

Il lit le premier rapport de police : « Les gens les plus sages dans le commerce sont effrayés de l'avenir. La crise est telle que, chaque jour, tout banquier qui arrive à 4 heures sans malheur s'écrie : " En voilà encore un de gagné. " »

Adieu, insouciance, adieu, rêverie. Enfonçons-nous dans le marécage !

Les affaires vont mal parce que la contrebande anglaise sévit et qu'il est impossible d'exporter les productions françaises. L'Europe est pleine de produits venus d'Angleterre et de ses colonies. La faille du blocus se situe au nord.

Il convoque Champagny. Que veulent les Russes ? Que dit notre ambassadeur ? Napoléon a une grimace de mépris. Mais Caulaincourt est devenu le courtisan d'Alexandre. Il est plus russe que français.

– Je sais...

Il montre les rapports des espions que Davout, le commandant en chef en Allemagne, lui envoie.

– ... que les douze cents bâtiments que les Anglais ont escortés par vingt vaisseaux de guerre et qu'ils avaient masqués sous pavillons suédois, portugais, espagnol ou américain, ont en partie débarqué leurs marchandises en Russie.

Il frappe du poing.

– La paix ou la guerre sont entre les mains de la Russie. Elle ne le sait peut-être pas.

– Il est possible qu'elle se donne la guerre sans le désirer, reprend-il. C'est le propre des nations de faire des sottises.

Mais je dois tenir compte de cela. Penser à la guerre.

Alexandre Ier crée de nouveaux régiments. Il a massé trois cent mille hommes à la frontière du grand-duché de Varsovie. Il songe même, affirme-t-on, à confier le commandement de l'une de ses armées au général Moreau !

Moreau, que je me suis contenté d'exiler ! Moreau, déjà recuit de jalousie il y a dix ans et qui s'était réfugié aux États-Unis. Et comment pourrais-je avoir confiance en Bernadotte, qui reçoit les envoyés russes, qui ménage son avenir de prince héréditaire de Suède ?

Il donne audience à l'un des aides de camp français de Bernadotte, le chef d'escadron Genty de Saint-Alphonse, un officier dévoué à son maréchal et qu'il ne sert à rien de bousculer.

– Croyez-vous que j'ignore, commence Napoléon, que le maréchal Bernadotte dit à qui veut l'entendre : « Dieu merci, je ne suis plus sous sa patte », et mille autres extravagances que je ne veux pas répéter ?

Bernadotte réclame, pour prix de sa fidélité, la Norvège, qui appartient au Danemark. Et si je la lui concédais, de quoi serais-je sûr ?

Les hommes avides et jaloux trahissent. Bourrienne, mon ancien condisciple de Brienne, mon secrétaire de sept années, le vénal Bourrienne que j'ai chassé à Hambourg, entasse les millions – six, sept, huit ? – en vendant des permis d'importer des marchandises anglaises. Que lui soucie le salut de l'Empire ?

Je ne peux, une nouvelle fois, n'avoir confiance qu'en moi.

Il médite, seul. Il ne peut demander conseil à personne. Qui sait mieux que lui ce qu'il faut à l'Empire ? Ce qui est nécessaire pour l'avenir de la dynastie ? La paix ? On vient de découvrir que le comte Tchernichev, envoyé d'Alexandre Ier à Paris, personnage suffisant et mielleux mais séducteur, qui fréquente les salons, se livre à l'espionnage. Les policiers de Savary ont découvert dans les cendres de sa cheminée des pièces à demi consumées qui proviennent de l'état-major du maréchal Berthier, où Tchernichev paie un espion qui lui transmet l'état des forces françaises en Allemagne. Et est-ce pour préparer la paix qu'Alexandre Ier taxe les marchandises françaises à l'entrée en Russie de taux prohibitifs ?

Ne vais-je pas me défendre ?

Puis-je laisser les marchandises anglaises envahir l'Europe ?

Napoléon dicte un sénatus-consulte qui annexe à l'Empire français les villes hanséatiques du nord de l'Allemagne et de la Baltique, ainsi que le duché d'Oldenburg, qui appartient au beau-frère d'Alexandre.

Mon bel allié du Nord se cabre ? Qui a, le premier, déchiré l'esprit de Tilsit ? Il faut parler clair à l'empereur de Russie.

« Mes sentiments pour Votre Majesté ne changeront pas, écrit Napoléon à Alexandre, quoique je ne puisse dissimuler que Votre Majesté n'a plus d'amitié pour moi ; déjà notre alliance n'existe plus dans l'opinion de l'Angleterre et de l'Europe : fût-elle aussi entière qu'elle l'est dans le cœur de Votre Majesté qu'elle l'est dans le mien, cette opinion générale n'en serait pas moins un grand mal. »

Alexandre compendra-t-il ? Saura-t-il retenir les chevaux de la guerre ?

« Moi, reprend Napoléon, je suis le même pour elle, mais je suis frappé de l'évidence de ces faits et de la pensée que Votre

Majesté est toute disposée, aussitôt que les circonstances le voudront, à s'arranger avec l'Angleterre, ce qui est la même chose que d'allumer la guerre entre les deux Empires. »

Il paraphe la lettre, puis, d'un revers de la main, balaie les dépêches que lui envoie Caulaincourt.

– Cet homme n'a pas d'esprit, il ne sait pas écrire, il est un excellent chef d'écurie, voilà tout ! lance-t-il.

Qu'on le rappelle en France, puisqu'il ne veut plus et ne peut plus assumer sa tâche, et qu'on nomme à sa place le général Lauriston, mon aide de camp à Marengo !

Mais que valent donc les hommes qui m'entourent ? Même un conseiller d'État comme Joseph-Marie Portalis, le propre fils de l'ancien ministre des Cultes, s'est fait le complice d'une manœuvre du pape contre moi afin de remettre en cause l'autorité de l'archevêque de Paris, Maury, que j'ai nommé.

Le pape et quelques ecclésiastiques complotent, comme cet abbé Astros, qui portait, cachés dans son chapeau, les messages de Pie VII contre l'archevêque Maury ! Qu'on enferme Astros au château de Vincennes ! Qu'on surveille ce pape qui, à « la plus horrible conduite, joint la plus grande hypocrisie ». Qu'on renforce les troupes qui le gardent à Savone.

Pourquoi ces critiques contre moi ? N'ai-je pas rétabli la religion ? Ai-je provoqué un schisme, comme l'ont fait les Anglais ou les Russes ?

Napoléon est debout devant la croisée de son cabinet de travail. Il tourne le dos à Cambacérès et à Savary. Celui-ci lui a apporté le discours que Chateaubriand a l'intention de prononcer à l'Académie française, où il vient d'être élu à la place du régicide Chénier. Ce discours rouvre les plaies !

– Je me suis entouré de tous les partis, commence Napoléon, j'ai mis auprès de ma personne jusqu'à des émigrés, des soldats de l'armée de Condé...

Il va vers Cambacérès, lui montre le texte du discours de Chateaubriand.

– Je dirais à l'auteur, s'il était devant moi : Vous n'êtes pas de ce pays-ci, monsieur. Vos admirations, vos vœux sont ailleurs. Vous ne comprenez ni mes intentions ni mes actes.

Il lève les bras, retourne vers la croisée.

– Eh bien, si vous êtes si mal à l'aise en France, sortez de

France, sortez, monsieur, car nous ne nous entendrons pas, et c'est moi qui suis le maître ici. Vous n'appréciez pas mon œuvre et vous la gâteriez si je vous laissais faire. Sortez, monsieur, passez la frontière et laissez la France en paix et en union, sous un pouvoir dont elle a tant besoin.

Ce pouvoir, c'est lui qui le tient entre ses mains. Il s'immobilise devant la carte qu'il a fait dresser et qui représente les nouvelles frontières de l'Empire : cent trente départements, de Hambourg à l'Adriatique, d'Amsterdam à Rome. C'est lui qui règne sur les quarante-quatre millions d'habitants.

Voilà ce dont mon fils héritera, et peut-être plus encore, puisqu'il sera roi de Rome et qu'un jour il pourra gouverner la péninsule, quand le royaume d'Italie dont je suis le souverain lui reviendra et qu'il pourra peut-être annexer le royaume de Naples.

Et qui sait, pourquoi pas, il étendra son empire plus loin encore, sur la Confédération du Rhin, et il aura pour allié le grand-duché de Varsovie, dont peut-être, un jour, un autre de mes fils sera le souverain.

Il pense souvent à Alexandre Walewski.

Il se glisse dans la maison de la rue de la Victoire en compagnie de Duroc. Il a voulu que Marie Walewska soit présentée à la cour, à Marie-Louise même. Et il a aimé, fût-ce pour lui seul et quelques personnes dans le secret, que ses vies soient ainsi rassemblées.

Mais Marie-Louise doit ignorer tout de cela. Et comment la choquer, alors qu'elle porte mon enfant ?

Elle veut qu'à chaque instant il soit présent. Et il accepte.

Le temps de ces premiers mois de l'année 1811 est froid et pluvieux. Il ne quitte presque plus les Tuileries. Il aime céder à ses caprices, la surprendre par des présents, des parures et des boucles. Il la sent craintive devant l'accouchement. Il la rassure, l'entoure souvent de ses bras, malgré l'étiquette.

Le soir, lors des représentations théâtrales qui sont données dans les petits appartements, il la voit somnoler, le corps lourd.

Il est ému. C'est la première fois qu'il observe une femme grosse de lui.

Le mardi 19 mars, vers 20 heures, il attend avec la cour, dans la salle de spectacle des Tuileries. Il a chaud. Il s'approche du grand-duc de Würzburg et du prince Eugène, qui viennent d'arriver à Paris pour être les témoins de la naissance.

Il s'impatiente, quand tout à coup la duchesse de Montebello, veuve du maréchal Lannes, dame d'honneur de Marie-Louise, apparaît. Il ne l'aime pas. Il l'a nommée en souvenir de Lannes, et il a chaque jour découvert qu'elle tente de semer la discorde autour de Marie-Louise, qu'elle est une femme avide, jalouse, hostile. Mais Marie-Louise s'est entichée d'elle.

Il entend Mme de Montebello annoncer avec solennité que Marie-Louise a ses premières douleurs.

Il ordonne aux hommes présents de revêtir leurs uniformes. Il faut que cette naissance se déroule conformément à l'étiquette qu'il a prévue. Bientôt, les salons sont remplis par plus de deux cents personnes.

Il entre dans la chambre envahie par les six médecins. Il n'a jamais éprouvé cela, cette tendresse pour une femme qui souffre de la vie qu'elle porte. Il lui prend le bras, la soutient, marche à petits pas avec elle. Il la sent se calmer. Il l'aide à se coucher, à s'endormir.

Il traverse les salons où les dignitaires somnolent, ordonne qu'on serve à souper. Il a chaud. Il prend un bain. Il voudrait agir, et cette impuissance à laquelle il est réduit l'irrite. Il dicte toute la nuit.

À 8 heures, alors que le jour est déjà clair, le docteur Dubois se précipite, éperdu, pâle.

Il est tout à coup glacé.

– Eh bien, est-ce qu'elle est morte ? lance-t-il. Si elle est morte, on l'enterrera.

Il n'éprouve rien. Il est un bloc de pierre. Il a l'habitude de l'imprévisible et de la mort.

Dubois balbutie. L'enfant se présente mal. On a envoyé chercher Corvisart. L'Empereur peut-il descendre auprès de l'Impératrice ?

– Pourquoi voulez-vous que je descende ? Y a-t-il du danger ?

Il dévisage Dubois, qui semble avoir perdu tout contrôle de lui-même. Dubois murmure qu'il faudrait utiliser les fers, qu'il a déjà délivré des femmes dont les enfants se présentaient ainsi.

– Eh bien, comment avez-vous fait ? Je n'y étais pas ; procédez dans celui-ci comme dans les autres ; prenez votre courage à deux mains.

Il tape sur l'épaule de Dubois, le pousse hors de son cabinet de travail.

– Et supposez que vous n'accouchez pas l'Impératrice, mais une bourgeoise de la rue Saint-Denis.

Avant d'entrer dans la chambre de l'Impératrice, Dubois s'arrête.

– Puisque Votre Majesté le permet, je vais le faire, dit-il.

Le médecin hésite, puis murmure qu'il faudra peut-être choisir l'un ou l'autre.

– La mère, c'est son droit, répond Napoléon.

Ainsi peut-être n'aura-t-il pas ce fils qu'il a tant espéré. Il saisit la main de Marie-Louise. Elle crie, se tord. Il voit approcher les docteurs Corvisart, Yvan, Bourdier. Elle hurle pendant que Dubois prépare les fers.

Il ne veut pas rester ainsi, spectateur impuissant.

Il sent la sueur qui coule sur son front, dans son cou. Il serre les poings. Il a dans la bouche un goût âcre. Il voudrait hurler de rage.

Il s'enferme dans le cabinet de toilette. Il entend les hurlements de Marie-Louise. La porte s'ouvre. Il essaie de lire sur le visage du docteur Yvan. Le médecin murmure que l'Impératrice est délivrée.

Il voit sur le tapis de la chambre le corps de l'enfant qui gît, inerte. Mort.

Il saisit la main de Marie-Louise, l'embrasse. Il ne regarde plus. C'est ainsi.

Il n'aura pas de fils.

Il reste immobile en caressant le visage de Marie-Louise. Il a les yeux fixes.

Tout à coup, ce vagissement.

Il se redresse.

L'enfant est enveloppé de linges chauds sur les genoux de Mme de Montesquiou, qui continue de le frictionner, puis lui introduit dans la bouche quelques gouttes d'eau-de-vie.

L'enfant crie à nouveau.

Napoléon le prend, le soulève. C'est comme le soleil qui surgit un matin de victoire.

Il a un fils.

Il est 9 heures du matin, ce mercredi 20 mars 1811.

Il entend les coups de canon puis les cris qui montent de la place du Carrousel.

Il ne peut parler. Il signe l'acte de naissance de Napoléon, François, Joseph, Charles, puis il va vers la croisée. Il aperçoit les cortèges qui convergent. Il voit les mains qui s'agitent.

Il cache son visage derrière le rideau. Il pleure.

Il veut montrer l'enfant à la foule et à l'armée. Ce roi de Rome, cet enfant que porte Mme de Montesquiou, et qui est couché sur un coussin de satin blanc recouvert de dentelles, sera leur souverain.

En attendant l'ondoiement qui se tiendra en fin de journée, il dicte une lettre pour l'empereur d'Autriche.

« L'Impératrice, fort affaiblie par les douleurs qu'elle avait essuyées, montra jusqu'à la fin le courage dont elle avait donné tant de preuves... L'enfant se porte parfaitement bien. L'Impératrice est aussi bien que le comporte son état, elle a déjà un peu dormi et pris quelque nourriture. Ce soir à 8 heures, l'enfant sera ondoyé. Ayant le projet de ne le faire baptiser que dans six semaines, je charge le comte Nicolaï, mon chambellan, qui portera cette lettre à Votre Majesté, de lui en porter une autre pour la prier d'être le parrain de son petit-fils.

« Votre Majesté ne doute point que, dans la satisfaction que j'éprouve de cet événement, l'idée de voir perpétuer les liens qui nous unissent ne l'accroisse considérablement. »

Il prend lui-même une seconde feuille et écrit quelques lignes à Joséphine.

« Mon fils est gros et très bien portant. J'espère qu'il viendra bien. Il a ma poitrine, ma bouche et mes yeux.

« J'espère qu'il remplira sa destinée. »

Neuvième partie

Et ainsi la guerre aura lieu, malgré moi, malgré lui

21 mars 1811 – 21 juin 1812

37.

Il se penche sur le berceau. Il ne se lasse pas de regarder cet enfant. Il le touche, lui parle, le caresse, le prend quelques instants dans ses bras avant que Mme de Montesquiou ne s'en empare, ne s'éloigne avec lui.

Il a un fils.

Il le présente avec fierté aux sénateurs, aux conseillers d'État qui, à tour de rôle, entrent dans la chambre de l'enfant.

– J'ai ardemment désiré ce que la Providence vient de m'accorder, dit-il. Mon fils vivra pour le bonheur et la gloire de la France. Les grandes destinées de mon fils s'accompliront. Avec l'amour des Français, tout lui deviendra facile.

Mon fils : ces mots lui emplissent la bouche, il les répète. Il a l'impression, quand il les prononce, que sa poitrine se dilate. Pourtant, après quelques semaines, il s'étonne : sa joie se fait chaque jour plus fugace. Il ressent une fatigue qui l'alourdit. Ses jambes enflent. Il ne trouve pas le sommeil. Il couche à nouveau seul, et il mange avec la hâte d'autrefois.

Il voit chaque jour Marie-Louise, mais elle reste allongée, épuisée par l'accouchement, le plus souvent somnolente, ne voyant son fils que quelques instants par jour, se souciant peu de lui, le confiant à Mme de Montesquiou. Habitude d'archiduchesse qui fut éloignée de sa mère dès sa naissance.

Lorsqu'il la quitte pour regagner son appartement, il marche lentement dans les galeries de ce château de Saint-Cloud, puis, chez lui, s'attarde dans son bain. Il est morose. Tout a changé dans son destin : il a l'héritier qu'il espérait, et cependant rien ne s'est transformé.

Au sortir de son bain, après que Roustam l'a séché, il s'installe sur un canapé. Il y demeure longtemps, songeur.

Autour de lui, malgré la naissance du roi de Rome, il sent l'inquiétude et la lassitude. On lui obéit, mais avec plus de lenteur.

Il s'est emporté contre Clarke, le ministre de la Guerre, devant le temps perdu par les unités qui doivent, à partir de France, d'Italie et de Westphalie, converger vers le nord de l'Allemagne pour faire face à la menace russe. Car Alexandre pousse ses armées vers le grand-duché de Varsovie.

– Un ordre doit toujours être exécuté, dit-il à Clarke. Quand il ne l'est pas, il y a crime et le coupable doit être puni.

Il s'indigne de ces défaillances. Il ne peut dormir. Il dicte des ordres durant des nuits entières, dans ces premiers jours du mois d'avril 1811, parce qu'il veut tendre à nouveau les rênes. Il ne peut accepter que l'Empire lui échappe, au moment où la naissance d'un fils vient lui assurer l'avenir.

Il faut à nouveau se battre ? Il se battra. Contre les maréchaux incapables de venir à bout des Espagnols en Espagne. Ney refuse d'obéir à Masséna, et Junot est contraint d'évacuer le Portugal. Masséna recule, et Wellington avance. Est-ce possible ? Il destitue Masséna.

Au nord, sur la frontière du grand-duché de Varsovie, tous les renseignements confirment la concentration des troupes russes.

Le lundi 15 avril 1811, alors qu'on célèbre la fête de Pâques, il harcèle les ministres. De temps à autre, il quitte son cabinet de travail pour accueillir les délégations qui viennent le féliciter de la naissance du roi de Rome. Il écoute les compliments, les discours. Il accompagne l'Impératrice, qui s'avance sur la terrasse des Tuileries pour sa première promenade et que la foule acclame.

Mais à quoi serviraient ces hommages, et pourquoi ce fils, si l'Empire s'effondrait ?

Se battre, donc.

Il retourne dans son cabinet de travail. Il y passe plusieurs nuits. Il est persuadé que les troupes russes peuvent attaquer un jour ou l'autre. Il reçoit Champagny. Le ministre paraît désemparé. Il est incapable de faire face à la situation. Homme fidèle mais qui n'a pas su prévoir ces risques de guerre.

– L'empereur Alexandre est déjà loin de l'esprit de Tilsit, commence Napoléon. Toutes les idées de guerre viennent de la

Russie. Si Alexandre Ier n'arrête pas promptement cette impulsion, il y sera entraîné l'année prochaine, malgré lui. Et ainsi la guerre aura lieu, malgré moi, malgré lui, malgré les intérêts de la France et ceux de la Russie.

Il fait quelques pas, fixe Champagny.

– J'ai déjà vu cela si souvent que c'est mon expérience du passé qui dévoile cet avenir, reprend-il.

Il hausse le ton, a un mouvement de tout le corps pour marquer sa colère.

– Tout cela est une scène d'opéra, et ce sont les Anglais qui tiennent les machines.

Champagny n'a pas compris ce mécanisme. Il faut le remplacer.

– Monsieur le duc de Cadore, dit-il en s'approchant de Champagny, je n'ai eu qu'à me louer des services que vous m'avez rendus dans les différents ministères que je vous ai confiés ; mais les affaires extérieures sont dans une telle circonstance que je crois nécessaire au bien de mon service de vous employer ailleurs.

Champagny baisse la tête.

Je ne veux humilier personne, mais mon devoir est de choisir les hommes capables et de renvoyer ceux qui sont incompétents.

Maret, duc de Bassano, qui travaille avec moi chaque jour, remplacera Champagny.

Il est tendu. Il retrouve Marie-Louise dans les jardins de Trianon ou dans les parcs des châteaux de Rambouillet ou de Compiègne. Elle l'émeut, mais depuis que le roi de Rome est né c'est comme si une parenthèse heureuse de bonheur et d'insouciance s'était refermée.

Il se plie à nouveau à la discipline exigeante du travail. Parfois même, au milieu de la nuit, il s'interrompt et mesure qu'il n'a jamais autant consacré d'heures à administrer l'Empire, à dicter. Et, peu à peu, il perçoit que la machine un instant ralentie se remet en route. Il en éprouve une sorte d'exaltation. Les enjeux sont encore plus grands qu'autrefois. Il a un fils. Il tient en main toutes les cartes de l'Europe, à trois exceptions près : l'Espagne, qui est une plaie ouverte ; l'Angleterre, que la crise économique étouffe ; et la Russie, qu'il faut soumettre.

Faudra-t-il lui faire la guerre ?

– Je ne veux pas la guerre, dit-il à Maret, mais j'ai du moins le droit d'exiger que la Russie reste fidèle à l'alliance.

Il compulse les registres de ses armées. Il faut de nouveaux régiments. Il faut lever de nouvelles recrues, remonter la cavalerie et l'artillerie. Faire avancer les troupes à travers l'Allemagne, sans attirer l'attention.

– Je préfère avoir des ennemis à avoir des amis douteux, dit-il. Et cela me serait en effet plus avantageux.

Souvent, après une nuit de travail, il a l'impression que tout son corps éclate. Il a besoin de mouvement. Il chasse dans la forêt de Saint-Cloud ou de Saint-Germain. Et il se lance dans des galops effrénés, toujours à la tête de la petite troupe de généraux ou d'aides de camp qui l'accompagnent.

Il oublie, dans l'effort, les problèmes qui l'assaillent.

Joseph se plaint, se prétend malade, veut quitter Madrid. Murat, à Naples, agit à sa guise, comme un souverain qui ne me devrait pas son trône et qui n'aurait pas à exécuter mes ordres.

– S'il croit qu'il règne à Naples autrement que pour le bien général de l'Empire, dit-il à Maret, Murat se trompe. S'il ne change pas de système, je m'emparerai de son royaume et le ferai gouverner par un vice-roi d'Italie.

Il rentre. Il aperçoit Marie-Louise, assise dans le parc. Elle paraît lasse. Il a vu Corvisart, qui a déconseillé vivement une seconde grossesse. Est-il possible qu'une si jeune femme, si vigoureuse, soit à ce point marquée par l'accouchement ? Il s'assied près d'elle, la cajole. Mme de Montesquiou s'approche avec le « petit roi ».

Mon fils.

Il le prend dans ses bras, joue avec lui quelques instants, lui fait boire quelques gouttes de chambertin, rit de ses grimaces. Tout à coup, il pense à ces années qui le séparent du moment où ce fils sera en mesure de régner.

Il tend l'enfant à Mme de Montesquiou.

Je dois protéger cet Empire dont mon fils héritera. C'est cela, ma tâche.

Il parle à voix basse à Marie-Louise. Il faut que l'Impératrice comprenne qu'elle a, elle aussi, des devoirs, qu'elle doit – et elle le peut, puisqu'elle le doit – l'accompagner dans ce voyage qu'il va entreprendre dans l'ouest de la France, afin d'inspecter le port de Cherbourg, de vérifier que la flotte dont il a ordonné la reconstruction sera, un jour proche, capable d'affronter celle de l'Angleterre.

Il n'écoute pas les soupirs de Marie-Louise. Il ne veut pas tenir compte de sa fatigue. On quittera Rambouillet le mercredi 22 mai à 5 heures, dit-il. C'est cela, le métier dc souverain.

Il le fait. Elle est Impératrice. Donc, qu'elle accepte de se plier à ses devoirs. Quand il voit son visage ennuyé, il se souvient de Joséphine qui savait écouter les compliments des notables, sourire, et repartir dans la berline pour une nouvelle course de plusieurs heures.

Le premier jour, on roule près de dix-neuf heures. Les étapes suivantes sont de douze heures. On passe à Houdan, Falaise et Caen. On séjourne à Cherbourg. Il veut visiter les navires. À bord du *Courageux*, alors qu'elle se repose, il fait ouvrir le feu par tous les canons de la frégate. Il la porte en riant près d'un sabord.

– Veux-tu que je te jette à la mer ? lui lance-t-il alors que les officiers les regardent avec étonnement.

Elle n'est qu'une jeune femme, son épouse, qui doit suivre son mari, accepter le rythme qu'il lui impose.

Il se tient debout face à la mer, contemplant le port qu'il a fait creuser et où son escadre pourra venir se mettre à l'abri quand elle aura affronté les navires anglais. Car Cherbourg sera la pointe avancée du Continent contre l'éternelle ennemie, l'Angleterre.

Il se rend au château de Querqueville, l'inspecte alors que Marie-Louise le suit lentement, épuisée. Ici, il établira l'un de ses quartiers généraux. Puis il repart pour Saint-Cloud, où il arrive le mardi 4 juin à 13 heures.

Il regarde Maire-Louise se diriger vers ses appartements. Il doit maintenant présider un Conseil des ministres, et demain il recevra Caulaincourt, qui arrive de Saint-Pétersbourg.

Il reste un moment immobile dans la galerie, suivant des yeux la silhouette de Marie-Louise. Il se sent plein d'énergie.

À Caen, alors qu'elle se reposait du voyage, il a eu le temps de retrouver Mme Pellapra, une maîtresse d'hier qui s'offre encore, qui lui parle d'Émilie, cette enfant dont il serait le père.

On ne refuse rien à la vie.

Il est époux et père. Amant. Conquérant toujours. Empereur.

Il fait entrer dans son cabinet de travail de Saint-Cloud, à 11 heures, ce mercredi 5 juin, Caulaincourt, duc de Vicence. Il doute de cet homme. Alexandre Ier l'a trop choyé ; de plus, Caulaincourt est proche de Talleyrand. C'est un grand écuyer dévoué, bon connaisseur de chevaux, mais un ambassadeur influençable.

Il l'observe avec sévérité. Mais l'homme a le courage de ses convictions.

– Les Russes veulent me faire la guerre, me forcer à évacuer Dantzig. Ils croient me mener comme leur roi de Pologne !

Napoléon tape du talon.

– Je ne suis pas Louis XV, le peuple français ne souffrirait pas cette humiliation.

Il écoute Caulaincourt défendre Alexandre.

– Vous êtes donc amoureux d'Alexandre !

– Non, Sire, mais je le suis de la paix !

– Et moi aussi, reprend Napoléon. Mais la Russie a rompu l'alliance parce que le système continental la gêne. Vous êtes dupe des raisonnements d'Alexandre parce qu'il les enveloppe de cajoleries.

Il sourit.

– Moi, je suis un vieux renard, je connais les Grecs.

Il s'approche de Caulaincourt.

– Quel parti prendriez-vous ?

– Le maintien de l'alliance, Sire ! C'est le parti de la prudence et de la paix.

Comment Caulaincourt ne voit-il pas que le tsar a rompu avec l'esprit de Tilsit ?

– Vous parlez toujours de la paix ! s'exclame Napoléon. La paix n'est quelque chose que quand elle est durable et honorable. Je n'en veux pas une qui ruine mon commerce comme a fait celle d'Amiens. Pour que la paix soit possible et durable, il faut que l'Angleterre soit convaincue qu'elle ne trouvera plus d'auxiliaires sur le Continent. Il faut donc que le colosse russe et ses hordes ne puissent plus menacer le Midi d'une irruption.

Caulaincourt me parle encore de la Pologne que je voudrais rétablir !

– Je ne veux pas la guerre ! Je ne veux pas la Pologne, mais je veux que l'alliance me soit utile, et elle ne l'est plus depuis qu'on reçoit les neutres.

Napoléon s'éloigne. Caulaincourt évoque les propos d'Alexandre. « Notre climat, notre hiver feront la guerre pour nous, a dit le tsar. Les prodiges ne s'opèrent chez vous que là où est l'Empereur, et il ne peut pas être partout et des années loin de Paris. »

Il pense aux marécages de Pologne, à la bataille d'Eylau. À la boue et à la neige.

Je ne veux pas la guerre.

– Alexandre est faux et faible, dit Napoléon. Il a le caractère grec. Il est ambitieux. Il veut la guerre, puisqu'il se refuse à tous les arrangements que je propose.

Il s'interrompt.

– C'est le mariage avec l'Autriche qui nous a brouillés.

Caulaincourt secoue la tête.

– La guerre et la paix sont entre vos mains, Sire, dit-il. Je supplie donc Votre Majesté de réfléchir, pour son propre bonheur et pour celui de la France, qu'elle va choisir entre les inconvénients de l'une et les avantages bien certains de l'autre.

– Vous parlez comme un Russe, monsieur le duc de Vicence.

Napoléon tourne le dos à Caulaincourt.

Qui peut empêcher le mouvement des choses ?

Napoléon s'interroge quand il entend, quelques jours plus tard, le dimanche 9 juin, les salves d'artillerie qui saluent le départ du cortège impérial vers Notre-Dame.

Il pense aux canons qui roulent en ce moment sur les chemins d'Allemagne pour renforcer les troupes. Il s'assied aux côtés de Marie-Louise dans le carrosse qui a servi au sacre. Il voit, au moment où la voiture s'ébranle, le carrosse dans lequel se tient Mme de Montesquiou portant le roi de Rome sur ses genoux.

Il regarde la foule silencieuse, énorme, massée derrière la haie des troupes. Il est soucieux. Personne n'applaudit, comme si cette foule était écrasée par la splendeur du cortège qui conduit le roi de Rome vers les fonts baptismaux.

Le peuple imagine-t-il comme moi des lendemains de guerre ?

Napoléon avance lentement dans la nef où se pressent les dignitaires. Lorsque son fils passe devant lui, il arrête Mme de Montesquiou, prend l'enfant, l'embrasse trois fois et l'élève à bout de bras au-dessus de sa tête.

Alors les acclamations déferlent : « Vive l'Empereur ! Vive le roi de Rome ! »

Il est joyeux quelques instants.

Dans le carrosse qui le conduit, après le baptême, de Notre-Dame à l'Hôtel de Ville, il retrouve son inquiétude.

Les chevaux de l'attelage piaffent, hennissent, sont difficiles à maîtriser.

Tout à coup, un choc. Les traits viennent de casser.
Des écuyers se précipitent pour les réparer.
Il descend du carrosse.
Il va falloir attendre.
Il n'aime pas cet incident, ce présage.

38.

La chaleur étouffante de ce dimanche 23 juin 1811 le rend nerveux.

Il est assis sous un dais, dans les jardins du château de Saint-Cloud. Il se tourne vers Marie-Louise. Des gouttes de sueur coulent sur le visage de l'Impératrice. Ses mèches sont collées à son front et à ses tempes. Elle respire bruyamment comme quelqu'un qui va s'assoupir. Il l'observe. Elle ne s'est pas remise des fatigues de l'accouchement. Elle a perdu des cheveux, son corps s'est affaissé. Le voyage à Cherbourg semble l'avoir épuisée. Et, depuis le retour à Saint-Cloud, les fêtes se sont succédé. Elles sont nécessaires.

Il entend les cris de la foule rassemblée dans le parc qui commence à s'illuminer alors que la nuit tombe sans apporter de fraîcheur. Il a voulu que des buffets soient dressés pour le peuple venu en masse. Le vin jaillit de plusieurs fontaines. Plus loin, dans le bois de Boulogne, les grenadiers de la Garde impériale banquettent. Et maintenant, pour tous, commence le feu d'artifice.

Il prend la main de Marie-Louise. Elle est moite. Les premières explosions retentissent dans le ciel bas, les gerbes de couleur éclairent les nuages. Brusquement, c'est l'averse, un souffle de vent froid.

Il ne bouge pas. Il voit les dignitaires qui n'osent pas quitter les jardins noyés sous des trombes d'eau. Les robes se collent au corps, les vêtements chamarrés sont délavés.

– Voilà des commandes pour les manufactures de l'Empire, dit-il au maire de Lyon qui se trouve assis en retrait sous le dais.

Mais le feu d'artifice est interrompu. Les trombes d'eau continuent de s'abattre, chassant la foule du parc.

Les plus grandes fêtes vont-elles toujours désormais pour lui s'achever ainsi sous l'orage ?

Il rentre dans son cabinet de travail. Il s'accroupit. Sur le tapis, il a disposé ce matin ces petits morceaux de bois d'acajou qui, selon leur longueur et leur couleur, représentent des divisions, des régiments, des bataillons. Il les déplace, compose un nouvel ordre de bataille.

Hier, dans l'après-midi, la gouvernante est venue ici, avec le « petit roi ». L'enfant a joué avec les pièces de bois et il l'a laissé faire. Et maintenant qu'il est seul, dans le silence, sans les rires et les cris de l'enfant, il revit la scène. À un moment donné, il a voulu retirer à l'enfant l'une de ces pièces. L'enfant a boudé, refusé ensuite la pièce qu'il lui offrait. Enfant volontaire, « fier et sensible, comme je l'aime ! » a-t-il dit à Mme de Montesquiou.

Mon fils. Quel homme sera-t-il ? Que sommes-nous ?

Il a eu, il y a peu, une longue conversation avec les savants de l'Institut, Monge, Berthollet, Laplace.

Ce sont de vrais athées. Ont-ils raison ? Parfois, comme eux, « je crois que l'homme a été produit par le limon de la terre, échauffé par le soleil et combiné par des fluides électriques ». *Mais je crois au destin. Quel sera le destin de mon fils ?*

« Pauvre enfant, que d'affaires embrouillées je te laisserai ! »

Mais je crois à l'utilité de la religion.

Il se redresse.

Les prêtres doivent comme mes préfets et mes gendarmes assurer la paix dans mon Empire, obéir.

Il ne peut dormir. Le temps est à l'orage. Il va se déchaîner, comme sur la fête.

Il faut qu'il contrôle tous les rouages de l'Empire. Il veut voir dès demain le ministre des Cultes, Bigot de Préameneu. Ce conseiller d'État, membre de l'Académie française, est un juriste habile. Un serviteur fidèle, qu'il a fait comte d'Empire.

C'est lui qu'il a chargé de réunir les évêques de l'Empire en concile national, pour leur rappeler le devoir d'obéissance, les soumettre et les arracher à l'autorité temporelle du pape.

Ce Pie VII qui continue de mener sa fronde contre moi. Le souverain pontife a tout fait pour que je sois abandonné de mes peuples et de mes armées.

Et maintenant, les évêques résistent.

Il dira à Bigot de Préameneu de rappeler au pape que, s'il ne cesse pas de s'opposer à l'Empereur, il peut mettre fin au Concordat avec l'Église.

Napoléon se lève, marche dans son cabinet une partie de la nuit.

S'il faut faire un exemple, je décréterai l'arrestation de quelques évêques pour que les autres plient. Je connais les hommes. La peur les dirige. Les évêques se soumettront comme des hommes quelconques. Je demanderai au ministre de la Police de surveiller leur correspondance, de connaître leurs rencontres. Je leur dirai :

« C'est à vous de savoir si vous voulez être des princes de l'Église ou si vous n'en serez que des bedeaux. »*Ils céderont.*

Il ne tient plus en place. Les jours et les nuits de cet été 1811 sont accablants de chaleur. Parfois il galope plusieurs heures dans les forêts de Saint-Germain ou de Marly. Lorsqu'il rentre et qu'il aperçoit le roi de Rome, il se précipite, le soulève, joue quelques instants avec lui, prend le bras de Marie-Louise et la force à se promener avec lui dans les allées. Elle manque d'énergie, alors qu'après quelques minutes il se sent à nouveau impatient, avide de mouvement, d'activité. Il devrait être partout. En Espagne, où ses maréchaux ne réussissent pas à mettre fin à l'insurrection et à l'action des troupes de Wellington. Au nord de l'Europe, surtout, où les navires anglais continuent de pénétrer dans la mer Baltique avec la complicité de Bernadotte, qui conduit de plus en plus souvent, en souverain, la politique de la Suède.

Sont-ils encore français, ces hommes qui sont devenus ce qu'ils sont grâce à moi ?

Ils ne rêvent que de durer après moi. Ils ne se soucient pas de mon fils. Ils pensent à leurs royaumes. Murat ne vient-il pas de remplacer partout le pavillon impérial par le drapeau de Naples ?

Il dicte d'un ton rageur une lettre pour Murat : « Tous les citoyens français sont citoyens du royaume des Deux-Siciles... Vous vous êtes entouré d'hommes qui ont en haine la France et qui veulent vous perdre... Je verrai par votre manière d'agir si votre cœur est encore français. »

Ces hommes-là ne mesurent pas l'énergie qui m'habite. J'ai quarante-deux ans ce 15 août 1811, mais je me sens capable de briser tous mes ennemis.

Il veut voir Caulaincourt, redevenu grand écuyer, afin qu'il prépare un voyage d'inspection des ports de la Belgique et de la Hollande, dont le but est d'apprécier, après la visite de Cherbourg, l'état des défenses face à l'Angleterre, et les moyens de préparer une flotte pour l'attaquer.

Quant à la Russie, qu'elle prenne garde !

Le vendredi 15 août à midi, il s'avance dans la salle du Trône des Tuileries. Les canons tonnent. Il passe lentement au milieu de la cour, puis, d'un signe, il indique au grand chambellan qu'il peut faire entrer les membres du corps diplomatique. Il attend que les ambassadeurs soient rangés en cercle. Et il se dirige aussitôt vers le prince Kourakine, ambassadeur de Russie, qu'entourent le prince Schwarzenberg, ambassadeur d'Autriche, et l'ambassadeur d'Espagne.

Il faut savoir acculer l'adversaire, le contraindre à se démasquer. Il est calme, maître de lui, mais la colère est une arme dont il veut user.

– Vous nous avez des nouvelles, prince? demande-t-il.

La chaleur est étouffante. Kourakine est déjà en sueur sous son uniforme de parade couvert d'or et de diamants.

– Vous avez été battus par les Turcs, continue Napoléon. Vous l'avez été parce que vous manquiez de troupes, et vous en manquiez parce que vous avez envoyé cinq divisions de l'armée du Danube à celle de Pologne, pour me menacer.

Kourakine paraît s'étouffer, le visage rouge.

Je parle cru. Ma force vient de mon refus d'utiliser la langue morte des diplomates. Je sais que cent cinquante navires anglais ont été accueillis dans les ports russes et qu'ils y ont débarqué leurs marchandises qui vont infester l'Empire.

– Je suis comme l'homme de la nature, ce que je ne comprends pas excite ma défiance, reprend-il.

Il élève la voix.

Il faut que la cour et les ambassadeurs entendent l'avertissement. Ma colère est un acte.

– Je ne suis pas assez bête pour croire que ce soit le duché d'Oldenburg qui vous occupe. Je commence à penser que vous voulez vous emparer de la Pologne.

Kourakine balbutie des phrases incompréhensibles, le visage de plus en plus rouge.

– Quand même vos armées camperaient sur les hauteurs de Montmartre, continue Napoléon, je ne céderais pas un pouce du territoire varsovien dont j'ai garanti l'intégrité. Si vous me forcez à la guerre, je me servirai de la Pologne comme d'un moyen contre vous.

Il s'éloigne de quelques pas.

– Je vous déclare que je ne veux pas la guerre, martèle-t-il. Et je ne vous la ferai pas cette année, à moins que vous ne m'attaquiez. Je n'ai pas de goût à faire la guerre dans le Nord, mais, si la crise n'est pas passée au mois de novembre, je lèverai cent vingt mille hommes de plus ; je continuerai ainsi pendant deux ou trois ans, et, si je vois que ce système est plus fatigant que la guerre, je vous la ferai, et vous perdrez toutes vos provinces polonaises.

Il s'approche de Kourakine, parle tout à coup sur un ton de douceur, d'une voix tranquille.

– Soit bonheur, soit bravoure de mes troupes, soit parce que j'entends un peu le métier, j'ai toujours eu des succès, et espère en avoir encore si vous me forcez à la guerre. Vous savez que j'ai de l'argent et des hommes. Vous savez que j'ai huit cent mille hommes, que chaque année met à ma disposition deux cent cinquante mille conscrits, et que je puis par conséquent augmenter mon armée en trois ans de sept cent mille hommes, qui suffiront pour continuer la guerre en Espagne et pour vous la faire. Je ne sais pas si je vous battrai, mais nous nous battrons...

Il écoute les protestations d'amitié et d'alliance de Kourakine. Le prince est tombé dans le piège. Napoléon l'interrompt.

– Quant à s'arranger, j'y suis prêt. Avez-vous les pouvoirs nécessaires pour traiter ? Si oui, j'autorise tout de suite une négociation.

– Il fait bien chaud chez Votre Majesté, dit Kourakine en s'essuyant le front.

Il ne peut répondre. Il ne dispose d'aucun pouvoir pour négocier.

– Vous faites comme le lièvre qui a reçu du plomb. Il se lève sur ses pattes et s'agite, affolé, s'exposant à recevoir en plein corps une nouvelle décharge, dit Napoléon en s'éloignant. Quand deux gentilshommes se querellent, quand l'un, par exemple, a donné un soufflet à l'autre, ils se battent et puis se réconcilient :

les gouvernements devraient agir de même, faire carrément la guerre ou la paix.

Il aperçoit Caulaincourt dans la foule des dignitaires. Le grand écuyer se tient à l'écart, près d'une croisée. Napoléon tend le bras dans sa direction.

– Quoi qu'en dise M. de Caulaincourt, l'empereur Alexandre veut m'attaquer. M. de Caulaincourt est devenu russe. Les cajoleries de l'empereur Alexandre l'ont accaparé.

Caulaincourt proteste. Il est un bon Français, dit-il. Un fidèle serviteur. Napoléon sourit.

– Je sais que vous êtes un brave homme, mais les cajoleries de l'empereur Alexandre vous ont tourné la tête et vous êtes devenu russe.

Il quitte la salle du Trône. C'est le 15 août 1811, le jour de ses quarante-deux ans. Il doit maintenant assister à la messe.

Il rentre au château de Saint-Cloud à 22 heures. Il prend un bain, essaie de dormir, mais l'esprit tourne sans fin, les faits s'ordonnent dans sa tête, les plans se dessinent. Il veut voir Maret demain matin samedi. Le ministre des Relations extérieures doit lui apporter toutes les pièces de la correspondance avec la Russie depuis la rencontre avec Alexandre à Tilsit. Il veut les étudier. Il est déjà trop tard pour que cette année les hostilités avec la Russie s'engagent. Mais elles pourraient débuter au mois de juin 1812.

Il veut consulter aussi tous les livres dont on dispose en français sur la campagne conduite en Russie et en Pologne par le roi de Suède Charles XII. La guerre ne s'improvise pas.

L'avenir se dessine peu à peu, et peu à peu Napoléon se sent débarrassé des liens qui l'entravaient.

Il reçoit Lacuée de Cessac, le ministre de l'Administration de la guerre. Il a confiance en cet homme lucide d'une soixantaine d'années qui a été député à l'Assemblée législative et qui fut conseiller d'État et gouverneur de l'École polytechnique.

– Allons nous promener, lui dit-il.

Il le devance sur la terrasse qui domine le parc de Saint-Cloud, puis il s'arrête. Ici, personne ne peut entendre, et l'on voit venir à l'avance un importun.

– J'ai besoin de vous pour une chose dont je n'ai parlé à personne, à aucun de mes ministres, et dans laquelle ils n'ont que faire, commence Napoléon.

Il s'appuie à la balustrade.

– Je suis décidé à une grande expédition. Il me faut des équipages et des transports considérables. J'aurai des hommes sans difficulté, mais le difficile est de préparer les transports.

Il fixe longuement Lacuée de Cessac.

– Il m'en faut d'immenses, reprend-il, puisque mon point de départ sera le Niémen et que j'agirai à de grandes distances et dans différentes directions. C'est pour cela que j'ai besoin de vous, et du secret.

Il écoute Lacuée, qui parle d'abord des dépenses puis, après une hésitation, murmure qu'il n'est pas favorable à une guerre avec la Russie.

Napoléon l'arrête. C'est lui qui sait ce qu'il faut à l'Empire. Quant aux dépenses, il ajoute vivement :

– Venez aux Tuileries la première fois que j'irai. Je vous ferai voir 400 millions en or. Ne vous arrêtez donc pas à la dépense, on fera face à tout ce qui sera nécessaire.

Puis il se dirige vers le château.

– Il faut, dit-il, la paix générale, et pour cela frapper ce dernier coup.

Il baisse la tête, les lèvres serrées, puis il ajoute d'une voix forte :

– Nous aurons ensuite des années de repos et de prospérité pour nous et nos enfants, après tant d'années de fatigue, de gêne mais aussi de gloire.

Sur le seuil de son cabinet de travail, il ajoute :

– Quand nous en aurons fini avec la guerre, et Dieu veuille que ce soit bientôt, il faudra mettre la main à la besogne, car nous n'avons rien fait encore que de provisoire.

Maintenant il peut partir, courir les routes poussiéreuses du Nord, revoir Boulogne, Dunkerque, visiter les fortifications, monter à bord du *Charlemagne* en rade de Flessingue, passer plusieurs jours en mer car la tempête qui s'est levée le mardi 24 septembre se prolonge, faisant chasser tous les navires sur leurs ancres.

Il est seul. C'est la première fois depuis leur rencontre qu'il a laissé Marie-Louise. Elle a pleuré. Elle s'est accrochée à son cou, petite fille. Elle a dit à la duchesse de Montebello, et il l'a entendue : « Il m'abandonne. » Elle doit le rejoindre à Anvers, et ils continueront ensemble le voyage jusqu'à Amsterdam. Il veut que ces Hollandais qui sont maintenant des citoyens de l'Empire voient leurs souverains.

Il lui écrit chaque jour. De Boulogne : « Ma chère Louise, j'ai eu une chaleur affreuse et bien de la poussière... J'espère que tu auras été raisonnable et que tu dors bien à cette heure. Il est minuit, je vais me coucher. Adieu, mon amie, un bien tendre baiser. Nap. »

De Boulogne encore : « Je te prie de bien te ménager. Tu sais que la poussière et la chaleur te sont contraires. J'ai fait chasser la croisière anglaise à quatre lieues au large... Adieu, Louise, tu as raison de penser à celui qui n'espère qu'en toi. Nap. »

Il trace ces mots rapidement. Elle a appris à lire son écriture déformée. Il faut qu'elle pense à lui. Il faut qu'il soit présent chaque jour. Il fait son métier de soldat et d'empereur. « Tu sais combien je t'aime, lui répète-t-il, tu as tort de penser que des objets d'occupation puissent rien diminuer des sentiments que je te porte. »

Il visite les forts. Il visite les navires de ses escadres, « vaisseau par vaisseau ». Il veut tout voir. Il ne faut pas, s'il s'est engagé au nord contre les Russes, que les Anglais puissent, comme ils l'ont tenté déjà, débarquer ici.

Il fait son devoir d'empereur, et chaque jour il écrit, parce que c'est son devoir de « fidèle époux ».

C'est cela qu'il est.

Il se souvient des lettres qu'il écrivait à Joséphine.

Il ne peut pas, il ne désire pas écrire à Marie-Louise des phrases de passion comme celles qui lui desséchaient la bouche lorsqu'il les écrivait d'Italie pour Joséphine.

Il dit : « Ménage-toi et porte-toi bien. Tu ne doutes pas de tous les sentiments de ton fidèle époux. »

Et parce qu'il a exigé qu'on lui donne chaque jour des nouvelles du roi de Rome, c'est lui qui écrit : « Le petit roi se porte bien. »

Puis il ajoute : « Je ne suis jamais fâché contre toi, parce que tu es bonne et parfaite et que je t'aime. Les étoiles brillent, la journée que je vais passer au bord de mon escadre sera belle. »

Il retrouve Marie-Louise à Anvers, épuisée par le voyage. Mais, la nuit, il aime sa lassitude consentante.

Le matin, il la regarde dormir quelques minutes, puis il part visiter des chantiers navals ou bien assister aux manœuvres des troupes, à Amsterdam ou à Utrecht.

Elle somnole au théâtre ou lors des réceptions quotidiennes. Elle ne manifeste sa gaieté et sa joie que lorsqu'ils se promènent seuls, l'escorte se tenant à distance.

Mais le temps des loisirs est fini. Il doit faire son métier. Et les festivités sont aussi des tâches. Il faut qu'elle les accomplisse avec lui, comme lui. Qu'elle réponde aux acclamations des foules qui, à Amsterdam, les attendent.

Et puis c'est à nouveau la route, parce que les dépêches sont arrivées de Paris et qu'il faut rentrer en brûlant les étapes. Napoléon, quand elle demande à déjeuner, à faire halte, a d'abord un mouvement d'humeur, puis il cède en l'embrassant.

Mais on repart à l'aube et on arrive à Saint-Cloud le lundi 11 novembre 1811, à 18 heures.

Napoléon ignore les dignitaires, les ministres, les officiers qui attendent au bas du grand escalier. Il se précipite. À l'entrée du grand vestibule, il a vu son fils que la gouvernante tient dans ses bras. Voilà près de deux mois qu'il ne l'a embrassé.

Il le prend, le serre contre lui.

Marie-Louise descend lentement de la voiture.

39.

Il se lève. C'est le milieu de la nuit. Le feu dans la cheminée éclaire la chambre. Napoléon réveille Roustam, passe dans le cabinet de travail, s'installe à sa table et commence à lire le tableau que le maréchal Berthier lui remet chaque jour et où sont relevées les distances parcourues par les troupes en marche vers le Niémen.

Il suit du doigt les colonnes où sont indiqués les différents corps, la cavalerie, l'artillerie, les chariots. Il ne peut quitter sa table malgré la fatigue qu'il sent monter. Ses jambes sont lourdes. Le bas-ventre est douloureux. Il a des pointes de douleur dans l'estomac. Mais comment s'arrêter à ces détails, à ces aigreurs du corps ?

Il doit tout contrôler, tout prévoir, un million de boisseaux d'avoine pour les chevaux, quatre millions de rations de biscuits pour quatre cent mille hommes. Il faut des équipages de pont pour la traversée du Niémen et les autres fleuves.

Il va vers la bibliothèque. Il doit lire les récits des campagnes accomplies par les différentes armées qui ont envahi la Russie. Il faut méditer cela. Et, dès lors, comment trouver le sommeil ? Il lui faut parler.

Il reçoit, tôt le matin, le comte de Narbonne. Il a fait de cet ancien ministre de Louis XVI, au moment de la déclaration de guerre en 1792, l'un de ses aides de camp.

Narbonne est un fin négociateur, un homme d'expérience. Il doit me comprendre. J'ai besoin de m'expliquer devant lui, parce que ainsi mon esprit se calmera.

– N'êtes-vous pas encore convaincu, commence Napoléon, vous qui savez si bien l'histoire, que l'extermination des Cimbres est le premier titre de la fondation de l'Empire romain ? Et c'est dans le même sang ou dans un sang pareil que l'Empire s'est retrempé chaque fois, sous Trajan, sous Aurélien, sous Théodose. Les Cimbres d'aujourd'hui, ce sont les Russes.

– Je suis donc poussé à cette guerre aventureuse par raison politique. C'est la force des choses qui la veut. Rappelez-vous Souvarov et ses Tartares en Italie. La réponse est de les rejeter au-delà de Moscou. Et quand l'Europe le pourrait-elle, si ce n'est en ce moment ?

Il s'assied. Parfois, la tension en lui est si forte qu'il a des éblouissements. La respiration lui manque. Il sent la lourdeur de son corps. Il lui faut un effort de volonté pareil à des coups d'éperon pour s'élancer à nouveau. Qu'est devenu son corps nerveux, flexible, tranchant comme une lame qui zèbre l'air ?

Il dit d'une voix lente :

– Je ferai à Alexandre la guerre à armes courtoises, avec deux mille bouches à feu et cinq cent mille soldats, mais sans insurrection. La guerre a été dans mes mains l'antidote de l'anarchie. Et maintenant que je veux m'en servir encore pour assurer l'indépendance de l'Occident, j'ai besoin qu'elle ne ranime pas ce qu'elle a comprimé, l'esprit de la liberté révolutionnaire.

Il se tasse sur le canapé.

Il y a eu ces jours-ci des émeutes sur les marchés à Caen, dans l'Eure-et-Loir, dans les Bouches-du-Rhône. Il a dû sévir. La Garde est intervenue sur le marché de Caen. Des hommes et des femmes ont été arrêtés, certains condamnés à mort, fusillés. Il ne peut prendre le risque d'un pays qui se soulèverait. Il a fait fixer le prix du pain.

« Ce que je veux, c'est que le peuple ait du pain, c'est-à-dire qu'il en ait beaucoup, et du bon et à bon marché. »

J'ai besoin du calme des peuples. Je les sens à nouveau bouger. Le feu espagnol répand ses flammèches en Allemagne. Le maréchal Davout, le général Rapp, mon frère Jérôme s'inquiètent. « Tout s'armerait contre nous », dit Rapp, gouverneur de Dantzig, si nous essuyions une défaite. Qu'ai-je à faire de ces fadaises ? Comme si j'ignorais que ceux qui sont vaincus et blessés ne sont jamais achevés, et que la faiblesse fait dresser contre soi les peuples ! Mais je ne serai pas vaincu. Qu'ai-je à lire de tels rapports ?

« Mon temps est trop précieux pour que je le perde à m'occuper de pareilles fadaises... Tout cela ne sert qu'à salir mon imagination par des tableaux et des suppositions absurdes... »

Il regarde Narbonne.

– Vous me taxez sans doute d'imprudence, reprend Napoléon. Vous ne voyez pas que ma témérité même est un calcul, comme cela doit être pour un chef d'Empire. Je frappe au loin pour contenir près de moi, et, en fait d'entreprise extraordinaire, je ne veux tenter que l'utile et l'inévitable.

Il s'approche de Narbonne.

– Après tout, mon cher, cette route de Moscou est la route de l'Inde, murmure-t-il. Il suffit de toucher le Gange d'une épée française pour faire tomber toute l'Inde, cet échafaudage de grandeur mercantile... Vous le voyez donc, le certain et l'incertain, la politique et l'avenir illimité, tout nous jette sur la grande route de Moscou, et ne nous permet pas de bivouaquer seulement en Pologne.

Il se met à marcher de long en large.

– Telle est donc notre entrée de jeu : tout le gros de l'Europe et d'Occident confédéré bon gré, mal gré, sous nos aigles, une pointe de quatre cent mille hommes pénétrant la Russie et marchant droit sur Moscou, que nous prendrons.

Il saisit les tableaux de marche des différentes armées. Elles approchent de l'Oder, les avant-gardes sont lancées déjà sur la Vistule.

– Vous voyez donc, mon cher Narbonne, que tout cela est assez sagement combiné, sauf la main de Dieu toutefois, qu'il faut toujours réserver et qui, je le pense, ne nous manquera pas.

Il ajoute sur un ton grave :

– Moi, j'ai pacifié le peuple en l'armant et j'ai rétabli les majorats, l'aristocratie, la noblesse héréditaire à l'ombre des carrés de la Garde impériale, toute composée de ces fils de paysans, petits acquéreurs de biens nationaux ou simples prolétaires.

Puis, d'une voix forte, après avoir invité Narbonne à se rendre auprès du tsar pour une dernière tentative de négociation, il ajoute :

– Ne vous y trompez pas, je suis un empereur romain ; je suis de la race des Césars, celle qui fonde.

Il se retrouve seul et la fatigue revient avec l'inquiétude. Il faut donner le change à la cour, au peuple, aux ambassadeurs, et chasser l'angoisse qu'il sent en lui et autour de lui, par les bals et les fêtes.

Il donne un bal « paré » aux Tuileries, le jeudi 6 février 1812. Il dresse lui-même les listes d'invitations et il va parmi la foule des neuf cents invités, au bras de l'Impératrice. Mais malgré la beauté des costumes, des femmes et des déguisements, malgré la grâce de Pauline ou de Caroline, ses sœurs, il n'éprouve pas de joie. Il goûte à peine les plats au souper qui se tient dans la galerie de Diane, à 1 h 30 du matin. Et il rentre dans ses appartements sans se rendre dans la chambre de Marie-Louise.

Ces fêtes sont un devoir, comme l'étiquette stricte qu'il impose à la cour. Parce que c'est ainsi qu'on marque son autorité, et il aime l'ordre et la hiérarchie. Mais tout lui semble glacé. Il décide de s'installer dans le palais de l'Élysée, que Joséphine lui a cédé.

Mais il s'enrhume, et le 11 février, mardi gras, c'est aux Tuileries qu'il donne un nouveau bal costumé, masqué celui-ci. Il revêt sans entrain un domino bleu et un masque gris. Quand il entre dans la salle de bal, il reconnaît aussitôt l'Impératrice, déguisée en Cauchoise.

Les invités dansent le quadrille joyeusement, comme si mon absence les libérait.

Il ne s'attarde pas. Il monte dans son cabinet. Seul le travail, en ce moment, un travail de tous les instants, le calme.

Mais certains jours, tout à coup, il étouffe. Il exige qu'en quelques minutes on selle un cheval. Il galope alors dans la forêt de Saint-Germain ou du Raincy, dans le bois de Boulogne. Il ne se soucie guère qu'il y ait une bête à prendre, à traquer. Il a besoin de cet effort. Il aime serrer les chevaux entre ses cuisses, les épuiser, et pourtant ce sont des bêtes de Perse, d'Espagne, ou des chevaux arabes, ou même d'Amérique du Sud. Mais il veut être plus endurant qu'eux. Il les crève. Il se sent rassuré de pouvoir ainsi, comme autrefois, dominer la fatigue, retrouver la vigueur de son corps.

À l'aube, quelquefois, il fait réveiller l'Impératrice afin qu'elle l'accompagne ou le suive en calèche. Il sait qu'il est le seul à avoir cette énergie inépuisable, c'est son orgueil, et en même temps il voudrait que ses proches soient identiques à lui.

Il regarde son fils jouer, chevaucher un gros mouton de laine monté sur roulettes, faire tinter les grelots accrochés au cou de l'animal. Il lui fait répéter avec ravissement les premiers mots, « papa », « maman ». Il compte ses dents, détaille ses traits. Il se regarde dans un miroir avec l'enfant près de lui. La ressemblance lui paraît éclatante. Et, en même temps, cet enfant est sensible, trop tendre. À son âge, lui n'était-il pas plus entreprenant, plus vif ?

Il se détourne. Il a eu tant de déceptions avec ses frères et ses sœurs, et il voudrait tant que ce fils réponde à ses espoirs, qu'il est bouleversé quand il le voit. Il doit se séparer de lui pour ne pas étouffer d'émotion.

Il quitte le palais de l'Élysée.

C'est un bel après-midi du mois de mars 1812, le mardi 24. Il va se promener dans les rues de Paris. Il regarde la foule sur les boulevards, puis traverse le pont d'Austerlitz et longe les quais de la rive gauche.

L'air est léger. Les bourgeons percent. Mais il ne sent pas le printemps germer en lui, comme si la grisaille de l'hiver s'attardait.

Il a appris que Joséphine a commandé un portrait représentant le roi de Rome, et qu'elle a fait placer ce tableau dans sa chambre. Naturellement, elle s'est fait voler ! Et il a dû payer ses dettes !

« Mets de l'ordre dans tes affaires, lui écrit-il. Ne dépense que 1 500 000 francs et mets de côté tous les ans autant. Cela fera une réserve de 15 000 000 en dix ans pour tes petits-enfants : il est doux de pouvoir leur donner quelque chose et de leur être utile. Au lieu de cela, tu as des dettes. Occupe-toi de tes affaires et ne donne pas à qui veut en prendre. Si tu veux me plaire, fais que je sache que tu as un gros trésor. Juge combien j'aurais mauvaise opinion de toi si je te savais endettée avec 3 000 000 de revenus.

« Adieu, mon amie, porte-toi bien.

« Napoléon »

– Elle ne peut plus compter sur moi pour payer ses dettes, dit-il au ministre du Trésor Mollien. Il ne faut pas que le sort de sa famille ne repose que sur ma tête... Je suis mortel, et plus qu'un autre.

Mais il ne peut en vouloir à Joséphine. Il sait qu'elle a reçu chez elle, à la Malmaison, Marie Walewska et Alexandre Walewski.

Mon fils.
Mes vies se rejoignent en dehors de moi.
Que deviendront-elles après moi ?

Il pense à cela, assis au premier rang aux côtés de Marie-Louise, dans la salle du théâtre de la Cour aux Tuileries. Il n'écoute pas les répliques des acteurs de la Comédie-Française qui jouent *Andromaque*. Il a l'impression que son visage s'affaisse, que tout son corps tire sur ses paupières.

Il se réveille en sursaut, jette un regard de part et d'autre. L'a-t-on vu s'endormir ?

Il se lève dès que le rideau tombe. Il n'assistera pas aux actes suivants.

Le travail va chasser le sommeil. Demain, lundi 27 avril 1812, il reçoit le prince Kourakine, porteur d'un message de l'empereur Alexandre.

Il en lit une copie dans la nuit. Alexandre exige le retrait de toutes les troupes françaises de Prusse en deçà de l'Elbe. Il veut avoir la liberté de commercer comme il l'entend avec qui il l'entend.

C'est un ultimatum.

Napoléon accueille Kourakine dans le grand salon du château de Saint-Cloud. L'ambassadeur se souvient-il des propos qu'il lui a tenus le 15 août 1811 ?

Napoléon s'approche de lui.

– C'est donc la manière dont vous voulez vous arranger avec moi ?

Il parle fort, d'une manière saccadée.

– Cette demande est un outrage. C'est me mettre le couteau sous la gorge. Mon honneur ne me permet pas de m'y prêter. Vous êtes gentilhomme, comment pouvez-vous me faire une proposition pareille ? Où a-t-on la tête à Saint-Pétersbourg ?

Kourakine tremble.

Napoléon, tout à coup, change de ton.

Il ne faut pas que la rupture soit de mon fait. Il faut que j'aie le temps de me mettre à la tête de mes troupes.

Il sourit au prince Kourakine. Pourquoi ne pas décider, dit-il, de la neutralité de tout le territoire compris entre le Niémen et la Passarge ?

Kourakine est enthousiaste.

Cela me donne quelques jours.

Il faut quitter Paris dans la discrétion pour surprendre les Russes et en même temps laisser ouverte la porte de la négociation. Être prêt à faire la guerre et prêt à accueillir la paix.

Mais comment serait-elle possible ? L'Angleterre n'a même pas répondu aux offres de paix et Alexandre veut m'imposer sa loi.

Ce sera donc la guerre.

Il va quitter Saint-Cloud le samedi 9 mai 1812 pour Dresde, avec l'Impératrice.

Sa présence m'assurera de la fidélité des princes allemands et de l'empereur d'Autriche.

Le mardi 5 mai 1812, il se rend à l'Opéra en compagnie de Marie-Louise. Les spectateurs les acclament.

Quand reverra-t-il les Parisiens ?

Il chuchote au préfet Pasquier, qui se trouve près de lui :

– C'est l'entreprise la plus grande, la plus difficile que j'aie encore tentée ; mais il faut bien achever ce qui est commencé.

40.

Il se tait. Marie-Louise somnole, assise près de lui dans la voiture. On a déjà passé Meaux, Château-Thierry. On doit arriver en fin de journée à Châlons. Et l'on repartira demain à 4 heures du matin. Il entend le galop des chevaux de l'escorte. Lorsqu'on s'arrête pour changer les chevaux, il descend de la berline. Toute la route est occupée par les voitures du cortège. Il part pour la guerre et jamais cela n'a autant ressemblé au voyage d'un souverain qui s'en va visiter les États de ses alliés.

Il observe Marie-Louise. Elle a le visage détendu d'une femme fatiguée mais heureuse, puisqu'elle va pour la première fois depuis son mariage retrouver les siens à Dresde. Imagine-t-elle que la guerre est pour lui au bout du trajet ? Il pense à Joséphine, qui, lorsqu'il lui a rendu visite secrètement il y a une semaine, s'est accrochée à lui, en larmes, inquiète, pleine, a-t-elle dit, de songes noirs et de cauchemars. Il l'a enlacée, rassurée. Mais il l'a quittée ému.

Il remonte dans la voiture. Il ouvre l'un des portefeuilles. Il commence à lire l'exemplaire du *Moniteur* de ce jour, samedi 9 mai 1812. On y annonce, comme il l'a exigé, que l'Empereur a quitté Paris pour inspecter la Grande Armée rassemblée sur les rives de la Vistule. Tout à coup, il tremble de surprise et de colère. Le journal publie le premier article d'une étude intitulée *Recherches sur les lieux où périt Varus et ses légions*. Varus, ce général romain d'Auguste qui fut battu par le Germain Arminius, ce qui obligea Auguste à abandonner la Germanie et la frontière de l'Elbe, et à faire du Rhin le *limes* de l'Empire. Mauvais présage ou intention de nuire ?

Sur qui peut-il compter vraiment ?

Il aperçoit sur les bords de la route les paysans rassemblés pour le voir passer. Ils sont silencieux, comme les populations de Mayence, de Francfort, de Bayreuth qui regardent le cortège sans manifester.

Croient-ils que je veux la guerre ?

À l'étape de Mayence, il s'approche de Caulaincourt, l'interroge.

– Sans doute Votre Majesté ne veut pas faire la guerre à la Russie pour la Pologne seulement, dit le grand écuyer, mais bien pour ne plus avoir de concurrents en Europe et n'y voir que des vassaux et aussi pour satisfaire sa chère passion.

– Quelle est cette passion ?

– La guerre, Sire.

Caulaincourt est audacieux et bête. Napoléon lui tire l'oreille, lui donne une petite tape sur la nuque.

– Je n'ai jamais fait que des guerres politiques, dit Napoléon, et dans l'intérêt de la France. Elle ne peut rester une grand État si l'Angleterre conserve ses prétentions et usurpe les droits maritimes.

Il veut convaincre de cela les princes, les rois et l'empereur d'Autriche, qu'il va rencontrer à Dresde.

Caulaincourt répète que les souverains sont inquiets. Ils ne veulent pas être privés de leurs droits. Il sera difficile de les persuader d'agir aux côtés de l'Empereur.

Napoléon hausse les épaules.

– Quand j'ai besoin de quelqu'un, je n'y regarde pas de si près, je le baiserais au cul !

Qu'imaginait donc Caulaincourt ?

À Tilsit, à Erfurt, ne me suis-je pas efforcé de séduire Alexandre ? Je recommencerai à Dresde avec les rois et l'empereur d'Autriche.

Il me faut des alliés pour combattre les Russes.

Les Autrichiens vont fournir trente mille hommes commandés par le prince Schwarzenberg. Pourraient-ils me refuser cette contribution alors que je suis l'époux de la fille de l'empereur François Ier ? Il me faut la paix en Allemagne, en Prusse. Et il me faut des contingents de vingt nations, des Croates aux Hollandais, des Italiens aux Bavarois, des Espagnols aux Wurtembergeois.

Il roule la nuit. Les feux qui ont été allumés sur les talus pour éclairer la route font sortir de l'ombre le visage de Marie-Louise. Il la réveille quand la voiture ralentit à l'entrée de Dresde.

Les salves d'artillerie retentissent, couvrant le son des cloches. Les cuirassiers, aux immenses casques, aux uniformes blancs qui forment une haie jusqu'au palais royal, portent des torches. Le roi et la reine de Saxe attendent devant le château.

Il descend. Il aime cet accueil majestueux. Lors du *Te Deum* qui a lieu le dimanche 17 mai 1812 en présence des princes allemands et des ambassadeurs, il retrouve l'atmosphère qu'il avait connue à Tilsit et à Erfurt, quand les rois et les princes étaient ses courtisans.

Mais il doit les séduire. Il accueille avec respect, le lundi 18 mai, l'empereur d'Autriche François Ier et la reine Marie-Ludovica. Il rend visite au roi de Prusse Frédéric-Guillaume III.

Ils savent, malgré sa bienveillance, qu'il est l'Empereur de tous ces rois.

C'est lui qui, chaque soir, au moment du dîner, conduit le cortège, marchant seul, son chapeau sur la tête. À quelques pas derrière lui s'avance l'empereur d'Autriche donnant le bras à sa fille Marie-Louise. Il est tête nue. Les autres rois et les princes suivent, chapeau bas.

Napoléon préside la table. Il raconte. Il sourit. Il séduit. Il évoque ses souvenirs de la Révolution. Il mesure l'intensité du silence. Il jouit de cette situation extraordinaire. Lui, lieutenant de cette armée de la Révolution, assis là entre ces rois, époux d'une Habsbourg. Il dit que les événements qu'il a connus alors eussent eu une autre issue si « mon pauvre oncle avait montré plus de fermeté ».

Il est le neveu de Louis XVI.

De quoi est-il fier ? De cette alliance qui a fait de lui le parent de ces souverains, ou du destin qu'il a accompli et qui fait de lui un homme d'une autre trempe que ces héritiers ? Il est un César fondateur.

Il parcourt les salons, parlant aux uns et aux autres, puis il entraîne l'empereur François et soliloque. Ce « chétif François » n'a rien à dire !

Au théâtre, avant que la représentation commence, apparaît une inscription accompagnant un soleil éclatant. Il lit : « Moins grand et moins beau que lui ». La salle applaudit.

Croit-on qu'il soit dupe ?

Il hausse les épaules.

– Il faut que ces gens me croient bien bête ! murmure-t-il.

Il chasse le sanglier dans les environs de Dresde. Sur un cheval blanc à housse écarlate chargée d'or, il parcourt les collines qui dominent la ville, devant la foule des princes et des dignitaires qui l'accompagnent, des cuirassiers qui l'escortent.

Le soir, il retrouve Marie-Louise, heureuse comme il ne l'a jamais vue. Elle est au milieu des siens et elle est à lui.

Il lui lit les dépêches qu'il reçoit de Paris et qui, chaque jour, apportent des nouvelles de leur « petit roi ».

Le mardi 26 mai 1812, un aide de camp annonce que le comte de Narbonne vient d'arriver de Russie. Il a vu Alexandre Ier, qui a quitté Saint-Pétersbourg pour s'installer au milieu de ses troupes, à son quartier général de Vilna.

Napoléon reçoit Narbonne, l'écoute tout en marchant à grands pas. Puis il se tait longuement, et tout à coup il parle avec fureur.

– Ainsi, tout moyen de s'entendre devient impossible ! crie-t-il. L'esprit qui domine le cabinet russe le précipite à la guerre ! Vous ne me rapportez que l'aveu et la confirmation des propositions de Kourakine. C'est le *sine qua non* de la Russie ! Les princes qui sont ici me l'avaient bien dit. Il n'en est pas un qui n'ait reçu des communications à cet égard. On sait que nous avons été sommés de reprendre la route du Rhin. Les Russes s'en vantent, et maintenant la publicité met le comble à l'insulte.

Il s'interrompt quelques secondes.

– Nous n'avons plus de temps à perdre en négociations infructueuses ! lance-t-il.

Il s'enferme. Il écrit. Il faut qu'à l'arrière des troupes, dans l'Empire, le calme règne. Il ordonne qu'on fasse transférer le pape Pie VII de Savone à Fontainebleau. Le Concordat est rompu.

Puis il consulte les cartes, écrit à Davout. « Tout est subordonné à l'arrivée de l'équipage de pont, car tout mon plan de campagne est fondé sur l'existence de cet équipage de pont bien attelé et aussi mobile qu'une pièce de canon. »

Dans les heures qui suivent, il apprend que les Russes ont signé à Bucarest un traité de paix avec les Turcs qu'ils combattaient depuis des mois. C'est un autre signal. Il ne pourra pas compter sur les attaques turques pour affaiblir les troupes d'Alexandre. Soit. Il écrit aussitôt pour désigner l'abbé de Pradt, archevêque de Malines, comme son représentant auprès du gouvernement de Varsovie. Il faut que les Polonais s'engagent dans la guerre contre les Russes.

Tout est en ordre.

Il faut maintenant rejoindre la Grande Armée.

Le jeudi 28 mai, il passe toute la journée en compagnie de Marie-Louise. Il est ému par sa tristesse, les mots qu'elle murmure. Elle est malheureuse, dit-elle.

– Je tâche de me vaincre mais je resterai comme cela jusqu'au moment où je vous reverrai, chuchote-t-elle.

Il doit s'arracher à cette tendresse, à cette douceur, au luxe des palais.

Tout à coup, il se sent las.

Il faut en finir avec cette guerre, pour retrouver Marie-Louise, pour revoir le « petit roi ».

Qui le pousse ainsi en avant, dans la tourmente ?

À 4 heures du matin, le vendredi 29 mai 1812, il se dégage des bras de Marie-Louise. Il s'attarde dans la salle des gardes, l'embrasse encore, puis tout à coup il lui tourne dos.

La berline roule dans la nuit. Il n'est pas 5 heures.

À 11 heures, à Reitenbach, il écrit sa première lettre.

« Ma bonne Louise,

« Je m'arrête un moment pour déjeuner. Je profite pour t'écrire et te recommander d'être gaie et de ne pas t'affecter. Toutes les promesses que je t'ai faites te seront tenues. Ainsi notre séparation ne sera que de peu de temps. Tu sais combien je t'aime, il est nécessaire que je sache que tu es bien portante et tranquille.

« Adieu, ma douce amie, mille baisers.

« Nap. »

Puis il repart.

Il roule le jour et la nuit sans descendre de voiture. À 7 heures du matin, il écrit à nouveau.

« J'ai été très vite, seulement un peu de poussière. Je pars pour être ce soir à Posen, où je resterai la journée de demain 31.

J'espère que tu m'auras écrit que tu te portes bien, que tu es gaie et raisonnable. »

C'est moi qui les soutiens tous, moi dont le devoir est de conduire les autres.

Moi qui ne peux jamais poser mon arme, moi qui ne peux pas me laisser aller.

Il reprend la plume.

« Il est bon quand je t'expédie des officiers, que Montesquiou, le grand chambellan, leur fasse des présents de quelques bagues de diamants, plus ou moins belles suivant les nouvelles qu'ils t'apporteront.

« Ton père sera parti, ce qui aura augmenté ta solitude.

« *Addio, mio dolce amore*, mille tendres baisers.

« Nap. »

Il entend les cris de la foule de Posen qui le salue comme le libérateur de la Pologne.

Je n'ai d'autre consolation que la gloire.

41.

Il est 7 heures du soir, ce dimanche 31 mai 1812. Napoléon s'approche de la fenêtre, dans la pièce de cette maison de Posen où il a passé la journée à étudier l'état des effectifs, la situation des armées. Le soleil est encore haut. Des cris retentissent. La foule qui a entouré la maison depuis qu'il s'y est installé est encore là, enthousiaste, courant dans les rues pavées, toutes conditions mêlées – soldats, paysans des environs, notables, femmes. En se rendant à la messe, en fin de matinée, il a remarqué des visages, des silhouettes ressemblant à Marie Walewska. Il a été ému, heureux d'être là, en Pologne, parmi ce peuple. Puis il s'est enfermé dans cette pièce avec Méneval, dictant des dépêches, feuilletant les registres.

Il éprouve un sentiment d'orgueil et de puissance. Jamais une telle armée n'a été rassemblée : 678 080 hommes, peut-être vingt nations, 11 042 officiers et 344 871 sous-officiers et soldats français, 7 998 officiers et 284 169 étrangers. *Étrangers !* Il ne veut pas entendre ce mot : il l'a dit au maréchal Berthier. Ces contingents viennent des départements du Grand Empire, ou bien sont des alliés.

Il doit tout savoir de chaque unité, il voudrait connaître chaque homme. Ce matin, dans les environs de Posen, il a passé en revue le 23e corps de chasseurs à cheval. Il s'est avancé vers le chef d'escadron. Il a reconnu Marbot, un officier de valeur. Il l'a harcelé de questions sans le quitter des yeux.

– Combien avez-vous de mousquetons provenant de Tulle ou de Charleville ? Combien avez-vous de chevaux normands ? Combien de bretons ? Combien d'allemands ? Quelle est la moyenne d'âge de tous vos soldats ? de vos officiers ? de vos chevaux ? Avez-vous des approvisionnements pour tous, et pour combien de jours ? Vos hommes ont-ils cinq kilos de farine dans leurs sacs, du pain pour quatre jours et des biscuits pour six jours, comme je l'ai exigé ?

Marbot a bien répondu. On ne gagne une guerre que par la combinaison des grandes pensées stratégiques et du souci du détail.

Il se tourne vers Méneval, commence à dicter un ordre du jour.

« Les officiers feront des inspections tous les matins pour s'assurer que chaque soldat n'a mangé que le jour de vivres qu'il devait, et qu'il a le reste pour le nombre de jours voulu. »

Il faut qu'Eugène retarde le mouvement de son armée jusqu'à nouvel ordre, « car avant tout il faut que vous ayez des vivres. Faites-moi connaître combien vous avez de pain. Je me déciderai alors à vous donner un ordre de mouvement. Dans ce pays-ci, le pain est la principale des choses ». Maintenant, il faut questionner le maréchal Davout : « Je suppose que vous vous êtes assuré de vingt-cinq jours de vivres pour votre corps d'armée ? »

Il s'arrête. Maret vient d'arriver. Le duc de Bassano, ministre des Relations extérieures, a quitté Dresde il y a quelques heures. A-t-il des lettres de l'Impératrice ? Il les tend. Napoléon les pose sur la table, puis fait signe qu'il veut rester seul. Il les lit, commence à répondre.

« Mon amie, j'ai reçu tes trois lettres. Je commençais à trouver bien long d'être deux jours sans avoir de tes nouvelles. J'apprends avec peine que tu es triste et je sais gré à la princesse Thérèse de te faire promener. Je suis fatigué d'avoir travaillé toute la journée. Je vais monter une heure à cheval. Je partirai cette nuit pour être demain matin à Thorn. Dis bien des choses de ma part à ta tante et au roi et à la famille de Saxe.

« Tu as raison de penser à moi. Tu sais que je t'aime et j'éprouve bien de la contrariété de ne plus te voir deux ou trois fois par jour. Mais je pense que dans trois mois cela sera fait. *Addio, mio dolce amore.*

« Tout à toi.
« Nap. »

Il fait rentrer Maret. Il l'écoute évoquer les propositions de Bernadotte qui tergiverse, hésite à engager la Suède aux côtés de la France, ménage les Russes et, en fait, laisse passer le temps pour choisir de se ranger aux côtés du vainqueur.

Napoléon donne un coup de pied dans une chaise, la renverse.

– Le misérable ! L'occasion d'abaisser la Russie est unique, et cette occasion négligée, il ne la retrouvera plus, car on ne verra pas deux fois un guerrier tel que moi marchant avec six cent mille soldats contre le formidable empire du Nord... Le misérable, il manque à sa gloire, à la Suède, à sa patrie ; il n'est pas digne qu'on s'occupe de lui.

Il donne à nouveau un coup de pied.

– Je ne veux plus qu'on m'en parle et je défends qu'on lui fasse arriver aucune réponse, ni officielle, ni officieuse.

Il sort, chevauche une heure, accompagné d'une faible escorte, puis, rentré, il essaie de dormir. Mais, à 3 heures du matin, il donne le signal du départ. Dans l'aube qui se lève, il observe les troupes en marche. Beaucoup de traînards. Il faudra que des unités de gendarmerie les rassemblent, les conduisent à leurs régiments.

À l'entrée de Thorn, la voiture s'immobilise. Il descend. Les rues sont encombrées par les troupes de Jérôme et d'Eugène. Il passe au milieu des soldats. La plupart parlent allemand ou italien, ne prêtent aucune attention à lui. Il entre dans le couvent où Caulaincourt a préparé son quartier général. Les salles voûtées sont pleines d'officiers alliés, d'Allemands.

– Que ces messieurs sortent, qu'ils ne me suivent pas d'aussi près, qu'ils restent en arrière à plusieurs journées de marche, dit-il.

Il commence à travailler. Où a-t-on prévu d'installer les hôpitaux ? Les équipages de pont sont-ils parvenus jusqu'ici ? Il dicte, il ordonne. Il passe la Garde et l'artillerie en revue. Il sort au milieu de la nuit pour une inspection des cantonnements.

Parce qu'il a besoin de respirer cet air plus frais de la nuit et d'entendre les voix des soldats, de retrouver l'atmosphère des veilles de bataille. Il rentre au quartier général. Il ne peut pas dormir. Mais il se sent bien. Il fredonne, puis sa voix éclate, tonnante.

Et du nord au midi la trompette guerrière
a sonné l'heure des combats
Tremblez, ennemis de la France...

Il s'interrompt. D'avoir chanté ainsi l'a apaisé, enfin. Il aime ce *Chant du départ*. Il en murmure pensivement les dernières paroles.

Rois ivres de sang et d'orgueil
Le peuple souverain s'avance
Tyrans, descendez au cercueil.

Je ne suis que le roi du peuple.

Il s'endort quelques instants. Lorsqu'il se réveille, il s'installe aussitôt à sa table.

« Ma bonne amie,

« Il fait une bien grande chaleur, comme en Italie. Tout est extrême dans ce climat. J'étais ce matin à cheval à 2 heures du matin. Cela me réussit fort bien. Je pars dans une heure pour Dantzig, tout est fort tranquille sur la frontière. La Garde que j'ai vue hier était fort belle.

« L'on m'a dit que tu avais des vomissements. Cela est-il vrai ? Mille choses à toute ta famille ainsi qu'à ton père et à l'impératrice.

« Je désire autant que toi te voir et j'espère que ce sera bientôt : trois mois d'absence et toujours avec toi.

« Mille baisers.

« Ton Nap. »

La nuit, la route.

Peut-être Marie-Louise est-elle enceinte ?

La poussière, puis les rues pavées de Dantzig, et le général Rapp, gouverneur de la place, qui s'avance, qui commence à se plaindre.

Napoléon écoute son ancien aide de camp, ce général valeureux, ancien compagnon de Desaix et de Kléber, couturé de blessures, et qui se sent à Dantzig comme un « enfant perdu ».

– Que font vos marchands de tout leur argent ? l'interrompt Napoléon. De celui qu'ils gagnent, de celui que je dépense pour eux ?

– Ils sont aux abois, Sire.

– Cela changera. C'est une chose convenue. Je les garderai pour moi.

Il passe en revue les troupes, retrouve Murat, Berthier.

– Qu'avez-vous, Murat ? Vous êtes jaune, vous n'avez pas votre belle mine. Auriez-vous du chagrin ? N'êtes-vous plus content d'être roi ?

– Ah, Sire ! je ne le suis guère.

– Voilà ce que c'est, vous voulez à toute force voler de vos propres ailes et vous embrouillez votre position. Croyez-moi, laissez là la petite politique qui sent le terroir de Naples, et soyez français avant tout. Votre métier de roi sera bien plus simple et bien plus facile que vous ne pensez.

Il quitte Murat, fait quelques pas avec Caulaincourt.

Murat ? « Un *Pantaleone* italien, murmure-t-il. Il a bon cœur ; au fond il m'aime encore plus que ses *lazzaroni*. Quand il me voit, il m'appartient, mais loin de moi il est, comme les gens sans caractère, à celui qui le flatte et l'approche. S'il fût venu à Dresde, sa vanité et son intérêt lui eussent fait faire mille sottises pour se ménager les Autrichiens. »

Il regarde longuement Caulaincourt. Les hommes ne sont-ils pas tous ainsi ?

Il s'est assis en face de Rapp dans la grande salle de la forteresse de Dantzig. Il chipote. Il observe Murat et Berthier, assis à sa droite et à sa gauche.

– Je vois bien, messieurs, commence-t-il, que vous n'avez plus envie de faire la guerre : le roi de Naples ne veut plus sortir de son beau royaume ; Berthier voudrait chasser à Grosbois, et Rapp habiter son superbe hôtel de Paris.

Murat et Berthier baissent les yeux.

– J'en conviens, Sire, répond Rapp. Votre Majesté ne m'a jamais gâté ; je connais fort peu les plaisirs de la capitale.

Il doit les convaincre. Les entraîner encore. Oublier que lui aussi aimerait sentir près de lui le corps de Marie-Louise et prendre son fils dans ses bras.

Est-elle enceinte une seconde fois ? Elle ne parle plus, dans ses lettres, de ses nausées.

– Nous touchons au dénouement, reprend-il en regardant l'un après l'autre Rapp, Murat et Berthier. L'Europe ne respirera que quand ces affaires de Russie et d'Espagne seront terminées. Alors seulement on pourra compter sur une paix profonde. La Pologne renaissante s'affermira. L'Autriche s'occupera plus de son

Danube, et beaucoup moins de l'Italie. Enfin, l'Angleterre se résignera à partager le commerce du monde avec les vaisseaux du Continent.

Il se lève.

– Mon fils est jeune, dit-il, il faut bien lui préparer un règne tranquille.

Puis il s'attarde. Il a besoin de ses généraux, de ses maréchaux, dit-il.

– Mes frères ne me secondent pas. Ils n'ont des princes que la sotte vanité et aucun talent, point d'énergie. Il faut que je gouverne pour eux. Mes frères ne pensent qu'à eux.

Il hausse la voix.

– Je suis le roi du peuple, car je ne dépense que pour encourager les arts et pour laisser des souvenirs glorieux et utiles à la nation. On ne dira pas que je dote des favoris et des maîtresses. Je récompense les services rendus à la patrie et rien de plus.

Il sort d'un pas rapide. Il veut voir les troupes, les fortifications, parcourir la rade en canot. Puis il s'enferme dans son cabinet pour étudier les dépêches, les cartes, les états de situation des armées.

Il s'interrompt, se fait apporter sa plume.

« Ma bonne Louise, je n'ai pas de lettre de toi. Je suis à cheval dès 2 heures du matin, je rentre à midi, je dors deux heures et je vois des troupes le reste du jour. Ma santé est fort bonne. Le petit roi se porte bien ; il va être sevré. J'espère que tu en as reçu des nouvelles.

« Tout est fort tranquille, le temps s'est un peu mis à la pluie, ce qui fait du bien. Je serai demain à Königsberg.

« Il me tarde bien de te voir. Malgré mes occupations et les fatigues, je sens quelque chose qui me manque : la douce habitude de te voir plusieurs fois dans le jour. *Addio, mio bene*. Porte-toi bien, sois gaie, contente, c'est le moyen de me faire plaisir.

« Ton fidèle époux.
« Nap. »

Il est si impatient de reprendre la route qu'il n'attend pas que les voitures soient prêtes, monte à cheval et part à franc étrier. Il est à Marienburg, à Königsberg. Il reçoit Prévôt, le secrétaire de l'ambassade de France à Saint-Pétersbourg. Alexandre Ier a refusé, explique ce diplomate, d'accorder une audience à l'ambassadeur, le général Lauriston.

– C'en est fait, dit Napoléon. Les Russes, que nous avons toujours vaincus, prennent un ton de vainqueurs, ils nous provoquent, et nous aurons sans doute à les remercier. Nous arrêter sur un tel chemin, ce serait manquer le moment le plus opportun qui se soit jamais présenté.

Il reste silencieux quelques minutes.

– Acceptons comme une faveur l'occasion qui nous fait violence et passons le Niémen.

Il a tout à coup froid. Il sort. La campagne est couverte de neige. Une nuit de juin a suffi à transformer le paysage de printemps en un horizon hivernal.

Mais le soleil se lève. La neige fondra.

Un courrier arrive, porteur des lettres de Marie-Louise. Il les parcourt, répond aussitôt.

« Tu sais combien je t'aime. Je veux te savoir bien portante et bien gaie. Dis-moi que tu n'as plus ton vilain rhume. Ne souffre jamais que l'on dise devant toi rien d'équivoque sur la France et la politique.

« Je suis souvent à cheval, cela me réussit. L'on me dit du bien du roi, il grandit, marche et se porte bien.

« Je vois avec peine que ce que j'espérais n'a pas eu lieu. Enfin, il faut donc remettre cela à l'automne. J'espère recevoir de tes nouvelles demain... »

Elle n'est pas enceinte.

Où sera-t-il à l'automne ?

Le dimanche 21 juin 1812, il arrive à Wilkowiscki. La bourgade est envahie par les troupes du maréchal Davout. Au-delà des maisons, il aperçoit les bois, les collines sableuses derrière lesquelles coule le Niémen.

La chaleur, dès le matin, est étouffante. La neige d'une nuit a été comme un mirage.

Dans la pièce d'une maison au toit de chaume, il commence à dicter.

C'est la source des années de guerre qui resurgit en lui avec la même force. Elle pousse les mots, cependant qu'il arpente le sol de terre battue, les mains derrière le dos.

« Soldats, la seconde guerre de Pologne est commencée ; la première s'est terminée à Friedland et à Tilsit. À Tilsit, la Russie a juré éternelle alliance à la France et guerre à l'Angleterre. Elle viole aujourd'hui ses serments !

« La Russie est entraînée par la fatalité ; ses destins vont s'accomplir. Nous croirait-elle donc dégénérés ? Ne serions-nous donc plus les soldats d'Austerlitz ? Elle nous place entre le déshonneur et la guerre : le choix ne saurait être douteux.

« La seconde guerre de Pologne sera glorieuse aux armées françaises comme la première. Marchons donc en avant : portons la guerre sur son territoire. Passons le Niémen ! »

Il dort quelques heures. Lorsqu'il se réveille, le lundi 22 juin 1812, il commence à écrire.

« Ma bonne Louise, je suis ici, je pars dans une heure. La chaleur est excessive, c'est la canicule. Ma santé est bonne... Fais-moi connaître quand tu as le projet de partir. Aie soin de marcher la nuit, car la poussière, la chaleur sont bien fatigantes et pourraient altérer ta santé, mais en allant la nuit, à petite journée, tu supporteras bien la route.

« Adieu, ma douce amie, sentiments sincères d'amour.

« Nap. »

Il sort de la pièce. L'air est immobile. Il suffoque. Il regarde devant lui la forêt de pins que recouvre une brume grise.

– À cheval, dit-il, vers le Niémen.

Table

Cet ouvrage a été réalisé par la
SOCIÉTÉ NOUVELLE FIRMIN-DIDOT
Mesnil-sur-l'Estrée
en mars 1998

Édition exclusivement réservée aux adhérents du Club
Le Grand Livre du Mois
15, rue des Sablons
75116 Paris
réalisée avec l'aimable autorisation des éditions Robert Laffont

Imprimé en France
Dépôt légal : octobre 1997
N° d'impression : 42132
ISBN : 2-7028-0825-5